Ernst von Hesse-Wartegg

Samoa, Bismarckarchipel und Neuguinea

Drei deutsche Kolonien in der Südsee

Ernst von Hesse-Wartegg

Samoa, Bismarckarchipel und Neuguinea

Drei deutsche Kolonien in der Südsee

ISBN/EAN: 9783845723549
Erscheinungsjahr: 2012
Erscheinungsort: Bremen, Deutschland

© Unikum in Europäischer Hochschulverlag GmbH & Co. KG, Fahrenheitstr. 1, 28359 Bremen. Alle Rechte beim Verlag und bei den jeweiligen Lizenzgebern.

www.unikum-verlag.de | office@unikum-verlag.de

Bei diesem Titel handelt es sich um den Nachdruck eines historischen, lange vergriffenen Buches. Da elektronische Druckvorlagen für diese Titel nicht existieren, musste auf alte Vorlagen zurückgegriffen werden. Hieraus zwangsläufig resultierende Qualitätsverluste bitten wir zu entschuldigen.

Ernst von Hesse-Wartegg

Samoa, Bismarckarchipel und Neuguinea

Drei deutsche Kolonien in der Südsee

Samoa

Bismarckarchipel und Neuguinea

Drei deutsche Kolonien in der Südsee

Von

Ernst von Hesse-Wartegg

Verlagsbuchhandlung von J. J. Weber in Leipzig. 1902

Vorwort.

Die wichtigsten Ereignisse in der kolonialen Entwickelung des Deutschen Reichs während der letzten Jahre haben sich in der Südsee abgespielt. 1899 wurden die Schutzgebiete der Neuguinea-Kompagnie, Ländereien von beiläufig der halben Größe des Deutschen Reichs, von dem letzteren übernommen; in demselben Jahre wurden die Karolinen, Marianen und Palauinseln erworben, und 1900 fielen die Hauptinseln von Samoa an das Reich. Durch diesen großen Länderbesitz, durch die wirtschaftlichen Interessen und den auch auf fremden Gebieten des Stillen Ozeans vorherrschenden deutschen Handel und Schiffsverkehr ist Deutschland in der Südsee zur Vormacht geworden.

Das lebhafte Interesse, das in allen Kreisen der Bevölkerung des Reichs diesen neuen, in jeder Hinsicht höchst merkwürdigen und eigenartigen Kolonien entgegengebracht wird, ist im letzten Jahre allerdings durch die bekannten Ereignisse in China etwas abgelenkt worden. Jetzt aber werden die neuen Besitzungen in der Südsee desto lebhafter in den Vordergrund treten. Mit Recht drängen sich die Fragen auf: Was sind die zum Teil mit großen Opfern erkauften neuen Inselreiche wert? Was bedeuten sie für die Macht-stellung des Reiches? Wie hat die Einsetzung der kaiserlichen Regierung die Verhältnisse beeinflußt? Welche Aussichten bieten sich dort für den Kapitalisten, den Pflanzer und Kaufmann?

Um mir die Beantwortung dieser Fragen an Ort und Stelle selbst zu holen und dabei ein mir noch unbekanntes Gebiet des Erdballes kennen zu lernen, wählte ich vor zwei Jahren für meine dritte Reise um die Welt den Weg von Penang aus durch das große holländische Kolonialreich, wo ich einige Monate verweilte, nach Deutsch-Neuguinea und dem Bismarckarchipel, in welchem ich dank verschiedener günstiger Umstände Gelegenheit fand, dort alle größeren Handelsstationen, Missionen und Plantagen zu besuchen. Von ganz besonderem Interesse war die Expedition über Neumecklenburg und Neuhannover nach der bis dahin von keinem Weißen betretenen Inselgruppe von St. Matthias, welche S. M. S. „Seeadler" unternahm, und ich bin dem Kommandanten dieses Schiffes, Herrn Kapitän Schack, zu tiefem Dank verpflichtet dafür, daß er mir gestattete, mich der Expedition anzuschließen, sowie die Weiterfahrt nach Samoa mit-zumachen. In ähnlicher Weise schulde ich meinen wärmsten Dank den kaiserlichen Gouverneuren und Beamten der genannten Kolonien, den Leitern und Angestellten der Neuguinea-Kompagnie, sowie der Deutschen Handels- und Plantagengesellschaft in der Südsee, den dort segensreich wirkenden Missionaren, dann verschiedenen Pflanzern und Kaufleuten. „Last not least" muß ich in dankbarster Weise der Leiter des Norddeutschen Lloyds gedenken, dessen herrliche Schiffe Ueberfahrten wie jene, die ich hinter mir habe, allein ermöglicht haben. Der Norddeutsche Lloyd war in der Südsee, in Holländisch-Indien und Australien dem deutschen Namen, dem deutschen Handel und Verkehr von unberechen= barem Nutzen; seine Schiffe wirken dort gewissermaßen bahnbrechend, und jeder Reisende, dem es vergönnt war, unter deutscher Flagge dort zu reisen, wird von der Ueberzeugung durchdrungen sein, daß Deutschland seine heutige Weltmachtstellung in der Südsee wie in Ostasien größtenteils dem Norddeutschen Lloyd verdankt. Mit Ehlers teile ich die Ansicht, daß die an den Norddeutschen Lloyd aus Reichsmitteln gewährten Subventionen gewiß zu den besten Kapitalanlagen gehören, zu denen der Reichstag überhaupt seine Zustimmung geben kann. Je mehr in dieser Hinsicht geschieht, desto besser lohnt es sich für den deutschen Handel.

Von den zahlreichen diesem Buche beigefügten Illustrationen ist der größte Teil nach meinen eigenen photographischen Aufnahmen angefertigt worden; für andere photographische Vorlagen bin ich dem Plantagenleiter der Neuguinea=Kompagnie in Herbertshöhe, Herrn Geißler, sowie der Neuguinea=Kompagnie selbst zu Dank verpflichtet; mehrere Abbildungen wurden nach Photographien angefertigt, die ich in Singapore und verschiedenen anderen Orten während der Reise erwarb, ohne deren Urheber zu kennen.

Die vorliegenden Schilderungen wurden fast durchweg während der Fahrt von Zeit zu Zeit unmittelbar nach den empfangenen Eindrücken und Mitteilungen niedergeschrieben. Sollten sich in dieselben Unrichtigkeiten eingeschlichen haben, so bitte ich zu bedenken, daß ich kein streng wissenschaftliches Werk zu liefern beabsichtigte, sondern nur eine allgemeine Schilderung von Land und Leuten für das große Lesepublikum, soweit es in meinen bescheidenen Kräften stand. Sie möge deshalb nicht mit dem strengen Maßstab beurteilt werden, wie der Kaufmann seine Wechsel, der Fachgelehrte Monographien beurteilt. Ich würde mich überreich belohnt fühlen, wenn meine Schilderungen dazu beitragen würden, die Kenntnis der deutschen Kolonien in der Südsee in weitere Kreise zu tragen und das Interesse an den kolonialen Bestrebungen und an der Ausbreitung deutscher Arbeit in fernen Ländern wach zu erhalten.

Ernst von Hesse-Wartegg.

Inhaltsverzeichnis.

Erster Teil: Neuguinea.

Zweiter Teil: Der Bismarckarchipel.

Dritter Teil: Samoa.

Erster Teil:

Neuguinea.

Von Singapore nach Neuguinea.

Deutsch=Neuguinea ist schon wiederholt, und zwar in so wenig ansprechenden Farben geschildert worden, daß gewiß kein Mensch daran denkt, eine Vergnügungsreise dorthin zu unternehmen. Neuguinea ist ein Land, wo der Pfeffer wächst, und eine Reise nach solchen Ländern pflegt man gewöhnlich Leuten zu wünschen, für die man, gelinde gesagt, keine besondere Vorliebe hegt. Dennoch wage ich es, allen Lesern dieser Zeilen diese Fahrt wärmstens zu empfehlen, nicht in dem gebräuchlichen sprichwörtlichen Sinne, sondern aus vollem Herzen und gestützt auf die Erfahrungen meiner eigenen Reise nach jenem Himmelsstriche. In jedem Jahre unternehmen eine ganze Menge Menschen, viel mehr als man zu Hause annimmt, die Reise um die Welt, aber fast durchweg nur auf den gewohnten Reiserouten über Suez und Ceylon nach Singapore, dann nach China, Japan, Amerika und nach Hause. Ein Teil der Reisenden unternimmt wohl von Singapore aus kleine Abstecher nach Java und Siam, um darauf wieder zur großen Globetrotterroute zurückzukehren. Wüßten sie, welch hohe, unvergeßliche Genüsse eine Fahrt von Singapore über die großen Sundainseln und die Molukken nach dem Bismarckarchipel gewährt, sie würden gewiß diesen Umweg gern machen. Der Norddeutsche Lloyd hat in der letzten Zeit einen Dienst zwischen dem Bismarckarchipel über die Karolinen und Manila nach Hongkong eingerichtet, und der Reisende kann daher die Rundfahrt durch diese bisher so wenig bekannte, wenig besuchte und doch so großartige und merkwürdige Inselwelt in aller Bequemlichkeit unternehmen.

Ich bedaure aufrichtig, daß diese Neuguineafahrt bisher so wenig geschildert worden ist, sonst hätte ich sie gewiß schon längst unternommen. Ueber Neuguinea selbst und die dortigen, bisher recht ungünstigen und zerfahrenen Zustände hat man den Weg dahin vergessen. Der Tourist hat doch gewiß nicht die Absicht, in den Fiebergegenden von Kaiser=Wilhelmsland Kakao zu pflanzen oder Kokosnüsse einzusammeln, und wer nicht in Neu=guinea bleibt oder unvorsichtigerweise bei dem Besuch der Häfen die Nächte auf dem Festlande zubringt, der bekommt auch kein Fieber.

Viele mögen bisher von dieser Neuguinearaise zurückgehalten worden sein, weil sie die große Tropenhitze fürchten; sie sehen, daß die Reiseroute von Singapore nach dem Bismarckarchipel nur durch Tropenmeere in der beständigen Nähe des Aequators dahin=

1*

führt. Aber die Hitze ist in dem ganzen Gebiete bei weitem geringer als etwa im Roten Meere, im Indischen Meere, in Singapore oder Java. Während der Fahrt zwischen den Inseln Celebes und Ceram im Molukkenmeere wehte der Wind so kühl durch mein Kabinenfenster, daß ich es in anbetracht der gebräuchlichen dünnen Tropenkleidung, die wir alle trugen, schließen mußte. Aehnlich war es während der ganzen Fahrt, und so ist es nach der Versicherung aller, welche diese Gegenden seit langer Zeit kennen, das ganze Jahr hindurch. Das Meer ist ruhig, zuweilen wohl leicht gekräuselt, gewöhnlich aber spiegelglatt, und Stürme, wie die berüchtigten Taifune in den chinesischen Gewässern oder dicke Nebel, welche die Fahrt gefährden, kommen sehr selten vor, nirgends habe ich so herrliche Sonnenauf= und =untergänge, so malerische Wolkenbildungen beobachtet wie hier, nirgends verläuft die Fahrt so angenehm und interessant.

Interessant ist sie zunächst deshalb, weil auf der dreiwöchentlichen Fahrt von Singapore bis zum Bismarckarchipel nicht weniger als vierzehn Häfen angelaufen werden, in welchen der Dampfer von sechs bis zu vierundzwanzig Stunden, in manchen Orten sogar noch länger liegen bleibt. Es folgt also durchschnittlich auf jeden Reisetag der Besuch irgend eines Hafens.

Und welche Häfen sind dies! Nicht rauchige, rußige, nüchterne Hafenstädte mit ihrem Schmutz, ihrem Lärm und rasenden Verkehr, wie jene der gemäßigten Zonen, sondern hauptsächlich die lieblichsten Tropeneilande, mit üppigem Pflanzenwuchs, mit der merk= würdigsten Bevölkerung, mit nie gesehenen, malerischen Fahrzeugen, gefüllt mit ʹseltenen Erzeugnissen der Tropen, die wir in Europa kaum dem Namen nach kennen; der längere Aufenthalt des Dampfers gestattet es dem Reisenden, Fahrten ins Inland zu unter= nehmen, die Paläste der Rajahs und Sultane, sowie die Hütten der Eingeborenen zu besuchen und die malerische asiatische Inselwelt in ihren typischen Einzelheiten zu sehen; dabei hat man stets die Befriedigung, nicht zu elenden Hotels seine Zuflucht nehmen zu müssen, sondern des Abends wieder nach der gewohnten Kabine an Bord eines vor= züglichen deutschen Dampfers zurückzukehren und dort die Verpflegung eines deutschen Hotels ersten Ranges zu genießen.

In den von der Direktion des Norddeutschen Lloyd herausgegebenen Reisebüchern sind nicht alle Häfen, welche der Dampfer Stettin anläuft, angegeben; es heißt darin wohl, daß „nach Bedarf" die Häfen Makassar, Amboina, Banda und Mioko angelaufen werden, aber in der letzten Zeit hat der Verkehr auch hier so zugenommen, daß dies bei jeder Fahrt, ohne Ausnahme, der Fall ist, und gerade sie, diese Verkehrsmittelpunkte der so wenig bekannten Molukkenwelt, sind die interessantesten. Wer hat, wenn er die reizenden Schilderungen von Russell Wallace darüber gelesen, nicht im Herzen gewünscht, trotz allen Strapazen und Gefahren diese noch in ihrer ganzen Ursprünglichkeit befindlichen Inseln zu besuchen? Heute kann dies ohne jegliche Anstrengung, ohne jegliche Gefahr, mit aller neuzeitlichen Bequemlichkeit geschehen, so daß auch zarte Damen die Reise unternehmen. Selbst auf den Fahrten von Hafen zu Hafen kommt der Dampfer nur an wenigen Stellen ins offene Meer; fast ununterbrochen hat man Land in Sicht, seien es die Küsten Javas mit ihren wolkenragenden rauchenden Vulkanen, seien es kleinere

Eilande oder nur einzelne, aus den blauen Fluten steil aufsteigende Felsen oder Korallen-
inseln. Mitunter fährt der Dampfer so nahe an ihnen vorbei, daß man deutlich die
Häuser und ihre Inwohner, die tropischen Gärten und Plantagen mit ihren Arbeitern
wahrnehmen kann. Während der ganzen drei Wochen giebt es wohl keine Stunde der
Langeweile, die der Reisende so häufig auf den gewöhnlichen Seefahrten empfindet.
Und was sind die Kosten dieser Fahrt? Gerade zwanzig Mark täglich, die ganze
Verpflegung mit eingeschlossen! Nimmt der Reisende aber in Singapore eine Rückfahr-
karte bis zum Bismarckarchipel, d. h. bis Herbertshöhe oder Matupi, so belaufen sich die
Kosten der sechsundvierzigtägigen Reise auf 700 Mark, d. h. auf etwa fünfzehn Mark
täglich. Unter diesen Umständen kann der Grund, warum diese Fahrt nicht häufiger
unternommen wird, nur in der Furcht vor der Tropenhitze oder vor dem Fieber liegen,
das in Neuguinea herrscht. Die erstere ist, wie schon gesagt, nicht vorhanden, und was
das Fieber betrifft, so befällt es wohl viele, die längere Zeit in Neuguinea wohnen,
niemals aber die Reisenden auf den Dampfern. Ich habe das Schiffspersonal des
Dampfers, im ganzen wohl über hundert, kennen gelernt, von welchen viele sich auf
der geschilderten Fahrt schon mehrere Jahre befinden, und obschon sie sich infolge ihres
Berufes gewiß viel mehr dem Fieber aussetzen als der gewöhnliche Reisende, sind doch
die allerwenigsten unter ihnen von dieser tückischen Krankheit befallen worden.

Es war ein schöner Sonntag Morgen, als der stolze schneeweiße Dampfer Stettin
Singapore verließ, um zunächst zwischen dem vielgestaltigen Archipel südlich dieser großen
Handelsmetropole nach Batavia, der Hauptstadt von Java, zu fahren, der ersten Etappe
auf dem langen Wege nach den deutschen Kolonieen in der Südsee. Wir hatten eine
Anzahl holländischer Passagiere an Bord, welche unseren deutschen Dampfer den holländischen
vorzogen, dann verschiedene Kaufleute und Beamte der Neuguineagesellschaft und der in
der Südsee ansässigen deutschen Firmen, ferner das Ablösungskommando für das im
Bismarckarchipel stationierte Vermessungsschiff Möwe, zwei Offiziere mit gegen fünfzig
Mann, meist stramme junge Burschen, welche mit fröhlichen Spielen und allerlei Schabernack
sich und uns selbst die Zeit vertrieben. Die Offiziere, Ingenieure und Deckoffiziere der
Stettin sind durchweg Deutsche, die Maschinenmannschaften und Heizer Chinesen, die Deck-
mannschaften Malaien, Sudanesen, Makassaren, Amboiner und andere, ein seltsames Völker-
gemisch, die aber für ihren durchschnittlichen Lohn, dreißig Mark monatlich, ihren Dienst
gewissenhaft versehen. Köche und Stewards sind ebenfalls langbezopfte Chinesen; in schneeweiße Jacken und weite blaue Beinkleider gekleidet, sind sie stumm und emsig den ganzen
Tag an der Arbeit. Unter den Deckpassagieren hatten wir etwa fünfzig Chinesen, zumeist von
Macao oder der Insel Hainan, die als Arbeiter nach Neuguinea fuhren, dann einige Javaner
und Sudanesen mit ihren Weibern, indische Händler, malaische Arbeiter, endlich ein halbes
Dutzend Araber, die täglich bei Sonnenuntergang, unbekümmert um das Treiben und
Lärmen rings um sie, mit nach Westen gewendetem Antlitz ihre Gebete murmelten.

Ein paar Stunden nachdem wir Singapore verlassen hatten, gelangten wir in die
Nähe des Aequators, und unsere lustigen Matrosen von der Möwe guckten alle Augenblicke über Bord, um den dicken schwarzen Strich nicht zu versäumen, den Neptun mit

Hilfe der Tintenfische hier auf der höchsten Stelle des Ozeans gezogen hat. Bis zu diesem dicken Nullstrich geht es auf der Erdkugel bergauf, jenseits natürlich bergab, und fiele die Sonne zur Erde, so müßte sie, da sie mittags senkrecht über dem Aequator steht, mitten auf ihn ins Meer plumpsen.

Wer nun den Aequator zum erstenmale passiert, der muß „getauft" werden. Das ist eine alte Seemannsregel, der jeder sich unterwerfen muß. Da wir aber kaiserliche See= leute, also berufsmäßige Wasserratten an Bord hatten, so sollte dies mit besonderer Feierlichkeit geschehen.

Als noch allgemeine Umschau nach dem Nullstrich gehalten wurde, gab es auf Back= bord ein seltsames Rauschen und Plätschern, und aus dem Meere kam ein Ungetüm, halb Fisch, halb Mensch, die Schiffsleiter emporgeklettert. Lange blonde Loreleihaare fielen von dem triefenden Haupte über die Schultern, und das Antlitz war halb von einem dichten, bis zur Brust wallenden Bart verdeckt, der verzweifelte Aehnlichkeit mit Werg besaß. In der rechten hielt das Ungetüm eine dreizinkige Gabel.

Der Kapitän der Stettin war beim Anblick des Meeresboten von der Brücke herab zu dem Passagier getreten und fragte ihn nach seinem Begehr.

„Seid Ihr der Kapitän dieses Schiffes?" fragte der Fischmensch in gutem Sächsisch.

„Ja. Was wollt Ihr?"

„Ich bin Triton, gesandt von meinem König Neptun, um Euch zu fragen, wohin Ihr wollt, ob Ihr epidemische Krankheiten an Bord habt, und wie viele Passagiere Ihr führt, welche den Aequator noch nicht gekreuzt haben".

Getreu gab der Kapitän die Antwort, worauf Triton fortfuhr: „Ich habe Euch nun= mehr zu verkünden, daß nachmittags um die dritte Stunde Seine wässerige Majestät in höchsteigener Person mit seinem ganzen Hofstaate an Bord kommen wird, um die Taufe vorzunehmen".

Damit senkte er seinen Dreizack und begab sich wieder über Bord in die Tiefen des Meeres zurück.

Die Ankündigung der Taufe wurde von den Matrosen mit Jubel aufgenommen, und sofort machten sich alle daran, die nötigen Vorbereitungen zu treffen. Das breite Achterdeck des Dreitausendtonnendampfers wurde von allen überflüssigen Gegenständen befreit und in der Mitte ein erhöhter Thron errichtet für Seine Majestät. Zu Füßen des Thrones aber wurde auf der Steuerbordseite dichtgefügt aus Brettern und wasserdichten Segeln ein geräumiges Bassin, über dreißig Quadratmeter umfassend, hergestellt und dieses auf Meterhöhe mit Seewasser gefüllt.

Wir Passagiere lagen nachmittags noch auf unseren bequemen Deckstühlen, im gewohnten Tropenschläfchen versunken, als wir durch dumpfe Posaunenklänge aufgeschreckt wurden. Der Bläser gehörte dem Hofstaate des Beherrschers der Meere an, der gleich darauf mit seinem ganzen Gefolge erschien. Ueber seinen weißem Matrosenanzug trug er einen rot=weiß=schwarzen Krönungsmantel, der wohl zu gewöhnlichen Zeiten als Schiffs= flagge verwendet werden dürfte; sein von blonden Werglocken und ebensolchem Bart umwalltes Haupt zierte eine Krone aus Goldpapier, und in der Rechten hielt er das

vornehmste Abzeichen seiner Würde, den
Dreizack. Ihm folgten in angemessener
Entfernung ein paar urdrollige Gestalten,
zunächst der Astronom mit riesigen Nach=
bildungen der Schiffsinstrumente aus
Holz, um damit den Augenblick der
Aequatorkreuzung zu bestimmen; dann
der Advokat, in langem schwarzen Talar,
das Barett auf dem bebrillten Haupte
und mit langen schwarzen Halsschleifen;
dann der Hofbarbier mit einem armlangen
hölzernen Rasiermesser und einer noch
längeren Schere; sein Gehilfe, ein kohl=
schwarzer Geselle, der als einziges
Kleidungsstück eine Art Ballettkleidchen
aus Palmblättern trug, schleppte einen
großen Kübel mit dickem Mehlbrei und
einen Besen zum Einseifen der Täuflinge.
In buntem Gemisch folgten nun der Hof=
narr, ein paar Adjutanten und endlich
weibliche Mitglieder des Hofstaates,
durchweg kohlschwarze äthiopische Schön=
heiten. Wo dieser seltsame Karnevalszug

Javaner und javanischer Polizist.

die Kostüme aufgetrieben hatte, wissen die Götter; eine Gestalt war drolliger als die andere.
Wir Passagiere, die Offiziere und die ungetauften Matrosen schlossen uns dem Zuge
an, der unter dem Heidenlärm von Trompeten, Blechtrommel, mit Papier überzogenen
Kämmen u. dergl. zum Königsthron marschierte. Neptun, dem in seinem schweren
Krönungsornat die Tropfen von der Stirne flossen, nahm nunmehr Platz und verlas
ein urkomisches Gedicht, das in Knüttelversen auf die Passagiere und die bisherigen
Schiffserlebnisse ziemlich drastischen Bezug nahm. Dann erklärte der König seinen Ent=
schluß, die Offiziere und Unteroffiziere der Marineabteilung mit Orden auszuzeichnen,
und ließ denselben durch den Notar Kreuze und Sterne mit passenden Inschriften über=
reichen. So bekam der gestrenge Kommandant der Abteilung, Oberleutnant H., ein
Kreuz mit der wohlgemeinten Devise: „Leben und leben lassen." Sein Kollege erhielt
einen Stern, dessen Devise war: „O lieb', solang' du lieben kannst" u. dergl. Natürlich
folgte all diesen Anspielungen unbändige Heiterkeit.
Nunmehr wurde zum feierlichen Taufakte geschritten. Zwei der schwarzen Damen,
stämmige, mit Ruß bestrichene Kernmatrosen, stellten dazu eine kleine Bank dicht an den
Rand des Wasserbeckens. Der Notar postierte sich auf die eine, der Barbier mit seinem
Gehilfen auf die andere Seite der Bank, und der Notar rief zunächst von seiner Täuf=
lingsliste den Namen des Zahlmeisters aus. Dieser, ein recht beleibter, dickwangiger

Javanische Tänzerin in Batavia.

Herr, war wohl auf die ihm zugedachte
Taufe nicht gefaßt, denn er prangte in
blendendweißer Tropenuniform, mit steifem
Halskragen und tabellosen Manschetten.
Aber ehe er sich aus dem Staube machen
konnte, hatten zwei der schwarzen, schweiß=
triefenden Damen ihn erfaßt und mit dem
Rücken gegen das Bassin auf die Bank
gesetzt. Der Barbiergehilfe fischte nun mit
dem Besen eine tüchtige Portion Mehlbrei
aus dem Kübel und seifte dem armen Zahl=
meister nicht nur die Backen, sondern den
ganzen Kopf derart ein, daß ihm Augen
und Mund zugeklebt waren. Er wollte auf=
springen, die Schwarzen hielten die Falstaff=
figur jedoch mit eisernem Griff fest, und er
mußte es sich gefallen lassen, daß nun der
Barbier mit seinem fußlangen hölzernen
Rasiermesser den Brei von den Wangen
schabte. Auf ein Zeichen Neptuns wurde
plötzlich die Bank, auf welcher der Zahl=
meister saß, nach hinten umgeworfen, und
der Arme fiel rücklings in das Bassin,

Kopf voran, die Beine nach oben.   Nun erfaßten ihn zwei andere schwarzbemalte
„Wilde" und hielten ihn einige Augenblicke unter Wasser. Wir schüttelten uns vor
Lachen, als der Aermste wieder auf seine Beine zu stehen kam und sich den Mehlbrei
aus Mund und Augen wischte. Sein weißer Anzug war im Handgemenge mit den
abfärbenden „Wilden" schwarz geworden und klebte fest an seinem Körper, Kragen und
Manschetten waren geschmolzen, und als er aus dem Bassin herauskletterte, rann das
Salzwasser aus seinen Stiefeln.

Der Notar verlas nun den Namen des zweiten Opfers, dem es gerade so erging wie
dem dicken Zahlmeister. Dann folgte ein dritter, vierter und so fort. Mit ihnen machte
der Barbier nicht so viel Umstände; der Mehlbrei wurde den Opfern einfach ins Gesicht
geschlagen, und plumps flogen sie kopfüber ins hoch aufspritzende Salzwasser, das
allmählich durch den Brei und die Schwärze der immer weißer werdenden „Wilden"
schmutziggrau geworden war. Je nach der Beliebtheit der Betreffenden wurden sie kürzer
oder länger unter Wasser gehalten, wobei es stets zu lebhaftem Handgemenge mit den
sich heftig Sträubenden kam. Einer der Täuflinge hatte im Fluge nach rückwärts
absichtlich oder zufällig die schwarze Soutane des Advokaten erwischt, dieser stolperte und
stürzte mit dem Täufling gemeinschaftlich ins Wasser. Unter fürchterlichem Jubel wurde
er sofort von den „Wilden" erfaßt und mitgetaucht. Das schmutzige Wasser spritzte

Waterlooplatz in Batavia.

Fischer in Makassar.

rings umher, alle Zuschauer und auch Neptun selbst wurden mit einem Sturzbade bedacht, seine Krone hing bald in nassen Fetzen in den zusammengeklebten Werglocken, Offiziere und Kapitän bekamen ihren Anteil, alle Rangunterschiede hörten auf, und schließlich lag die ganze Gesellschaft miteinander ringend, ineinander gekeilt, in den schmutzigen Fluten.

Aber das eifersüchtige Auge der „Wilden" hatte bald entdeckt, daß verschiedene Tauf=kandidaten verschwunden waren. Sofort eilten sie, um das ganze Schiff nach den Ver=borgenen zu durchsuchen, und im Triumph schleppten sie einen nach dem anderen herbei, um sie einem noch rücksichtsloseren Eintunken zu unterwerfen. Dem letzten wurde der ganze Mehlbreikübel über den Kopf gestülpt, dazu rieben die „Wilden" ihre noch schwarz gebliebenen Körperteile an seiner weißen Matrosentracht ab, und schließlich war die ganze tolle Gesellschaft nur mehr ein Knäuel in hoch aufspritzendem Wasser, aus dem Schreien, Lachen, Stöhnen und derbes Fluchen hervordrang.

Die Getauften rächten sich an dem Barbier und seinem Gehilfen, an Neptun und seinem ganzen Hofstaat, dessen Aufzug beim Verlassen des Wassers aller Beschreibung spottete. Wir, zum Teil auch in Mitleidenschaft gezogene Zuseher, wälzten uns förmlich vor Lachen, denn einem Königssohn ist wohl kaum jemals so übel mitgespielt worden wie diesem. Den Hofchargen hingen die Flitterfetzen vom Leibe, manchem war im Kampfe ein Kleidungsstück abhanden gekommen, die Schwarzen waren weiß, die Weißen schwarz geworden, aber der Äequator war passiert. Um diese Thatsache noch augenscheinlicher zu machen, mußte einer der triefenden Matrosen die Strickleiter zur Spitze des Hauptmastes emporklettern, um den Äequator darüber hinwegzuheben. Eine Stunde später war wieder alles klipp und klar, und das Detachement der Möwe exerzierte auf dem Verdeck wie gewöhnlich.

Hauptstraße in Makassar.

Am nächsten Morgen passierten wir die Bankastraße, jene Meerenge, welche von den flachen Küsten der Insel Sumatra und der steil aus dem Meere emporsteigenden Banka= insel, die das beste Zinn der Welt, fast chemischrein liefert, gebildet wird, und vierund= zwanzig Stunden später lagen wir in Tandjonk Priok, dem Hafen von Batavia vor Anker.

Der Dampfer nahm hier Kohlen ein, und die Passagiere hatten während des vierund= zwanzigstündigen Aufenthaltes Gelegenheit, die Hauptstadt des über zwei Millionen Quadratkilometer umfassenden, von fünfunddreißig Millionen Seelen bewohnten Kolonial= reiches zu sehen, das die tapferen tollkühnen Vorfahren der heutigen Niederländer den letzteren als Erbschaft hinterlassen haben. Am nächsten Tage fuhren wir die Nordküste des vulkanreichen Java mit seinen in die Wolken ragenden, rauchenden Kraterkegeln entlang, und zwei Tage später ging die Stettin auf der Reede von Makassar, der Hauptstadt von Celebes, vor Anker, um abermals einen Tag hier zu verweilen, die reine Vergnügungs= fahrt. Eine fremde, eigenartige Welt thut sich dem Reisenden hier auf, denn Makassar ist die große Pforte, welche zu den Molukken führt. Die Tropenpracht, die er hier zu sehen bekommt, die Verschiedenartigkeit der Menschenrassen, unter denen er umherwandert, der Reichtum der Tropenprodukte, die auf den Quais und in den Warenhäusern auf= gestapelt liegen, übersteigt alles, was er in den bisher berührten Häfen wahrgenommen

Frachtboote auf Amboina.

hat, und es gewährt ihm stolze Befriedigung, daß der weitaus größte Teil des Handels dieser holländischen Stadt in deutschen Händen liegt. Mit Ausnahme der Filiale einer holländischen Firma in Java sind alle Großhandelsfirmen von Makaffar deutsch.

Die Hauptstadt von Celebes ist aber auch der öftlichste Punkt dieses äquatorialen Inselreiches, wo europäische Handelsleute sich angesiedelt haben. Jenseits von Makaffar, in der ganzen großen Molukkenwelt giebt es keine europäischen Kaufleute mehr, und das will viel sagen, denn die Taufende von Inseln dort, einschließlich Holländisch=Neuguinea, übertreffen zusammengenommen an Ausdehnung Deutschland, Belgien, Holland und die Schweiz. Alles liegt dort in den Händen der Chinesen, Araber und der höchst eigen= artigen eingeborenen Völkerschaften, die man in der nächsten Etappenstation der Stettin, in Amboina, kennen lernt. Heute freilich unter den ungünstigsten Verhältnissen, denn Amboina liegt in Ruinen. Ein furchtbares Erdbeben hat diese große Handelsstadt, diesen Hauptsitz der Gewürznelkenkultur, vor anderthalb Jahren von Grund aus zerstört. Durch die einsamen Straßen wandernd, sah ich zu beiden Seiten noch die weißen, von Tropen= geftrüpp umwucherten Trümmerhaufen, und verhältnismäßig nur wenige Häufer sind feither neu aufgebaut worden. Die Pracht der tropischen Natur, die sich hier auf der viel= gestaltigen, gebirgigen Insel mit ihren hohen Vulkanen entfaltet, mindert den traurigen Eindruck, den die Stadt auf den Besucher macht, aber Amboina ist doch gewissermaßen ein modernes Pompeji in den Tropen, zumal es auch mit dem Handel abwärts geht.

Die noch vor kurzem so kostbaren Gewürze, welche einst den Holländern so große Reich=
tümer abwarfen, sind in der letzten Zeit im Preise um vierzig Prozent zurückgegangen.
Man versucht es nun mit Kaffee und Kakao, aber der Erfolg bleibt abzuwarten. Vor=
läufig dürfte Deutsch=Neuguinea Nutzen daraus ziehen, denn Amboina ist der nächst=
gelegene Ort, wo Kakaosprößlinge zur Anpflanzung in Neuguinea erhältlich sind, und
wir nahmen auch davon etwa zehntausend mit einer Anzahl amboinesischer Kakaopflanzern
an Bord, die nach Friedrich=Wilhelmshafen bestimmt waren.

Bei Sonnenuntergang verließen wir Amboina, und bei Sonnenaufgang sahen wir in
der Ferne den mächtigen rauchenden Vulkan Gunong Api, das Wahrzeichen der schönsten
und in jeder Hinsicht interessantesten Inseln des weiten Molukkenarchipels, der Banda=
gruppe. Als wir bald darauf zwischen diese Plejaden des Molukkenmeeres einfuhren,
sann ich vergeblich nach, wo auf meinen bisherigen Reisen durch die Welt ich Aehnliches
gesehen hätte. In geologischer Hinsicht steht diese Bandagruppe wohl einzig da. Zwei
Monate vorher hatte ich den berühmten Tengger Vulkan in Ostjava besucht. Dieser
Tengger bildet einen viele Kilometer weiten, ausgestorbenen Krater von über 2600 Meter
Höhe, dessen tiefer Kraterboden mit vulkanischer Asche und Sand gefüllt ist, das soge=
nannte Sandmeer (Dasar).

Aus der Mitte dieser weiten vom wüsten Kraterrand des Tengger umschlossenen Sand=
ebene steigt ein zweiter Vulkan, der Widobaren, empor, in dessen Krater sich noch ein
dritter Vulkan befindet. Am Rande des Widobaren erhebt sich in wunderbar vollendeter
Kegelform der berühmteste aller hundert Vulkane Javas, der Bromo.

Diese ganze höchst merkwürdige Tenggergruppe findet sich in Banda wiederholt. Der
ganze Bandaarchipel ist nichts weiter als eine Reihe von drei ineinander geschachtelten
konzentrischen Kratern, nur daß an Stelle des Sandmeeres das wirkliche tiefblaue Meer
in ihnen rauscht. An Stelle des Bromo aber erhebt sich in gleich vollendeter Form der
herrliche Gunong Api. Die konzentrischen Außenkrater sind längst eingestürzt, und ihre
Reste ragen als steile Felseninseln aus dem Meere. An der Einfahrtsstelle zum Hafen
liegen sie so nahe aneinander, daß unser Dampfer auf den engen tiefblauen Meeresarmen
zwischen ihnen wie auf Flüssen dahinfuhr. Wohin ich meine Blicke wenden mochte, über=
all nur Plantagen von Muskatnußbäumen, unterbrochen von herrlichen Palmenhainen,
die bis dicht an die Ufer reichen und ihre schönen Kronen im Wasser wiederspiegeln. Hier
und dort zeigten sich zwischen dem dunklen Hain halb verborgen die Häuser der Pflanzer
und die kleinen Bambus= und Attaphütten der Bandanesen. Banda ist das Paradies der
Muskatnuß, und dieses kostbare Gewürz war in früheren Jahrhunderten so gesucht und eine
so reiche Einnahmequelle für die holländisch = ostindische Kompagnie, daß der Besitz
dieser Muskatnußinseln den Holländern von Portugiesen und Spaniern und Engländern
wiederholt streitig gemacht wurde. Und so sorgfältig hütete die Kompagnie das
Muskatnußmonopol dieser Inseln, daß sie die Muskatbäume auf allen anderen Inseln
vernichten ließ. Bei meinen Ausflügen nach Banda Lontar, Banda Neira und den
andern Inseln stieß ich wiederholt auf Ruinen alter portugiesischer und holländischer
Forts, und heute noch sichern sich die Holländer diesen wertvollen Besitz auf solche Art.

Der Vulkan Gunong Api auf Banda.

Als wir nämlich um den Fuß des Gunong Api dampften, um Hafen und Hauptstadt dieser Inseln, Neira, zu erreichen, sah ich plötzlich auf dem Kamm eines niedrigen, dem Vulkan selbst vorgelagerten Plateaus eine mittelalterliche Burg auftauchen, mit krenelierten Mauern und runden hohen Ecktürmen, wie jene, welche in Spanien und Italien aus der Maurenzeit hineinragen in unsere Tage, das Fort Belgica. Zu Füßen dieses Forts liegt auf einer flachen weit vorspringenden Halbinsel die Hauptstadt des Archipels.

Von unserem Dampfer aus machte sie einen recht nüchternen Eindruck, denn ich sah nur niedrige Chinesen= und Malaienhäuser, dicht aneinandergedrängt, und darüber hinaus nichts als jenen überaus üppigen Baumwuchs, der auch die anderen Inseln bedeckt; nirgends war ein Europäerhaus wahrzunehmen. Gab es denn keine Weißen dort? Die Stettin lag endlich an einer der beiden kleinen Landungsbrücken dieses in ganz Ostasien bekannten und vielbesuchten Hafens, aber auch unter den vielen uns erwartenden Menschen entdeckte ich kein Bleichgesicht. Nur schwarze Alfuren und Aruleute, dunkelbraune Araber und Buginesen, gelbe Chinesen, dazwischen alle möglichen Schattierungen jener Kleidung, die die Menschen mit auf die Welt bringen, und sehr wenig andere Kleidung darüber. Ist Banda ein zweites Amboina? Beinahe, denn auch hier liegt der Handel fast ausschließlich in den Händen der Chinesen und Araber, sogar die Agentur des Norddeutschen Lloyd sowie der anderen Dampferlinien ist einer chinesischen Firma anvertraut. Wir in Europa sind immer geneigt, diese langbezopften Söhne des Himmels als Eindringlinge anzusehen, die unseren Handel, unsere Einnahmen durch erdrückenden Wettbewerb schmälern, aber wenn wir die Sache recht betrachten, dann müssen wir uns selbst diese Rolle zusprechen. Die Chinesen waren schon seit undenklichen Zeiten im Sunda= und Molukkenarchipel ansässig, und als die Araber vor sechs Jahrhunderten ihre Eroberungszüge bis hierher ausdehnten, fanden sie die Chinesen bereits seit vielleicht ebensovielen Jahrhunderten im lebhaften Handelsverkehr mit diesen Inseln. Von den arabischen Eroberern giebt es heute noch zahlreiche Abkömmlinge in den Sundainseln, besonders auf Java. Die Sultane der beiden Borneo= reiche Pontjanak und Kutai stammen ebenfalls von solchen Arabern ab. Die Portugiesen kamen erst drei Jahrhunderte, die Holländer zwei Jahrhunderte später; ihnen folgten die Engländer, dann die Deutschen, und diese Deutschen haben sich dennoch wenigstens auf Java, Sumatra, Celebes einen Platz gesichert, der nur von den Holländern über= troffen wird. Gegen all' diese kommerziellen Eroberungszüge haben die Chinesen stand= gehalten, besonders auf den Molukken, wo sie nicht etwa Kulis, sondern Herren sind, und wo die schweren Arbeiten ausschließlich von der eingeborenen Bevölkerung verrichtet werden.

Während diese letztere sich um unseren Dampfer drängte, um das Ein= und Ausladen der Frachten vorzunehmen, wanderte ich durch die belebten Straßen, in denen ich, wie gesagt, nur dunkelhäutigen Menschen begegnete. Nirgends ein Europäer.

Am Ende der Hafenstraße breitet sich ein weiter grüner Platz aus; in dessen Mitte die Ruinen eines alten portugiesischen Forts liegen. Die einst festen Steinmauern sind mit Unkraut überwuchert, der Wallgraben mit allerhand Wasserpflanzen gefüllt. Neben der Kirche und dem Postamte erhebt sich ein kleines offenes Wachthäuschen, von dessen Decke eine hölzerne Trommel hängt. In der einen Ecke lehnen ein paar Heugabeln mit langen Stielen, und auf dem Boden kauert ein schwarzer Polizist in einem schmutzigen Uniformrock, aber barfuß und ohne Kopfbedeckung. Diese Wachthäuschen habe ich in jeder Stadt von Niederländisch=Indien gefunden. Sie dienen gegen die Amokläufer. Ueberall, wo es Malaien giebt, kommt es häufig vor, daß Menschen, plötzlich vom Wahnsinn ergriffen, ihren Kriß, einen Dolch mit geflammter Klinge, ziehen und, rasend durch die Straßen laufend, alles niederstechen, was ihnen in den Weg kommt. Dann wird von den Polizisten als Warnung die große Holztrommel angeschlagen und der Amokläufer mit den langen Gabeln unschädlich gemacht.

Auf dem Postamte versah den Dienst ein brauner Mischling, der überdies noch das Amt des Hafenmeisters bekleidet. Bis zu Ansichtspostkarten oder Telegraphen hat es Banda noch nicht gebracht. Die letzte Telegraphenstation ist Makassar, und von dort dauert die Fahrt nach dem Bismarckarchipel beinahe zwei Wochen. Banda, um drei Tage näher, ist die letzte Poststation, welche die Stettin auf ihrer Reise berührt.

Von dem alten Portugiesenfort weiter wandernd, gelangte ich endlich in die Europäer= stadt mit ihren reinlichen Straßen und blendendweißen, niedrigen Häusern, die der Mehr= zahl nach vor der Front eine lange Säulenveranda besitzen. Eines der Häuser enthielt ein großes Waarenlager mit der Ueberschrift Lützow & Co., die einzige europäische, noch

Das Klubhaus der Europäer in Neira auf Banda.

dazu deutsche Firma in Banda. Wohl giebt es noch zwei holländische Handelsgesellschaften hier, aber sie beschäftigen sich fast ausschließlich mit den Muskatnußplantagen und ihren Produkten. Auch bei diesen liegt die Verwaltung in deutschen Händen.

Den hübschen stillen altertümlichen Straßen des Europäerviertels, mit dem gewaltigen Vulkankegel des Gunong Api im Hintergrunde, ist ein großer Park mit kolossalen Kanarienbäumen vorgelagert, in welchem die Wohnung des Residenten und der Klub, die Sozietät, wie die Holländer sagen, sich befinden. Zwischen den Orchideenbeeten des Parks hindurch sah ich wieder einen blauen sonnigen Meeresarm schimmern, die eigentliche Reede von Banda, auf der eben einige Segelschiffe der arabischen Perlen= fischer von Banda schaukelten. Damit waren die Sehenswürdigkeiten der Hauptstadt erschöpft. Aber wo soll ich Worte hernehmen, um die Großartigkeit der. sie umgebenden Natur zu schildern, in der ich auf meinen Bootfahrten und Spaziergängen schwelgte? Die ungeheuren Urwälder auf Großbanda, die ausgedehnten stillen lauschigen Plantagen von Muskatbäumen, in deren dunklem glänzenden Laub die goldigen Früchte glühten, die idyllischen Dörfchen der Eingeborenen an den Ufern der tiefblauen und doch so klaren Meeresstraßen, auf denen sich die Kanoes, von ganz derselben Form wie die venetia= nischen Gondeln, schaukelten, und endlich die aller Beschreibung spottenden Korallengärten am Meeresgrunde mit ihrer Formen= und Farbenpracht und dem Geglitzer der sie

bewohnenden Fische, in allen Farben des Regenbogens prangend, der Seesterne, Holo=
thurien, Muscheln u. dergl.? Welche Stunden voll Entzücken und Bewunderung, welches
Aufjauchzen des ganzen Seins, welches Schwelgen im Genuß dieses üppigsten, lieb=
lichsten, schönsten Erdenfleckchens zu Füßen des bröhnenden, finsteren, rauchenden Riesen=
vulkans Gunong Api! Fast schmerzlich empfand ich es, daß ich allein all diese Pracht
sehen sollte, daß nicht Tausende anderer um mich herum waren, um sich mit mir an
diesem Anblick zu freuen. Und als ich endlich abends, gerudert von freundlichen, dienst=
willigen Eingeborenen, nach dem Schiffe zurückfuhr, dessen blendendweißer Rumpf in der
rasch einbrechenden Dämmerung noch erkennbar war, da, ich wollte meinen Ohren nicht
trauen, hörte ich aus der Ferne liebliche Kinderstimmen eine alte deutsche Volksweise singen.
Fürwahr, der Gesang scholl vom Bord der Stettin zu mir herüber. Rasch die
Fallreep emporeilend, sah ich etwa dreißig bis vierzig junge Mädchen, die unter Führung
einer ehrwürdigen Matrone gekommen waren, um das Schiff zu besehen. Der wackere
Kapitän hatte sie durch das ganze Schiff geleitet und mit Thee und Kuchen bewirtet,
und aus Dankbarkeit hatten sie ihm dieses harmlose Ständchen dargebracht.

Der dunkle Kontinent der Südsee.

Auf der Fahrt nach Neuguinea ist Banda der östlichste Hafen des Molukkenmeeres, wo
der Reisende noch einzelne Europäer antrifft. Dort nimmt er Abschied von
allen Segnungen der abendländischen Kultur und gelangt in vollständig wildes, großen=
teils noch unbekanntes Gebiet. Tausende von Inseln, die dort zwischen den Philippinen
und dem dunklen Kontinent der Südsee, Neuguinea, liegen, sind noch niemals von
Europäern besucht worden, viele haben noch nicht einmal einen Namen erhalten, und
die Schiffsexpeditionen, die im Laufe der drei letzten Jahrhunderte dorthin unter=
nommen wurden, lassen sich an den Fingern einer Hand abzählen. Niemand kannte
sie, niemand kümmerte sich um sie, niemals wurden Vermessungen unternommen, ja
nicht einmal ihre genaue geographische Lage ist bestimmt, und da Hollands Kolonial=
besitz ihnen zunächst liegt, so hatte niemand etwas einzuwenden, als Holland diese
Inseln und Inselchen rot=weiß=blau umränderte, ohne von vielen thatsächlich Besitz
genommen zu haben.

Was diese Inseln enthalten, ob sie bewohnt sind oder nicht, wer kann es sagen?
Selbst auf der holländischen Hälfte von Neuguinea ist noch alles in Dunkelheit
gehüllt, und das ganze ungeheure Gebiet, an Größe vier Fünfteln des Deutschen
Reiches gleich, zählt noch keinen einzigen weißen Einwohner. Holland hat für den
östlich von Banda gelegenen Teil seines Kolonialreiches bis jetzt noch nichts gethan,
es ist auch gar nicht im stande, diesen Kolonialbesitz aus eigenen Kräften zu entwickeln,

Ansicht der Insel Amboina.

Vegetation in Küstendörfern.

und beschränkt sich deshalb darauf, alle paar Jahre einmal ein Kriegsschiff dahin zu senden, um wenigstens die Flagge zu zeigen. Die niederländisch = indische Paketfahrt= Gesellschaft unterhält wohl auf Veranlassung der holländischen Regierung eine zwei= monatliche Dampferlinie nach der Humboldtbucht im Norden von Neuguinea, ebenso wie eine dreimonatliche nach dem östlichen Grenzpunkt auf der Südseite dieser Insel, doch ist das einfach eine nutzlose Spazierfahrt, der Handel ist dort gleich null, und der Dampfer, General Pel mit Namen, giebt in diesem sogen. Hafen, noch dazu in meilenweiter Entfernung, ich möchte sagen, nur seine holländische Visitenkarte ab.

Vor kurzem hatte ich Gelegenheit, auf dem General Pel eine Reise von Batavia nach der Insel Billiton zu machen. Der Dampfer kam gerade von Neuguinea, und auf meine Frage, warum das Offizierkorps nicht vollständig sei, erzählte mir der Kapitän, ein Kölner Kind, drei seiner Offiziere seien in dem fraglichen Hafen von den Eingeborenen gefangen und wahrscheinlich aufgefressen worden. Sie hatten sich in einem Ruderboot an die Küste gewagt und waren nicht wieder zurückgekehrt. Der Kapitän konnte ihnen keine Hilfe bringen, denn die Besatzung des Dampfers besteht nur aus Malaien und Chinesen. Natürlich meldete er die Sache der Regierung in Batavia, diese schickte auch ein Kriegsschiff mit einer Abteilung Truppen dorthin, aber es wurden weder die Offiziere noch sonst irgend welche Menschen gefunden, und die Expedition kehrte unverrichteter Sache zurück.

Weiße Menschen, Handelsplätze, Missionen trifft man erst wieder in Kaiser-Wilhelms-land, und wenn in den großen, inselbedeckten Gewässern der östlichen Molukken Schiffsverkehr überhaupt herrscht, so ist es vornehmlich deutscher Schiffsverkehr. Man kann sich nun denken, wie schwierig sich die Fahrt der deutschen Schiffe in Gewässern gestaltet, die großenteils noch unbekannt sind, von denen es keine nur halbwegs richtige Karte giebt, und die mit Klippen und Korallenriffen gefüllt sind. Der Norddeutsche Lloydbampfer Stettin, welcher den Postverkehr mit Deutsch-Neuguinea vermittelt und auf dem ich am 12. April morgens von Banda abreiste, hat da eine recht gefährliche Fahrt. Kapitän und Offiziere sind Tag und Nacht auf der Brücke, um einen sicheren Weg durch dieses auf den Karten unrichtig bezeichnete Insellabyrinth mit seinen heftigen Meeresströmungen zu finden, und ich werde nie den Anblick vergessen, der sich mir am 13. April morgens darbot. Dort am Aequator giebt es keine Morgendämmerung, der Tag folgt plötzlich der finsteren Nacht, und als die Sonne am Horizont erschien, sah ich auf etwa zwei Seemeilen Entfernung eine lange fast unabsehbare Reihe hoher steiler Felstürme aus dem rot beleuchteten Meere wie ungeheure Palissaden aufragen. Auf den Karten sind diese merkwürdigen Türme, wahrscheinlich Basaltpfeiler, mit dem Namen Pisangs, d. i. Bananen, verzeichnet, ja es findet sich darauf noch eine zweite ähnliche Klippenreihe, welche den Namen Falsche Pisangs tragen. Eine dritte Gruppe heißt Namenlose Inseln.

Der letzte Leuchtturm, den die holländische Regierung unterhält, befindet sich in Makassar, das gleichzeitig auch die letzte Telegraphenstation ist. Unter solchen Verhältnissen sollen deutsche Schiffe den Verkehr zwischen dem deutschen Mutterlande und den deutschen Kolonien aufrecht erhalten! Hält Holland an seinem Besitz in diesen unbekannten Gewässern fest, dann, so scheint es mir, hat es auch die Verpflichtung, richtige Karten von seinem Besitz herstellen zu lassen und an besonders gefährlichen Passagen Leuchttürme zu unterhalten. Wenn die Türkei, Persien und Marokko diesen internationalen Verpflichtungen nachkommen, so könnte man das gewiß auch von Holland erwarten. Die Kapitäne der deutschen Schiffe werden ihm mit dem größten Vergnügen die Punkte angeben, wo solche Leuchttürme zur Sicherung ihrer Fahrt erforderlich sind.

Am 13. April mittags wurden zuerst am östlichen Horizont die hohen Gebirgs=
massen Neuguineas sichtbar, und während der folgenden vier Tage blieben seine steilen
bewaldeten Küsten stets in unserer Sehweite, ja mitunter näherten wir uns so, daß wir
die einzelnen Riesenstämme der Urwaldsbäume deutlich unterscheiden konnten. Das war
vor allem in der von steilen hohen Küsten eingeschlossenen Pittstraße der Fall, so eng,
wie etwa der Rhein bei Bingen. Aber während dort die tausendjährige Kultur das ganze
Antlitz der Gegend verändert hat, ist hier alles im reinsten Urzustande; hochstämmiger
Urwald mit den herrlichsten Baumriesen der Tropen bedeckt die Höhen vom Fuße bis
an den Kamm, und ebenso zeigen sich auch alle kulissenförmig dahinter sich auftürmen=
den Bergzüge so vollständig bewaldet, daß nicht das kleinste Stückchen nackten Erd=
bodens zu sehen ist. Vier Tage lang bahnte sich wie gesagt unser wackeres Schiff
den Weg durch die einsame Wasserwüste, ohne daß wir ein Schiff oder auch nur ein
Kanoe zu Gesicht bekommen hätten. Ebenso einsam und verlassen erschien uns auch
der dunkle Kontinent der Südsee, das ungeheure Neuguinea mit seinen mächtigen
Gebirgen. Die ganze Bevölkerung der Insel wird ja nur auf 600 000 bis 700 000 Menschen
geschätzt, es entfällt also auf den Quadratkilometer kaum ein Einwohner. Nahezu
vierhundert Jahre sind seit der Entdeckung der Insel durch den Portugiesen Don Jorge
de Menezes vergangen (1526), in derselben Zeit wurden ganze Kontinente, wie Amerika
und Australien, der Kultur gegeben, ein dritter Kontinent Afrika eröffnet, nur Neuguinea
allein blieb die ganze Zeit über so, wie es damals war, und erst jetzt geht es seiner
Erschließung entgegen, an der das deutsche Volk in erster Linie beteiligt ist. Während
ich diese Zeilen schrieb, warteten die katholischen Missionare und die Beamten der Neu=
guinea=Gesellschaft in dem nächsten deutschen Orte, in Berlinhafen, wohl mit Ungeduld
auf den Postdampfer, der ihnen zum ersten Male nach zwei Monaten wieder Nach=
richten aus der Heimat bringen sollte, dazu Lebensmittel, Bedarfsartikel der verschiedensten
Art. Zwei Monate ohne Nachricht von den Ihrigen, ebenso wie die Ihrigen zwei
Monate ohne Nachricht von ihnen sind und nicht einmal wissen, ob sie noch leben!
So sollte auch der Gouverneur des deutschen Besitzes in der Südsee, Herr v. Bennigsen,
erst nach der Ankunft unseres Dampfers in Herbertshöhe den Tod seines Bruders
erfahren, der schon zwei Monate vorher erfolgt war.

Von der ungeheuren Ausdehnung Neuguineas, dieser größten Insel, oder wenn man
will, dieses kleinsten Kontinents der Erde, bekommt man erst die richtige Vorstellung,
wenn man selbst seine Nordküste entlang fährt. Dreiviertel Millionen Quadratkilo=
meter Flächeninhalt ist leichter gesagt als gedacht. So groß sind etwa das Deutsche
Reich, Belgien, Holland, Dänemark, die Schweiz und noch ein Stück von Frankreich
dazu. Davon hat sich das Deutsche Reich rechtzeitig ein Stück von 181 000 Quadrat=
kilometer, also beiläufig so viel wie Süddeutschland, Westfalen und Rheinpreußen zu=
sammengenommen, gesichert. Heute mag dieses Stück nur so viele Einwohner zählen,
wie vielleicht die Stadt Mainz, und diese Einwohner sind noch dazu wilde Papuaner,
unter denen im ganzen vielleicht achtzig Weiße wohnen, aber der Anfang ist gemacht.
Ebenso ist es ja auch in dem benachbarten Australien zu Beginn des neunzehnten

2*

Jahrhunderts gewesen, und zu Ende desselben wohnten dort viele Millionen Weißer. Neuguinea kommt ein Jahrhundert später an die Reihe. Ob die Entwickelung dieses dunklen Festlandes der Südsee ebenso rasch vor sich gehen wird?

Als ich, von den Molukken kommend, vom Deck des Norddeutschen Lloydbampfers Stettin aus die hohen, dicht bewalbeten Küsten Neuguineas vor mir auftauchen sah, schien es mir nicht so. Ein Bergzug hinter dem anderen, einer höher als der andere, und alles, alles, vom Strande hinauf bis an die höchsten Kämme mit dunklem Urwald bedeckt. Keine Bucht, kein Hafen, keine Felder und Wiesen, kein Haus. Düster und öde wie das weite Meer, das wir durchfurchten, zeigte sich auch das Land, das es im Süden begrenzt. Wie auf seiner Westspitze, so ist der Charakter auch längs der ganzen breitausend Kilometer bis zur Ostspitze, und um diese herum, die Südküste entlang. Vier ganze Tage dauerte die Fahrt bis zur ersten Station, ohne die geringste Abwechselung. Wir sahen wohl die Stelle, wo Holländisch=Neuguinea aufhört und das deutsche Gebiet anfängt, aber nichts kennzeichnet sie als der Längen= grad auf der Landkarte. Wir sahen auch die Stelle, wo der erste deutsche Hafen liegen soll, der in nicht sehr schmeichelhafter Weise für die Holländer den Namen Angriffshafen führt. Ließe sich nicht ein etwas weniger zu mißdeutender Name finden als dieser? Längs der ganzen Küste von Kaiser=Wilhelmsland hat ja schon jede Einbuchtung, jeder Berg, jede Klippe den Namen irgend eines deutschen Prinzen, Ministers, Kommer= zienrates oder Kapitäns erhalten, auf der Landkarte wimmeln förmlich die deutschen Namen wie im Staate Wisconsin in Nordamerika. Der Grund und Zweck eines solchen Namens (man denkt dabei schon an Geschützbatterieen, Minen und Torpedos) ist nicht leicht einzusehen; und eine Aenderung desselben wäre gewiß bringend nötig, zumal die Neuguinea=Gesellschaft Anfang 1900 eine neue Handelsstation mit einem deutschen Vor= steher hier errichtet hat. Hat man Berlin und Potsdam zu Taufpaten der beiden nächsten Guineahäfen gemacht, dann wird sich doch noch ein Städtlein im Deutschen Reich finden, das zu einem derartigen Ehrenposten auch im Angriffshafen fähig ist. Warum nicht Wannsee oder Grunewald oder Spandau? Ich betrachte aber auch diese Namengebung als einen Unsinn und Unfug. Man hat es hier mit einer eingeborenen Bevölkerung zu thun, die zu einem innigen Handelsverkehr mit den deutschen Händlern herangezogen werden soll. Die Eingeborenen haben jedem einzelnen Berg, jedem Felsen, jedem Bach einen Namen gegeben, welcher in der ganzen Umgebung bekannt ist. Nun auf einmal sollen diese, überdies sehr wohlklingenden Namen in Berlinhafen oder Neu= landsberg umgetauft werden. Es scheint mir wahrhaftig zu genügen, daß man ver= schiedenen Prinzen Preußens, dazu verschiedenen Ministern, Kolonialbeamten und Finanziers irgend eine Bucht oder einen Berg gewidmet hat, jetzt sollte doch endlich die einheimische Namengebung zu Ehren kommen!

Berlinhafen, das unser Schiff bald darauf erreichte, ist erst seit 1897 eine Handels= station der Neuguinea=Gesellschaft. Der erste Weiße, der sich dort ansiedelte, war ein früherer Beamter der Neuguinea=Gesellschaft, namens Ludwig Kärnbach. 1894 gab er seine Stellung auf, um sich hier auf Hunderte von Kilometern in der Runde als

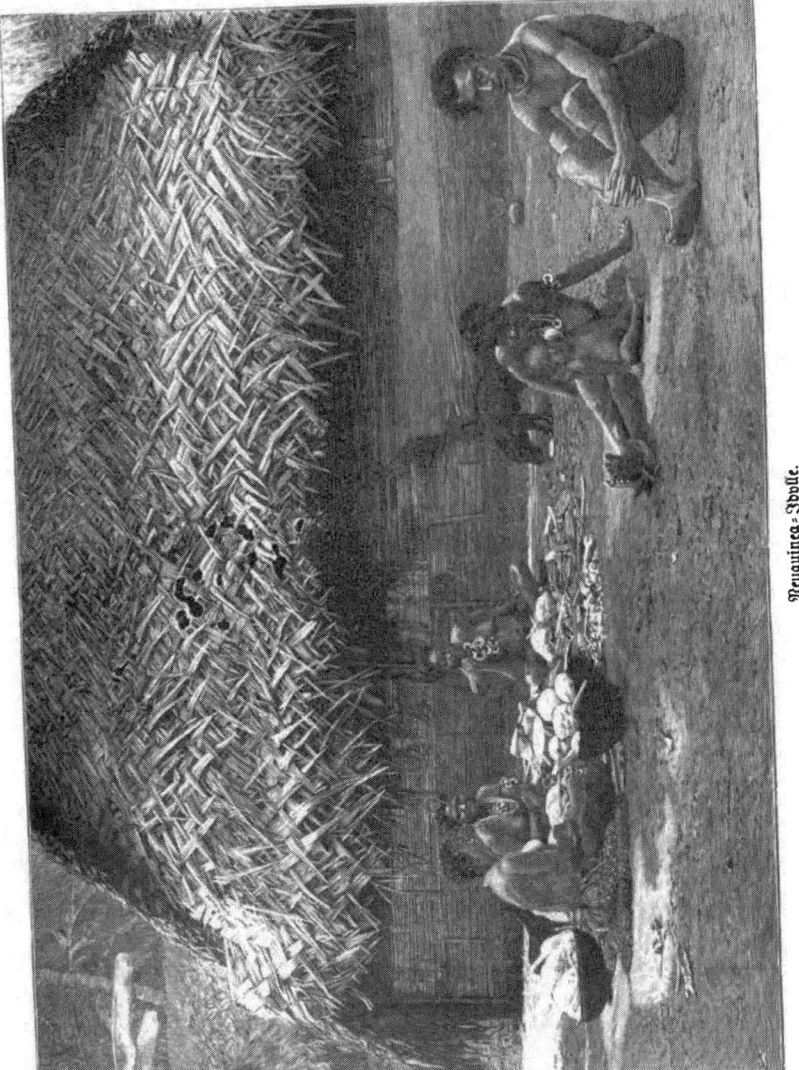

Neuguinea-Jbylle.

einziger Händler weißer Raffe zu etablieren. Er legte auf der Insel Seleo die erften Kokospflanzungen an und begann auch mit den benachbarten Inseln und dem Feftland= gebiete Handel zu treiben. Sein Anfang Februar 1897 erfolgter Tod veranlaßte die Neu= guinea=Gesellschaft, diefen fehr günftig gelegenen Handelsposten zu übernehmen. Auch das in den Neuguineagewäffern ftationierte Vermeffungsschiff „Möwe" kam im Sommer 1897 hierher, um die erforderlichen Aufnahmen zu machen, und bei diefer Gelegenheit kam es zu einem blutigen Scharmützel mit den Eingeborenen. Auf der am Eingang der weiten Bucht gelegenen Infel Alij follte ein „Möwenpfeiler" zur dauernden Be= zeichnung eines trigonometrisch feftgelegten Punktes errichtet werden. Dazu wurde ein Offizier mit einigen Mannschaften auf die Insel gesandt, die faft bis an den Strand dicht bewaldet ift. Um den Signalpfeiler weithin fichtbar zu machen, mußte ein Teil des Strandes vom Baumwuchs befreit werden, und wacker machten fich die Seeleute zunächft an das Umhauen des Unterholzes. Inzwischen hatten fich die mit Speeren, Bogen und Pfeilen bewaffneten männlichen Infelbewohner dort zusammengefunden und beobachteten das Thun der weißen Fremdlinge, ohne jedoch eine feindliche Haltung anzunehmen. Es galt noch einen mächtigen Baumriesen zu fällen, der unglücklicherweise von den Eingeborenen mit dem Tabu belegt, d. h. heilig und unantaftbar war. Kaum waren die erften Artschläge auf den Stamm gefallen, fo wurden die ahnungslosen Matrosen mit einem Hagel von Pfeilen und Speeren überschüttet. Waffenlos wie fie waren, mußten fie trachten, rasch ihr Boot zu erreichen, nur gedeckt durch das Revolver= feuer des Offiziers. Wir hatten diesmal einen Beamten der Neuguinea=Gesellschaft an Bord, der Mitglied der Landungsabteilung war und nicht weniger als fieben Ver= wundungen durch Pfeile und Lanzenstiche davongetragen hatte. Zwei Pfeile und eine Lanze mußten ihrer Widerhaken wegen der ganzen Länge nach durch den Körper des wackeren Seemanns gezogen werden. Aus feinem Munde hörte ich die Einzelheiten diefes hinterliftigen Angriffs.

Natürlich folgte die Strafe auf dem Fuße. Die Ortschaften der Eingeborenen wurden in Brand gesteckt. Viele der letzteren büßten dabei ihr Leben ein, andere wurden gefangen genommen und nach Herbertshöhe gebracht. Das ganze Ereignis war fehr bedauerlich, denn die Einwohner von Alij find begreiflicherweise heute noch den Weißen gegenüber mißtrauisch und feindlich gesinnt. Und doch war es nur das Eingreifen der Weißen, das fie dazu gemacht hat. Wie follten diese aber auch wiffen, daß fie fich an einem unantaftbaren Baume vergriffen? Wie hier, fo find auch zahlreiche andere blutige Kämpfe im Schutzgebiet auf derlei unscheinbare Ursachen zurückzuführen, und die Ver= teidigung ihres Landes, ihrer Rechte und Gebräuche mit den Waffen in der Hand hat viel dazu beigetragen, daß die Eingeborenen als blutdürftig und hinterliftig ver= schrieen find.

Papuaner im Kanoe.

Berlinhafen.

Berlinhafen ist nicht etwa ein Ort, sondern eine weite Bucht, in welcher auf der
Ostseite die Inseln Alij, Seleo und Angell liegen, so nahe aneinander, daß man
von der einen die Bäume und Häuser der anderen mit freiem Auge ganz deutlich unterscheiden kann. Im Hintergrunde zeigt sich die Neuguineaküste, flach, sumpfig und dicht
bewaldet. Der deutsche Postdampfer geht zuerst vor Tamara auf der Insel Tumleo,
dem Sitz der katholischen Mission von Steyl, dann vor Seleo, dem Sitz der Neuguinea-
faktorei, vor Anker und pflegt im ganzen zwei Tage in der Bucht liegen zu bleiben.

Dieser Aufenthalt ist für die Passagiere von höchstem Interesse, denn sie haben dadurch
Gelegenheit, die eingeborenen Papuaner hier in ihrer ganzen wilden und malerischen Ursprünglichkeit kennen zu lernen. Ihnen gegenüber treten die Missionen und Plantagen, man muß es
offen gestehen, weit in den Hintergrund. Ich habe auf meinen Reisen durch alle Welt-
teile, die sich nun über ein Vierteljahrhundert erstrecken, eine große Zahl von Völkern
kennen gelernt, aber keines darunter erschien mir so eigenartig, so durchaus verschieden
von den anderen, wie die Bewohner von Neuguinea.

Kaum waren wir nahe der Insel Tumleo vor Anker gegangen, als auch schon die
Boote von der gegenüberliegenden Missionsstation Tamara eintrafen, um ihre Post und
Waren in Empfang zu nehmen. Aber rascher noch kamen die schlanken Kanoes der Ein=
geborenen, ausgehöhlte Baumstämme mit seitlichen Auslegern zur Verhinderung des
Umkippens, herangerudert, um ihre grotesken Waffen, Gerätschaften und Schmuckgegen=
stände gegen Beile, Meißel, Tabak, Perlen und anderes einzutauschen. Bald war das große
Schiff von ihnen umringt. Ihre Insassen sahen aus, als hätte die Hölle ihre Teufel
zu uns gesandt. Auf den Bildern des Höllenbreughel oder des Brüsseler Wiertz sind
die Diener des Inferno nicht abschreckender dargestellt. Ihre dunkelbraunen, bis auf
ein dünnes Lendenband splitternackten kräftigen Körper waren in den schreiendsten Farben
bemalt. Dicke Striche von Rot, Schwarz, Gelb oder Weiß prangten auf Stirne, Backen
und Brust, manche hatten den ganzen Kopf und Oberkörper mit Mennigrot beschmiert,
schwarze Linien von der Nase nach der Stirn gezogen, die Augen weiß und schwarz
umrändert; fingerlange, streichholzdicke Hölzer steckten wagrecht in ihrer Nasenscheidewand,
die Ohrläppchen hatten Oeffnungen von zwei Fingern Durchmesser, in denen spannen=
lange geschnitzte Hölzer, Eberzähne, Muscheln, Perlmutterstücke, Federn u. dergl. steckten.
Das dicke, steife, weit vom Kopfe abstehende Kraushaar war rot, gelb oder weiß gefärbt
und mit Federn, Kämmen oder Diademen aus allerhand Tierzähnen geschmückt. Viele
trugen riesige Perrücken. Bei manchen war das lange Scheitelhaar durch einen hand=
breiten, spannenlangen Cylinder aus Bambusgeflecht gezogen und bildete darüber einen
mächtigen Schopf. An ihren Oberarmen trugen sie Armbänder aus Flechtwerk oder
Schildpatt und um den Hals bunten Zahn= und Federschmuck, während von diesem
sonderbaren Halsband über den Rücken Reisig= und Blumenbündel herabhingen. Auf
Brust und Armen war die Haut mit künstlichen bleistiftdicken Schnittnarben bedeckt, um
den Hals trugen sie allerhand Fetische und Perlen oder Muschelschmuck, in den auf den
Oberarmen sitzenden Armbändern steckten Grasbündel, und ebensolche hingen auch hinten
über den Rücken. Manche hatten den ganzen Oberkörper brennrot angestrichen, andere
nur Streifen darüber geschmiert, und waren Leute da, welche keine Bemalung trugen,
so hatte das seinen Grund in der scheußlichen Ringwurmkrankheit, welche ihre Haut mit
grauen Schuppen bedeckte.

Ihre Gesichter mit den langen Nasen und dichten Augenbrauen zeigen einen aus=
gesprochen jüdischen Typus. Wie ich nachher erfuhr, schmücken sich die Männer in
der geschilderten Weise nur zu Festlichkeiten, als welche auch der Besuch des großen
Dampfers gilt. Entgegen den Gebräuchen bei anderen Völkern schmücken sich die Frauen
hier wenig, und es kann von einer weiblichen Eitelkeit nicht gesprochen werden. Eitel
zu sein ist hier Sache der Männer.

Indessen, so wild und unmenschlich diese unverfälschten Söhne der Tropenwildnis
auch aussehen mochten, sie machten mit einer gewissen Unterwürfigkeit Platz, als die
Boote der Missionare angefahren kamen: der apostolische Präfekt, P. Limbrock, P. Vor=
mann und einige Brüder. Auf dem Schiffe war man über das Schicksal dieser Herren
ein wenig bange gewesen, denn die Möglichkeit lag vor, daß die Einwohner der

Bewohner von Berlinhafen, Neuguinea.

zerstörten Hansabuchtdörfer, von denen
weiter unten die Rede ist, sich an der
Mission gerächt hatten; der Kapitän
hatte vorsichtshalber auch Gewehre und
Revolver unter die Passagiere und
Mannschaften verteilen lassen. Glück=
licherweise erwiesen sich unsere Be=
fürchtungen als grundlos, und brachten
uns die Missionare auch die Kunde
von einem schweren Trauerfall, so hatte
dieser nicht die Tücke der Eingeborenen,
sondern jene des Fieberklimas von Neu=
guinea zur Ursache. Nahe der Insel
Tumleo an der flachen Festlandküste
konnten wir deutlich zwei kleine Well=
blechhäuser wahrnehmen mit dem
Kreuzeszeichen auf dem Dach. Dort,
in der Station Limieng, auch Leming
geschrieben, hauste während der letzten
Jahre der aus Stolberg im Rheinland
stammende Pater Schleiermacher, von
dessen Menschenliebe und Güte uns
schon der Kapitän des Dampfers sowie

Mann von Angell (Berlinhafen), Armringe anfertigend.

einige Passagiere aus den Neuguineastationen erzählt hatten, und alle freuten sich herz=
lich darauf, diesen bescheidenen liebenswürdigen Mann und wahren Diener Gottes
wiederzusehen. Aber er weilte nicht mehr unter den Lebenden. Nach der Hansabucht=
expedition hatte er noch den kaiserlichen Richter Dr. Hahl für kurze Zeit bei sich beherbergt,
und zwei Tage nach dessen Abreise starb er an dem heimtückischen Schwarzwasserfieber.

Als uns das Missionsboot auf der Insel an Land gesetzt hatte, war unser erster
Gang zu seinem noch frischen Grabe, das mitten zwischen hohen, schönen Kokospalmen
im losen Sande liegt. Das kleine Blumenbeet rings um den Hügel ist mit Korallen=
stücken aus den nahen herrlichen Korallengärten der Insel Angell eingefaßt; aus der
Grabschrift entnahm ich, daß P. Schleiermacher am 22. März 1900 in seinem achtund=
dreißigsten Lebensjahre gestorben war. Friede seiner Asche!

Auf einem sanften Hügel nahe diesem ersten Grabe von Tumleo wird binnen kurzem
eine neue Kirche gebaut werden, die erste Kirche von Deutsch=Neuguinea. Unser Dampfer
brachte einen großen Teil des Baumateriales dazu. Die Erbauer aber werden wie bei
den meisten Missionskirchen die Patres und Brüder selbst sein. Die Pläne zeigen ein
einfaches aber geschmackvolles Gebäude mit zwei Türmen, nach dem Muster der neuen
großen Kirche in Herbertshöhe auf Neupommern, dem Sitz des Bischofs Couppée,
apostolischen Vikars für den ganzen Bismarckarchipel. Vorderhand dient der Mission

An der Landungsbrücke von Berlinhafen.

ein einfaches Kirchlein, um welches auch die anderen Gebäude, fünf an der Zahl,
gruppiert liegen. Obschon nur aus Holz gebaut und mit Wellblech gedeckt, ist es
doch zu verwundern, daß in den wenigen Jahren des Bestandes der Mission (sie
wurde im Herbst 1896 gegründet) so viel geleistet werden konnte. Nur das Wohn=
haus der Missionare wurde von Europa hierhergesandt, die Kosten desselben waren
aber so groß, daß man beschloß, die anderen Bauten aus dem massenhaft vorhandenen
Holz an Ort und Stelle zu zimmern. Wenn man bedenkt, daß den zwei Priestern
und drei Brüdern keine Handwerker irgend welcher Art zur Verfügung standen, und
daß die Eingeborenen der Insel, wenn überhaupt, so doch nur für die gewöhnlichsten
Handlangerdienste verwendbar waren, so muß das Ergebnis, wie es sich heute zeigt,
gerechtes Staunen erwecken. Tumleo war in dieser Hinsicht eine reine Robinson=Crusoe=
insel. Alles und jedes mußte erst geschaffen werden, denn bei der Ankunft der
Missionare war absolut nichts vorhanden, als die Urwaldbäume, welche den jungfräulichen
Boden bedeckten. Heute, drei Jahre nachher, schreiben und rechnen in dem kleinen Schul=
gebäude neben der Mission etwa dreißig Kanakenjungen und lernen die deutsche Sprache.
Einen Steinwurf weiter liegt das Wohnhaus der sechs Schwestern vom heiligen Geist,
die ihrerseits wieder in einer Mädchenschule gegen dreißig Kanakentöchter unter=
richten. Diese bescheidenen, mit Röcken und Jäckchen bekleideten Mädchen, diese fleißigen,
munteren Knaben waren die Kinder der roten Teufel, die wir bei der Landung gesehen
hatten. Welcher Unterschied, welcher Fortschritt dank der segensreichen aufopfernden
Thätigkeit dieser wenigen Männer Gottes, die hier ganz abgeschlossen von aller Kultur,

Eingeborene von Tamara (Berlinhafen). Im Hintergrund ein Tamboranhaus.

voll Entbehrungen und Gefahren ihres Amtes walten. Nicht genug damit. Von den
etwa dreihundert Einwohnern der Insel, auf welcher die Missionsstation Tamara liegt, sind
bereits ein drittel getauft, und in wenigen Jahren dürfte die ganze Bevölkerung dem
Fetischdienst und Geisterglauben entrissen sein. Als die Missionare hier eintrafen, waren
die Einwohner auf dem besten Wege, ganz auszusterben! Blattern und Lungenkrank=
heiten hatten sie dezimiert, neugeborene Töchter wurden häufig ins Wasser geworfen, und die
ungenügende Nahrung that den Rest. Dazu ist der Kindersegen überhaupt nicht groß,
jede Familie hat im Durchschnitt nur zwei Kinder. In der letzten Zeit ist die Ein=
wohnerzahl wieder in Zunahme begriffen. Die Leute sehen, wie auf der Mission gearbeitet
wird; sie sehen Kokosnußpflanzungen, Gemüsegärten, Tarofelder entstehen, Hühner, Enten,

Frauen in der Umgebung von Berlinhafen.

Gänse, Schweine werden rationell gezüchtet. Es beginnt nun auch bei ihnen zu dämmern. Die Töpferei, die einzige Industrie, der sie sich widmen, gleichzeitig die einzige nennens= werte der Papuaner längs der ganzen Neuguineaküste, wird wieder eifriger betrieben, und die Eingeborenen der anderen Dörfer, selbst aus weiter Entfernung, kommen in ihren Kanoes wieder zahlreicher hierher, um diese vielbegehrten Waren gegen Kokosnüsse und dergleichen einzuhandeln, mit einem Worte: es geht vorwärts, und das ist einzig und allein der Mission zuzuschreiben. Der apostolische Präfekt P. Eberhard Limbrock ist der Leiter derselben, dem P. Joseph Erdweg zur Seite steht. Vor kurzem ist noch ein dritter Priester, P. Vormann, hier eingetroffen, dessen Bruder Franz im Jahre 1899 die Mission in Potsdamhafen gegründet hat.

Die kleine Missionsstation Leming auf dem gegenüberliegenden Festlande ist nicht so rasch vorwärts gekommen, denn Unruhen haben die Einwohner in der letzten Zeit ver= trieben, und die Missionsschulen mußten vorläufig geschlossen werden. Das böse Malaria= fieber, an welchem in Kaiser=Wilhelmsland viele Weiße leiden, wütet gerade dort sehr heftig: an Stelle des verstorbenen P. Schleiermacher trat P. Spoelgen als Leiter der Mission;

aber auch seine Thätigkeit wurde durch Malaria zeitweilig lahmgelegt, und einige Monate später erlag er dem tückischen Schwarzwasserfieber, das zweite Opfer der so jungen Mission! In Begleitung des Präfekten durchwanderte ich die armseligen, aber dennoch hoch= interessanten Dörfer der Papuaner, mit ihren kleinen mit Attapblättern eingedeckten Bambushütten und ihren grotesken Tamborans oder Geisterhäusern, in welchen die Männer unter allerhand Fetischen, aus Holz geschnitzten obscönen Götzendarstellungen, Eidechsen und Krokodilköpfen, die Schädel ihrer verstorbenen Väter und Brüder in Reihen aufbewahren, und wo sie auch ihre Orgien und Eßgelage abhalten.

Von den Dächern springen lange Spitzen hervor, die mit allerhand Fetischen, Tier= köpfen, roh geschnitzten Holzgötzen u. dergl. dicht behängt sind. Ebenso grotesk geschnitzte steile Leitern führen zu dem in Manneshöhe über dem Erdboden liegenden inneren Raum, dessen Betreten den Frauen auf das strengste verboten ist. Die Missionare haben bis jetzt in ihren rohen Sitten und Gebräuchen keinen Wandel ·schaffen können, aber die Inselbewohner haben wenigstens nichts dagegen einzuwenden, daß ihre Kinder in der Missionsschule erzogen werden.

Ueberall wurden wir von den wildaussehenden, mit Speeren, Bogen und kunstvoll geschnitzten Pfeilen bewaffneten Leuten auf das freundlichste empfangen. Sie führten uns in ihre auf Pfählen meterhoch über der Erde stehenden Bambushäuser, riefen ihre nur mit einem Grasschurz bekleideten, keineswegs hübschen Frauen herbei und ließen uns sogar ihre Tamboran betreten, die schon durch ihr höchst eigentümliches, schwer zu schilderndes Aeußere unsere Aufmerksamkeit fesselten. Die Gräber der Verstorbenen befinden sich rings um diese Geisterhäuser, andere auch ganz dicht bei den Wohnhütten, überall, wo es ihnen eben paßt. Im Inneren einer solchen zeigte mir P. Limbrock sogar die schon mehrere Monate alte Leiche eines Mannes, in einem schlecht gezimmerten, mit Bast umwickelten Sarg liegend, neben den Schlafstellen der Familie, und noch dazu in demselben Raume. Sind die Leichen verwest, so werden die Knochen ausgegraben und einfach ins Gebüsch geworfen. Auf einer leichten, mit Dickicht bewachsenen Erhebung in einem dieser Dörfer lagen Hunderte von Schädeln und Knochen im Mist, und unmittel= bar dahinter, im Schatten herrlicher hochgewachsener Kokospalmen, feierte eben eine Anzahl nackter Papuaner ein Eßgelage mit Fischen und Sagokuchen. Frauen werden auch dazu niemals zugezogen. Diese armseligen, abstoßend häßlichen Wesen mit männ= lichen harten Gesichtszügen pflegen ihre Kinder oder arbeiten den ganzen Tag über, während die Herren der Schöpfung faulenzen. Man sieht, es giebt hier noch viel zu thun.

Auf der Insel Tumleo befinden sich die Eingeborenendörfer Sapi, Anopas, Taman, Alij und Einamul mit je vierzig bis sechzig Einwohnern, dagegen sind die Lagunendörfer an der nahen Neuguineaküste, wie z. B. Barapul, Arop, Suffane stark bevölkert und mögen bis dreitausend Einwohner besitzen. Das größte Lagunendorf ist Barapul.

Stationshaus in Seleo.

Seleo, eine Handelsstation der Neuguinea-Gesellschaft.

Auf der östlicher, Tumleo gegenüberliegenden Seite der Bucht liegt die kleinere Insel Seleo mit der Handelsstation der Neuguinea-Gesellschaft, deren damaliger Leiter, Herr Behse, uns auf das freundlichste empfing. Er war gleichzeitig der Leiter eines Handelsgebietes, welches die Neuguineaküsten von der Humboldtbucht bis zur Mündung des Kaiserin-Augustaflusses, ferner die umliegenden Inselgruppen umfaßt, mit Handels= stationen auf der Bertrandinsel, in Wokau, Zalliep, Tuwain, Arrop, Valise, Forr, Tarawai, Eham und im Dallmannhafen. Die dort etablierten Händler, zumeist Chinesen und Malaien, aber auch zwei Weiße, tauschen die Landesprodukte, Kokosnüsse, Perl= mutterschalen, Seewalzen (Trepang) u. dergl. gegen Werkzeuge, Beile, Tabak, Glasperlen, Lebensmittel ein. Von Zeit zu Zeit machen die beiden Schoner des Administrators die Runde durch die Stationen, um die eingetauschten Waren abzuholen und nach Seleo zu bringen, von wo sie nach Europa verschifft werden. Die Faktorei in Seleo mit ihrem hübschen Wohnhaus und Garten, mit Warenhäusern, Werkzeugschuppen, Häusern der Eingeborenen, sowie malaiischen und chinesischen Arbeitern macht einen sehr freund= lichen und günstigen Eindruck. Man sieht, daß hier fleißig gearbeitet und alles versucht

Eingeborene von Seleo beim Pfeilschießen.

wird, den Handel und den Ertrag der Plantagen zu heben. Die schwersten Zeiten dürften hier wohl überstanden sein, und auf die empfindlichen Opfer, welche die Neu= guinea=Gesellschaft bisher gebracht hat, wird bald eine Periode der Prosperität folgen, vorausgesetzt, daß man durch die Mißerfolge der letzten Jahre nicht entmutigt wird und den fleißigen Agenten, die hier einsam ihres gefährlichen und entbehrungsvollen Amtes walten, auch die Mittel bewilligt, ohne welche die Einnahmen nicht gehoben werden können: Arbeiter und Schiffe. Die Kokosnußplantagen, eine sichere, nie fehlende Kapitalsanlage, könnten auf dem vorzüglichen Boden auf das Doppelte und Dreifache vergrößert werden, wenn hinreichend Arbeitskräfte vorhanden wären, und ebenso können die Handelsbeziehungen nicht ausgedehnt, der Verkehr mit den anderen Stationen nicht aufrechterhalten werden, solange nicht wenigstens ein kleiner Dampfer dem Abministrator zur Verfügung steht.

Nahe dem auf Pfählen erhöht über dem sandigen Boden gebauten Wohnhause befindet sich an der Küste eine etwa dreißig Meter lange Landungsbrücke mit einem Hebekran. Etwa acht Hektare Urwald sind geklärt und mit achttausend Kokospalmen bepflanzt worden.

Die Kopraausfuhr erreicht heute bereits zwischen achtzig und neunzig Tonnen im Werte von vierzehn bis achtzehntausend Mark. Herr Behse hat sein möglichstes getan, die benachbarten Papuaner zur Arbeit heranzuziehen, und mit der Zeit dürfte es wohl gelingen, aus diesen Naturmenschen halbwegs annehmbare Arbeiter zu machen. Jetzt schon sind ihm verschiedene beim Ausroden des Waldes behilflich.

Hochinteressant gestaltete sich unser Besuch der Papuadörfer, deren Bevölkerung womöglich noch ursprünglicher ist als jene am Tamara. Ich kam mir vor wie auf einem anderen Planeten, als ich im Schatten eigenartiger Palmen und anderer Tropenbäume von ungeheuren Dimensionen zwischen diesen nackten, bemalten und grotesk geputzten Gestalten einherwanderte und sie bei ihren häuslichen Verrichtungen, ihren Spielen und Tänzen sah, Spiele und Tänze, welche der mich begleitende Herr Behse für mich ver= anstalten ließ, und von denen ich auch photographische Aufnahmen machte. Am meisten war ich von der Fertigkeit dieser schwarzen Kerle im Bogenschießen überrascht. Mein Begleiter lud mich ein, ihnen eine Kokospalme zu bezeichnen, von welcher sie die Nüsse abschießen sollten. Ich wählte die höchste Palme, einen Baum von etwa dreißig Meter Höhe. Sofort spannten sie ihre Bogen, die Pfeile schwirrten durch die Luft, und von zwanzig Pfeilen blieben neunzehn in den Nüssen stecken. Auf Geheiß meines Begleiters kletterte nun einer der Leute mit affenartiger Geschwindigkeit bis zur Krone der Palme und warf die Nüsse herab. Die Pfeile waren mitten durchgegangen, und ihre Spitzen ragten auf der anderen Seite einen Fuß lang hervor; ähnliche Fertigkeit hatte ich bisher nur unter den Indianern im Westen Amerikas gefunden.

Ebenso vortrefflich wie im Pfeilschießen zeichneten sich die Männer im Speerwerfen aus, zu dem sie sich eines eigenen Wurfstabes bedienen. In der unmittelbaren Um= gebung von Berlinhafen scheint vorderhand ein ziemlich gutes Einvernehmen mit den Eingeborenen zu herrschen. Dagegen hat Herr Behse mit den entfernter wohnenden schon manchen blutigen Strauß auszufechten gehabt.

Es gewährt einen ganz eigenartigen Genuß, Länder zu besuchen, die bisher von der Berührung mit der alles gleichmachenden Außenwelt so vollständig abgeschlossen waren wie Neuguinea. Ja, in dieser Hinsicht giebt es überhaupt kein Land auf unserem Planeten mehr, das mit diesem dunklen Kontinent der Südsee verglichen werden könnte. Wohin ich auf meinen Reisen bisher gekommen bin, im Innern Südamerikas, in den großen einsamen Gebieten der Hudsonbai, selbst in dem so lange verschlossenen Korea bin ich überall auf Spuren der Civilisation gestoßen, überall fand ich, daß die Ein= geborenen bereits Gegenstände besaßen, die von Weißen stammten, überall kannten sie bereits den Wert des Geldes und wußten etwas von der Außenwelt. Neuguinea aber ist noch heute ein jungfräuliches Land, das noch vollständig unbeeinflußt geblieben ist durch die Weißen, das noch heute seines Livingstone und Stanley harrt und dessen Einwohner noch nicht einmal das Muschelgeld geschweige denn die Münzen kennen. Nirgends ist es mir vorgekommen, daß Menschen ein ihnen gereichtes Silberstück abgelehnt hätten. Die Eingeborenen Neuguineas aber, selbst in den Stationen der Neuguinea=Gesellschaft und in den christlichen Missionen an den Küsten, nehmen als Bezahlung für geleistete Arbeit lieber ein Stück gepreßten Tabak als ein Fünfmarkstück, lieber einen Stofflappen als eine Goldmünze. Für Geld hat also der reisende Europäer

Tamberanhaus in Berlinhafen, Neuguinea.

keine Verwendung, er kann es
mit dem besten Willen nicht
ausgeben, und der Krösus,
der über ungezählte Millionen
verfügt, ist schlimmer daran
als ein armer Händler, der
einen Sack voll Glasperlen
und ein paar Beile besitzt. Der
Einfluß der weißen Händler
ist nicht über ihren eigenen
Grund und Boden hinaus=
gedrungen, und in manchen
Dörfern, die unmittelbar an
Pflanzungen der Weißen
stoßen, fand ich, mit Aus=
nahme von Perlen, Stoff=
lappen, Streichhölzern und
vielleicht ein oder dem anderen
Eisenwerkzeug, nichts, das die
Eingeborenen nicht selbst an=
gefertigt hätten. Ueberall be=
dienen sie sich noch der Stein=
beile, Steinhämmer, Messer aus
Muscheln geschliffen, Pfeile und
Lanzen mit Bambusspitzen,
Dolche aus Kasuarknochen,

Familienbild in Seleo.

Lendentücher aus Gras oder Baumbast. Die Männer rasieren sich ihr Kinn mit einer
scharfgeschliffenen Perlmutterschale, in der Nähe der Handelsstationen mit irgend einem
Glasscherben. Ihre Ackerbauwerkzeuge beschränken sich auf ein Stück Holz, mit dem sie
den Boden auflockern; ihre Küchengerätschaften auf ein paar irdene Töpfe.

Dabei stehen diese merkwürdigen Papuaner auf einer höheren Kulturstufe, als man
unter diesen Umständen anzunehmen geneigt wäre. Sie bedienen sich ihrer primitiven
Werkzeuge mit bewundernswerter Geschicklichkeit, sie bauen sich Häuser mit sehr hübsch
entworfenen Ornamenten und Holzskulpturen, schnitzen aus rohen Baumstämmen die
schönsten Kanoes, bemalen und verzieren sie mit viel Geschmack und wissen auch um die
Segelschiffahrt gut Bescheid. Das ist bei den hier herrschenden Monsunwinden keine
Kleinigkeit. Wie mir Pater Vormann mitteilte, üben diese Monsune auf das Leben
der Eingeborenen großen Einfluß aus. Ist bei Südostmonsun das Meer spiegelglatt
und das Wetter klar, dann fahren die Papuaner in ihren Kanoes von Insel zu Insel,
oder wandern auf dem Festlande von einem befreundeten Dorfe zum andern, häufig
auch ihre Weiber und Kinder mit sich nehmend. Beim Nordwestmonsun, gewissermaßen

ihrem Winter, bleiben die Papuaner gewöhnlich zu Hause und geben sich dem Müßiggang in Festgelagen und Tänzen hin, ohne daß die Nachtschwärmerei in besonders unsittliche Orgien ausarten würde. Sie sind überhaupt eher ein schlaffes, energieloses, frieden= liebendes Volk, und Mädchenraub, Sklavenjagden, Raubzüge nach anderen Dörfern kommmen nur selten vor. Sie huldigen nicht der Vielweiberei, kaufen auch ihre Frauen nicht, wie es im Bismarckarchipel geschieht, und die Ehen werden als unzertrennlich angesehen. Dabei ist die Stellung der Frau gar keine so schlechte wie bei anderen Völkern, sie haben ihre Rechte und können bei gemeinschaftlichen Dorfangelegenheiten ebensogut wie im Hause mit das Wort führen. Es herrschen auch ganz entschiedene Keuschheitsbegriffe unter ihnen; beim Baden verbergen sie sich z. B. unter dem Wasser, bis sie ihr Lendentuch wieder angelegt haben. Nahe jedem Dorfe befinden sich auch eigene Gebärhäuschen, in welches sich die Frauen zur Zeit der Niederkunft zurückziehen und die von Männern nicht betreten werden dürfen. Die Papuaner haben entschieden gute Naturanlagen und Begabung, und wenn sie nicht weiter vorgeschritten sind, so hat dies seinen Grund vornehmlich in der Einsamkeit und Abgeschlossenheit, in der die kleinen Dorfgemeinschaften leben. In der Regel stehen sich die verschiedenen Dörfer feindlich gegenüber, und es giebt nur wenige Dörfer, die freundliche Beziehungen zu einander haben. Bei diesem Mangel an Einigkeit hat sich kein Volksstamm zum Herrn über den andern machen können; es giebt auch in den einzelnen Dörfern keine Vorsteher, keine Häuptlinge, keine Wohlhabenden oder Arme, denn sie leben in Gütergemeinschaft. In einem Dorfe in der Nähe von Berlinhafen bekam ich davon eine köstliche Probe. Auf der Suche nach Waffen, Werkzeugen u. dergl. hatte ich natürlich kein Geld, sondern einige Beile, Glasperlen, Messer, etwas Tabak mitgenommen. Als ich in Begleitung eines die Sprache der Dorfbewohner sprechenden Missionars, (jedes Dorf hat hier seine eigene oft von jener des Nachbardorfes ganz verschiedene Sprache) auf den Hauptplatz kam, fand ich die Männer im Schatten des grotesken Fetischhauses umherlungern. Wir traten unter sie, und als ich bei einem der nackten, bemalten Kerle ein hübsches Halsband aus Eberzähnen wahrnahm, bot ich ihm ein kleines Messer dafür. Er deutete aber auf ein Beil. Der Missionar sagte ihm, das Beil sei wertvoller als sein Halsband, er müsse noch ein Armband, ein paar Lanzen und Ohrgehänge zulegen. Er besprach sich nun mit den anderen, von denen einer sein Armband, ein zweiter die aus Perlmutter= schale geschnitzten Ohrgehänge abnahm und mir darreichte. Nun fehlten noch die Lanzen, und um diese zu bekommen, schickten die Männer die umherstehenden Jungen in die verschiedenen Häuser. Bald war ein ganzer Stoß von Lanzen beisammen, ich wählte die mir passenden aus und gab für all die Gegenstände mein Beil. Das war aber den Papuanern zu wenig. Durch Beifügung von zwei Messern wurden wir handels= einig. Diese letzteren, ebenso wie das Beil, wurden indessen nicht Eigentum eines ein= zelnen, sondern des ganzen Dorfes.

Ebenso zahlt auch die Neuguinea=Gesellschaft ihre Arbeiter mit Tauschwaren. Die Papuaner haben sich auch schon in der Nähe der anderen großen Stationen der Neu= guinea=Gesellschaft daran gewöhnt, für Tabak, Stoffe, Eisenwaren zeitweilig auf den

Plantagen zu arbeiten, ja eine ganze Anzahl haben sich für ein oder zwei Jahre an= werben lassen. Zu ihrer täglichen Kost erhalten sie nach Ablauf jedes Monats noch irgend welche Artikel im Kaufwert von etwa sechs bis acht Mark, und gewöhnlich wählen sie sich den äußerst beliebten schwarzen Stangentabak aus Amerika, dann einen roten Lendenschurz, das sogen. Lawalawa und einen europäischen Hut oder einen roten Türkenfes. Sehr beliebt sind auch die eigentümlichen, fast kreisrund gebogenen Zähne des Ebers oder Halsbänder, Ohrgehänge. Nach Ablauf ihrer zweijährigen Dienstzeit gelangen sie in den Besitz des ersehntesten Gegenstandes, einer verschließbaren Holzkiste, in der sie ihre Siebensachen unterbringen können. Jedes Schloß ist mit einer Schelle versehen, die beim Auf= und Zusperren klingelt, und in diesem Klingeln liegt für sie der Haupt= wert des Köfferchens. Stolz binden sie den Schlüssel an ihr Lendentuch und dünken sich nun Millionäre. Aber der Besitz ist nur so lange ihr persönlicher, als sie nicht in ihr Heimatsdorf zurückkehren. Der Administrator von Berlinhafen erzählte mir darüber ein köstliches Geschichtchen. Ein Papuabursche hatte sich während seiner zweijährigen Verdingung nicht nur den Koffer, sondern Tücher, Hüte, Tabak, Messer und verschiedene andere begehrenswerte Dinge erarbeitet und war damit nach seinem Heimatsdorf gekommen, einen europäischen Hut auf dem Kopfe, den Koffer auf den Schultern und in einer Hand seinen stolzesten Besitz, einen weißen aufgespannten Sonnenschirm, seinen schwarzen Körper beschattend. Er hatte vergessen, daß sein Eigentum wohl im Dienste der Neu= guinea-Gesellschaft, nicht aber zu Hause respektiert wird. Kaum stand er unter seinen Leuten und kramte seine Schätze aus, als ihm auch ein Gegenstand nach dem andern aus den Händen gerissen wurde. Sogar Hut und Lendentuch nahmen die Mitbürger ihm ab und stolzierten selbst damit im Dorfe herum, ohne daß er dagegen etwas thun oder sagen konnte. Nur an seinem Sonnenschirm schien man keinen Gefallen zu finden. Mit diesem Schirm über dem kraushaarigen Kopf sah der Administrator den armen, splitternackten Gesellen am nächsten Morgen wieder einsam am Meeresstrand einher= spazieren. Eine Stunde später trat er in das Bureau der Gesellschaft und bat, wieder zwei Jahre für dieselbe arbeiten zu dürfen.

Durch diese nach der Heimat zurückkehrenden, mit Schätzen reich beladenen Leute wird unter den Dorfbewohnern der Wunsch nach ähnlichem Besitz geweckt, und sie lassen sich heute schon viel leichter anwerben als früher. Die größte Zahl der Arbeiter im Dienste der Neuguinea-Gesellschaft sind Leute aus dem Bismarckarchipel, dann kommen Malaien und Javaner, endlich Chinesen, aber die Eingeborenen von Neuguinea sind heute schon zahlreicher als die Zopfträger. Die letzteren sind und bleiben indessen für Neuguinea die besten und zuverlässigsten Arbeiter und sollten von der Gesellschaft in ihrem eigenen Geschäftsinteresse in viel größerer Zahl angeworben werden. Freilich darf man diese Anwerbung nicht, wie es zuletzt geschah, Agenten übertragen, die großenteils minder= wertiges Material nach Neuguinea sandten, sondern nur Beamten der Gesellschaft, welche sich zu diesem Zwecke persönlich nach Hongkong oder Hainan begeben sollten.

Die Festlandsbewohner dieses Gebietes sind bisher noch niemals mit Weißen in Berührung gekommen. P. Schleiermacher war der erste, der wiederholt Expeditionen

Eingeborene von Seleo.

längs den Küsten und tief ins Innere unternahm und darüber Aufzeichnungen machte, in die mich die Missionare Einsicht nehmen ließen, und die teilweise auch in der sehr interessanten Monatsschrift „Kleiner Herz-Jesubote" der Steyler Mission zum Abdruck gelangten. Ihnen entnehme ich folgende, durch die Missionare ergänzte Einzelheiten: „Die einzelnen Dörfer liegen eine halbe bis zwei Stunden auseinander. Das Dorf, an dessen äußerem Ende unsere Station gelegen ist, heißt Bukan. Es hat 164 Ein= wohner und teilt sich in sieben Gemeinden. Jede Gemeinde hat ein eigenes Gemeinde= haus, hier Offuno genannt. Was dieses Wort eigentlich bedeutet, konnte ich bisher noch nicht sicher feststellen. Bestimmte Thatsache ist, daß die Jünglinge und Witwer Tag und Nacht in und unter demselben verweilen. Der bei dem Forschungsreisenden Zöller so oft gebrauchte Ausdruck Jünglingshaus scheint nicht ganz zutreffend zu sein. Einmal hatten sogar die Mädchen, als ich sie zur Kirche holen wollte, in einem der= selben ihr Versteck gesucht. Wenn auch die zu einem Offuno gehörigen Familien enger zusammenhalten, so sieht man doch sehr oft Männer und Jünglinge anderer Gemeinden ein fremdes Offuno benutzen. Ich sagte: Die zur Gemeinde Gehörenden halten enge zusammen. Es ist mir kein Fall bekannt, daß Mitglieder derselben Gemeinde sich tot= feindlich gegenübergestanden hätten. Hat einer in der Gemeinde das Glück, ein Schwein im Walde zu schießen, so hat jedes andere Gemeindemitglied ein Anteilrecht daran. Alle Gemeinden eines Dorfes haben nur ein Götterhaus, hier Tjamul genannt. Einen Götzenpriester soll es früher gegeben haben, und die Lemingleute zeigen noch jetzt tief im Walde ein zerfallenes Haus, in dem er gewohnt haben soll. Sie berichten auch, daß er unverheiratet gewesen sei und von ihnen Speise und Opfergaben empfangen habe. Oberherrliche Gewalt und Gerichtsbarkeit kennen sie gar nicht, ebenso fehlt jeder Gemeinderat. Auch von sonstigen Ständeunterschieden ist durchaus keine Rede. Frei= heit und Gleichheit, Brüderlichkeit allerdings nur innerhalb der eigenen Gemeinde oder höchstens des Dorfes, gehen über alles.

Die Begrüßungsform besteht in der Frage, was der zu Grüßende thue. So wird man bei einem Gange durch das Dorf immer wieder gefragt: „Wo gehst du hin?" Die stete Antwort ist dann: „Kum neb valman", „Ich sehe die Walman" (Name der ganzen Bevölkerung). Hat man jemand besucht und will fortgehen, so sagt man: „Du bleibst sitzen, ich gehe."

Kriegerisch ist dieses Völkchen durchaus nicht, wenigstens nicht angreifend. Werden sie von ihren Feinden, den Mallol, angegriffen, so verteidigen sie sich. Von allen mir bis jetzt bekannten Stämmen gehen nur die Mallol angriffsweise vor; diese sind aber auch tierisch roh. Ist der Feind im Anzuge, dann flüchten Weib und Kind in den Wald. Männer und Jünglinge schützen ihren Leib so gut als möglich durch Brustschild und Lendenschurz aus Holz und vergiften ihre Pfeile mit Pflanzensaft. Durch Sprünge und ein lautes Kriegsgeschrei entflammen sie ihre Wut und gehen dem Feinde entgegen. Besonders mutig und tapfer scheinen die Küstenbewohner nicht zu sein, denn bis jetzt sind sie noch allemal von den Mallol überwunden worden. Diese verwüsten dabei stets ein Dorf und nehmen alles Brauchbare mit.

Im Vergleich zu den Inseln findet man die Häuser hier an der Küste schöner, geräumiger und mit einem freien, reinlichen Platz umgeben. In der Regel wohnt in einem Hause nur eine Familie. Die Stellung des Mannes ist fast ohne Bedeutung. Dem Kinde gegenüber hat er nur die Ernährungssorgen, bis es gut laufen und sich selbst im Walde etwas holen kann.

Der Frau gegenüber hat der Mann keine höhere Stellung; sie leben und arbeiten friedlich nebeneinander. Vielweiberei ist selten; in Bukan findet sie sich nur in einer Familie. Witwen und Großeltern finden leicht ein Unterkommen.

Die Nachkommenschaft beschränkt sich auf ein bis zwei, selten drei Kinder. Aus= nahmsweise leben in einem Hause fünf rechtmäßige Nachkommen. Nach Aussage der Eingeborenen war früher eine starke Abnahme der Bevölkerung zu bemerken; nach unseren Aufzeichnungen halten sich Geburten und Sterbefälle das Gleichgewicht.

Der frühere Rückgang hat einen zweifachen Grund; erstens die Ueberfälle anderer Stämme, die von Jahr zu Jahr ganze Dörfer ausrotten, dann aber auch den Kinder= mord, durch den die Väter sich vergehen, wenn ihnen ein Kind nicht genehm ist."

Längs der Hansemannküste.

Von Berlinhafen brauchte unser Dampfer achtzehn Stunden Zeit, um die 180 englische Meilen lange Strecke nach der nächsten Ansiedlung Potsdamhafen zurückzulegen. Auch hier blieben die steilen mit hochstämmigem Urwald bedeckten Küsten und die dahinter kulissenförmig aufsteigenden Gebirge stets in Sicht. Schon bei meinen Ausflügen von Berlinhafen landeinwärts hatte ich Gelegenheit, die herrlichen Waldriesen zu bewundern, die sich dort überall vorfinden und vortreffliches Bauholz darbieten. Dieser Wald bedeckt anscheinend einen großen Teil des Landes, denn mit dem Fernglase konnte ich deutlich unterscheiden, daß er sich auch die Berghänge hinaufzog bis auf die höchsten Kämme, die wohl drei- bis viertausend Meter erreichen dürften. Andere Beobachtungen als solche mit dem Fernglase sind bisher nicht gemacht worden, denn das Hinterland zwischen Berlinhafen und Potsdamhafen ist vollständig unerforscht, und niemals hat der Fuß eines Weißen es betreten.

Der unglaubliche Waldreichtum Neuguineas kann leider vorderhand noch nicht nach seinem Werte ausgenützt werden. Unser Dampfer barg unter seinen Frachten auch das Bauholz für das neue Gouverneurshaus in Herbertshöhe, das von Deutschland zu den Antipoden geschickt wurde. Die Verladung dieser großen Stämme hat dem Norddeutschen Lloyd genug Ungelegenheiten bereitet. In Bremerhaven erlitt der Dampfer Prinz Heinrich dadurch eine eintägige Verspätung, die nicht wieder eingebracht werden konnte. In Singapore wurde dieses Bauholz auf den Dampfer Stettin verladen, und das bewirkte nicht nur eine abermalige Verzögerung, sondern es mußte auch der größte Teil der nach Makassar bestimmten Ladung wegen Raummangels zurückgelassen werden. Und dabei blieb auch noch eine Hälfte des Hauses in Singapore aus derselben Ursache zurück, um erst bei der nächsten Rundreise der Stettin, also in zwei Monaten, zur Verfrachtung zu kommen. Mit dem Hause wurde auch ein Baumeister nach Herbertshöhe gesandt, der sich mit an Bord unseres Dampfers befand, aber, kein Zimmermann! Welch gewaltige Kosten die Verfrachtung dieses Hauses über eine Erdhälfte verursacht, kann man sich wohl vorstellen. Dazu eignen sich unsere Hölzer nur schlecht für die Tropen und gehen viel rascher zu Grunde als die einheimischen Hölzer. Wären in dem Schutzgebiete mehr Zimmerleute vorhanden, so wäre die Herstellung eines neuen Hauses nach denselben Plänen nicht nur auf weniger als die Hälfte Kosten zu stehen gekommen, man hätte auch der Industrie im Archipel ein wenig auf die Beine geholfen. Die katholische Mission in Berlinhafen hat in dieser Hinsicht teure Erfahrungen gemacht. Als die Gründung der Mission vor einigen Jahren beschlossen wurde, kannte man die primitiven Zustände in Neuguinea und sandte deshalb auch ein fertiges Haus von Deutschland auf die Missionsinsel Tamara, wo man das prächtigste Bauholz in unmittelbarer Nähe der Station vorfand. Das Haus kostete der Mission gegen fünftausend Mark. Beim Bau des zweiten Hauses vermied man diese Ausgaben, indem die Mission selbst die nötigen Sägen und Werkzeuge von Deutschland kommen ließ und das an Ort und

Stelle befindliche Material benutzte.
Die Kosten des zweiten Hauses er=
reichten etwa ein Drittel derjenigen
des ersten.

Hoffentlich genügt dieses Bei=
spiel, und die folgenden Regierungs=
bauten werden im Archipel aus ein=
heimischem Holz hergestellt, das in
jeder Größe und Menge direkt an der
Küste und in den Häfen vorhanden ist.

Den Küsten des Festlands sind
hier eine Reihe größerer Inseln
vorgelagert, die wir in der Ferne
auftauchen sahen, zunächst die
Zwillingsinseln Tarawai und Wa=
lise, von den Europäern in Ber=
trand= und Gilbertinsel umgetauft
und auch unter diesen Namen auf
den Landkarten verzeichnet. Da
sich auf Tarawai auch eine Händler=
station der Neuguinea=Gesellschaft
befindet, die Tarawai und nicht

Mann aus Tembera (oberer Ramu).

Bertrand heißt, so wäre es doch wohl angezeigt, die Eingeborenennamen wieder einzuführen.
Nach den Beobachtungen der Stationsbeamten von Seleo, welche diese Inseln, ebenso
wie die große d'Urvilleinsel, Dallmannhafen gegenüber, besucht haben, stehen die Bewohner
von Tarawai auf viel höherer Kulturstufe als jene der Küstendistrikte auf dem Festlande,
was schon aus der höheren Stellung, welche die Frau bei ihnen einnimmt, hervorgeht.
Sie haben große Plantagen angelegt, die sauber gehalten werden und reichliche Erträge
liefern. Durch den langjährigen Verkehr mit malaischen Händlern haben sie zahlreiche
malaiische Ausdrücke erlernt, ja der Häuptling von Tarawai, namens Mossoi, ebenso
wie sein Sohn, sprechen geläufig malaiisch. Sie haben auch schon verschiedene Reisen
nach dem Festland unternommen und ihre in Friedrich=Wilhelmshafen gemachten Beobach=
tungen über den Häuserbau, Industrie u. s. w. zum Besten der Tarawaileute verwertet.

Etwa zwei Stunden, bevor wir Potsdamhafen erreichten, passierten wir die Mündungen
des großen Kaiserin=Augustastromes, sowie des anscheinend noch mächtigeren wasserreichen
Ramustromes, an dessen Erschließung sich so kühne Hoffnungen knüpfen. Jedermann
spricht hier von den reichen Goldlagern, die in dem Stromgebiet des oberen Ramu
gefunden worden sein sollen, verschiedene Beamte haben mit Waschgold gefüllte Fläschchen
selbst in Händen gehabt, ob dasselbe aber vom Ramu stammt, ist sehr die Frage.
Goldfunde sprechen sich auch hier mit merkwürdiger Schnelligkeit durch ganze Länder
herum, und während einzelne Prospectors (Goldsucher) aus Australien schon im Archipel

Mädchen vom oberen Ramu.

eingetroffen sind, soll eine größere Anzahl davon von Englisch=Neu= guinea aus in die neuen Gold= gebiete eingedrungen sein. Auch wir hatten auf der Stettin einen deutschen Goldsucher aus Australien an Bord, der hier sein Glück ver= suchen wollte. Wird Gold in der That in größeren Mengen am oberen Ramu gefunden, dann kann es ähnliche Argonautenzüge nach Neuguinea zur Folge haben wie einst nach Kalifornien, Colorado, Klondyke oder das benachbarte, so blühende Queensland, das ohne diese Goldfunde vielleicht heute noch in tiefsten Dornröschenschlaf ver= sunken wäre. Für die nächste Zeit steht eine wohlausgerüstete Expe= dition der Neuguinea=Gesellschaft in Aussicht, und in Friedrich= Wilhelmshafen sah ich auch den dafür bestimmten kleinen Dampfer Herzogin Elisabeth im Dock. Um das Innere Neuguineas rasch zu erschließen, giebt es kein besseres Mittel als Gold. Ich erinnere mich lebhaft der großen Zuzüge, welche die Goldfunde in Colorado und Idaho zur Folge hatten, und weiß aus eigener Erfahrung, wie rasch in den wildesten und unwirtlichsten Gegenden, mitten in den Gebieten der blutdürstigen Indianer, Ansiedlungen und Städte entstanden sind. Der Goldrummel verflog, aber die Städte sind geblieben, und sie wurden Mittelpunkte einer rasch um sich greifenden Besiedelung und Bebauung des Landes.

Aehnliche Erwägungen mögen vielleicht mit die Veranlassung zu den Expeditionen den Ramu aufwärts gewesen sein, welche 1896 von Herrn Dr. Baumbach und 1898 von Herrn Tappenbeck unternommen wurden. Sie brachten zunächst die Thatsachen ans Licht, daß der seinerzeit vom Admiral v. Schleinitz entdeckte Ottilienfluß mit dem nur fünfzig Kilometer westlich von Stephansort fließenden Ramufluß identisch ist, ferner daß sowohl der Kaiserin=Augustafluß wie der Ramu für kleine Seedampfer auf beträcht= liche Strecken fahrbar sind. Zwischen den Küstengebirgen und den Inlandgebirgen dehnen sich weite fruchtbare, bevölkerte Ebenen aus, die indessen voraussichtlich häufigen Ueber= schwemmungen unterworfen sind, aber weiter im Inlande auf den Abhängen des Bismarckgebirges dürften sich noch gewiß wertvollere Ländereien für Plantagenbau vor= finden. Die nächsten Expeditionen werden darüber hoffentlich Klarheit bringen.

Pomonahafen. Häuser der Eingeborenen.

Einstweilen befindet sich in dem ganzen Ramugebiet nur ein einziger Weißer, und zwar als Leiter der an der Strommündung gelegenen Handelsstation Ramumünde. Außerdem besitzt die Kompagnie am Ramu-Mittellauf eine zweite, am oberen Ramu eine dritte Station. Der Verkehr zwischen den Stationen wird durch den Flußdampfer „Herzogin Elisabeth" vermittelt. Die Station am oberen Ramu, der Stützpunkt für das Minen= unternehmen, wird mit Friedrich-Wilhelmshafen durch einen Saumpfad verbunden, der bis auf eine kurze Strecke bereits fertiggestellt ist. Als Landungsplatz für Ramumünde dient Potsdamhafen, da im Nordwest Monsum das Uebernehmen von Ladung vor der Ramumündung und das Einlaufen in den Strom bei Ebbe äußerst schwierig und mit Gefahr verbunden ist.

Gegen Mittag passierten wir die Hansabucht, nach welcher kurz vorher eine Straf= expedition unter Leitung des kaiserlichen Richters von Friedrich-Wilhelmshafen unter= nommen wurde. Die Eingeborenen hatten die Station der Neuguinea-Gesellschaft be= lästigt, mehrere schwarze Angestellte derselben heimtückisch überfallen und getötet, und um ihnen den nötigen Respekt vor den Unternehmungen der Deutschen beizubringen, mußten sie bestraft werden. Aber woher Schiffe nehmen? Wie den Gouverneur in Herbertshöhe benachrichtigen? Die einzelnen Stationen des deutschen Gebietes, das sich über etwa zwei= tausend Kilometer ausdehnt, haben dafür als einzige Gelegenheit den alle zwei Monate erscheinenden Dampfer Stettin zur Verfügung. Endlich kam er mit der gewohnten Pünkt= lichkeit und nahm die Berichte nach Herbertshöhe mit. Der Gouverneur sollte strafen, hatte aber kein Kriegsschiff zur Verfügung. Die Stettin sollte eine Woche später wieder mit der Post nach Singapore dampfen und auch das abgelöste Kommando von dem Vermessungs= dampfer Möwe, etwa ein halbes Hundert Matrosen unter Befehl eines Leutnants, mit= nehmen. Da keine andere Gelegenheit vorhanden war, um die Strafe in Bälde vornehmen zu lassen, so wurde die Stettin beordert, auf dem Wege die Hansabucht anzulaufen. In Friedrich-Wilhelmshafen wurde der kaiserliche Richter mit einigen Polizisten an Bord genommen, in Potsdamhafen der katholische Missionar P. Vormann als Dolmetscher, und in der Hansabucht wurde die Expedition unter Kommando des Leutnants z. S. Schmidt ausgeschifft. Richter, Polizisten, Missionar, Dolmetscher und Soldaten mußten bis an die Brust durch die Lagunen waten, um die zu strafenden Dörfer zu erreichen. Als man dort angekommen war, versuchte P. Vormann, einen Palmenzweig in der Hand, die Ein= geborenen zu bewegen, die Schuldigen auszuliefern. Als Antwort spannten sie ihre Bogen, um den Priester mit Pfeilen zu durchbohren. Daraufhin gaben die Marine= und Polizeitruppen Feuer. Die Papuaner nahmen Reißaus. Ein paar Leute wurden gefangen genommen und zwei Frauen verwundet, die bald darauf starben. Die wirk= lichen Schuldigen entflohen mit der ganzen Einwohnerschaft, und die beiden verlassenen Dörfer wurden in Brand gesteckt, nachdem die verschiedenen ethnologischen Gegenstände, darunter ein riesiges Kanoe, in Sicherheit gebracht worden waren. Sie blieben Beute der Expedition.

Nun die Resultate derselben: Die Einwohner der betreffenden Dörfer haben einen Denkzettel erhalten, der sie in Zukunft gewiß vor Angriffen auf Europäer und deren

Bedienstete abhalten wird. Aber vorläufig sind sie in den Wäldern des Hinterlandes, und die Händler der Neuguinea=Gesellschaft, die ihren Nutzen in diesem Gebiete aus dem Tauschhandel der Küstenbevölkerung ziehen, können ihre Hände in den Schoß legen; die Missionsschule in Limieng mußte wegen Mangels an Besuch geschlossen werden. Von der Expedition erkrankten der Richter, Missionar und elf Matrosen an heftigem Fieber, die wirklich Schuldigen sind aber frei.

Dörfer sind nun leichter verbrannt als aufgebaut, eine Bevölkerung leichter vertrieben als herangezogen, ein Handel leichter lahmgelegt als entwickelt. Nach der Ansicht vieler, die ich darüber gesprochen, wäre die Wirkung auf die Friedensstörer größer gewesen, wenn ein Kanonenboot einige Dutzend Granaten in die Dörfer geworfen hätte. Haus= brände sind den Eingeborenen nichts Neues, aber solche, wie durch übernatürliche Kräfte aus der Ferne geschleuderte, über ihren Köpfen berstende Granaten hätten den aber= gläubischen, in beständiger Gespensterfurcht lebenden Leutchen den nötigen Respekt vor den Deutschen viel eindringlicher beigebracht. Die aufgezählten üblen Folgen wären ver= mieden worden, und dem Reich hätte das Bombardement nicht viel mehr gekostet als die Salutschüsse für einen fremden Admiral. Aber leider stehen dem Gouverneur des Bismarck= archipels die nötigen Schiffe nicht zur Verfügung. Ueberall dasselbe alte Lied: Schiffe, Schiffe, Schiffe!

Kurz vor unserem Eintreffen in Potsdamhafen dampften wir an der von einem mächtigen Vulkan gekrönten Insel Lesson vorbei, und eine zweite viel˙ schönere Vulkan= insel liegt Potsdamhafen gerade gegenüber, ein sicheres Wahrzeichen und zur Nachtzeit eine dunkelrot glühende Leuchte für die nach dieser jungen Ansiedelung bestimmten Schiffe. Die Insel wird eigentlich nur durch den Vulkan selbst mit seinen sich auf etwa ein Viertel der Höhe verflachenden Ufern gebildet. Sein regelmäßiger Kegel steigt aus den blauen Fluten auf siebzehnhundert Meter Höhe; seine Flanken sind bis nahe dem Krater mit Urwald bedeckt, der nur durch erkaltete Lavaströme in langen Streifen unterbrochen wird. Aus dem Krater qualmen unaufhörlich zwei mächtige Rauchwolken empor, und auf der Nordseite glühen frische Lavaströme, die von seinem jüngsten Ausbruch her= rühren. Er ist gewissermaßen das Sicherheitsventil für das Land rings um Potsdam= hafen, das sonst wohl unter den Erdbeben zu leiden hätte.

Die Vulkaninsel ist dichter bevölkert als das kaum drei Kilometer davon entfernte Festland. Wie mir der Beamte der Neuguinea=Gesellschaft in Potsdamhafen, Herr Bruno, mitteilte, zählt sie nicht weniger als vierundzwanzig Dörfer, und auch die nahe Insel Aris ist stark bevölkert.

Potsdamhafen.

Für die liebliche Bucht von Potsdamhafen bilden die genannten Inseln eine herr=liche Umrahmung. Die Festlandküsten fallen hier nicht so steil ab, und zwischen dem Strande und den Höhenzügen weiter im Lande liegt eine etwa kilometerbreite Ebene, auf welcher sich im Schatten mächtiger Urwaldsbäume sieben kleine Dörfchen der Papuaner befinden, Koljakot, Boletak, Kumano, Kamantjina, Boikulu, Ambu, Zamzane. Auf uns Passagiere der Stettin, die während der letzten Tage an den Küsten Neuguineas nichts als Wald, Wald und wieder Wald gesehen hatten, ohne die geringste Abwechselung, machte Potsdamhafen einen recht angenehmen Eindruck. Wir sahen doch wenigstens wieder einige Häuser vor uns, und die dahinter aufsteigenden Berge prangten in dem frischen saftigen Grün unserer Wiesen. Der stillen kleinen Bucht ist im Osten ein Inselchen von einigen Hektaren Größe vorgelagert. Ein Meeresarm von Büchsenschußweite trennt sie von dem mit riesigen Urwaldsbäumen bewachsenen Festlande. Ringsum liegen Korallen=riffe, die teilweise über die tiefblaue, herrliche Wasserstraße hervortreten, auf dem Meeres=grunde aber die entzückendsten Gärten bilden, mit verschiedenfarbigen Korallen in allen möglichen Baum=, Strauch= und Blütenformen, zwischen welchen sich Fische aller Größen und bunt wie Schmetterlinge oder Papageien umhertummeln. Die Küstenberge treten hier etwas zurück, und zwischen den kleinen Dörfern der Eingeborenen liegen die Anfänge der neuen katholischen Mission vom göttlichen Wort. Ringsherum bis an den Fuß der Berge dehnen sich die Bananenpflanzungen, Yam= und Tarofelder der Eingeborenen aus.

Vom Schiffe gesehen, bietet die Bucht mit ihrem malerischen Hintergrunde ein ungemein liebliches, idyllisches Bild dar, das mich in mancher Hinsicht an die kleineren ober=bayrischen Seen erinnerte. Die sich hintereinander auftürmenden Berge zeigen ähnliche Formen wie dort, und die zunächst liegenden Höhen tragen merkwürdigerweise ähnlichen Wiesenschmuck. Saftige grüne Matten ziehen sich die Abhänge hinauf, hier und dort von kleinen dunkelbelaubten Wäldchen unterbrochen, und ein Fußpfad schlängelt sich durch die Matten hinauf zur nächsten Spitze, die von einem Flaggenstock überhöht wird. Man könnte glauben, hundertjährige Kultur hätte hier die Urwaldsnatur unterworfen und sich dienstbar gemacht, so anheimelnd zeigt sich das ganze Bild.

Indessen die vermeintlichen Matten sind nicht mit niedrigem Gras bedeckt, auf dem die Viehherden mit ihrem Schellengeklingel weiden, Sennerinnen und Hirten ihre Alm=hütten bauen können, sondern mit zwei bis drei Meter hohem Alang=Alanggras, durch das man sich den Weg mit dem langen Buschmesser bahnen muß und das sich nicht für Viehfutter eignet. Immerhin ist wenigstens der Totaleindruck von Potsdamhafen ein sehr freundlicher und gewinnt noch, ich möchte sagen an Großartigkeit, wenn man sich umwendend das weite Meer erblickt, aus welchem sich, kaum zwei Seemeilen von der Küste entfernt, der vorerwähnte Vulkan erhebt.

Aber alsbald wechselte die Staffage. Auf bunt bemalten, schmalen Kanoes kamen die grotesken, dunkelbraunen Söhne dieses Landes angefahren, um allerhand Früchte,

Waffen und ethnographische Kuriositäten anzubieten, die ja bei den Passagieren gewöhnlich reißenden Absatz finden. Als Zahlung dafür begehrten sie Mam, Mam, d. h. Eisen, irgend etwas aus Eisen. Gern ließ man sich auf Tauschgeschäfte mit ihnen ein, nur um diese seltsamen, mit grellen Farben beschmierten Gestalten aus der Nähe betrachten zu können. Nirgends auf dem Erdball habe ich ursprünglichere Menschen gesehen wie hier, vollständig unbeeinflußt durch unsere abendländische Kultur. Ein einziger dieser Kerle mit seiner spannenweit vom Kopfe abstehenden, zinnoberroten Kraushaarperrücke, seinen Hölzern, Federn, Muscheln und Hundezähnen in Ohren und Nase, seinen ähnlich zusammengesetzten Hals-, Arm- und Wadenbändern, dazu Grasbündel auf Brust und Rücken und nur ein dünnes Band aus Palmbast um die Lenden, würde für jedes Panoptikum die größte Anziehungskraft bilden. Das Aussehen dieser Kerle läßt sich mit Worten gar nicht schildern. Mit Freuden nahm ich die Einladung eines Missionars an, mit ihm an das Festland zu rudern, um diese seltsamen Menschen, unsere deutschen Landsleute, in ihren Dörfern zu sehen.

Potsbamhafen wurde erst 1899 von den Weißen besiedelt, und eine Schilderung dieses abgelegenen und doch so interessanten Erdenwinkels dürfte bisher von wenigen unternommen worden sein. Es giebt auch in Bezug auf die Ansiedlungen der Weißen nicht viel zu schildern, denn im ganzen wohnen hier zwei Priester, zwei Laienbrüder und ein Händler der Neuguinea=Gesellschaft, die Priester auf dem Festlande, der Händler

einen Büchsenschuß von ihnen auf einem kleinen Inselchen, so lauschig, so lieblich, daß man am liebsten Robinson Crusoe oder Paul und Virginie darauf spielen möchte. Der Händler, Herr Bruno, ein interessanter, weitgereister Mann, bewohnt auf diesem Inselchen ein kleines Haus aus Bambus und Attap, gerade groß genug für ein Pärchen, nur fehlt bis jetzt, und wohl noch für geraume Zeit, die dazugehörige zweite Person. Herr Bruno ist während seines kurzen Aufenthaltes hier nicht· müßig gewesen. Er hat ein paar Hektare auf seiner Crusoeinsel vom Urwald befreit und mit Kokospalmen bepflanzt, die vortrefflich gedeihen. In der ersten Zeit hatten die Pflänzchen viel von den Kakadus zu leiden, die in vielen Tausenden die Insel umschwärmten, so daß die Bäume, wie er sagte, von ihnen wie mit Schnee bedeckt erschienen. Erst nachdem einige hundert abge=
schossen worden waren, verschonten die übrigen die Pflanzung mit ihrem Besuch. Und wir zahlen in Deutschland wer weiß welche Summe für einen einzigen Kakadu.

Es giebt aber auch andere willkommenere Vögel in Potsdamhafen und seiner Umgebung, die herrlichen Krontauben mit ihrem kostbaren, von Damen viel begehrten Kopfschmuck, und vor allen die wunderbaren Paradiesvögel, deren eigentliche Heimat in Neuguinea ist. Leider wird diesen schönsten aller Vögel von Jägern so eifrig nachgestellt, daß sie schon selten geworden sind und der Preis eines Vogels in Neuguinea selbst fünfzig Mark beträgt. Immerhin ist die Jagd auf Paradiesvögel einträglich zu nennen, denn die Neuguinea=Gesellschaft läßt sich für einen Jagdschein hundert Mark das Jahr bezahlen, und von den schwarzen Dienern der Weißen zwanzig Mark. Ein Jäger kann aber in jedem Jahre doch mehrere Dutzend schießen. Auch Kasuare kommen häufig in der Umgebung vor. Auf der Insel selbst sind die merkwürdigsten und zahlreichsten Tiere die Einsiedlerkrebse. Wir unternahmen einen kleinen Rundgang um die Insel, deren Ufer von ungeheuren, uralten Gummibäumen beschattet werden. Die ein bis zwei Meter dicken Stämme senden ihre baumstarken Zweige weit über die sandigen, mit Korallen=
trümmern bedeckten Ufer, und ihre Blätter werden von der Brandung bespült. Im tiefen Schatten dieser Laubgänge umherwandernd, schien es mir, als ob der Boden vor mir selbst wandern würde. Jeder Stein von Faustgröße bis zu einer Haselnuß und in ver=
schiedenen Farben prangend, bewegte sich, stellenweise lagen sie in förmlichen Haufen beisammen und bei unserer Annäherung liefen die Steine rasch ins Gebüsch. Es waren, wie gesagt, Einsiedlerkrebse mit ihren dicken, verschieden geformten Häusern, manche in der zierlichsten Schnecken=, Cylinder=, Muschel= oder Tellerform. Die schönsten Muschelschalen von dem herrlichen großen Nautilus und der Perlmutter bis zu kaum erbsen=
großen Hüllen lagen massenhaft umher, und der Meeresboden zwischen der Insel und dem Festlande ist ein einziger Korallengarten. Auf dem Inselchen giebt es keine Dörfer der Eingeborenen, sondern nur Arbeiterhäuser, in welchen die Plantagenarbeiter, meistens Leute aus Neupommern, wohnen. Die Dörfer liegen auf dem Festlande, verborgen zwischen hohen Kokosnuß= und Betelpalmen (die Papuaner sind leidenschaftliche Betel=
kauer), dann Bananen, großblätterigen Brotfrucht= und anderen Fruchtbäumen. Rings um die kleinen Gruppen von Bambushütten liegen Felder von Taro und Yam, die wichtigsten Nahrungsmittel der Papuaner. Während die Frauen, mit Ausnahme eines

Lendenſchurzes vollkommen nackt, in den Feldern arbeiteten, lungerten die grotesk bemalten Herren der Schöpfung im Schatten ihrer Häuſer, rauchten oder aßen. Indeſſen laſſen ſie ſich doch ſchon zur Arbeit bewegen, weil ſie wiſſen, daß ſie ihren geliebten Tabak und andere gute Sachen nur dadurch verdienen können. Herr Bruno braucht auf ſeiner Inſel nur den Gong ſchlagen zu laſſen, und ſofort kommen ſie in größerer Zahl, als gefordert wird.

Von Potsdamhafen ſind drei kleinere Händlerſtationen abhängig, von denen eine, jene in der Hanſabucht, durch einen Europäer geleitet wird. Das wichtigſte Landesprodukt, das von den Eingeborenen eingetauſcht wird, iſt auch hier wieder Kopra, d. h. der Kern der Kokosnuß. Für die Tonne Kopra dürften Waren im Wert von vierzig bis fünfzig Mark bezahlt werden, und auf dem europäiſchen Markt iſt der Preis von Kopra zwei= hundert bis zweihundertundvierzig Mark die Tonne. Das Geſchäft iſt alſo kein ſchlechtes, nur iſt eben nicht genügend davon in den Stationen erhältlich.

Ebenſo neu wie die Handelsſtation iſt auch die Miſſionsſtation erſt 1899 gegründet worden. Am 6. November trafen die Miſſionare P. Vormann und P. Klaffl dort ein, alſo kaum ſechs Monate vor unſerem Beſuch, und als mich die beiden Herren in ihrem Boote ans Feſtland fuhren, konnte ich meine Bewunderung über die in ſo kurzer Zeit geleiſtete Rieſenarbeit nicht zurückhalten. Mit Hilfe zweier Brüder und einiger Papuaner hatten ſie die Korallenriffe entfernt, welche die Fahrzeuge an der Landung hinderten, und eine Anlegebrücke gebaut, auf der eben allerhand Material, das unſer Schiff von Europa mitgebracht hatte, ausgeladen wurde: Kiſten mit Zement, Baum= und Bandſägen, Waſſer= filter, Wellblech u. dergl. Hundert Schritte weiter erhoben ſich an den Ufern eines über Stock und Stein ſprudelnden Gebirgsbaches im Schatten großer Urwaldsbäume einige Hütten und Flugdächer mit einem größeren auf Pfählen ruhenden Gebäude, der Sitz der Miſſion. Jeder Pfeiler, jeder Balken (und es bedurfte deren mehrerer Hunderte) wurde an Ort und Stelle von den raſtlos thätigen Männern ſelbſt geſchlagen und gezimmert. Ich kam aus dem Erſtaunen nicht heraus. Solchen Fleiß, ſolche Energie habe ich wohl bei den habgierigen Geldſuchern in den Minenregionen in Kalifornien oder Idaho gefunden, aber hier bei der furchtbaren Tropenhitze war mir eine derartige Leiſtung unmöglich erſchienen, zumal es keine perſönlichen eigennützigen Geldintereſſen zu wahren gab. Mit großem Geſchick und Erfindungsgeiſt wurden die gefällten Baumſtämme nach einer tiefen Rinne zwiſchen den Korallenriffen geſchleift, welche für die Sägearbeit wie geſchaffen iſt, und hier iſt die Zimmerwerkſtätte für die im Bau begriffene Kirche und die eigentlichen Miſſionshäuſer, Schule, Schlafräume für die Kinder u. dergl. Mit uns war ein Bruder aus der Miſſion von Berlinhafen dorthin gekommen, um die Zementböden für dieſe neuen Gebäude zu legen, und geht es ſo weiter, dann wird das Zauberſtäbchen, das die Herren der Miſſion zu beſitzen ſcheinen, in kurzer Zeit alles vollendet haben.

Einſtweilen helfen ſie ſich guten Mutes über die großen Schwierigkeiten hinweg, die ſich ihnen in dieſer von jeder Kultur abgeſchnittenen Wildnis auf Schritt und Tritt entgegenſtellen. Ergötzlich iſt das Haus, das ſie vorläufig bewohnen. Einige Baum= ſtämme dienen als Tragrahmen für den Fußboden, zu dem eine recht kühne, waghalſige

Leiter emporführt. Die Wände des Hauses bilden einfach Blätter der Attappalme, welche auf Dielen genagelt sind, und ebenso ist auch das Dach hergestellt. Die Fenster sind einfach Oeffnungen, die aus dem Attapstroh ausgeschnitten wurden. Weht der Wind, dann pfeift es aus tausend Löchern herein, regnet es, dann strömt wahrscheinlich durch dieselben Löcher das Wasser herein; aber mit heiterer Ruhe ertragen die Herren alle diese Unbilden. Der innere Raum enthält nächst der Thüre (ich zweifle, daß sie schließ= bar ist) einen Tisch, vier Stühle und ein paar Kisten und Kasten. Der Tisch dient als Schreib= und Eßtisch, und in Ermangelung einer Kapelle wird hier auch die Messe gelesen. Im Hintergrunde dieses Raumes stehen die einfachen

Eingeborene von der Dampierinsel mit Handtrommel.

Betten und die wenigen Toilettegegenstände, deren die hier stets weiß gekleideten Herren bedürfen. Als wir ohne Unfall in diese seltsame Behausung getreten waren, boten uns die Missionare das Beste an, über das sie verfügten, eine von den zwei oder drei Flaschen Wein, die sie für besonders festliche Gelegenheiten mitgebracht hatten. Aber es fehlte an Gläsern, und so nahmen wir Theetassen und Eßschalen zu Hilfe, und der Wein mundete dennoch vortrefflich. In Neuguinea geht es eben nicht anders. Es dauert vier bis fünf Monate Zeit, ehe man die Antwort auf einen Brief aus der Heimat empfängt, geschweige denn Pakete und Kisten. Nur Geduld; führt mich mein Weg im nächsten Jahre wieder nach Neuguinea, dann werde ich gewiß festlich empfangen werden. Neben ihrer aufreibenden Bauthätigkeit widmen sich die Missionare doch auch gewissenhaft dem Studium der hier gesprochenen Papuasprachen. Täglich besuchen sie ein anderes Dorf, und sie haben sich durch ihre Güte und Herzlichkeit, durch guten Rat und gute That die wilden Eingeborenen so zu Freunden gemacht, daß sie ruhig schlafen können. Ich war selbst Zeuge, mit welch aufrichtiger Achtung und Freundlichkeit die schwarzen, nackten Leutchen P. Vormann begrüßten, als er mich in die Dörfer begleitete. Er hat ihr Zutrauen gewonnen, und ist erst die Kirche gebaut, dann wird es auch an Kirchgängern nicht fehlen.

Der Hauptort von Kaiser=Wilhelmsland.

Von allen deutschen Ansiedelungen in Neuguinea macht Friedrich=Wilhelmshafen auf den Reisenden den günstigsten Eindruck. Als wir von Potsdamhafen aus nach zehnstündiger Fahrt längs der einförmigen, dichtbewaldeten Küsten dieses ungeheuren Landes an der Dampierinsel vorbei in die Astrolabebai eindampften, tauchten aus dem tiefblauen Meere die grünen Eilande auf, welche dem Hafen vorgelagert sind: Follenius, Peawai und Ragetta.

Auf der Südspitze der Ragettainsel liegt das Kap Jentzen, ihm gegenüber, auf der vom Festland nach Norden vorspringenden Scheringhalbinsel, das Kap Kufferow, und beide schließen die Dallmanneinfahrt ein, durch welche wir in die herrliche, inselbedeckte Bucht von Friedrich=Wilhelmshafen dampften. Von der kleinen Insel Siar leuchteten die Häuschen der Rheinischen Mission zu uns herüber, zwischen den hohen Bäumen der Insel Ragetta sahen wir die Gebäude der Missionsschule, und endlich kamen auch die geräumigen Warenlager, Hafenbauten und Wohnhäuser von Friedrich=Wilhelmshafen selbst zum Vorschein, vor denen der große Postdampfer direkt an einem festen, sechzig Meter langen Landungspier anlegte. Die Magazine waren weit geöffnet, und auf dem Platze vor ihnen standen wohl an hundert schwarze Arbeiter unter Anführung einiger

Einwohner von Siar (Friedrich=Wilhelmshafen).

Eingeborenen-Kanoe, Berttaninsel.

Weißer bereit, um sofort mit der Landung der Waren zu beginnen. Vom Landungspier führt eine kleine Eisenbahn in die Warenschuppen, so daß die Arbeit mit Leichtigkeit vor sich geht. Aehnliche Hafenanlagen sind in dem ganzen Gebiete östlich von Java nicht mehr zu finden, denn in allen Häfen, die wir bisher angelaufen hatten, und auch im Bismarckarchipel müssen die Schiffe auf der Reede vor Anker gehen, die Waren also mittels Leichter an Land gebracht werden. Der ganze Hafen ist das Werk der Neu-guinea-Gesellschaft, und es war mir hoch erfreulich, hier wieder etwas zu sehen, das den ungeheuren Opfern derselben wenigstens äußerlich entspricht, Leben, Arbeit, Plantagen, Waren. Die Hafenbauten sind vorzüglich, der Hafen selbst sicher und für die größten Schiffe zugänglich und die Umgebung von entzückender Schönheit. Friedrich-Wilhelms-hafen hätte auch gewiß längst eine größere Ausbreitung und Besiedelung zu verzeichnen gehabt, wenn es von der Gesellschaft nicht schon einmal, und zwar fünf Jahre nach seiner im Jahre 1891 erfolgten Gründung, aus verschiedenen Gründen als Hauptstation auf-gegeben worden wäre. Im Jahre 1898 wurde es wieder vergrößert, aber wie ich höre, trägt man sich in Berlin mit der Absicht, die Betriebe abermals einzuschränken. Gerade Friedrich-Wilhelmshafen berechtigt zu den schönsten Erwartungen; der Grund ist gelegt; die schwersten Zeiten sind überstanden, die nächsten Jahre schon dürften erhebliche Ein-nahmen zu verzeichnen haben. Wo in aller Welt giebt es denn Plantagen, die schon zwei, drei Jahre nach ihrer Gründung reiche Erträge abwerfen? · Man möge sich doch das Beispiel des größten derartigen Unternehmens, des Kongostaates, vor Augen halten! Wie vieler Millionen Goldes, Jahrzehnte Zeit und Hunderte von Menschenleben hat es bedurft, um den Kongostaat auf eine gesunde wirtschaftliche Grundlage zu bringen! Hätte der Schöpfer dieses Unternehmens nicht so große Beharrlichkeit gezeigt, dann wäre es schon vor Jahrzehnten gänzlich zusammengebrochen. Aber mit bewundernswerter Aus-dauer und Opferwilligkeit führte er das begonnene Riesenwerk weiter, und bald wird er die Früchte dafür in reichstem Maße ernten. Die Neuguinea-Gesellschaft ist mit der Zukunft ihres Gebietes hier so innig verwoben, so viele und so große Interessen knüpfen sich auch für das Reich daran, daß man ihr nichts Besseres als dieselbe Ausdauer und Opfer-willigkeit wünschen kann. Die Verhältnisse liegen hier allerdings ungünstiger. Neuguinea liegt nicht bei Potsdam, es braucht reichlich vier Monate, ehe die Antwort auf einen Brief eintrifft. Manche wichtige Angelegenheiten erfordern eine rasche Entscheidung und können schriftlich mit allen Nebenumständen gar nicht mitgeteilt werden; unter solchen Um-ständen muß den zum größten Teil fleißigen, umsichtigen und energischen Beamten größere Aktionsfreiheit gelassen werden, sonst wird es trotz ihres besten Willens und Könnens nur langsam vorwärts gehen.

Ein großer Uebelstand von Friedrich-Wilhelmshafen ist freilich auch das Fieber. Jeder Europäer, der hier eintraf, wurde von Malaria ergriffen, die Sterblichkeit unter Weißen wie Farbigen war geradezu erschreckend, und Geheimrat Koch, der im Frühjahr 1900 hierher kam, um die Verhältnisse zu untersuchen, riet den Kommandanten der Kriegsschiffe und Postdampfer dringend, nur während des Tages in Friedrich-Wilhelmhafen zu ver-weilen, dasselbe bei Nacht aber zu verlassen. Erst kürzlich hatte die hiesige Kolonie zwei betrübende Todesfälle zu verzeichnen. Als zwei Monate vor unserem Besuch der Lloyd-dampfer Stettin auf dem Rückwege nach Singapore hier eintraf, wollte sich ein Beamter der Gesellschaft, Herr Boschat, der über ein Jahrzehnt in Neuguinea thätig gewesen war, mit seiner Frau und seinen beiden hier geborenen kleinen Mädchen nach Hause einschiffen. Sein Hausrat war veräußert, sein Gepäck stand im Hafen zur Ver-ladung bereit, mit seiner Gesundheit stand es aber so schlimm, daß ein Transport zum Hafen nach der Ansicht der beiden gerade hier anwesenden Aerzte mit Lebensgefahr ver-bunden gewesen wäre. Es wurde demnach beschlossen, ihn erst auf der folgenden Rund-reise der „Stettin" mit an Bord zu nehmen. Als wir in Friedrich-Wilhelmshafen anlangten, war die erste Nachricht, die wir bekamen, jene von seinem Tode, und nicht nur das, auch seine Frau war ihm wenige Tage nachher gefolgt. Die armen Mädchen waren Waisen.

In Anbetracht dieser traurigen Gesundheitszustände konnte den Bewohnern von Friedrich-Wilhelmshafen wie von ganz Neuguinea überhaupt kein größeres Glück zu teil werden als der Besuch von Robert Koch. Seine Beobachtungen hier und in anderen Küstenorten haben ihn auf den richtigen Weg gebracht, dem Fiebergespenst, das hier bisher so unheimlich gewütet hat, mit anerkennungswertem Erfolg entgegenzutreten. Seit-dem die Bewohner dieses Hafens seine Vorschriften befolgen, hat die Malaria nachgelassen. Ich hatte die Freude, in Stephansort mit Geheimrat Koch zusammenzutreffen, und aus seinem Munde erfuhr ich die Einzelheiten seines einfachen Verfahrens. Gestützt auf zahlreiche mikroskopische Untersuchungen konnte er feststellen, daß die Uebertragung der Malaria nur durch Mücken erfolgt. Diese saugen mit dem Blute des Kranken auch die eigentümlichen Malariaparasiten ein, von denen der Magen der Mücke eine bestimmte kleine Zahl aufnehmen kann. Diese Parasiten vermehren sich hier nach Ablauf einiger Zeit und setzen sich an den Giftdrüsen der Mücke fest. Sticht diese Mücke einen Gesunden, so werden mit dem Gifte gewöhnlich eine Anzahl Parasiten seinem Blute zugeführt, wo sie sich abermals vermehren. Wird nun von dem so Gestochenen zu bestimmten Zeiten Chinin eingenommen, so werden diese Parasiten getötet, und die Malaria kann nicht weitergreifen. Koch empfiehlt infolge seiner Beobachtungen über die Zeit, welche die Parasiten zu ihrer Fortpflanzung erfordern, das Einnehmen von je einem Gramm Chinin an zwei aufeinanderfolgenden Tagen mit Zwischenpausen von je einer Woche, also etwa am 1., 2., 10., 11., 19., 20., 28., 29. Tage eines Monats und so weiter. Die bisherigen Erfahrungen haben gezeigt, daß alle jene, die dieses Verfahren beob-achten, der Malaria viel weniger verfallen. Ich habe diesbezüglich die Mehrzahl der weißen Einwohner von Friedrich-Wilhelmshafen und Stephansort persönlich befragt, und alle bestätigten mir aus eigener Erfahrung diese erfreuliche Thatsache. Unter solchen Umständen kann man sich denken, welche Dankbarkeit Robert Koch für sein vollkommen uneigennütziges und segensreiches Wirken hier entgegengebracht wird. Die als ganz verseucht geltenden Neuguineahäfen haben viel von ihrem Schrecken verloren, und bei allen ist Mut und Lebensfreude mit der langentbehrten Gesundheit wieder zurückgekehrt.

Friedrich-Wilhelmshafen hat es wirklich verdient, daß Koch, allen Gefahren erfolg-reich trotzend, hier längere Zeit verweilt hat. Ein schöneres Plätzchen habe ich längs

der ganzen Küste bis zum
Huongolf nicht gesehen. Ein
Labyrinth von Inseln und
Halbinseln, alle mit der
üppigsten Tropenvegetation,
mit Bäumen von ungeheurer
Größe und Formenschönheit,
mit Blumen, Krotons und
anderen Zierpflanzen in der
reichsten Abwechslung bedeckt,
dazwischen stille, tiefblaue
Meeresarme und Buchten, im
Hintergrunde die urwaldbe=
deckten Berge machen es in
der That zu einem kleinen
Tropenparadies. Der Leiter
desselben ist Herr J. Loag,
der begabte, umsichtige und
thatkräftige Administrator der
Neuguinea=Gesellschaft, dessen
mit schattigen Veranden um=
gebenes Bungalow einen Büch=
senschuß weit von den großen

Papuaarbeiter in Friedrich=Wilhelmshafen.

Warenbepots und Comptoirs des Hafens liegt. Das Leben und Treiben konzentriert sich in
dem letzteren, wo zahlreiche Schwarze aus den verschiedenen Inseln des Bismarckarchipels und
Neuguineas selbst, dazu Chinesen, Malaien, Amboinesen und Makassaren die Arbeiten verrichten.
Es ist trotz des seltsamen Gemisches ein heiteres, lärmendes Völkchen, das hier eine zweite
Heimat gefunden hat. Viele haben sich durch ihre Arbeit bereits ein rotes Hüfttuch,
den Lawa=lawa, oder eine neue Türkenmütze, oder die vielbegehrten, kreisförmig gebogenen
Eberzähne, den beliebtesten Schmuck, erworben, haben in dem am Oberarm getragenen
Armband ihr Pfeifchen und ein Stück Stangentabak stecken, ihre Nasenflügel und Ohren
mit allerhand Ornamenten geschmückt, aber sonst ist von Bekleidung nichts anderes zu
sehen als ihre tiefbraune, bei den Bukaleuten schwarze Haut. Die neu angeworbenen
Arbeiter, vornehmlich jene von Neuguinea selbst, haben nichts anderes am Leibe als
ein schmächtiges Lendenband, das wohl nur als Zierat dient. Desto bunter und grotesker
ist ihr kolossaler Kopfschmuck, Federn, Blumen, Reisigbündel, dazu große, spannen=
lang herabfallende Muscheln und sonstiger Tand in den Ohren, und Muschel=
bänder um den Hals. Ebenso grotesk sind die vielen Mädchen und Frauen bekleidet,
welche in den Plantagen und Arbeiterhäusern die leichteren Arbeiten verrichten. Röckchen,
die bis zu den Knien fallen, über den Oberleib kurzärmlige rote Hemden mit weißem
Besatz, und auf den schwarzen kraushaarigen Strumwelpeterköpfchen moderne Strohhüte

Frau mit Kind aus Gorimah.

mit ganzen Blumensträußen, also Kleider, wie sie von unseren kleinen Mädchen getragen werden. Man kann sich vor= stellen, wie eine derartige Mary im Alter von etwa dreißig bis vierzig Jahren aussieht. Alle Frauen werden hier Mary genannt, es ist gewisser= maßen die Bezeichnung jedes weiblichen Wesens in der grotesken Pidgen-Englisch= Sprache, welche hier und im Bis= marckarchipel allgemein gesprochen wird. Schon bei früheren Gelegenheiten habe ich die Kuriosa dieser Sprache, wie sie in China gebräuchlich ist*), geschildert, aber das chinesische Englisch ist klassisch im Vergleich zu dem Kauderwelsch des deutschen Schutzgebietes in der Südsee. Der Ankömmling hier wird von dem= selben sehr unangenehm berührt, und er bedauert tief, daß für den Verkehr mit den Eingeborenen an Stelle dieser unsinnigsten aller Sprachen nicht die deutsche gewählt worden ist. Aber das ist für lange Jahre hinaus unmöglich, denn das Pidgen-Englisch war bereits die verbreitetste Verkehrssprache, als die Deutschen hierherkamen, sie ist es auch

auf den anderen Inseln der Südsee, und man konnte sie begreiflicherweise nicht einfach wegbekretieren und durch die deutsche ersetzen. Ebenso war die Wahl irgend einer Ein= geborenensprache unmöglich, weil in Neuguinea, Neupommern und Neumecklenburg fast in jedem Dorfe, oder doch in jedem Distrikte eine andere Sprache gesprochen wird. Es mußte also das Pidgen=Englisch beibehalten werden, wenigstens so lange, bis aus den zahlreichen Missionsschulen ein hinreichend großer Nachwuchs deutschsprechender Kanaken hervorgegangen ist. In dieser Hinsicht gehen vornehmlich die katholischen Missions= schulen mit rühmenswertem Eifer vor, und es wäre zu wünschen, daß auch die englischen protestantischen Missionen angehalten würden, die deutsche Sprache zu lehren. In Ostafrika besteht bereits ein diesbezügliches Gesetz, welches auch in der Südsee eingeführt werden sollte.

Wie unsinnig das Pidgen=Englisch ist, geht beispielsweise aus der Thatsache hervor, daß man bei Zahlenbezeichnungen nicht von zwei Menschen, drei Flaschen, vier Bäumen

---

*) Siehe E. v. Hesse=Wartegg, „China und Japan" II. Auflage 1901. Leipzig, Verlag von J. J. Weber.

spricht, sondern von two fellow men, three fellow bottle, four fellow tree, d. h. zwei Kerle Mann, drei Kerle Flaschen, vier Kerle Baum. Einunbzwanzig heißt nicht twenty one, sondern two fellow ten one fellow, das ist zwei Kerle zehn ein Kerl. Ein Schwarzer, der sich weiß kleidet, heißt white fellow black man (weißer Kerl schwarzer Mann). Der Kopf heißt Kokosnuß, Haare heißen Gras, viel heißt plenty too much. Der äußerst umsichtige, thätige und allgemein beliebte Gouverneur des Schutzgebietes, Herr v. Bennigsen, wird seitens der Eingeborenen mit folgenden Namen bezeichnet: Big fellow master plenty too much, belong Cocopur Coconut belong him no stop grass, das heißt: „großer Kerl Meister viel zu viel ist Herbertshöhe seine Kokus-nuß hat kein Gras".

Es soll damit nicht etwa gesagt werden, daß Herr v. Bennigsen kahl sei, obschon es nicht zu verwundern wäre, wenn er in Anbetracht der ungeheuren Arbeitslast, die auf seinen Schultern ruht, und der vielen Schwierigkeiten, die ihm aus dem Mangel an Schiffen, Polizisten und anderer Beihilfe erwachsen, seine Haare verloren hätte. Er trägt nur, geradeso wie alle Weißen in diesen Tropenländern, seine Haare kurz gestutzt. Da die Kanaken die Namen der Herren, mit denen sie verkehren, nicht kennen, so geben sie ihnen einen, keineswegs schmeichelhaften Spitznamen, der auf irgend eine Äeußerlich-keit Bezug hat. So z. B. heißt der fleißige und energische erste Offizier des Dampfers Stettin, Herr Köhler, Short man, big belly, make wau wau wau, das heißt: „kleiner Mann, großer Bauch, macht wau wau wau." Dabei ist aber Herr Köhler nach unseren Begriffen ein sehr schöner Mann.

Charakteristisch ist die Bezeichnung für Klavier: „big fellow box spose white man fight him, he cry too much" d. h. „großer Kerl Kasten, wenn weißer Mann ihn schlägt, weint er zu viel." Einzelne deutsche Wörter haben sich doch schon Bahn gebrochen. Ein Kerl, der weinend vor einem der Warendepots stand, wurde von seinen Gefährten nach der Ursache gefragt und gab zur Antwort: „big fellow master, he rauss me" d. h. „großer Kerl Meister er heraus mich." Der große Kerl Meister, wahrscheinlich ein weißer Auf-seher, hatte ihn fortgejagt. Nun haben die Kanaken häufig das Wort „raus"! (heraus) aus dem Munde der Deutschen vernommen, und dieses raus! heißt nun heute ziemlich allgemein entlassen, fortjagen, herauswerfen.

Die vorstehenden Beispiele sind nicht etwa besonders groteske, ich habe sie nur angeführt, wie sie mir gerade einfielen. Das ganze Pidgen-Englisch bewegt sich in ähnlichen Bezeichnungen, und wer sie auch nur einmal gehört hat, der wird den sehnlichen Wunsch hegen, daß dieser Unsinn baldigst durch vernünftiges Deutsch ersetzt werde. Baldigst sage ich deshalb, weil es jetzt noch Zeit ist, das Pidgen-Englisch auszurotten; vergeht aber noch ein Jahrzehnt, dann wird es sich bei der täglich wachsenden Bevölkerung so eingebürgert haben, daß es unmöglich sein dürfte, und in weiteren fünfzig Jahren besitzt das Deutsche Reich hier ein Schutzgebiet, dessen Millionenbevölkerung nur englisch spricht. Für die Weltstellung und das Ansehen Deutschlands wäre dies gewiß traurig und beschämend. In allen Kolonien wird ausschließlich oder doch vornehmlich die Sprache des Mutterlandes gesprochen, selbst in den kleinen, rings von andersprachigen Ländern

Papuas vom Huongolf, zwei davon tragen aus Trauer um ihre
verstorbenen Frauen eine Kopfbedeckung aus Baumrinde.

umgebenen portugiesischen Kolonien. Und Deutschland, das große, weltgebietende, sollte
das nicht auch erreichen können? Seitens des Gouvernements des Südseegebietes kann
vorläufig nur der Schulunterricht in diesem Sinne geregelt werden, denn den Pflanzern
und Kaufleuten kann man begreiflicherweise keine Vorschriften machen, aber das deutsche
Volk kann an den Patriotismus und den gesunden deutschen Sinn unserer den Archipel
bewohnenden Landsleute appellieren. Ich glaube wohl nicht fehlzugehen, wenn ich
diesem gewiß ganz allgemeinen Wunsche hier in kräftigster Weise Ausdruck gebe. Mögen
doch die Deutschen in der Südsee ihrer Muttersprache Anerkennung verschaffen und zu
ihrer Verbreitung dadurch beitragen, daß sie sich im Verkehr mit den Eingeborenen nach
Thunlichkeit der deutschen Sprache bedienen, anfänglich nur einzelne Bezeichnungen, dann
allmählich immer mehr, wenn auch nur eine Art von Pidgen=Deutsch zur Einführung
bringen, bis der Nachwuchs aus den deutschen Eingeborenenschulen da ist. Dann ist
der schwierige Anfang überstanden, und ein großes Gebiet der Südsee wird als Verkehrs=
sprache immer mehr die deutsche Sprache gebrauchen. Mögen sich in den heute noch
kleinen deutschen Ansiedlungen hier die Beamten, Missionäre, Kaufleute und Händler die
Hand zum deutschen Sprachenbunde reichen und einander geloben, nach Kräften und bei
jeder Gelegenheit für gutes Deutsch einzutreten, mögen sie zeigen, daß sie auch in Bezug
auf die Sprache die Herren auf deutschem Grund und Boden sind. In ihren Händen
allein liegt dazu die Macht, und sie sollten sich mit allen Deutschen in der ganzen Welt
zu dem Streben vereinigen: „Die deutsche Sprache in deutschen Kolonien".

Friedrich=Wilhelmshafen ift nicht nur ein Hauptſitz der Neuguinea=Geſellſchaft, ſondern auch der Sitz der Kaiſerlichen Verwaltung von Neuguinea. Betritt man vom Schiffe aus das Feſtland, ſo dehnt ſich zur Linken der Hafenanlagen ein weiter, umhegter Palmengarten aus, an deſſen Ende faſt unmittelbar am Waſſer das unſcheinbare Ver= waltungsgebäude liegt. Hinter demſelben befinden ſich die Kaſernen für die wenigen Polizeileute, durchweg Schwarze, dann einige Holzhütten für die Arbeiter und endlich das Gefängnis, in welchem zur Zeit etwa vierzehn Sträflinge untergebracht ſind. Sie werden unter Aufſicht der Polizei zu den notwendigen Straßen= und Gartenarbeiten verwendet. Die hübſche, anſprechende Villa des Regierungsvertreters, zugleich kaiſerlichen Richters, befindet ſich etwas weiter auf einer mit Gartenanlagen geſchmückten, weit vor= ſpringenden Landzunge. Im ganzen verfügt das Reich hier über drei europäiſche Beamte, drei chineſiſche Handwerker und etwa ſechzehn Polizeileute. Im Hafen liegt ein kleiner, nicht einmal den beſcheidenſten Anforderungen entſprechender Segelſchoner. Das iſt alles. Mit dieſem winzigen Apparat ſoll die Ordnung in einem Gebiete aufrechterhalten werden, das die Ausdehnung von ganz Weſtdeutſchland erreicht und über 120 000 Einwohner beſitzt. Jeder größere Marktflecken in Deutſchland verfügt über größere Mittel, und es iſt geradezu beſchämend, wenn man die ewigen Verlegenheiten der Beamten wahrnimmt, die Strafexpeditionen gegen Aufſtändiſche hier und dort auf hundert oder tauſend Kilo= meter Entfernung vom Regierungsſitz unternehmen ſollen, auch blutige Kämpfe aus= zufechten haben, Entdeckungsreiſen und Expeditionen in das Innere des Landes unter= ſtützen ſollen, ohne die notwendigſten Mittel dazu zu haben. Glücklicherweiſe ſind dieſe Schwierigkeiten nur vorübergehende, denn der Reichstag hat die Mittel für einen Regierungsdampfer bewilligt. Der Etat iſt ausreichend, und kommt der Dampfer recht= zeitig, nicht erſt nach Jahren heraus, dann wird ſich alles bald zum beſſeren wenden.

Plantagen= und Arbeiterverhältniſſe in Friedrich= Wilhelmshafen.

Friedrich=Wilhelmshafen hat die Periode des teilweiſe durch die Verhältniſſe bedingten Zickzackkurſes nun wohl überſtanden, und die Bedeutung, die es trotz dieſer anfäng= lichen Schwierigkeiten erlangt hat, ſichert ihm auch die weitere Entwickelung, zumal der Regierungsſitz von Deutſch=Neuguinea hierher verlegt worden iſt. Auf der weiten Ebene, die noch vor neun Jahren mit undurchdringlichem tropiſchen Urwalddickicht bedeckt war, ſind heute mehrere Quadratkilometer von ſchönen Plantagen eingenommen, und es lacht einem das Herz im Leibe, wenn man den freundlichen Ort ſelbſt durchwandert, der wie in einem wohlgepflegten Tropengarten liegt. Auf der ſtillen blauen Waſſerfläche des Hafens liegen ein paar Segelboote an Bojen feſtgemacht, von denen eine gewiß als beſondere Merkwürdigkeit bezeichnet werden kann. Sie iſt nämlich am Meeresgrunde

Arbeiter aus dem Innern von Neuguinea.

nicht mittels eines Ankers oder Felsblockes verankert, sondern an einem großen eisernen Geldschrank, der vor Jahren funkelnagelneu von Europa hierher gesandt wurde, um die Einnahmen der Neuguinea-Gesellschaft in seinem sicheren Schoße zu bergen, aber durch eine sehr heitere Verkettung von Umständen nie seine Bestimmung erreichte.

Sogar ein Hotel besitzt Friedrich-Wilhelmshafen, das, von einem Chinesen geleitet, gleichzeitig als Klub dient und den Spottnamen „Hotel zum feuchten Lappen" führt. Die Mitglieder des Klubs, die sich dort zeitweilig zu einem gemeinsamen Essen oder zu einer Kegelpartie zusammenfinden, sind nicht besonders zahlreich, denn die ganze europäische Einwohnerschaft übersteigt nicht zwanzig Seelen. Dafür ist die farbige Einwohnerschaft, fast durchweg im Dienste der Neuguinea-Gesellschaft stehend, um so zahlreicher. Etwa zwanzig Chinesen, in eigenen Häusern wohnend, bilden den Handwerkerstand; die Bau= leute, dreißig an der Zahl, rekrutieren sich zumeist aus Malaien, und die Plantagen= arbeiter, von denen in dem Bezirk von Friedrich-Wilhelmshafen etwa hundert bis zweihundert beschäftigt sein dürften, sind ein Gemisch von Malaien, Papuas und Kanaken aus dem Bismarckarchipel. Am zahlreichsten unter ihnen sind die Malaien, die mit ihren Weibern in eigenen Kongsi, d. h. Arbeiterhäusern, wohnen und auch hier ihre ursprünglichen Trachten und Sitten beibehalten haben.

Auf den Plantagen von Neuguinea bleibt die Arbeiterfrage immer noch die wichtigste, und der umsichtige, emsige Leiter derselben hier in Friedrich-Wilhelmshafen klagte mir

Papuadorf bei Friedrich-Wilhelmshafen, Neuguinea.

darüber seine Not. Papuaner sind wohl genug vorhanden, denn in der unmittelbaren Umgebung des Ortes liegen fünf Dörfer mit zusammen gegen tausend Einwohnern. Aber es ist bisher noch nicht gelungen, sie zur Arbeit in dem wünschenswerten Maße heran= zuziehen. Fast ebensoschwer ist es, in dem benachbarten Bismarckarchipel Kanaken anzuwerben. Zeitweilig unternimmt der Dampfer Johann Albrecht der Neuguinea= Gesellschaft seine kostspieligen Rekognoscierungsreisen nach Neumecklenburg, dieser Insel der Menschenfresser, oder nach den Salomonsinseln. Während meines Besuches in Friedrich=Wilhelmshafen lag er im Hafen vor Anker. Ich hielt ihn für ein Segelschiff, denn er hat ganz das Aussehen eines solchen, ohne Schornstein. Erst nachher erfuhr ich, daß einer seiner zwei stählernen Masten als Schornstein dient und der Rauch aus der Mastspitze entweicht. Der zweite Offizier dieses sonderbaren Dampfers war auf der letzten Reise verloren gegangen. Der Johann Albrecht hatte einen Segelkutter, auf dem sich ein weißer Händler der Neuguinea=Gesellschaft befand, ins Schlepptau genommen und zeitweilig seinen zweiten Offizier an dieses Schiff abgegeben. Während eines heftigen Sturmes riß die Schleppleine, und der Kutter verschwand. Vierzig Tage waren ver= gangen, ohne daß man etwas über das Schicksal dieses Schiffes erfahren hätte. Während seiner nächsten Rekrutierungsreise sollte der Johann Albrecht auch alle Häfen und Buchten von Neumecklenburg durchforschen, und man fürchtete schon, die Besatzung sei, wie schon so manche andere, den Menschenfressern zum Opfer gefallen, als der Kutter inzwischen wieder zum Vorschein kam. Die heftigen Winterstürme hatten ihn nach Nusa, in die Gewässer von Neuhannover verschlagen.

Den zweiten Dampfer der Neuguinea=Gesellschaft, Herzogin Elisabeth, sah ich in Friedrich=Wilhelmshafen im Dock liegen, wo er für eine Expedition auf dem Ramustrom ausgerüstet wurde. Ein Dock in Neuguinea! Man sieht, die Gesellschaft läßt es sich etwas kosten.

Die besten und wünschenswertesten Arbeiter sind und bleiben für die Plantagen die Chinesen. Das hat nicht nur die Neuguinea=Gesellschaft, sondern auch die frühere Astrolabe=Gesellschaft schon vor Jahren eingesehen und deshalb die Anwerbung von Zopf= trägern beschlossen. Nur geschah dies auf so ungeschickte Art, daß die Gesellschaften Unsummen Geldes dadurch verloren und sich auch noch die weitere Einfuhr chinesischer Kulis ungemein erschwerten. Statt in China selbst, vor allem in Hainan und Swatow frische gesunde junge Kräfte anzuwerben, wandte man sich an Zwischenhändler in Singapore und Batavia. In den holländischen Kolonien hatte man die vorzügliche Eignung des Bodens in Neuguinea für den Tabakbau längst erfahren. Es galt, diesem neu aufstrebenden Konkurrenten der Tabakpflanzer auf Java und Sumatra einen Knüppel zwischen die Beine zu werfen, und dazu bot die Chinesenanwerbung die erwünschte Gelegenheit. Die Zwischenhändler, welche auch die Kulilieferungen für Holländisch=Indien besorgen, wurden veranlaßt, den deutschen Gesellschaften das denkbar schlechteste Material zu liefern, und diese Arbeiteragenten, bestrebt, ihre alten Beziehungen mit den holländischen Kunden nicht zu verderben, sandten in der That Halbblinde und Halblahme, Greise, Kinder, Schwächlinge, Opiumraucher und anderes Gesindel zu Dutzenden nach Neuguinea.

Melanesenfrau.

Natürlich ging ein großer Prozentsatz dieser Leute bald zu Grunde, viele erlagen dem mörderischen Fieber, und die nach Ablauf ihrer Dienstzeit Zurückkehrenden verbreiteten auf den Chinesenmärkten von Singapore und Batavia so ungünstige Nachrichten über Neuguinea, daß neue Leute sich nicht mehr anwerben ließen und die Kolonialregierungen auch noch die Ausfuhr von Kulis nach Neuguinea verboten. Dies hat sich seither zum Besseren geändert, auch ist die Sterblichkeit unter dem angeworbenen Arbeiterpersonal in Neuguinea jetzt nicht größer als in Deli.

Die Chinesen sind freilich doppelt so teure Arbeiter als die Papuaner, denn sie erhalten einen Monats= lohn von durchschnittlich fünfzehn Mark gegenüber sechs bis acht Mark der Papuaner, doch leisten sie dafür auch das Doppelte und sind überdies auf den wert= vollen Tabakplantagen die einzig möglichen Arbeiter. In manchen Kreisen hegt man große Furcht vor den Chinesen und glaubt, sie würden mit der Zeit die Weißen ganz verdrängen. Erst kürzlich habe ich solche vollständig unbegründete Ansichten sogar von Pflanzern im Bismarckarchipel vernommen. Als ob nicht der ganze Tabakbau in Sumatra und Java in den Händen der Chinesen läge! Sie sitzen dort nach Hundert= tausenden schon seit Jahrzehnten, und doch sind die Weißen die unbedingten Herren geblieben. Es genügt vollkommen, sie vom Landkauf und von der kaufmännischen Selbständigkeit auszuschließen; dann können sie niemals den Europäern gefährlich werden.

Bei diesem empfindlichen Mangel an Arbeitern ist es geradezu ein Wunder, daß sich die Plantagenwirtschaft rings um Friedrich=Wilhelmshafen in dem Maße, entwickeln konnte, wie es thatsächlich der Fall ist, zumal dieser Bezirk erst vor vier Jahren von der Neuguinea=Gesellschaft wieder aufgenommen wurde. In der unmittelbaren Umgebung von Friedrich=Wilhelmshafen sind hundertachtzig Hektar mit Kokospalmen bepflanzt, und mit Vergnügen wanderte ich durch die lauschigen Palmenwälder, in deren Schatten auf dem saftigen Rasen vortrefflich aussehende Rinder weideten. Weite Flächen sind für eine neue Kakaopflanzung vorbereitet, für welche wir auf dem Lloydbampfer Stettin zehntausend Schößlinge aus Amboina mitbrachten. Ebenso sind mehrere hundert Hektar Land für eine große Pflanzung von Rami vorbereitet, deren Setzlinge schon längst an Ort und Stelle sind; aber es fehlt an Arbeitern, um die Einpflanzung vorzunehmen. Auch Sisal, diese wichtige Hanfpflanze, welche den Plantagenbesitzern in Yucatan (Mittel= amerika) so große Einkünfte zuführt, sind in vielen Tausenden Setzlingen vorhanden.

Vorzüglich gedeiht dafür der Baumwollbaum, Kapok, von welchem hier etwa sieben= tausend Stück gepflanzt worden sind. Der hellgrüne Baum mit seinen dünnen, geraden, wagerecht vom Stamm auslaufenden Aesten erfreut sich eines ungemein raschen Wachstums, und die Baumwolle, die seine Früchte liefern, findet auf den ostasiatischen Märkten gute Preise. Ebenso vortrefflich gedeihen die Kautschukpflanzungen, auf welchen sieben= tausend Bäume von Ficus elastica und Ficus castilloa stehen. Dieselben Pflanzen, die wir zu Hause in Porzellantöpfen sorg= fältig pflegen, und auf die wir schon stolz sind, wenn sie einen Meter Höhe erreicht haben, werden in den Urwäldern von Neu= guinea zu ungeheuren Baumriesen. Nach meinen Erfahrungen in den Tropen, vor allem in Brasilien, dürfte sich Neuguinea ausgezeichnet für die Kautschukkultur eignen, und es wäre gewiß zu empfehlen, dieser letzteren noch größere Aufmerksamkeit zu widmen, als es bisher geschehen ist, weil

Eingeborener aus Bongu.

der Bedarf an Kautschuk besonders für Ueberseekabel und andere industrielle Zwecke stets wächst und zur Zeit nicht voll befriedigt werden kann.

An wertvollen Hölzern, zunächst Calophyllum ist die Umgebung von Friedrich=Wilhelms= hafen sehr reich. Besonders die kleinen Inseln hier sowie im Prinz=Heinrichshafen zeigen davon große Bestände; auch andere Hölzer, wie das schöne Cordia subcordata und Atzelia bijuga, finden sich hier und werden voraussichtlich, wenn auch das Inland weiter erschlossen sein wird, zu wertvollen Ausfuhrartikeln werden.

Am überraschendsten war für mich der Besuch von Jomba. Von Friedrich=Wilhelms= hafen zieht sich die ausgedehnte Jombaebene landeinwärts, und dort ist in den letzten Jahren eine mehrere Quadratkilometer umfassende Strecke von dichtem Urwald und Dschungel befreit worden. Ein vorzüglicher Fahrweg führt zu der ungeheuren Tabak= pflanzung, welche die Mitte dieses Gebietes einnimmt. Sie wurde schon im Jahre 1891 von der selig entschlafenen Astrolabe=Gesellschaft angelegt, drei Jahre später wieder auf= gegeben und 1899, nachdem alles verwildert war, neuerdings aufgenommen. Es hängt dies mit der eigentümlichen Art des Tabakbaus zusammen. Tabak verlangt stets neuen jungfräulichen Boden, um ein gutes hochbewertetes „Deckblatt" zu erzielen. Damit sind auch weite Flächen und ausgedehnte Weganlagen erforderlich. Die Bauten wandern mit der Kultur und wo einst üppige Tabakstauden von fleißigen Händen gepflegt wurden, schießt nach wenigen Jahren schnell wuchernder Busch empor. Nicht für immer. Nach zehn bis zwölf Jahren fällt der junge Wald wieder unter der Axt, und der inzwischen ausgeruhte Boden gewährt mit den wieder gesammelten und neu aufgeschlossenen Nähr= stoffen eine neue Ernte.

In letzter Zeit ist von diesem Verfahren insofern abgewichen worden, als man das abgebaute Tabaksland mit anderen Gewächsen, vornehmlich Kokos, Baumwolle und

Ansicht von Stephansort.

Kautschuk bepflanzte. In Jomba fand noch ein Aufgeben der Pflanzungen statt, und so mußten die vielen großen Trockenscheunen, die Fer= mentierscheunen und Sortierhäuser für den Tabak wieder ausgebessert, das üppig wuchernde Unkraut mit großer Mühe ausgejätet werden. Heute sind die Kokos= und Tabak= plantagen wieder in schönster Ord= nung. Auf dem höchsten Punkte dieses großen Plantagengebietes liegt das Bungalow des Verwalters, eines englischen Pflanzers aus Deli, und in den Plantagen verstreut er= heben sich die hübschen von Gemüse= gärten umgebenen Kampongs der malaiischen Arbeiter. Ueberall wird mit den vorhandenen Kräften fleißig gearbeitet. Der Boden ist für die Tabakkultur ausgezeichnet, und das ungeheure Hinterland gestattet eine geradezu unbeschränkte Ausdehnung der Plantagen. Dazu sind trockene Jahre, wie sie Stephansort mehr= mals aufeinander zum Schaden seiner Tabakproduktion aufzuweisen hatte, in Jomba bisher noch nicht vorgekommen. Alles in allem ge= nommen sind die schwersten Zeiten hier wohl überstanden, und die mit so großen Kosten geschaffenen An= lagen gehen nunmehr, wenn nicht wieder unzeitige Anordnungen ge= troffen werden, sicherem Ertrage entgegen. Denselben günstigen Ein= druck gewann ich in der nächsten Station der Neuguinea=Gesellschaft, in Stephansort, das nur dreiund= zwanzig Kilometer von Friedrich= Wilhelmshafen entfernt ist. Leider

Die Ochsenbahn in Stephansort.

war 1900 eine Fahrstraße zwischen den beiden Orten noch nicht vorhanden, und da es auch an Schiffen mangelt, ist der Verkehr zwischen diesen bedeutendsten deutschen Ansiedelungen in Neuguinea ein recht geringer. Die Neuguinea-Gesellschaft kann nicht alles aus eigenen Mitteln herstellen. Da nunmehr die Landesverwaltung auf das Deutsche Reich übergegangen ist, wäre es im allseitigen Interesse sehr zu wünschen, daß diese so nötige Straße aus Reichsmitteln möglichst bald angelegt werde*).

Der Hafen von Stephansort ist Erimahafen, und dort ging unser Dampfer einige Schiffslängen von der Küste entfernt vor Anker. Der ganze Hafen besteht aus einer Landungsbrücke, einigen Warenschuppen und dem Wohnhaus des einzigen weißen Bewohners, eines Beamten der Neuguinea-Gesellschaft. Aber er besitzt doch eine Merkwürdigkeit ersten Ranges, eine Eisenbahn. Als ich zwischen den geschäftigen nackten Papuanern, die sich mit den Waren zu schaffen machten, das Festland betrat, sah ich der Landungsbrücke gegenüber einen Eisenbahnzug stehen, der eben nach Stephansort, etwa zehn Kilometer von dort entfernt, abfahren sollte. „Einsteigen", hieß es, und rasch stürzten wir Passagiere der Stettin in den einzigen Waggon, eine Plattform auf vier Rädern, auf welcher einige Stühle standen. Als Lokomotive fungierten zwei siamesische Rinder, als Zugführer und Heizer zwei Malaien. Der Heizer knallte mit der Peitsche, und fort ging es in recht munterem Tempo auf den nur sechzig Centimeter weiten

*) Dieser Wunsch ist seither in Erfüllung gegangen.

Geleisen in den Urwald. So lächerlich diese Eisenbahn dem europäischen Leser auch erscheinen mag, sie ist doch ein für die Verhältnisse von Neuguinea ganz bedeutendes Werk. Ungeheure Baumriesen mit ein bis zwei Meter dicken Stämmen mußten gefällt und entwurzelt, das zwischen ihnen in unglaublicher Ueppigkeit wuchernde, durch unent= wirrbaren Rotang verbundene Dickicht abgehauen werden. Dazu gab es über ein Dutzend Flußläufe und tief eingeschnittene Hohlwege zu überbrücken, erhebliche Steigungen aus= zugleichen. Der Ingenieur, der diese Bahn gebaut, ist aber ein Praktikus, und die Art, wie er sich über die auf Schritt und Tritt sich darbietenden Schwierigkeiten hinweghalf, befähigt ihn gewiß zu großen Thaten. Bei den zu Gebote stehenden geringen Mitteln konnte er sich auf Steine und Eisenkonstruktionen nicht einlassen, das lockere Erdreich in den Hohlwegen und an den steilen Ufern der tief eingeschnittenen Wasserläufe wird bei jedem Regengusse in solchen Mengen weggeschwemmt, daß auch Stein und Eisen nicht viel nützen würden. Aus den gefällten Baumstämmen wurden demnach mit ganz geringen Kosten Joche gezimmert, die, wenn fortgeschwemmt, ebenso leicht und billig wieder ersetzt werden können. Ueber diese Joche werden die Geleise und dazwischen Bretter für Fußgänger gelegt.

Da gerade vor unserer Ankunft heftige Regengüsse das Erdreich gelockert hatten, so war das Passieren dieser Brücken nicht ohne Gefahr. Kamen wir zu einer Brücke, so hieß es anhalten. Der Heizer spannte seine Ochsen aus und trieb sie den Abhang hinunter durch das Wasser und auf der anderen Seite wieder hinauf. Wir verließen den Waggon und balancierten hintereinander über den schmalen Brückensteg zwischen den Schienen. War alles am anderen Ufer, dann löste der Zugführer die Bremse und schob den leeren Waggon hinüber. Nun wurden die „Lokomotiven" wieder vorgespannt, wir setzten uns in den Waggon, und fort ging's bis zur nächsten Brücke, wo der Vor= gang sich wiederholte. So kamen wir bei dem häufigen Anhalten auf dieser Anhalter= Bahn nur langsam vorwärts. Bei gesteigertem Verkehr würde sich später vielleicht ein Schlafwagen lohnen.

Etwa halben Weges zwischen Erimahafen und Stephansort erreichten wir das wohl hundert Meter breite Bett des wasserreichen Goriflusses, und hier gab es überhaupt keine Brücke. Die Geleise liegen hier unmittelbar auf dem Geröll des Flußbettes und sind durch feste Anker gegen das Fortschwemmen bei Hochwasser geschützt. Glücklicherweise betrug der Wasserstand diesmal an der tiefsten Stelle nur etwa einen halben Meter. Die Ochsen wurden also einfach in das Wasser getrieben, wir blieben in unserem Waggon sitzen und kamen so trockenen Fußes hinüber.

Nach etwa dreistündiger Fahrt gelangten wir aus dem hochstämmigen finsteren Urwald heraus auf eine weite Ebene mit Kokosnuß= und Kakaoplantagen. Bei einem Holz= schuppen, der einsam mitten in den Plantagen liegt, blieb der Eisenbahnzug stehen, Station Stephansort, alles aussteigen! Weit und breit war kein Haus und kein Mensch zu sehen. Wo war denn Stephansort?

Stephansort, Simbang und Finschhafen.

Unter den europäischen Ansiedelungen nicht nur in Kaiser-Wilhelmsland, sondern in ganz Neuguinea ist Stephansort an der Astrolabebai die größte, unter den deutschen Ansiedelungen auch die älteste. Wohl sind vor 1888, dem Gründungsjahre von Stephansort, vier andere Stationen in Kaiser-Wilhelmsland gegründet worden: Finsch= hafen, Hatzfeldhafen, Konstantinhafen und Butaueng; aber diese wurden wenige Jahre später wegen der Feindseligkeit der Eingeborenen oder wegen des ungesunden Klimas wieder aufgegeben. Stephansort hingegen blieb seit 1888 ununterbrochen eine Haupt= station. Man würde indessen fehlgehen, hier eine Ansiedelung nach deutschem oder auch nur deutschkolonialem Muster zu erwarten, etwa ein freundliches Städtchen mit einem Marktplatz, auf dem Rathaus und Postamt stehen, und mit dort mündenden Straßen, wo Gevatter Schuster und Gevatter Schneider ihre Werkstätten aufgeschlagen haben, und mit Wohnhäusern oder Kaufläden. Davon ist in Stephansort nichts zu sehen, ja ich suchte es noch, als ich, mit der Ochsenbahn dort eingetroffen, mich bereits im Mittelpunkte des Ortes befand. Man hat Washington, die Hauptstadt des ameri= kanischen Staatenbundes, the City of magnificent distances, die Stadt der großartigen Entfernungen, genannt. Mit diesem Namen könnte man auch Stephansort bezeichnen, denn dieses ist gerade so großartig und weitläufig angelegt, nur dürfte es heute nach zwölfjährigem Bestehen gerade so viele Gebäude und Einwohner haben wie Washington

Javaner- und Melanesenfrauen, Arbeiterinnen auf der Plantage in Stephansort.

ein paar Wochen nach seiner Gründung. In jeder der meilenlangen Straßen stehen ein oder zwei Häuser, und Einwohner sieht man in den Straßen überhaupt nicht, denn diese befinden sich tagsüber in den Plantagen zerstreut an der Arbeit. Das ganze Stephansort ist eigentlich nichts weiter als eine große Plantage, und die einzige städtische Einrichtung ist die vorerwähnte Ochsenbahn, eine Art Tramway, die durch die breiten, einsamen, mit Gras bewachsenen Straßen läuft.

Dennoch herrscht unter dem Dutzend europäischer Einwohner großer Lokalpatriotis= mus. Mit Stolz zeigen sie dem Fremden ihren Stadtpark, in welchem sich das Hauptgebäude des vorzüglichen europäischen Hospitals erhebt, mit einem hübschen Denkmal des leider so früh verstorbenen ausgezeichneten Landeshauptmanns Kurt v. Hagen davor; oder sie führen ihn in den Klub, ein bescheidenes, aber allen Anforderungen entsprechendes Holzhaus, das diese Handvoll Deutscher aus eigenen Mitteln gebaut haben und unterhalten und wo jeder ohne Unterschied des Standes oder Ranges auf= genommen wird. Ein= oder zweimal monatlich wird hier von allen Klubmitgliedern,

Papuas aus der Nähe von Friedrich = Wilhelmshafen, Neuguinea.

Flüſſe der Bertrandinſel.

b. h. also von allen weißen Einwohnern, gemeinschaftlich Kaikai eingenommen. Kaikai ist das kanakische Wort für Essen, und deshalb heißt der Klub auch unter den Eingeborenen in dem hier gebräuchlichen, scheußlichen Pidgen=Englisch: Houfe Kaikai. Uebrigens haben die deutschen Bewohner von Stephansort ihren so weit zerstreuten, mitunter abseits von den Straßen gelegenen Wohnhäusern ebenfalls bezeichnende Spitznamen gegeben. So giebt es hier eine Villa Unkenruh, ein Haus Bambu und eine Burg Finkenstein. Der ausgezeichnete Administrator der Neuguinea=Gesellschaft, Herr Müller, wohnt in einem von schönen Gartenanlagen umgebenen Bungalow, Ecke Friedrichstraße, ein anderer Beamter in der Villa Ziegenring, alles zarte Anspielungen auf örtliche Vorkommnisse.

Im ganzen giebt es in Stephansort acht europäische Wohnhäuser; dazu kommen an Gebäuden europäischen Stils der genannte Klub und das Hospital. Die Arbeiter, darunter einhundert Malaien mit sechsundbreißig Frauen, dreihundert eingeborenen Tamulen und hundertneunzig Chinesen, wohnen zum größten Teil in Kulikasernen, zehn an der Zahl. Manche Chinesen haben sich eigene Häuser gebaut. Einer von ihnen leitet einen Kauf= laden mit allerhand Kurzwaren; er hat auch einen Gemüsegarten und eine Schweinezucht angelegt, aber seine Einnahmen reichten nicht hin, um seine aus früheren Zeiten stammenden Schulden in Singapore zu decken, und so brannte er am Tage vor unserem Eintreffen in Stephansort mit seiner Kasse durch.

Sonst giebt es nur noch einen europäischen Kaufladen, dessen Eigentümer gleichzeitig den Postdienst versieht und den durchreisenden Fremden in Deutschland angefertigte Ansichtspostkarten das Stück zu dreißig Pfennig verkauft, seine Mitbürger aber mit Büchsenspargel und sonstigen konservierten Lebensmitteln versorgt. Handwerker giebt es keine anderen als die von der Neuguinea=Gesellschaft angeworbenen Zimmerleute. Will jemand seine Schuhe besohlen, seine Kleider ausbessern, seine Uhr in Ordnung bringen lassen, so muß er sie mit dem alle zwei Monate hier anlaufenden Lloybdampfer Stettin nach Singapore senden; dann bekommt er seine Sachen im besten Falle nach zwei Monaten, häufig aber erst nach vier Monaten, wieder. Im ganzen deutschen Schutzgebiet in der Südsee, größer als die Hälfte des Deutschen Reiches, giebt es noch keinen Schuster oder Schneider, Schlächter oder Bäcker, Schlosser, Sattler, Schmied. Man kann sich also die Schwierigkeiten vorstellen, mit welchen die hier zerstreut wohnenden Europäer, mehrere hundert an der Zahl, zu kämpfen haben. Man kann auch mit gutem Gewissen vorläufig gar keinem deutschen Handwerker anraten, hierher auszuwandern, denn er würde sein Auskommen nicht finden. Höchstens für die bedürfnis= losen chinesischen Handwerker könnte sich ein bescheidenes Feld darbieten, und auch nur dann, wenn der Schiffsverkehr zunimmt, so daß man nicht mehrere Monate auf eine Gelegenheit warten muß, um Strecken zurückzulegen, die nicht größer sind als etwa die Entfernung zwischen Frankfurt und Köln.

Diese Schwierigkeiten sind wohl mit der Grund, warum in dem deutschen Schutzgebiet der Südsee das weibliche Element so spärlich vertreten ist. Einige Frauen protestantischer Missionare und barmherzige Schwestern, dazu die Frauen eines Regierungsbeamten

Kapitän Niedermeyer.   Stabsarzt Ollwig.

Loag.   Geheimrat Koch.   Müller.

Vor dem Stationshause in Stephansort.

und eines Händlers auf der ferneren Insel Neuhannover im Bismarckarchipel, das ist alles. Selbst in der größten deutschen Ansiedelung und Hauptstadt des ganzen Schutzgebietes, in Herbertshöhe auf Neupommern, ist das weibliche Element nur durch eine Missionsfrau vertreten, denn die samoanischen Mischlinge, welche deutsche Pflanzer dort geheiratet haben, kann man doch nicht als deutsche Frauen bezeichnen. Vorderhand sind die Verhältnisse in Neuguinea nicht danach, auf Jahre hinaus einen größeren Frauenzuwachs zu erwarten.

An der Ecke Friedrichstraße erwartete uns bereits Herr Müller zum Mittagstisch in seinem Hause, vor welchem wir auch fast die gesamten weißen Einwohner von Stephansort versammelt fanden, und dazu Geheimrat Robert Koch mit seinem liebenswürdigen Assistenten und Mitarbeiter Stabsarzt Ollwig. Als ich Koch im Winter 1896 zum letzten Mal in Kairo traf, war er auf dem Wege nach Ostafrika, und nun befand er sich schon seit mehreren Monaten hier, fing Mücken und zapfte allen schwarzen, braunen, gelben und weißen Menschen, denen er begegnete, in seiner bekannten leutseligen Manier ein Tröpflein Blut ab, um es für seine Malariaforschungen mikroskopisch zu untersuchen. Wie erfolgreich er mit diesen gewesen ist, wurde bereits in einem früheren Kapitel erwähnt. Aber er begnügte sich nicht damit. Zur Zeit fehlte es dem Hospital

in Stephansort an einem Arzt, und bis zum Eintreffen des neuen Hospitalleiters über=
nahm Koch in liebenswürdigster und ganz uneigennütziger Weise die mannigfachen Obliegen=
heiten desselben. Am Morgen meines Eintreffens dort hatte er die Impfung von etwa
hundert eingeborenen Arbeitern besorgt, die eben in der Umgebung des Huongolfes für
die Neuguinea=Gesellschaft angeworben worden waren und sich noch im Garten des
Administrators befanden. Die dunkelbraunen, kräftigen Leute waren mit Ausnahme eines
zwei Finger breiten Lappen um ihre Lenden vollständig unbekleidet. Ihr Kraushaar war
durch Kalk gebleicht und der Oberkörper rot bemalt. Geheimrat Koch lenkte meine Auf=
merksamkeit auf vier Leute, deren Typus von den übrigen erheblich verschieden war und die
in der Körpergröße weit unter den Huongolfleuten standen. Seiner Ansicht nach dürften
sie zu den in den Bergen des Inneren hausenden Ureinwohnern Neuguineas gehören.

Nach dem Frühstück unternahmen wir in der Ochsenbahn eine Fahrt durch die
Plantagen, die in der Umgebung von Stephansort nicht weniger als dreißig Quadrat=
kilometer einnehmen. Erst hier hat man Gelegenheit, den Umfang der Unternehmungen
der Neuguinea=Gesellschaft zu übersehen und die Größe der geleisteten Arbeit zu bewundern.
Was mußte es schon für Mühe und Kosten verursacht haben, den Urwald, der diese
ungeheure Fläche früher bedeckte, abzuholzen! Rings um das Plantagengebiet konnten
wir in großer Zahl die mächtigen Baumriesen sehen, welche sich aus dem geradezu
undurchdringlichen Dschungel erheben. Dicht aneinander gedrängt und mit ihren
Kronen ineinander verwachsen, stehen hier Bäume von dreißig bis fünfzig Meter Höhe
und ein bis zwei Meter Stammdurchmesser. Mächtige Lianen, Rotang und andere
Schlingpflanzen klettern an ihnen auf und nieder; an den Stämmen haben großblätterige
Schmarotzerpflanzen Wurzel gefaßt und sind, von dem Saft der Bäume lebend, fast
üppiger geworden als diese selbst. Aus diesem Dickicht, der Heimat der herrlich
gefiederten Paradiesvögel, aber auch dem Versteck von Schlangen, Wildschweinen und
Krokodilen, mußte der Plantagenboden in einer Länge von sechs Kilometer und einer
Breite von fünf Kilometer herausgeschlagen werden. Im ganzen umfaßt der Besitz der
Neuguinea=Gesellschaft hier einhundert Quadratkilometer. Noch lagen auf den neu
gewonnenen erst kurz zuvor mit Tabak bepflanzten Feldern riesige Baumstämme, noch
ragten dort mächtige Wurzelstöcke empor, deren Beseitigung viel zu große Kosten ver=
ursachen würde. Dazwischen lagen die kleinen mit Schutzdächern überdeckten Beete mit
den winzigen hellgrünen Setzlingen, die von fleißigen Chinesen in die Felder umgepflanzt
werden. Jedes einzelne Pflänzlein war durch eine kleine geflochtene Strohdecke in
Dreieckform gegen die zu heiße Nachmittagssonne geschützt, und es gab deren fünfzehn=
tausend! Im ganzen stehen neunzig Hektar unter Tabak, in allen Stadien des Wachs=
tums, von den winzigen Setzlingen bis zu den großen Pflanzen, die der Reife entgegen=
gehen, denn in diesem Tropenlande gibt es keine Jahreszeiten, keinen Frühling
mit seinem Keimen, keinen Herbst mit seiner Reife. In den Feldern erheben sich drei=
zehn große Trockenscheunen und eine Fermentierscheune.

Neben dem Tabak ist Baumwolle eine der Hauptkulturen von Stephansort. Nicht
weniger als dreihundertundzwanzig Hektar sind damit bepflanzt, und es ist nur zu

Kanake mit Muschelhalsband.

hoffen, daß die Trockenheit, die zu=
weilen im Frühjahr einzutreten pflegt,
die Erwartungen auf eine reiche Ernte
nicht zu schanden macht. Desto sicherer
ist auf den Ertrag der Kokospalmen
zu rechnen, von denen über sechzig=
tausend auf einer Fläche von sechs=
hundert Hektar gepflanzt sind, einem
ungeheuren Palmenwalde gleich, in
dessen Schatten auf dem üppigen
Rasen vortrefflich aussehende Pferde
und Rinder australischer Abstammung
weiden.

Einhundert Kokospalmen liefern,
wenn ausgewachsen, jährlich eine
Tonne Kopra im Werte von etwa
zweihundert Mark. Der Ertrag der
Palmenpflanzung allein wird demnach
in den nächsten Jahren einhundert=
zwanzigtausend Mark ergeben, ohne
besonders große Arbeit. Die reifen
Kokosnüsse werden abgenommen, von
ihrer dicken äußeren Schale befreit und
dann in vier bis sechs Stücke zer=
schlagen, ohne daß die in den Nüssen
befindliche Kokosmilch weiter benützt
wird. Arbeiter schneiden mit scharfen
Messern das weiße Fleisch aus den Stücken, andere tragen es in Körben in die Trocken=
scheunen, wo es allmählich hart wird und eine gelbliche Färbung annimmt. Das
ist die Kopra.

Wenig ertragreich sind bis jetzt die Kaffeepflanzungen gewesen, in welchen dreißig=
tausend Bäume, größtenteils aus Liberiasamen gezogen, stehen. Da der Kaffeebaum
erst vom fünften Jahre an volle Erträge liefert und die ältesten Teile der Pflanzungen
aus dem Jahre 1896 stammen, so können wohl für die Zukunft reichere Ernten er=
wartet werden. Auffällig war es mir beim Durchwandern der Pflanzungen, daß
jene Kaffeebäume, welche nach dem in Java, Venezuela, Mexiko u. s. w. gebräuch=
lichen Verfahren unter Schattenbäume gepflanzt wurden, ein verkümmertes Aussehen
zeigen mit vergilbten Blättern und spärlichen Früchten. Dagegen gedeihen die unter
freiem Himmel stehenden Bäume im Durchschnitt viel besser. An Baumwoll=(Kapok=)
bäumen sind in den hiesigen Plantagen zehntausend, an Kautschukbäumen über vier=
tausend gepflanzt.

Holzfigur.

Aus dem Gesagten kann man sich wohl eine Vorstellung von dem großen Umfang und der Bedeutung der Anlagen von Stephansort machen. Der emsige Verwalter derselben, Herr Müller, läßt es aber dabei nicht bewenden. Mit wahrer Aufopferung seiner Kräfte und seiner Gesundheit ist er unausgesetzt an der Arbeit, eilt von Plantage zu Plantage, um das Bestehende zu überwachen und zu verbessern, gleichzeitig stellt er Versuche mit anderen Tropenpflanzen an. Unter so gewiegter Leitung geht alles ebenso rasch vorwärts wie in Friedrich-Wilhelmshafen.

Von Stephansort fuhren wir auf der Ochsenbahn weiter nördlich durch Plantagen und Urwald nach dem kleinen Eingeborenendörfchen Bogadschim, dessen Palmstrohhütten unter riesigen Tropenbäumen halb verborgen nahe der Küste an der Astrolabebai liegen. Dort bestiegen wir die bereitliegenden Boote, um nach dem Dampfer Stettin zurückzukehren. Unsere nächste Station war das einhundertundsiebzig Seemeilen weiter südöstlich gelegene Simbang, eine Station der Neuendettelsauer Mission, in dem Bezirk des berüchtigten Finschhafen.

Während der ganzen Fahrt hatten wir die bewaldeten Küsten Neuguineas vor Augen,
stellenweise wurde hier der dichte dunkle Urwald durch weite hellgrüne Flächen von
Alang-Alanggras unterbrochen, die sich aus der Ferne wie Prairien darbieten und wie
geschaffen scheinen für Plantagen, besonders in jenem terrassenförmig aufsteigenden
Tafellande zwischen den der Küste vorgelagerten großen Inseln Long und Rook. Aber
dieses vermeintliche niedrige Prairiegras ist ein schwer durchdringliches Gewucher von
hartem, schilfartigem Gewächs, das eine Höhe von zwei bis drei Meter erreicht und
ungemein schwierig auszuroden ist. Immer wieder kommt es selbst nach mehrfachem
Umhauen des Bodens zum Vorschein, so daß es leichter ist, für Plantagenzwecke
Urwaldboden zu verwenden.

Hinter diesem Tafellande steigen die Gebirge von Neuguinea in verschiedenen Parallel-
ketten hinter- und übereinander empor, bis zu dem sagenhaften Bismarckgebirge nahe
der Grenze von Britisch-Neuguinea. An manchen Stellen zählte ich sieben Ketten
hintereinander. Die Luft war von ausnehmender Klarheit, die Fernsicht wurde durch
nichts getrübt, und mit dem großen Schiffsfernglase konnte ich sogar auf manchen
Kämmen, die wohl eine Höhe von drei- bis viertausend Meter erreichen, einzelne Bäume
unterscheiden. Die meisten Berghänge sind bis an die Gipfel mit dichtem Walde bedeckt
und erscheinen nur an besonders steilen Abstürzen unbewachsen. Es ist verschiedene Male
behauptet worden, auf den höchsten Kämmen des Bismarckgebirges befänden sich
Gletscher oder Schneeflächen. Davon war mit dem Fernglase nicht die leiseste Spur
wahrzunehmen, was nicht ausschließt, daß dort zeitweilig Schnee fällt.

Die Dörfer der Eingeborenen pflegen hier nicht unmittelbar am Meeresstrande zu
liegen, sondern gewöhnlich einen Pfeilschuß weit landeinwärts zwischen den Bäumen
verborgen, so daß wir von einer Besiedelung dieser Strecken nichts wahrnehmen konnten.
Doch ist dieselbe hier, sowie auch auf den vielen vorliegenden Inseln recht zahlreich
vorhanden, ja es herrscht unter den Eingeborenen selbst auf weite Strecken ein recht
lebhafter Handelsverkehr. In den bisher von uns besuchten Ortschaften fanden wir
überall große Kanoes mit Auslegern auf beiden Seiten; die quer über die Kanoes
liegenden Bäume der Ausleger tragen häufig Palmblatthütten, in denen die Ruderer
zur Ruhezeit schlafen und die auch häufig zur Aufnahme der zu versendenden Waren
dienen. Die Bewohner mancher Inseln an der Küste haben sogar Kanoes mit verschiedenen, allerdings niedrigen Verdecken übereinander und fahren darauf mehrere hundert
Kilometer weit die Küsten entlang, indem sie sich selbstgeflochtener viereckiger Segel bedienen.

In verschiedenen Bezirken der Neuguineaküste haben sich eigene Industrieen entwickelt,
die wieder in anderen fehlen, und der Austausch der Erzeugnisse findet alljährlich während
mehrerer Monate hauptsächlich auf der sogen. Dorfinsel statt, die in der Dampierstraße
südwestlich der Insel Rook liegt. So werden beispielsweise auf der Insel Tami im
Huongolf allerhand Holzschnitzereien mit besonderer Fertigkeit ausgeführt, wie Aufsätze
für Kanoes, Ruder, Schüsseln und anderes; die Insel Bili-Bili in der Astrolabebai
ist berühmt wegen ihrer Töpferarbeiten (die aber nicht auf der Drehscheibe, sondern mit
der Hand ausgeführt werden); auf den Siassiinseln, südlich der Rookinsel, werden die

Baumhütten auf der Dampierinsel.

als Körperschmuck besonders beliebten, fast kreisförmigen Eberzähne gewonnen; die Siaffi= leute züchten dazu eine große Zahl von Ebern und entfernen die den Hauern im Ober= kiefer gegenüberstehenden Zähne, damit die Hauer nicht abgestumpft werden, sondern kreisförmig wachsen. Außerdem werden auf den Siaffiinseln Hals= und Armbänder aus Hundezähnen angefertigt, welche die Eingeborenen von den Küstenbewohnern des benach= barten Neupommern beziehen; ihr beliebtestes Produkt, wenn man sich so ausdrücken darf, sind jedoch junge Mädchen, welche sie an die heiratslustigen Nachbarn verkaufen.

Zu bestimmten Zeiten beladen die Bili=Bilileute ihre großen Frachtkanoes, deren sie zwanzig besitzen, mit Töpferwaren und segeln mit dieser Flotte nach der Dorfinsel; dasselbe thun die Tami= und Siaffileute, nicht ohne bei der Durchfahrt durch die Dampierstraße an der Insel Arimuth anzulegen, um dort zu rasten und sich gütlich zu thun. Auf der Dorfinsel findet alljährlich der große Warenmarkt statt; dort bleiben die drei Händlergruppen mehrere Wochen, bis günstige Winde ihnen die Rückkehr nach ihrer Heimat gestatten. Dieser Handelsverkehr wird schon seit Jahrhunderten betrieben, und es hat sich für die Bewohner von Tami, Siassi und Bili-Bili allmählich eine Art Schiffahrtsvorrecht entwickelt. Sie erlauben anderen Küstenbewohnern die Schiffahrt nicht, und sollten einzelne Dörfer sich mit ihren Kanoes herauswagen, so giebt es Krieg.

Dennoch ist es dem auch bei den Eingeborenen allgemein beliebten Abministrator in Friedrich-Wilhelmshafen, Herrn Loag gelungen, dieses Vorrecht zu brechen. Ebenso nämlich wie die Bili-Bilileute verfertigen die Bewohner der Insel Jombombo in der Astrolabebai hübsche Töpferwaren, nur wagten sie es aus Furcht vor den Bili-Bili nicht, sie auf die Märkte an der Neuguineaküste zu bringen. Herr Loag veranlaßte sie nun, zehn große Frachtkanoes zu bauen, und in der That fuhren sie mit dieser Segelflotte im vergangenen Jahre nach der Dorfinsel. Aber die Winde waren ihnen nicht günstig. Sie wurden auf andere Inseln verschlagen, setzten indessen dort ihre Waren zu noch besseren Preisen ab und kehrten glücklich nach Jombombo zurück. Dort hörten sie, daß auch die Bili-Bili schlechter Winde wegen nicht ihr Ziel erreicht hatten. Seither ist Herr Loag ein großer Tambu bei ihnen.

Bald nachdem wir die Dampierstraße passiert hatten, sahen wir den etwa tausend Meter hohen Sattelberg mit den weißen Häusern der Neuendettelsauer Mission auf dem Gipfel. Nahe seinem Fuße liegt an der Küste die schöne Bucht, wo vor fünfzehn Jahren die erste deutsche Ansiedlung in Neuguinea gegründet wurde: Finschhafen, traurigen Angedenkens! Nachdem der Tod während sechs Jahren unter den zahlreichen Weißen, darunter viele Frauen und Kinder, gewütet hatte, mußte die Station aufgegeben werden; denn es war niemand mehr am Leben, um sie weiterzuführen.

Heute, neun Jahre nachher, ist nicht einmal eine Hausruine mehr von Finschhafen übrig. Der Tropendschungel hat von der traurigen Stätte wieder Besitz ergriffen; der Friedhof ist damit so überwuchert, daß er kaum zu erkennen ist, und nur der zementierte Fußboden eines längst verschwundenen Hauses ist davon noch freigeblieben, weil er den Wurzeln keine Nahrung bot. Die schlimmsten Zeiten sind aber jetzt vorbei; die ersten Ansiedler in diesem großen dunklen Kontinent der Südsee haben den Grund gelegt für die neue deutsche Kolonie, und über ihren längst vermoderten Gebeinen erblüht nun neues Leben.

Der Neuguinea-Gesellschaft kann die Anerkennung nicht versagt werden, daß sie mit ungeheuren Opfern hier bahnbrechend vorausgegangen ist. Wie bei allen neuen Unter- nehmungen, besonders in solchen Ländern wie Neuguinea, sind auch hier große Fehler begangen worden, aber sie waren in vielen Fällen geradezu unvermeidlich. Hoffentlich wird die Gesellschaft in nicht zu ferner Zukunft aus ihrem großen Landbesitz und ihren weitverzweigten Unternehmungen Nutzen ziehen.

Segelcanoe mit Ausleger von Bilibili.

Die Zukunft von Neuguinea.

Von den Kolonien des Deutschen Reiches ist in den letzten Jahren wohl keine so heftigen Angriffen ausgesetzt gewesen, bei keiner wurde die Verwaltung so sehr getadelt und alle Arbeit als so aussichtslos bezeichnet, wie es in Bezug auf Neuguinea der Fall war. Diese Angriffe wurden zunächst wohl durch die ungünstigen Nachrichten über die Maßregeln der Neuguinea-Gesellschaft in dem ungeheuren ihrer Verwaltung unterstehenden Gebiete von Kaiser-Wilhelmsland hervorgerufen; dazu kam die große Sterblichkeit unter den weißen Beamten, der Arbeitermangel, Kämpfe mit den Ein= geborenen und schließlich der geringe Ertrag der verschiedenen, mit so großen Kosten verbundenen Unternehmungen. Wer sich indessen mit Neuguinea eingehender beschäftigt und die ersten Jahre seiner Erschließung und Entwickelung verfolgt hat, wem es vergönnt war, das bisher dort Geleistete selbst in Augenschein zu nehmen und mit anderen Tropenkolonien zu vergleichen, der wird gewiß von der Ueberzeugung durchdrungen sein, daß das Deutsche Reich mit dem Kaiser-Wilhelmsland ein künftiges deutsches Java oder Cuba von der anderthalbfachen Ausdehnung dieser Inseln gewonnen hat.

Seinem ganzen Charakter nach kann Neuguinea viel eher ein Kontinent als eine Insel genannt werden, mit Gebirgen, die bis an fünftausend Meter Höhe erreichen, wie das Bismarckgebirge, mit Flüssen, die auf weite Strecken für Dampfer befahrbar sind, mit ausgedehnten, ungemein fruchtbaren Ebenen und zahlreichen, vorzüglichen Häfen. Mit jeder aus dem Innern dieser terra incognita zurückkehrenden Expedition erweitern sich unsere Kenntnisse und verstärken sich die Aussichten auf eine glänzende Zukunft. Jedes Jahr bringt reichere Erfahrungen in Bezug auf Klima, Bodenverhältnisse, Fruchtbarkeit, und man kann sich heute schon ein halbwegs richtiges Bild des großen deutschen Besitzes in Neuguinea entwerfen.

Schon ein Blick auf die Karte zeigt, daß Kaiser-Wilhelmsland ähnliche klimatische Verhältnisse haben muß wie die in denselben Breiten liegenden Inselreiche des hollän= dischen Kolonialbesitzes, und die bisherigen Beobachtungen haben diese Annahme vollauf bestätigt, denn die mittlere Jahrestemperatur beträgt wie dort sechsundzwanzig Grad Celsius mit nur geringen Schwankungen. Wohl steigt die Hitze bis auf fünfunddreißig und sechsunddreißig Grad, aber solche Tage kommen nicht häufig vor, und der Hitze des Tages steht eine angenehme Kühle während der Abend= und Nachtstunden gegenüber. Durch den Einfluß des Meeres und der Gebirge ist der Regenfall reichlich und auf das ganze Jahr verteilt, denn es regnet auch während der sogenannten trockenen Jahres= zeit. In den großen Ebenen, welche von dem Kaiserin-Augusta= und dem Ramufluß durchströmt werden, beträgt die jährliche Regenmenge gegen zwei Meter, ist also für Tropenpflanzen vollständig hinreichend. Dazu ist der Boden auf zwei bis drei Meter Tiefe Alluvium, stark mit Humus und Thon vermengt, und von solcher Fruchtbarkeit, daß wohl auf Menschenalter hinaus keine künstliche Düngung erforderlich sein dürfte. Ungeheure Urwälder bedecken den größten Teil des jungfräulichen Bodens; wo immer der Urwald ausgerodet und durch Pflanzungen ersetzt wurde, war das Ergebnis sehr

Alter Eingeborener aus Neupommern,
Zwangsarbeiter in Stephansort.

vielverſprechend. Kokospalmen, Kakao, Kautſchuk, Tabak, Baumwolle, Kapok, Kaffee, Ramie, Bananen, dazu Feldfrüchte wie Mais, Taro, Bataten gedeihen in derſelben Vorzüglichkeit wie auf Java oder Sumatra. Der letzte Jahresbericht der Neuguinea-Geſellſchaft enthält darüber ſehr erfreuliche Aufſchlüſſe, und wenn man ſich vor Augen hält, daß Kaiſer-Wilhelmsland dieſelbe Ausdehnung beſitzt wie der dritte Teil des Deutſchen Reiches, ſo wird der ganz unverhältnismäßig hohe Wert dieſer Kolonie klar werden.

Dennoch iſt nicht nur Kaiſer-Wilhelmsland, ſondern ganz Neuguinea bis auf die jüngſte Zeit ein koloniales Stiefkind geblieben. Der koloniale Unternehmungsgeiſt hat ſich im Laufe der Jahrhunderte allen anderen außereuropäiſchen Ländern des Erdballs zugewendet; ungezählte Summen wurden der Erſchließung von Gebieten gewidmet, die nicht entfernt einen Vergleich mit Neuguinea aushalten können, das letztere aber blieb unberührt, und ſelbſt die Engländer ließen ihre ſonſt ſo habgierigen Hände davon bis auf die Gegenwart. Der Grund iſt hauptſächlich darin zu ſuchen, daß Neuguinea von den großen Verkehrslinien ſo abgelegen iſt, und daß ſich den Seefahrern und Forſchern in dem nahen Auſtralien ein ausſichtsreicheres Feld für ihre Arbeiten darbot. Freilich wurde Neuguinea ſchon drei Jahrzehnte nach den großen Entdeckungsfahrten des Columbus von den Portugieſen entdeckt, die der Inſel wegen der Aehnlichkeit ihrer Küſten mit jenen des afrikaniſchen Guinea ihren heutigen Namen gaben, aber dennoch blieb ſie volle drei Jahrhunderte herrenloſes Land. Erſt 1828 nahmen die Holländer wegen der Nähe ihrer Kolonien in den Molukken von der Weſthälfte der Inſel Neuguinea Beſitz; aus demſelben Grunde thaten die Engländer bezw. Auſtralier 1883 das Gleiche mit dem ſüdöſtlichen Teile, und ein Jahr ſpäter, 1884, wurde der Reſt der Inſel unter den Schutz des Deutſchen Reiches geſtellt. Neuguinea iſt alſo von allen Gebieten des Erdballs als letztes in den Bereich der kolonialen Beſtrebungen getreten, und aus dieſem Grunde konnte es ſich bisher auch nicht in höherem Grade entwickeln. Ueberdies ſtanden den beiden anderen in Neuguinea beteiligten Kolonialreichen, England und Holland, eine Reihe anderer Kolonialgebiete zur Verfügung, die für ihre Zwecke günſtiger liegen und dabei ebenſoviel verſprechen wie Neuguinea; iſt ja von dem ganzen Holländiſch-Indien heute erſt Java wirklich koloniſiert, während alle anderen Inſeln größtenteils in dieſer Hinſicht noch jungfräulich des Koloniſators harren. England und Holland hatten an Kolonien mehr verſchlungen, als ſie verdauen konnten, während das Deutſche Reich ſich in der entgegengeſetzten Lage befindet

Deshalb geht es auch in dem deutschen Teile von Neuguinea rasch vorwärts, der englische hat wohl einen, der Regierung von Queensland unterstellten Administrator erhalten, hat aber sonst nur sehr spärliche Unternehmungen aufzuweisen, in Holländisch-Neuguinea aber befindet sich heute noch kein einziger weißer Ansiedler oder Regierungsvertreter. Das ganze Holländisch-Neuguinea in seiner beinahe das Deutsche Reich erreichenden Ausdehnung ist noch vollständig unerforschtes und unbekanntes Gebiet, während von seiten der Deutschen in Kaiser-Wilhelmsland eine ganze Reihe von Expeditionen ins Innere unternommen worden sind, so daß man über die Gebirgs- und Flußsysteme ziemlich im klaren ist.

Dennoch erscheint vielen die Erschließung und Ausbeutung von Deutsch-Neuguinea zu langsam und aussichtslos. Um sich einen richtigen Begriff von dem machen zu können, was in den letzten anderthalb Jahrzehnten geleistet worden ist, und was für glänzende Ergebnisse die Zukunft in ihrem Schoße birgt, giebt es nur ein Mittel, und zwar ein untrügliches: die Vergleichung mit anderen Tropenkolonien. Greifen wir hierzu die anerkanntermaßen reichsten und fruchtbarsten heraus, die in mancher Hinsicht als Musterkolonien gelten, nämlich Ceylon, Cuba, Sumatra, Java. Auf diesen Inseln hat es Jahrzehnte, wenn nicht Jahrhunderte gebraucht, um dasselbe zu erreichen, was von den Deutschen innerhalb eines Jahrzehntes erreicht worden ist, und wenn man die Gründe dafür untersucht, so wird man zur Erkenntnis kommen, daß eben die Verhältnisse in Neuguinea vergleichsweise bedeutend günstiger sind als anderwärts. Was zunächst die Eingangspforten für Handel und Verkehr, also die Häfen betrifft, so besitzt Kaiser-Wilhelmsland im Friedrich-Wilhelmshafen, Alexishafen und anderen so vorzügliche Häfen, wie sie keine der genannten vier Inseln aufzuweisen hat. In Cuba hat man jahrzehntelang gewechselt, bis man sich zu Havanna entschlossen hat. In Sumatra giebt es an der ganzen Ostküste keinen Hafen, und die Schiffe müssen die Flußmündungen aufwärts fahren, um Schutz gegen das Wetter und die Miasmen der sumpfigen Uferregionen zu finden. Der Hauptpunkt des Handels ist dort der Delidistrikt. Früher fuhren die Schiffe auf dem verseuchten Fluß aufwärts nach dem Fiebernest Labuan, bis man endlich an der Mündung den Sümpfen einen Ort, Belawan, entrang, wo die Schiffe anlegen können. Der Ort ist aber so ungesund, daß nur die für den Betrieb der Warenhäuser und der Eisenbahn nötigen Weißen dort wohnen. Von Belawan führt eine mit ungeheuren Kosten und Menschenopfern erbaute Eisenbahn durch den meilenbreiten Sumpf und über den Fluß, der auf einer zweihundert Meter langen Brücke überschritten wird, landeinwärts. Für die Ueberschreitung des Sumpfes mußte ein Damm erbaut werden, dessen Arbeiter im Jahre viermal ersetzt werden mußten, denn nach zwei bis drei Monaten Arbeit in diesem Sumpfe waren alle dem Tode verfallen. In Asahan mußte von der Landungsstelle am Flusse eine mehrere Kilometer lange kostspielige Straße angelegt werden, um zu halbwegs brauchbarem Land zu kommen.

In Ceylon giebt es noch heute keinen sicheren Hafen. Früher legten die Schiffe in Point de Galle im Süden der Insel an, doch die zahlreichen Klippen und Korallenriffe

Vegetationsbild.

erforderten so große Opfer, daß man den Haupthafen nach Colombo verlegte und die Einfahrt mit einem Kostenaufwand von vielen Millionen durch Wellenbrecher teilweise sicherte. Aber diese Arbeiten genügen lange nicht, und bei heftigem Nordwestmonsun werden jetzt noch häufig Schiffe an den Strand geworfen. Selbst wenn einmal mit weiterem Millionenaufwand der Norddamm hergestellt sein wird, müssen die Schiffe immer noch auf der Reede vor Anker gehen und können nicht am Ufer anlegen. Java war jahrhundertelang noch schlimmer daran. An der ganzen steil abstürzenden Süd= küste dieser paradiesischen Insel giebt es keinen einzigen Hafen, und an der Nordküste mußte der Natur durch äußerst kostspielige Anlagen nachgeholfen werden. Das war zunächst bei dem Hafen von Batavia, Tandjong Priok, der Fall, und dieser ist ein derartiges Fiebernest, daß mit sehr wenigen Ausnahmen alle Weißen nur für die Geschäftsstunden hierherkommen, sonst aber in Batavia oder vielmehr in Weltefreden wohnen, das mit Tandjong Priok durch eine viele Kilometer lange Eisenbahn verbunden werden mußte. Sie führt durch ausgedehnte Fiebersümpfe, und die Erbauer des Eisenbahndammes starben wie Fliegen dahin. Alle anderen javanischen Häfen, Sama=rang, Cheribon, Pekalongan und Soerabaja, sind nur offene Reeden mit seichtem Wasser, so daß die Schiffe meilenweit von der Küste vor Anker gehen müssen.

Und doch entwickelten sich aus den genannten vier Inseln so reiche, blühende Kolonien. Neuguinea hat dafür ganz dieselben Grundbedingungen wie diese, und noch dazu an Stelle der elenden Hafenverhältnisse dort Häfen, wie Friedrich=Wilhelms=, Dallmann= und Alexishafen, mit vollkommen geschützten Einfahrten, direkten Anlegestellen am Lande und dahinter gleich fruchtbares Plantagenland mit so günstigen Bodenverhältnissen, daß Eisenbahnen und Straßen mit ganz geringen Kosten erbaut werden können.

In Bezug auf die Fruchtbarkeit des Bodens und die Ausdehnung der zur Verfügung stehenden Ländereien übertrifft nach den bisherigen Wahrnehmungen Neuguinea die genannten Inseln, deren Plantagenländer durch den Anbau während Generationen großenteils schon erschöpft sind. Dies gilt zunächst von dem Boden des Tabakparadieses von Deli in Sumatra und von verschiedenen Gebieten in Java, während, um nur ein Beispiel hervorzuheben, die Astrolabeebene in Kaiser=Wilhelmsland für eine lange Reihe von Jahren doppelte Tabakernten ergeben würde. Diese Plantagenländer sind von der Küste überdies leicht erreichbar.

Neben den früher genannten Tropenprodukten werden in Neuguinea aber auch noch solche der gemäßigteren Zonen gezogen werden können, denn das Land steigt stellenweise in Terrassen auf verschiedene Höhen. So z. B. werden von den Missionaren der Neuendettelsauer Mission auf dem Sattelberg bei Simbang alle Arten europäischer Gemüse gezogen, die dort ausgezeichnet gedeihen. Ebenso erfolgreich waren die Versuche mit Viehzucht.

Die Besitzergreifung und Besiedelung von Java, Sumatra, Ceylon, Cuba war mit jahrzehntelangen blutigen Kämpfen mit der eingeborenen Bevölkerung verknüpft, ja, in Sumatra ist der Widerstand der letzteren noch immer nicht gebrochen, und es wird voraussichtlich noch Jahre dauern, bis die Atchinesen endgültig unterworfen sein werden. In Neuguinea hat es keine Kriege gegeben, und sie können auch nicht kommen, weil die Bevölkerung zu spärlich ist und auf viel zu tiefer Kulturstufe steht, um Europäern Widerstand leisten zu können.

Gegenüber diesen vielen großen Vorzügen von Neuguinea werden zwei ebensogroße Nachteile hervorgehoben: das ungesunde Klima und der Mangel an Arbeitskräften. Was das Klima betrifft, so kann dasselbe keineswegs als weniger gesund als das der meisten anderen Tropenkolonien bezeichnet werden. Dies geht deutlich aus den Berichten der in Neuguinea thätigen Aerzte hervor, die zeitweilig von der Neuguinea=Kompagnie veröffentlicht worden sind. Erkrankungen der Atmungs= und Unterleibsorgane,

Baumstumpf bei Banutali.

Erkältungen, Rheumatismus, Augenkrankheiten, Influenza u. bergl. kommen fast gar nicht vor; Dysenterie, Haut= und Geschlechtskrankheiten herrschen wohl ziemlich stark, allein fast ausschließlich unter den Eingeborenen. Die den Europäern gefährlichste Krankheit, gleichzeitig die gefürchtetste, jene, welche Neuguinea in einen so üblen Ruf gebracht hat, ist Malaria mit all ihren Folgen. Die Forschungen Robert Kochs haben jedoch ergeben, daß sich Malaria mit Erfolg bekämpfen läßt, und überdies lehren die in allen anderen Tropenkolonien gemachten Erfahrungen, daß mit der fortschreitenden Besiedelung auch die Malaria von selbst abnimmt. Man braucht nur die Geschichte der Kolonien in Amerika und Asien zu lesen, um zu erfahren, daß die Gesundheitsverhältnisse in Neu= guinea heute nicht schlechter, ja eher besser sind, als sie es in den ersten Zeiten in anderen Kolonien waren. In Cuba starben die spanischen Soldaten wie Fliegen dahin; in den späteren Kämpfen der Engländer mit den Spaniern wurden beide Armeen nebst den ihnen von Nordamerika zu Hilfe geeilten Kolonisten in kurzer Zeit dezimiert. In Hongkong starb während der ersten sieben Jahre die englische Besatzung kompagnieweise an Malaria, so daß der erste Gouverneur der englischen Regierung empfahl, die Kolonie gänzlich aufzugeben. Noch schlimmer war es in Sumatra, in Borneo, Timor, Flores und ist es an verschiedenen Stellen heute noch. Das traurigste Beispiel der Verheerungen, welche die Malaria unter europäischen Kolonisten angerichtet hat, liefert die Geschichte der erfolgreichsten Tropenkolonie, Java, und ihrer Hauptstadt Batavia. Letzteres war in früheren Zeiten für die Europäer gleichbedeutend mit ihrem Grab. „Kommst du von jenem Ort, so rechne dir's als Glück, denn zwanzig sterben dort, bis einer kehrt zurück". Im Jahre 1730 allein starben von hunderttausend Einwohnern achtundvierzig= tausend. In ähnlichem Verhältnisse ging es jahrzehntelang fort, bis man endlich Batavia als Wohnsitz der Weißen aufgab und weiter landeinwärts Weltefreden gründete. Aber an anderen Orten von Java herrscht das Sumpffieber immer noch.

Der frühere kaiserliche Kanzler von Kaiser=Wilhelmsland, G. Schmiele, sagt, gestützt auf seine fünfjährigen Erfahrungen dort, ganz richtig: „Wenn ein fetter, mit hundert= jährigem Busch bestandener Boden zum ersten Male seiner Pflanzendecke beraubt und aufgebrochen wird, wenn die zahlreichen, bisher gänzlich sich selbst überlassenen Flüsse und Bäche in der Regenzeit Massen von Holz und Unrat herabführen und, über die Ufer tretend, Sümpfe bilden, wenn in der Trockenzeit die organischen Substanzen, ver= faulend, die Sümpfe austrocknend, Miasmen erzeugen, so kann es nicht wunder nehmen, daß Fieber, Sumpffieber, die richtige Malaria ausbricht und Opfer fordert. Man muß sie eben bekämpfen und überstehen, denn in den Tropen arbeiten wollen, ohne die Konsequenzen mit in den Kauf zu nehmen, wäre gerade so, als wollte jemand alle Vorzüge z. B. einer Offizierscharge begehren, sich aber ausbedingen, daß es während seiner Dienstzeit keinen Krieg geben dürfe, da dann die Kugeln herumfliegen".

Mitunter trägt zu den vielen Erkrankungsfällen auch das Verhalten der jungen nach den Tropen kommenden Leute erheblich bei. Nicht selten lassen sie sich durch fremde und eigene Vorspiegelungen verleiten, in diese Länder zu reisen, wo dann die Prosa der rauhen Wirklichkeit, das Getrenntsein von jedem weitern Verkehr und von fast allen heimatlichen Annehmlichkeiten bald nach der Ankunft schwere Enttäuschung bereiten. Wenn man noch dazu unter mißlichen Verhältnissen oder in stets aufgeregter Atmosphäre leben muß, wo einer nur zu oft, um dem eigenen Unmut Luft zu machen, den andern zu ärgern sucht, besonders wenn ein derartiges Leben geführt .wird, daß man auch im elterlichen Hause davon krank werden müßte, dann ist es gewiß nicht zu verwundern, wenn sich bösartige Fieber einstellen, welche eine schleunige Rückkehr in die Heimat, ein langsames Hinsiechen oder einen frühzeitigen Tod zur Folge haben. Allerdings ist es da sehr billig und leicht, alle Krankheitsfälle kurzweg auf das verseuchte Klima zu schieben; aber dem wahren Sachverhalte und seiner Ursächlichkeit scheint es doch nicht ganz zu entsprechen.

Wie in den anderen Tropenkolonien, so dürften auch in Kaiser=Wilhelmsland die Verhältnisse von Jahr zu Jahr besser werden. Sie sind heute schon erheblich besser als zur Zeit der Gründung und des kurzen, traurigen Bestandes von Finschhafen, und daraus kann man auch auf die Zukunft schließen.

Schlimmer als die Frage der gesundheitlichen Verhältnisse ist die Arbeiterfrage in Neuguinea. Ich habe sie schon in den früheren Kapiteln berührt, sie ist aber von solcher Wichtigkeit, daß sie nochmals zur Sprache kommen soll. Die eingeborene Bevölkerung ist zu spärlich und zur Arbeit nur schwer heranzuziehen. Man muß also darauf bedacht sein, aus anderen Ländern Arbeiter zu beschaffen. Bisher wurden solche hauptsächlich aus dem Bismarckarchipel und von den Salomonsinseln eingeführt, doch vermögen sie auf die Dauer den Bedarf nicht zu befriedigen; denn zunächst erlagen sie bisher dem Klima in so starkem Maße, so wenige von ihnen kehrten in ihr Heimatsland zurück, daß die Anwerbungen neuer Arbeiter immer erfolgloser werden müssen; dann ist auch ihre Arbeitsleistung, selbst wenn man von Krankheiten und Todesfällen absieht, auf Neuguinea zu teuer. Es wird deshalb am zweckmäßigsten eine neue seßhafte Bevölkerung geschaffen werden müssen, gerade so wie es bei einer ganzen Reihe von Tropenkolonien der Fall war, von Westindien bis nach den Inselreichen der Sundasee und des Stillen Ozeans. Die Frage entsteht nur, welcher Volksstamm eignet sich dazu am besten? Die Malaien sind als Rasse freilich am meisten wünschenswert, ich würde aber dennoch in erster Linie nur Chinesen in Vorschlag bringen; sie haben ihre gesellschaftlichen und sittlichen Nachteile, aber sie sind die besten, am leichtesten zu beschaffenden, billigsten und widerstandsfähigsten Arbeiter. Wenn heute die Staaten der Malakkahalbinsel, Siam, Anam, so volkreich, entwickelt und produktiv sind, so ist das ausschließlich den Chinesen zuzuschreiben, die dort an Zahl die eingeborene Bevölkerung weitaus übertreffen. Wenn Sumatra, Java, Borneo zu so großen und blühenden Kolonien geworden sind, so ist es großenteils den chinesischen Arbeitern zu danken. Ohne sie wäre eine solche Entwickelung gar nicht denkbar gewesen, und ihre Vertreibung von dort würde den gänzlichen Ruin dieser Inselkolonien zur sicheren Folge haben. Auf das Für und Wider der Chineseneinwanderung in Neuguinea braucht man gar nicht einzugehen, da ja die glänzenden Erfolge der chinesischen Arbeit in den holländischen Kolonien für sich selbst sprechen. Holländisch-Indien besitzt augenblicklich eine Chinesen-bevölkerung von einer halben Million, auf Borneo suchen die Engländer die freie Chineseneinwanderung auf jede mögliche Weise herbeizuführen, durch sie allein sind Penang, Singapore, Batavia so große, volkreiche, wichtige Städte und Hafenplätze geworden, denn die Chinesen sind dort nahezu die einzigen Arbeiter. Die „gelbe Gefahr" spukt in den Köpfen vieler Leute, die mit den Verhältnissen in den Tropenkolonien nicht vertraut sind, oder die sich die ablehnende Politik der Amerikaner und Australier den Zopfträgern gegenüber vor Augen halten. Sie vergessen den gewaltigen Unterschied, der darin liegt, ob die Chinesen nach Ländern auswandern, die von Weißen bevölkert sind, und diesen dort schlimme Konkurrenz machen, wie in Kalifornien, oder ob sie nach Gegenden wie Neuguinea kommen, wo es weiße Arbeiter, ja eine weiße Bevölkerung von irgend welcher numerischer Bedeutung überhaupt nicht giebt. Was kann das reichste Naturland einbringen, wenn keine Arbeiter vorhanden sind? Neuguinea könnte kein größeres Glück widerfahren als eine recht starke Chineseneinwanderung, und diese herbeizuführen, sollte zur wichtigsten Aufgabe der Regierung und der Neuguinea-Kompagnie werden. Kaiser-Wilhelmsland ist vielleicht die zukunftsreichste aller deutschen Kolonien, es birgt in seinem Schoße ein künftiges Java, und die Opfer, die man diesem ergiebigen Lande heute bringt, werden in einer Generation bereits die reichsten Früchte tragen.

Dorfbild in Neuguinea.

Zweiter Teil:

Der Bismarckarchipel.

Herbertshöhe, die Hauptstadt des deutschen Südseegebietes.

Ueber den Bismarckarchipel sind bis auf die jüngste Zeit keine besonders günstigen Berichte nach Europa gekommen, und deshalb giebt sich der Reisende, der nach Herbertshöhe fährt, auch keinen großen Erwartungen hin. Als ich, von Neuguinea kommend, in den Georgskanal einfuhr, welcher die beiden größten Inseln des Archipels, Neupommern und Neumecklenburg, trennt, als ich die bräuenden, wolkenumzogenen Gebirge des letzteren, die steilen, von der Brandung umtosten Küsten des ersteren wahrnahm, kamen mir all die Schaubergeschichten in den Sinn, die sich seit der ersten Besiedelung dieser Inseln hier abgespielt haben, die fortwährenden blutigen Kämpfe mit den wilden Eingeborenen, die Angriffe auf Stationen und die Eroberung von Schiffen, die Abschlachtung von Weißen durch die grausamen Kanaken; dann das schreckliche Ende der abenteuerlichen Expedition des französischen Marquis de Rays, deren Mitglieder großenteils auf den Inseln ihren Tod fanden; dann Zwistigkeiten zwischen den Händlern; die Raubzüge der spanischen, englischen und amerikanischen Sklavenschiffe nach diesen Küsten, um auf ebenso hinterlistige wie grausame Weise Arbeiter für ihre Minen und Plantagen zu kapern; später die in der ersten Zeit wenig geregelte Verwaltung der Neuguinea-Gesellschaft, ihre stets wechselnden Maßnahmen und ihr Hader mit Kaufleuten, Pflanzern und Missionaren. All das innerhalb zwei Jahrzehnten und zwischendurch die fortwährenden Menschenfressergreuel, nicht etwa in entfernten Gegenden, sondern gerade hauptsächlich auf der von vielen Weißen bewohnten Gazellenhalbinsel, längs deren Küsten wir eben dahindampften; Menschenfresserei, getrieben ausschließlich aus Lust auf Menschenfleisch, Jagden auf Menschen, auf Bewohner befreundeter Nachbardörfer, die man im Walde hinterlistig tötet, schlachtet und verspeist. Noch in Neuguinea wurden mir grauenhafte Geschichten darüber aus den letzten Wochen erzählt; ein Dutzend harmloser Menschen wurden innerhalb eines Zeitraumes von kaum vierzehn Tagen in der nahen Umgebung von Herbertshöhe gespeert und gebraten. Unter diese Leute sollte ich nun kommen, um hier zu wohnen und die Gegenden zu bereisen.

Die letzten Kolonien, die wir auf unserer Reise nach Neuguinea berührt hatten, waren die holländischen Makassar, Amboina und Banda. In allen hatten wir alte, kanonengespickte Forts und Burgen gesehen, und in Anbetracht der schrecklichen Raubzüge auf

Menschen und der bisherigen Unsicher=
heit des Lebens und Eigentumes unter
den Kanaken auf Neupommern war es
kein Wunder, daß sich die Passagiere
unseres Dampfers Herbertshöhe eben=
falls als eine ummauerte, durch ein
bräuendes Fort geschützte Stadt nach
Art der' holländischen vorstellten.

Als der Georgskanal durchfahren
war und wir in die weite stille, tief=
blaue Wasserfläche einfuhren, welche
sich, von Inseln umringt, vor der
Nordseite der Gazellenhalbinsel aus=
breitet, suchten wir mit unsern Fern=
gläsern, um die Hauptstadt des Bis=
marckarchipels zu entdecken.

Im Norden, vor den steilen Küsten
Neumecklenburgs, sahen wir die be=
waldeten Inseln des Neulauenburg=
Archipels liegen mit der kleinen Insel
Mioko im Vordergrunde. An ihrem
Strande glänzten, von der Morgen=
sonne beleuchtet, die weißen Gebäude
der ältesten Handelsniederlassung im
Archipel. Gerade vor uns erhoben
sich aus der tiefblauen Meeresfläche
die beiden Crednerinseln, von denen
die kleinere bald ein Quarantäne=
hospital erhalten wird. In der Ferne
auf der zu Füßen der drei Vulkan=
kegel liegenden Insel Matupi ge=
wahrten wir die Villen und Waren=
häuser der Firma Hernsheim, und süd=
lich davor legt sich die Gazellenhalb=
insel um die schöne Blanchebai.

An der uns zugewendeten Küste der
Gazellenhalbinsel sollte Herbertshöhe
irgendwo liegen; sie war uns so nahe,
daß wir jeden einzelnen Baum der aus=
gedehnten Kokosplantagen unterscheiden
konnten, die sich am Meeresrande die

sanften Anhöhen empor landeinwärts ziehen. Dort ragt einsam der steile Kegel des Varzinberges in die Wolken, und der ferne Horizont wird durch die langgestreckten Ketten der Bainingberge abgeschlossen.

In diesem fast unübersehbaren Palmenwalde, den man sich als Schlupfwinkel der wilden Kannibalen denkt, liegen nun auf kleinen grünen Lichtungen zahlreiche Pflanzer= häuser und Bungalows, manche an der Küste, andere auf den sanften Hängen oder gar auf der Höhe selbst, und man wundert sich, daß sie alle so frei und offen und friedlich daliegen. In der Mitte dieses ungemein reizvollen tropischen Landschaftsbildes erhebt sich, umgeben von zahlreichen größeren Gebäuden, in blendender Weiße eine stolze große Kirche mit zwei hohen Türmen. Sollte das Herbertshöhe sein? Nirgends an der Küste war eine größere Häusergruppe wahrzunehmen; aber der Kapitän des Dampfers sagte uns, diese Kirche mit allen Gebäuden und Anlagen, die sie umgäben, sei das Werk des Herrn Bischofs Couppé der katholischen Mission vom heiligen Herzen Jesu. Auf den Karten ist sie Kinnigunan oder Bunapope genannt. Oestlich davon liegen die Häuser der großen Pflanzung Kabakaul, westlich, auf ein Kilometer Entfernung, zeigt sich in einer großer freien Lichtung die Häusergruppe der Pflanzung Ralun, noch weiter Raluana, und so geht es weiter nach Ost und West, Pflanzung folgt auf Pflanzung, jede mit einem wohlklingenden kanakischen Namen; aber nirgends war eine größere Häusergruppe zu sehen, welche man sich als Herbertshöhe, die Hauptstadt eines so großen Kolonial= reiches, wie es das Schutzgebiet der Südsee ist, denken konnte. War Herbertshöhe nur eine Sammelname für all diese Pflanzungen, oder eine Stadt der Zukunft?

Plötzlich ertönten die Stoppsignale für die Schiffsmaschine, die Anker rasselten in die Tiefe, die letzte Station der langen Fahrt des Lloyddampfers Stettin war erreicht. An der Küste gegenüber sahen wir im Schatten von Palmen und Brotfruchtbäumen halb verborgen einige kleine Häuschen, überhöht von einem hohen Maste mit der schwarz=weiß= roten Flagge. Das, so sagte man mir, sei Herbertshöhe.

Kaum war der Anker gefallen, so war unser Schiff auch schon von Dampfbarkassen und Ruderbooten umringt. Fast die ganze weiße Einwohnerschaft von Herbertshöhe pflegt sich bei der Ankunft des Postdampfers auf diesem einzufinden; sie ist in dem einförmigen Leben hier das wichtigste Ereignis, denn sie bringt nach jeweiliger zweimonatlicher Unterbrechung die Post, Nachrichten von der Heimat und Außenwelt, ja man pflegt die Zeit hier im gewöhnlichen Verkehr nach der Stettin einzuteilen und spricht von der vor= letzten, letzten oder nächsten Stettin. Als Erste pflegen die Offiziere der Kriegsschiffe in ihren Dampfpinassen einzutreffen, um die Schiffspost zu holen, gleichzeitig aber auch, um von den Passagieren Nachrichten über Krieg und Frieden und andere Ereignisse einzuziehen. Dann kommen Händler, Pflanzer, Regierungsbeamte und Missionare; jeder einzelne in diesem entlegenen Außenposten erwartet Briefe, Pakete, Frachten, Lebens= mittel, selbst der Gouverneur erscheint, und bald herrscht auf dem Schiffe bewegtes Durcheinander. In der ersten Kajüte wird fröhlich gezecht, denn die Segnungen der Kultur, mit welcher Herbertshöhe bedacht ist, erstrecken sich noch nicht auf Eis; zwei Monate lang haben die Bewohner einen hier in den Tropen besonders gut mundenden kühlen Trunk entbehrt, und die Stettin hat ihr Dortmunder und Münchener und Bremer Bier, dazu Champagner und Mosel, auf Eis liegen. Bald knallen die Pfropfen und klirren die Gläser, um den Tropenburst zu stillen; die Besucher sitzen im Kreise um die Schiffsoffiziere und Passagiere und lauschen den Erzählungen über die wichtigsten Ereignisse oder bestürmen sie mit Fragen: Ist die Flottenvorlage durchgegangen? Ist der Etat für die Kolonien bewilligt? Haben die Engländer von den Buren wieder Hiebe bekommen?

Der Kapitän aber steht in seiner Kajüte und verteilt Gaben an die Umstehenden wie der heilige Nikolaus. Der eine erwartet von Singapore seine Uhr, die er dorthin zur Reparatur geschickt hat, der zweite ein paar Brillen, der dritte irgend einen Schmuck oder einen Hut, einen photographischen Apparat oder ein Jagdgewehr. Der Obersteward hat in ähnlicher Weise seine Hände voll; da giebt es frisch besohlte Schuhe, neue Anzüge, bestellte Bücher, Arzneien und allerhand andere Dinge auszuteilen. Herbertshöhe ist eine neue Ansiedlung, aber nicht nach Art der jungen amerikanischen Goldgräberstädte oder Auswandererlager in den Prairien, sondern bewohnt von Beamten, Offizieren, Kaufleuten, Missionaren, Pflanzern, mit gewissen Ansprüchen, die aber nicht befriedigt werden können, denn die Gewerbe fehlen hier noch vollständig. Jedes der vielen Häuser drüben auf dem Festlande unter den Palmen ist ein Wohnsitz oder ein Geschäftsbureau. Es giebt noch keine Apotheke, Druckerei, Buch= oder Papierläden, keinen Schneider, Schuster, Optiker oder Schlosser. Die einzigen Handwerker, die bisher nach Herbertshöhe gekommen sind, und auch das nur als Angestellte der Regierung oder der Neuguinea= Gesellschaft, sind ein paar chinesische Zimmerleute. All die kleinen Bedürfnisse der Einwohner, wie sie das tägliche Leben mit sich bringt, müssen auswärts, vor allem in Singapore, der nächstgelegenen Großstadt, befriedigt werden, und die einzige Verbindung dahin bietet die Stettin. Unter solchen Umständen übernehmen die liebenswürdigen und gefälligen Offiziere dieses Dampfers in völlig selbstloser Weise allerhand kleine Besorgungen für die Einwohner, mit denen sie auch die besten Beziehungen unterhalten.

Derselbe formlose, herzliche Verkehr herrscht auch unter den letzteren selbst. Das konnte ich schon auf dem Schiffe wahrnehmen und fand es auch während der folgenden Wochen meines Aufenthaltes an diesen Küsten bestätigt. Rang= und Standesunterschiede, wie sie in anderen Kolonien künstlich erhalten und aufgebauscht werden, fallen hier nicht auf, und es gewährt jedem Fremden gewiß aufrichtige Freude, die herzlichen Beziehungen und den fast freundschaftlichen Verkehr wahrzunehmen, die mit einigen Ausnahmen zwischen Beamten und Missionaren, Offizieren und Pflanzern herrschen. Den ersten Anstoß dazu mag wohl der gegenwärtige Gouverneur, Herr v. Bennigsen, der Sohn des ehemaligen Staatsministers und Oberpräsidenten, gegeben haben. Seiner Einfachheit, Liebenswürdigkeit und Herzlichkeit gegenüber konnten irgend welche Anwandlungen des Junker= und Patriziertums, wie sie unter manchen seiner Vorgänger herrschten, nicht aufkommen. In keiner der vielen Kolonien, die ich im Laufe meiner Reisejahre kennen gelernt habe, fand ich einen ähnlichen Geist, ein ähnliches gemeinsames Streben, ein solches Hand=in=Hand=arbeiten wie hier, und man geht wohl nicht fehl, darin mit das

Geheimnis des Aufblühens dieser jungen Kolonie zu erblicken. Was giebt es in so mancher anderen Kolonie (man braucht sie gewiß nicht zu nennen) für Zwistigkeiten, für Klassengeist und gesellschaftlichen Haber, obschon nur eine Handvoll Menschen bei ein= ander leben. Die Beamten suchen zu dominieren, ein Verwaltungszweig wirft dem andern Knüppel zwischen die Beine, die Offiziere halten sich abseits, Kaufleute und Pflanzer haben ihre eigenen Gesellschaften, die Missionare werden über die Schulter angesehen. Und wo so viel Streit und Gereiztheit herrscht, geht es nicht vorwärts. Die Hauptstadt des Bismarckarchipels kann gewiß als leuchtendes Vorbild gelten.

Hotels für Fremde waren bis 1900 noch nicht vorhanden. Es wurden wohl augen= blicklich solche, und zwar zwei, gebaut, eins von der Neuguinea=Gesellschaft, das andere von einer Großfirma, doch ist ihr bisheriger Mangel wahrscheinlich von den hier ein= treffenden Fremden noch nicht empfunden worden. Die in der Südsee allgemein gepflegte Gastfreundschaft ist nicht mit Unrecht berühmt. Man führt offenes Haus, und wie der Nachbar, der zum Besuch kommt, ohne weitere Umstände zu Tische bleibt, so findet der gut eingeführte Fremde auch in den meisten Häusern für kürzere oder längere Zeit gast= liche Unterkunft.

Ebensowenig wie Hotels, gab es bisher einen, in den Kolonien sonst selten fehlenden Klub, gewissermaßen als Mittelpunkt des geselligen Verkehrs. Die in den einzelnen Häusern herrschende Gastlichkeit macht ihn überflüssig, und ich glaube nicht, daß hier ein Klub jetzt und vielleicht noch auf mehrere Jahre hinaus Zuspruch fände. Skatpartien, Bierabende, Diners und kleine Tänzchen giebt es bald in diesem, bald in jenem Hause; dazu werden gemeinschaftliche Ausflüge, Picknicks, Segel= und Jagdpartien veranstaltet, deren Teilnehmer sich häufig ganz durch Zufall zusammenfinden.

Herbertshöhe ist aber nicht nur in Bezug auf das gesellschaftliche Leben ein merk= würdiger Ort, wenn man diesen Palmenwald mit vereinzelten Häusern darin überhaupt als Ort bezeichnen kann. Von dem Brückensteg der Regierung, an welchem die Mehr= zahl der Boote anzulegen pflegt, führt eine kleine Treppe zur Hauptstraße empor, die sich mehrere Kilometer weit längs der Küste hinzieht. Es führt wohl noch ein anderer Weg zu ihr herauf, aber vor diesem steht eine Tafel mit den Worten: „Für Fußgänger verboten". Sie ist die einzige Tafel dieser Art, überhaupt die einzige Aufschrift, welche ich in dem ganzen deutschen Schutzgebiet der Südsee gesehen habe. Daß dieses Verbot gerade in der Hauptstadt und noch dazu an einer Stelle steht, wo sie von jedem An= kömmling sofort gesehen wird, könnte die Vermutung aufkommen lassen, Herbertshöhe werde mit der Polizeiknute regiert. Aber viel eher ist das Gegenteil der Fall, und wer jemals den Vorzug gehabt hat, unter dem milden Regiment des Herrn v. Bennigsen und seines Justizministers Herrn Assessor Schnee zu leben, der weiß, daß diesen Herren nichts unangenehmer sein kann als Polizeimaßregeln. Ich habe schon in Singapore und Batavia von diesem Verbot gehört, und unsere lieben Freunde, die Engländer, wohl auch die Holländer, zogen daraus ihre nichts weniger als schmeichelhaften Schlüsse. Die Sache ist indessen sehr harmlos. Von der Landungsbrücke führt eine schmalspurige Eisenbahn für die Warenbeförderung nach den Magazinen der Neuguinea=Gesellschaft,

Am Strand von Herbertshöhe.

und das Verbot wurde an=
gebracht, um Fußgänger
gegen das Ueberfahrenwerden
zu schützen.

Diese Bahn führt übrigens
auch an dem kleinen mit einer
Veranda umgebenen Holz=
häuschen vorbei, auf welchem
ich die Worte Kaiserliches
Postamt bemerkte. Ich trat
ein, um mich nach dem
Regierungsgebäude zu er=
kundigen, wo ich den kaiser=
lichen Gouverneur anzutreffen
hoffte.

„Sie befinden sich hier beim
Gouverneur", wurde mir zur
Antwort. „Dies ist das
Regierungsgebäude."

Ich konnte meine Ueber=
raschung nicht verbergen.
Gewiß würde auch zu Hause
jeder erwarten, der Regierer

eines Gebietes, das größer als die Hälfte des Deutschen Reiches ist, müßte doch
mindestens ebensoschöne Amtsräume haben wie etwa der Minister von Schaumburg=
Lippe, ein großes Bureau mit schönen Teppichen und einem monumentalen Schreibtisch,
auf welchem die Erlasse für die Inseln und Inselgruppen des Schutzgebietes gebraut
werden, vor der Thüre Amtsdiener in Uniform mit vergoldeten Knöpfen, die mit herab=
lassender Miene die Karten der Besucher auf einem silbernen Teller in Empfang nehmen
und achselzuckend nachsehen wollten, ob der Herr Gouverneur zu sprechen wäre.

Dann würde der Besucher auch erwarten, eine Menge Menschen vor diesem Heiligtum
harren zu sehen, dazu Beamte mit Aktenstücken unterm Arm in einem Labyrinth
von Amtsräumen verschwindend, mit verschiedenen Aufschriften über den Thüren: Kaiser=
liches Gericht, Kaiserliche Kasse, Steuerverwaltung, Sekretariat u. dergl. Man hört doch
zu Hause häufig, die Kolonien würden zu viel von Assessoren und Referendaren regiert,
es würde viel zu viel geschrieben und zu wenig praktisch gearbeitet.

Diese Ansichten mögen anderswo ihre Berechtigung haben, aber gewiß nicht in dem
Regierungssitz des deutschen Südseegebietes. Das erwähnte Holzhäuschen beherbergt hier den
ganzen Verwaltungsapparat. Als nach der Uebernahme der Regierung von der Neuguinea=
Gesellschaft der Sitz derselben nach Herbertshöhe verlegt wurde, mußte man sich eben behelfen
und richtete sich in diesem einzigen zur Verfügung stehenden Häuschen ein, das nicht einmal

Plantagenarbeiterinnen bei Herbertshöhe.

neu ist. Es stand ursprünglich auf der Insel Kerawara der Lauenburggruppe und hat die ersten Zeiten der deutschen Besiedelung des Archipels miterlebt. Die Neuguinea=Gesellschaft ließ es von Kerawara hierher transportieren, und nun enthalten seine zwei kleinen Zimmerchen den ganzen Regierungsapparat nebst der Kasse, dem Postamte, Richteramte und den Archiven. Im ersten Raume sitzt der Postbeamte Herr Warnecke, der gleichzeitig auch eine Menge Nebenämter versieht, ferner der Gouvernementssekretär Herr Steusloff, dessen mannigfache Obliegenheiten lebhaft an den Oberrichter in der Sullivanschen Operette Mikado erinnern. Herr Steusloff ist nämlich nicht nur Sekretär, sondern auch Kassen= verwalter, Steuerverwalter, stellvertretender Richter, Gerichtsschreiber, Zolldirektor, Hafen= meister und Wegebaumeister in einer Person. Dieses „Mädchen für alles“ sitzt mit dem Herrn Warnecke in einem Zimmer, die kaiserliche Kasse hinter sich, das Kolonial= archiv vor sich. An einem Nebentischchen stempelt der Polizeiwachtmeister die Briefe ab, welche in dem einzigen Briefkasten der Hauptstadt hinterlegt worden sind. In dem kleinen Nebenzimmerchen arbeiten der kaiserliche Gouverneur, Herr von Bennigsen, und der kaiserliche Richter des Schutzgebietes, Herr Assessor Schnee. Das ist der ganze Regierungsapparat für das eine Viertelmillion Quadratkilometer große Gebiet. Es erscheint kaum glaublich, kaum möglich, und doch werden die vielgewaltigen Regierungsgeschäfte so glatt und ruhig erledigt, als gäbe es hier nicht mehr zu thun als in dem Bureau eines deutschen Dorfschulzen. Amtsstunden giebt es nicht. Das Regierungshäuschen ist den ganzen Tag über offen, und ein oder der andere Herr ist immer zugegen. Es ist ganz interessant, ein Stündchen auf der Veranda zu verweilen und den Verwaltungs= apparat in Thätigkeit zu sehen. Draußen, im Schatten einiger großblätteriger Brot= fruchtbäume, wird eben Markt abgehalten. Hunderte von nackten Weibern, nur mit dem gebräuchlichen Lawalawa, einem Lendenschurz aus Stoff oder Gras, bekleidet, Kinder an der welken Brust, kauern hier dicht bei einander und bieten allerhand Gemüse feil, die sie aus dem Inlande, vielleicht aus mehrstündiger Entfernung, herbeigeschleppt haben. Ihre Männer, die faulen Herren der Schöpfung, pflegen sich unter dem Flaggenmast vor dem Regierungshäuschen zu versammeln, schlafen, rauchen oder plaudern in der eigentümlichen Kanakensprache, die kein s, kein f und pf kennt. So heißt z. B. Josef Jotep. Ueberhaupt fehlen Bezeichnungen für die Produkte und Begriffe, welche unsere Kultur erst nach dem Archipel gebracht hat. Die Kanaken halfen sich, wie andere Natur= völker, indem sie das Wort „Sache“ oder „Ding“ nahmen und demselben die Ver= wendung des betreffenden Gegenstandes anfügten, z. B. heißen Augengläser ambombam= bombo, d. h. „Sache zum Sehen“. Für viele Sachen fehlen kanakische Wörter gänzlich, da der Begriff fehlte, so z. B. für Gott, und dafür haben sie auf Veranlassung der Missionare das lateinische Deus angenommen. Ebenso fehlt ihnen der Name für „Herz“ im figürlichen Sinne, und das wurde recht prosaischerweise durch das Wort parika, d. h. „das Innere des Bauches“ ersetzt. So z. B. heißt „Ich liebe Gott von ganzem Herzen“ auf kanakisch: „Jan mari Deo ma ra balagu parika.“ Die Männer sind eben= falls nur mit einem Lawalawa bekleidet, dafür sind ihre um die Stirn fallenden Schafs= locken, sowie ihre Bärte durch Kalk gebleicht, die nackten Körper rot oder gelb bemalt,

Kanake mit Halsband und Armringen.

die Wangen in verschiedenen Zeich=
nungen tättowiert, Brust und Arme
mit künstlichen Narben geschmückt. Zur
vollständigen Ausrüstung der Kanaken
gehört noch ein irdenes Zweipfennig=
pfeifchen, die fast beständig von allen,
ob Mann oder Weib oder Mädchen,
im Munde getragen wird, selbst wenn
sie kein Feuer hat. Zeitweilig erscheint
der Häuptling eines Nachbardorfes,
gewöhnlich ein wohlhabender Mann,
dem seitens der Regierung gewisse
Verwaltungsobliegenheiten über seine
Stammesgenossen übertragen worden
sind. Mit Stolz trägt er auf seinem
bemalten und tättowierten Kraushaar=
schädel das Abzeichen seiner Würde,
eine Dienstkappe, wie sie unsere Brief=
träger tragen, und einen langen Stock
mit Metallknopf.

Dazwischen kommen in leichten zwei=
räderigen Wägelchen, sogen. Buggies,
bespannt mit australischen Pferden, Pflanzer angefahren, um Poststücke zu besorgen, Grundbuch=
oder Wege= oder Arbeiterangelegenheiten zu erledigen; dann ist immer Herr Steusloff
der Allerweltsmensch, oder der ruhige freundliche Assessor Schnee. Zu Hause würden
solche Dinge durch ein Heer von Beamten laufen müssen und eine Menge Zeit erfordern.
Hier werden sie noch am gleichen Tage ohne viel Schreiberei in Ordnung gebracht.
Oder es kommen Vertreter der Neuguinea=Gesellschaft hoch zu Roß von den Plantagen,
um noch verschiedenes von der Abtretung der Hoheitsrechte an das Reich Zurückgebliebene
zu besprechen, oder Klagen vorzubringen. Während der Richter mit ihnen verhandelt, kommt
vielleicht eine alte samoanische oder Halbblutsdame (deutsche Frauen giebt es in Herbertshöhe
noch nicht), um die Bestrafung eines Kanakendieners zu erbitten, Briefmarken zu kaufen, oder
den geduldigen Herrn Steusloff zu ersuchen, ein Geldstück einzuwechseln. Mit derselben Rasch=
heit, wie er das letztere thut, erledigt er auch den Straffall zur allgemeinen Zufriedenheit.
Nun schleppen ein paar schwarze Polizisten ein paar schwere Geldsäcke herbei, die bei
der jüngsten Razzia auf die Menschenfresser in der Umgebung erbeutet worden sind.
Die schwarzen nackten Zeugen, wahrscheinlich selbst Kannibalen, werden von dem Richter
vernommen. Assessor Schnee spricht die Kanakensprache mit derselben Geläufigkeit wie
sein vaterländisches Nordhausener Deutsch, und während er ihre Aussagen durch den
vielgeplagten Postbeamten zu Papier bringen läßt (Schreiber giebt es keine), öffnet der
Kassenverwalter Steusloff unter Aufsicht des Gouverneurs die Geldsäcke. Ein Strang

Muschelgeld nach dem anderen kommt zum
Vorschein. Die kleinen Diwarramuscheln sind
kunstvoll auf ein bis anderthalb Meter lange
Stränge gereiht und an den Enden mit aller=
hand größeren Muscheln, hohlen Betelnüssen
und Amuletten beschwert. Eins, zwei, drei,
zwanzig, fünfzig und mehr Stränge werden
auf der Veranda angesichts aller Welt aus=
gebreitet (ein anderer Kassenraum ist nicht
vorhanden), die Regierung hat einen guten
Fang gemacht, denn der Strang hat einen
Wert von zwei und zweieinhalb Mark, zu=
sammen sind es gegen zweitausend Mark. Diese
Diwarra wird gewöhnlich zur Bezahlung an
Arbeiter im Inlande verwendet. Im Regie=
rungshäuschen kommen nur Reichsmünzen
zur Auszahlung, denn der Gouverneur ist
bestrebt, die Diwarra, ebenso wie auch die
bisherigen Münzen der Neuguinea=Gesellschaft
mit dem unschön gezeichneten Paradiesvogel
darauf, außer Umlauf zu setzen.

Noch ist man am Zählen des Muschel=
geldes (der Gouverneur hat die nur ethno=
graphischen Wert besitzenden Enden für das
Berliner Museum für Völkerkunde abge=
schnitten), als der Administrator der Neu=
guinea=Gesellschaft, der äußerst umsichtige

Kanakentypus.

und thätige Herr Geisler, das Muster eines Pflanzungsleiters, auf seinem Schimmel
angeritten kommt. In Warangoi, wenige Stunden von Herbertshöhe, ist wieder ein
Angriff seitens der Menschenfresser erfolgt, obschon erst in der vergangenen Woche eine
Strafexpedition gegen sie unternommen wurde. Ein junger Arbeiter der Neuguinea=
Gesellschaft war auf dem Wege nach dem Sägewerk, als ihm von rückwärts ein Speer
durch den Leib geschossen wurde. Glücklicherweise hatte er hinreichend Kraft gehabt, die
Station zu erreichen, sonst wäre er wohl am nächsten Tage aufgefressen worden. Sein
Zustand ließ übrigens wenig Hoffnung übrig.

Sofort wurde seitens des Richters eine Strafexpedition beschlossen, die in der nächsten
Zeit nach Warangoi abgehen sollte, der Richter, Herr Geisler und zwölf Mann der
schwarzen Polizeitruppe. Das ist indessen kein Ausnahmefall. Derartige Expeditionen
unter Befehl des Richters oder des Gouverneurs selbst kommen in jedem Monate vor;
zu Pferd und zu Fuß müssen die Herren oft tagelang durch Waldesdickicht wandern,
oder auf kleinen Segelbooten die tückische See durchfahren, um die Ortschaften zu erreichen,

wo die Unthaten vorgekommen sind. Bald werden ein paar Schwarze erschlagen und aufgefressen, bald eine Handelsstation ausgeraubt, ein Weißer angegriffen, oder gar ein Schiff eingenommen und geplündert. Dann pflegt der Gouverneur selbst die Expedition mitzumachen, wenn sie den nötigen Eindruck hervorbringen soll. Kommt es zum Gefecht, so ist er an der Spitze, um seine Polizeitruppe anzufeuern, und in so vollkommen wilden Gebieten, wie es Neumecklenburg oder die Admiralitätsinseln sind, muß er die Strapazen ebenso erdulden wie der letzte seiner Soldaten. Auf dem Hin= und Rückweg läßt er das Schiff noch in diesem oder jenem Hafen anlaufen, wo etwa Gefahr droht, oder er besucht die Kanakendörfer, um selbst den Werbekorporal zu spielen und Leute für die Schutztruppe zu rekrutieren. Wenn immer ich in das Regierungshäuschen kam, war einer der Herren „im Busch", d. h. auf einer Expedition, Herr Steusloff, um den Wegebau zu beaufsichtigen, der Richter, um unter den Kanaken Recht zu sprechen, der Gouverneur, um die verschiedensten, gewöhnlich anstrengendsten Aufgaben durchzuführen. Dann vertrat einer den anderen, und die Angelegenheiten wickelten sich glatter und schneller ab, als wenn ein Heer von Beamten in dem „House paper" säße. „House paper" ist ein von den Kanaken gebrauchter Ausdruck im Pidgen=Englisch, heißt aber nicht etwa „Hauspapier", sondern das Regierungshäuschen, wo viel Papier verbraucht wird, d. h. also „Amtshaus".

Dabei wird aber, wie man aus der vorstehenden Schilderung entnehmen kann, nur sehr wenig Papier verbraucht. In der Hauptstadt des Schutzgebietes wird viel mehr gehandelt als geschrieben, viel mehr Pulver und Blei als Tinte und Feder verbraucht. Wo solche Raub= und Mordgesellen zu regieren sind wie die Menschenfresser von Neupommern und Neumecklenburg, sind die Beamtenstellen wirklich keine Sinekuren, und es ist nur ein Glück, daß sie durch so ausgezeichnete Männer besetzt sind wie Herr von Bennigsen und sein Stab.

Es gewährt sicher das größte Interesse, die Wirkung wahrzunehmen, welche eine feste, zielbewußte, kräftige Regierung auf eine Kolonie wie der Bismarckarchipel schon binnen kurzer Zeit auszuüben im stande war. Unter der zeitweiligen Leitung der Neuguinea=Gesellschaft lagen die Verhältnisse sehr im argen. Sie sorgte eben nur so weit für das Land, als es ihren eigenen Interessen förderlich war, baute Wege nur nach ihren Plantagen, ging gegen die feindseligen Kanaken nur dann vor, wenn die Gefahren gar zu drohend wurden, und ertränkte, wie man mir erzählte, alle anderen Bedürfnisse in einem Wust von Papieren und Akten, welche die Archive füllten, und von Plänen und Entwürfen, welche niemals zur Ausführung kamen. Ob diese Vor= würfe auf Thatsachen beruhen, kann ich natürlich nicht beurteilen.

So konnte es nicht weitergehen, und ich glaube, alle weißen Bewohner des Archipels segnen den Tag, welcher ihnen die Verwaltung durch das Reich brachte. Jetzt war man der Gerechtigkeit, der Sicherheit und vor allem des wirtschaftlichen Aufschwunges gewiß. Es geht jetzt vorwärts auf der ganzen Linie. In den früher so stillen, lauschigen Palmenwäldern widerhallt die Axt des Baumfällers, schallen die Schläge der Zimmer= leute, und wohl ein Dutzend Bauten sind heute in der Ausführung begriffen.

Nach dem allgemeinen Urteil der Ansiedler des Archipels hätte man die Leitung desselben keinem geeigneteren Manne anvertrauen können als Herrn v. Bennigsen, der sich zuerst in Ostafrika seine kolonialen Sporen verdient hat. Mit geübtem Auge erkannte er sofort, was der Kolonie am meisten notthut, und wendete alle ihm zur Ver= fügung stehenden Mittel darauf, mit Hintansetzung aller persönlichen Interessen. Gewiß hätte mancher andere Gouverneur zunächst daran gedacht, der Regierung ein größeres Haus, sich selbst eine bequemere Wohnung zu bauen. Herr v. Bennigsen hatte aber vor allem die Interessen der Pflanzer vor Augen, er schlichtete die Grenzstreitigkeiten, baute Wege, schaffte mit seinem schwachen Polizeikorps Ruhe im Lande, zog, wenn nötig, persönlich an der Spitze seiner Leute gegen die Kanaken, um sie zu strafen, bereiste die verschiedenen Inseln und besichtigte die zahlreichen Handelsstationen. Dieser Geist hat sich auch auf sein Beamtenpersonal übertragen, und ich habe nirgends eine Kolonie getroffen, wo seitens der Regierung so viel gearbeitet und dabei doch so wenig geschrieben wird.

Die Anfänge, ich möchte sagen das Grundlegen der kaiserlichen Verwaltung in einer so großen und vielgestaltigen Kolonie, wie der Bismarckarchipel, sind natürlich von der größten Wichtigkeit, und ich habe mir deshalb Mühe gegeben, das Vorgehen der Regierung näher kennen zu lernen. Rascher, als man es geglaubt, hat sie sich das Vertrauen aller Ansiedler erworben, und das mit den denkbar geringsten Mitteln.

Dank dieser zielbewußten Regierung wird sich, wie gesagt, Herbertshöhe in den nächsten zwei bis drei Jahren nach der Ansicht aller Pflanzer rascher entwickeln als bisher in zwei Jahrzehnten. Mit welchen Schwierigkeiten die Regierung der Kolonie zu kämpfen hat, kann man schon daraus entnehmen, daß das Schutzgebiet nicht nur den Bismarck= archipel und Neuguinea, sondern bis auf die jüngste Zeit auch die Karolinen=, Mariannen=, Marshall= und Palauinseln umfaßte, also Länder, die voneinander so weit entfernt liegen wie etwa Marokko von Rußland, und daß der Regierung nur ein einziges gebrechliches Dampffahrzeug zur Verfügung stand, mit dem man sich bei halbwegs ungünstigem Wetter kaum nach den nächsten Plantagen, geschweige denn in die offene See hinauswagen durfte. Dieser vorsintflutliche Dampfkahn heißt Ramee und schaukelt ziemlich zwecklos auf der Reede von Herbertshöhe, denn ihn auch nur für eine kleine Expedition zu benutzen, hieße geradezu Selbstmord begehen. Wohl ist seitens des Reiches endlich ein eigener Regierungsdampfer bewilligt worden, aber bis zu seinem Eintreffen muß sich der Gouverneur mit den kleinen Segelschiffen der Kaufleute behelfen, falls diese gerade nach den betreffenden Gegenden fahren, er muß sich Gefahren und Entbehrungen aussetzen, wie sie ein Regierungsbeamter kaum anderswo zu überstehen hat. Zeitweilig kommt ein Kriegsschiff, wie beispielsweise zur Zeit meiner Anwesenheit dort der Seeadler; aber derlei Besuche sind selten. Die Möwe ist wohl in diesen Gebieten für länger stationiert, doch hat sie die Küsten zu vermessen und darf ohne besondere Befehle überhaupt nicht fort, und der Seeadler hatte ebenso wie jedes andere Kriegsschiff ebenfalls bestimmte Aufgaben und stand keineswegs zur Verfügung des Gouverneurs. Sollen also auch nur die gröbsten Angriffe auf Schiffe oder weiße Händler und Reisende nicht jahrelang ungesühnt bleiben, wie seinerzeit die Ermordung des armen Ehlers, dann muß der Gouverneur sich als Passagier auf den kleinen

Regierungsbeamte und schwarze Polizisten des Bismarckarchipels vor der Kaserne in Herbertshöhe.

Handelskuttern einschiffen, von denen erst kurz vor meiner Ankunft bei einem Sturm in den Gewässern der Karolinen drei auf einmal zu Grunde gingen.

Dazu bleiben derlei Segelkutter bei ungünstigen Winden auch noch wochenlang auf offenem Meere liegen. Das Schutzgebiet liegt in der Zone der Monsune, während der einen Jahreshälfte weht der Nordwestmonsun, während der anderen der Südostmonsun, dazu herrschen heftige Meeresströmungen, und die Segelschiffahrt ist demnach ungemein schwierig. Selbst der Dampfschoner der Neuguinea-Gesellschaft ist bei Volldampf und voller Segelentfaltung zeitweilig gezwungen, die Reise aufzugeben, weil Wind und Strömung zu mächtig sind. Unter solchen Verhältnissen konnte der Gouverneur noch nicht dazu kommen, sich alle Länder, die er zu regieren hat, auch nur anzusehen. Nur seiner außerordentlichen Arbeitskraft und Ausdauer ist es zu danken, daß die Verhältnisse im Schutzgebiete gerade jetzt, in ihrer schweren Anfangszeit, so geregelt sind.

Die bewaffnete Macht, die der Regierung zur Verfügung steht, wird aus sechzig bis siebzig Kanaken aus Neumecklenburg und Neupommern gebildet, wahrscheinlich früher auch Menschenfresser, wie die große Mehrzahl der Bevölkerung dieser Länder überhaupt, aber Diebe fängt man am besten durch Diebe. Anderes Rekrutenmaterial ist nicht vorhanden, und selbst dieses ist so spärlich, daß die Polizeitruppe noch niemals auf die etatsmäßige Ziffer von hundert gebracht werden konnte. Der Gouverneur benutzt jede seiner vielen Dienstreisen, um ein paar stramme Kerle unter die kaiserlichen Fahnen zu bekommen und mir selbst gelang es gelegentlich unserer Expedition nach der Sandwichinsel, dort für ein paar Stangen Tabak und gute Worte einen famosen Burschen anzuwerben.

Die Kaserne dieser schwarzen Kanaken befindet sich hinter dem Papierhäuschen, d. h. bem Regierungsgebäube mitten in einer Palmenplantage. Vor ber Kaserne breitet sich ber Kasernenhof aus, welcher von einer besonderen Merkwürdigkeit, einem Denkmal weiser Fürsorge ber Regierung für bie Unterthanen geschmückt wirb, ber einzigen Straßenlaterne im Südseeschutzgebiet. Auf schwarz=weiß=rot gestrichenem Pfahl sitzt eine monumentale Glaslaterne, bie aber ihren Zweck, ben Menschen heimzuleuchten, selten erfüllt, weil bie Cylinder ber Petroleumlampe regelmäßig platzen. In ben Regierungsmagazinen befinben sich noch eine Menge anderer Laternen, nur können sie nicht aufgestellt werben, weil alle Cylinder von ber genannten einzigen Laterne aufgebraucht wurben unb ber Ersatz nur in Singapore ober Sybney beschafft werben kann. Sonst würbe sich Herbertshöhe längst ber Straßenbeleuchtung erfreuen. Man benke nur: Laternen in Neupommern! Uebrigens brennen zur Nachtzeit stets Lichter auf ber Landungsbrücke unb bem Signal= mast, zur größten Verwunberung ber Kanaken, bie nicht begreifen können, warum biese Deutschen in ber Nacht, wo boch alles finster ist, Lichter brennen lassen. Sie verwenden solche nur zum Fischfang. Allnächtlich kann man am Stranbe bie schwarzen nackten Fischer wahrnehmen. Einer hält bie Fackel aus Palmblättern, ein anberer ben mehr= zackigen Fischspeer. Kommen bie neugierigen Fische herbeigeschwommen, um zu sehen, was es gäbe, flugs sind sie gespeert, unb am nächsten Tage giebt es großes Kaikai, b. h. Essen bei ben faulen Kanaken. Aber nur Männer nehmen baran teil. Die Frauen müssen arbeiten unb barben.

Jeben Morgen ist auf bem Kasernenhofe großes Exerzieren. Der Kommanbant ber Polizeitruppe ist ein ehemaliger Seemann, ber heute ben Titel Polizeiwachtmeister führt, übrigens ein fleißiger, vielseitiger unb zuverlässiger Mann, ber seinen Posten zur größten Zufriedenheit des Gouverneurs versieht. Heute im Busch, um mit seinen Schwarzen bie Menschenfresser abzufangen, morgen Steuermann auf bem Wasser, verwaltet er auch bie Regierungsmagazine, besorgt im Notfall bie Post unb baut Wege. Seine Leute exerzieren so stramm wie pommersche Grenabiere, unb kommt es zum Gefecht gegen ihre kannibalischen Lanbsleute, bann schießen sie vortrefflich unb schlagen auch wacker brein, vorausgesetzt, baß ber Gouverneur mit gutem Beispiel vorangeht.

Die Uniform ist ben klimatischen Verhältnissen angepaßt unb besteht aus ihrer braunen Haut, bann einer Solbatenmütze unb einem Lebergürtel mit bem Reichsablder unb ber Um= schrift: „Gott mit uns". An biesem Gürtel steckt bie Patronentasche. Sind bie Leute in ber Stabt, bann tragen sie um bie Lenben einen fußbreiten, brennroten Baumwoll= streifen, kommen sie aber in ben Busch, bann wirb auch bieses, bis zu ben halben Schenkeln reichenbe Schürzchen aufgebunben.

Geselliges aus Neupommern.

Von der Kaserne, bei welcher noch einige andere Regierungsbauten stehen, führt ein Fahrweg durch die ausgedehnten schattigen Palmenplantagen der Neuguinea= Gesellschaft auf den Hügel, wo das Privathaus des Gouverneurs sich erhebt. Dieser Fahrweg, ebenso wie die anderen Wege und Straßen um Herbertshöhe, ist nicht etwa gepflastert, sondern mit Gras bewachsen, und man fährt darauf wie auf einem weichen grünen Teppich umher. Steinpflaster würde sich auf dem lockeren Boden bei anhal= tendem Regenwetter doch nicht halten. Uebrigens sind alle diese Wege, auf Meilen in der Runde, vortrefflich gehalten, zu beiden Seiten eingehegt und bepflanzt, dazu auch schattig.

Das Gouverneurpalais zeichnet sich mehr durch seine schöne Lage, als durch archi= tektonische Vorzüge aus. Es ist ein aus Holz gebautes Bungalow mit einer breiten schattigen Veranda ringsum, eingedeckt durch ein Wellblechdach. Aus Holz müssen die Häuser in Herbertshöhe gebaut werden wegen der häufigen, mitunter recht heftigen Erdbeben, deren ich selbst während drei Wochen mehrere erlebte. Die Wellblechdächer, obschon gegen die Wärme wenig Schutz gewährend, sind eingeführt, um das Regenwasser abfangen zu können, denn es mangelt an Flüssen und Brunnen, ein großer Nachteil dieses sonst so reich gesegneten Fleckchens Erde.

Die mit schönen orientalischen Teppichen geschmückte Veranda dient als Empfangs= saal, der sich daranschließende große Raum als Arbeitskabinett und Speisesaal; dahinter liegt das Schlafzimmer des Gouverneurs und ein Gastzimmer. Wie bei allen Bunga= lows von Herbertshöhe, so schließen sich auch hier an das Haupthaus allerhand Neben= gebäude, Bade= und Waschhaus, Küche, Wein= und Vorratskammern an, wo ein chinesischer Koch das Regiment führt und mit dem malaiischen Kammerdiener, den kana= kischen Hausarbeitern und Wäschern energischer zu Werke geht als der Gouverneur mit seinen Polizisten. Der bezopfte Cooky, übrigens ein köstlicher Kerl, setzt seinen ganzen Stolz darein, die Gäste des „Master Gobanor" durch seine kulinarischen Genüsse glauben zu machen, sie befänden sich bei Dressel Unter den Linden; den Rest seiner Zeit verwendet er zum Besten des deutschen Schutzgebietes in der Südsee, indem er mit mütterlicher Sorgfalt die Enten, Gänse, Tauben seines big masters behütet und zur Vermehrung anregt. Geflügel gedieh nämlich bisher in Neupommern nicht sonder= lich, und der Gouverneur importiert deshalb auf eigene Kosten alle Arten Federvieh aus den holländischen und englischen Kolonien, um damit so lange zu versuchen, bis er eine widerstandsfähige Rasse herausgefunden hat. Dank der Bemühung seines Cooky kräht und gackert und schnattert es auf seinem Hühnerhofe tagsüber schon recht gewaltig. Aber Cooky ist noch nicht zufrieden. Keines der nach Hunderten vorhandenen Eier darf von seinem big master zum Frühstück verzehrt werden, und wehe der Henne, die etwa einem Hahn nachlaufen sollte, ehe sie nicht das letzte Ei ausgebrütet hat. Cooky packt sie unsanft bei den Flügeln, setzt sie auf ihre Nachkommenschaft und klappt

Hütten auf der Insel Matupi.

den Kistendeckel mit boshaftem Lächeln zu. Dabei paßt er auf jeden Besucher, taxiert ihn nach seinem Range und setzt ganz stille eine Flasche Sekt oder Mosel oder einen französischen Chateauwein (der Gouverneur besitzt deren ausgezeichnete) in einen Kühlkasten, wie sie in der ganzen Kolonie gebräuchlich sind: eine Handvoll Salpeter, eine Handvoll Salz und ein paar Liter Wasser. In dieser Mischung wird die Flasche fleißig geschwenkt, und ist sie kalt geworden, da schallt auch schon von der Veranda die Stimme des Gouverneurs: Cooky fetch one fellow bottle something, makee cold. Wieder zieht ein boshaftes Lächeln über das bartlose Antlitz der Chinesen. Er kennt seinen Meister und dessen Gäste. Ehe der Gouverneur seinen Satz vollendet hat, steht die kühle Flasche schon vor ihm. Und die Flasche muß auch geleert werden. Als der Kommandant des Seeadler bei seinem ersten Besuche ganz bescheiden statt des Weines um ein Tasse Thee bat, faßte Cooky das beinahe als persönliche Beleidigung auf. That fellow captain no good, only takee tea. Aber der Kapitän benutzte beim nächsten

Katholische Kathedrale in Herbertshöhe.

Gouverneursdiner die Gelegenheit, um Cook wieder vollständig auszusöhnen. Captain good man, takee plenty wine.

Das Gouverneurshaus steht vollständig frei und offen in einer viele Hektare um=
fassenden Palmenpflanzung; die Thüren sind weit geöffnet, die köstliche kühle Bergluft
weht durch alle Räume, die auch zur Nachtzeit und während wochenlanger Abwesenheit
des big masters offen bleiben. In Herbertshöhe wie überhaupt im ganzen Archipel
fällt es keinem Menschen ein, das Haus jemals zu schließen. Auf dem Schreibtisch
des Gouverneurs liegen Bücher, Schriften, Uhr und Fernglas, auf dem Büffett stehen
Sherry und Schnäpse mit kleinen silbernen Gläschen, doch bleibt alles so liegen und
stehen. Selbst Häuser, wo Damen wohnen, werden zur Nachtzeit nicht geschlossen, kein
Wächter bleibt auf, und doch kommen Diebstähle fast gar nicht vor. Von der Veranda genießt man eine entzückende Aussicht; zu Füßen des palmen=
bestandenen Hügels breitet sich die weite Wasserfläche aus bis zu den steilen Gebirgen
von Neumecklenburg, besät mit Inseln. Hier die Taubeninsel, auf welcher sich binnen
kurzem das Quarantänehospital erheben wird; dann die Crebnerinsel und die historisch
berühmten Inseln der Neulauenburggruppe, vor allem Mioko, das heute eine Faktorei
der Deutschen Handels= und Plantagengesellschaft birgt, 1879 aber einer der Schauplätze
der berüchtigten Marquis=de=Rahsexpedition war, welche von Daudet in einem seiner
Romane so anschaulich geschildert wurde.

In nordwestlicher Richtung steigen die drei schönen Vulkankegel, Mutter, Nordtochter
und Südtochter, aus den Fluten und schließen die stille Blanchebai mit der idyllischen
Insel Matupi ein. An ihrer Küste erkennt man deutlich die Faktorei der Firma

Hernsheim & Co. mit ihren Villen und Warenhäusern, während jenseits der Insel die
ungemein malerischen Bienenkörbe, zwei mit Palmen bewachsene steile Felsen, aus der
spiegelglatten Wasserfläche hoch emporsteigen. Die Gelände der Gazellenhalbinsel selbst
sind auf viele Quadratkilometer nur mit Palmenpflanzungen bedeckt, und zwischen den
schön geschwungenen Kronen gewahrt man die Wohnhäuser der Pflanzer: hier Ralun,
der geradezu fürstliche Besitz von Queen Emma, einer samoanischen Halbblutdame, die
jetzt mit einem Deutschen, Herrn Kolbe, vermählt ist, dann Raluana, wo die Schwester
der genannten Dame mit ihren liebenswürdigen Töchtern das Kommando führt. Gegen
Osten dehnen sich die unabsehbaren Kokos=, Baumwoll=, Kaffee= und Kakaoplantagen
der Neuguinea=Gesellschaft aus, mit den an der Küste gelegenen Enklaven der katholischen
Mission und des Händlers Mouton, der als Knabe im Gefolge seines Vaters mit der
Expedition des Marquis de Rays hierherkam und nach dem Zusammensturz der letzteren
selbständig einen Handel anfing. Durch Fleiß, Geschicklichkeit und Sparsamkeit hat er
sich so weit emporgeschwungen, daß er als einer der angesehensten und wohlhabendsten
Kaufleute und Pflanzer des Archipels gilt, während andere, die mit beträchtlichen
Mitteln herauskamen, auf keinen grünen Zweig gelangten.

Wie man sieht, giebt es in Herbertshöhe keinen eigentlichen Ort oder städtischen
Mittelpunkt. Die ganze Küste ist mit Plantagen und Handelsfaktoreien bedeckt, und
nur in Kinnigunan, dem Sitz der katholischen Mission, sieht man eine Gruppe von
etwa fünfzehn bis zwanzig Häusern beisammen, über welche die beiden Türme der
hübschen großen Kirche emporragen. In dieser vom Bischof Couppé geleiteten Mission
haben die fleißigen anspruchslosen Priester verschiedene Schulen gegründet, in welchen
die Kanakenkinder nicht nur im christlichen Glauben, sondern auch in deutscher Sprache
und Gesittung erzogen werden. Als ich diese Knaben- und Mädchenschulen unter der
Leitung der drei hier thätigen Missionare, P. Dicks, Goutheraud und Meier, besuchte,
war ich überrascht über die Fortschritte, welche die Kinder der Kannibalen schon nach
kurzem Unterricht zu verzeichnen hatten. Sie lasen nicht nur kanakisch, sondern auch
deutsch ganz fließend, verschiedene unter ihnen sprachen recht geläufig deutsch, und als
ich die von ein paar ehrwürdigen alten Nonnen geleitete Mädchenschule betrat, sangen
die kleinen Kanakenmädchen, etwa hundert an der Zahl, sehr hübsch die deutsche Kaiser=
hymne und ein paar andere deutsche Lieder. Diese katholischen Missionsschulen sind
vorläufig die einzigen im Lande, und der Unterricht ist so gründlich, die Erziehung so
streng, daß auch Weiße ihre Kinder hier zur Schule schicken, die natürlich von jener
der Kanaken vollständig getrennt ist. Geht es so weiter, so dürften nach einem Jahr=
zehnt schon eine erhebliche Zahl von Kanaken, vielleicht an tausend, der deutschen
Sprache mächtig sein und kräftig dazu beitragen, daß das unschöne hauptsächlich von
englischen Wesleyanern eingeführte Pidgen=Englisch in dieser deutschen Kolonie endlich
außer Kurs gesetzt wird.

Heute bedient man sich dessen in Herbertshöhe ziemlich allgemein, weil auch die
Plantagen zum Teil in englisch=samoanischen Händen liegen und die Hunderte von
männlichen und weiblichen Kanakenarbeitern zur Verbreitung des Pidgen=Englisch auf

der Gazellenhalbinsel ebensoviel betragen haben, wie die englischen Wesleyaner, die bereits seit einem Vierteljahrhundert hier thätig sind. Das Gouvernement ist nun daran, die Wesleyaner zu veranlassen, deutsche Missionare hierherzusenden und in den Schulen neben der Eingeborenensprache nur die deutsche zu lehren.

Herbertshöhe ist erst im Jahre 1899 nach der Ablösung der Hoheitsrechte der Neu= guinea=Gesellschaft durch das Reich als Regierungssitz erwählt worden. In Berlin hielt man sich bei dieser Wahl zunächst vor Augen, daß kein Teil des Archipels so viele Pflanzungen und weiße Ansiedler aufzuweisen hat wie die Nordküste der Gazellen= halbinsel. Ueberdies liegt diese dem geographischen Mittelpunkt des Archipels möglichst nahe, so daß jedes Gebiet desselben mit ähnlicher Leichtigkeit, oder sagen wir, in An= betracht der noch vollständig mangelnden Regierungsschiffe, mit ähnlicher Schwierigkeit zu erreichen ist. Aber auch in Bezug auf die landschaftliche Lage hätte man kein besseres·Plätzchen wählen können. Alles ringsum ist Palmenwald. In unabsehbaren Reihen stehen hier die herrlichsten Kokospalmen mit schlanken Stämmen und mächtigen Kronen, deren lange, in wunderbar schönen Linien geschwungene Wedel ineinander= greifen und einen fast ununterbrochenen grünen Dom bilden. Die Stämme sind seine Pfeiler, die Bündel von großen Kokosnüssen an ihrer Spitze die Kapitäle. Stundenlang kann man hier nach verschiedenen Richtungen diesen Wald durchwandern, ohne sein Ende zu erreichen.

In diesem Walde, im Schatten von Palmen liegen die Wohnungen der Beamten und Pflanzer zerstreut; Straßen, Plätze, Kramladen giebt es noch keine; deshalb ist auch noch kein Staub und Straßenlärm vorhanden, und man wohnt so idyllisch wie Virgina auf ihrer Insel im Roman von Bernardin de Saint=Pierre. Wo die fremden Besucher von Herbertshöhe Unterkunft finden? Die sprichwörtliche Gastfreundschaft der Südseebewohner hat Hotels bisher überflüssig gemacht. Alle Häuser stehen hier dem eingeführten Fremden offen, und die Wohnungsfrage wird nur dadurch eine schwierige, daß man in Verlegenheit kommt, welche der vielen Einladungen man annehmen soll.

Am meisten not thun Handwerker. Man bedenke nur, daß nicht nur in Herberts= höhe, sondern in dem ganzen Archipel von der Westspitze von Neuguinea bis zu der entferntesten Insel, St. Matthias, noch kein einziger Schuster, Schneider, Bäcker, Tischler, Schlosser zu finden ist. Jedes Kleidungsstück, das ausgebessert werden soll, jedes Paar Schuhe, jede Uhr oder jedes Schloß muß, wenn es die Eigentümer wünschen, gerade wie ich es bei Stephansort geschildert, mit dem alle zwei Monate einmal ein= treffenden Postdampfer nach Singapore gesandt werden, und wenn alles gut geht, gelangen diese Gegenstände nach vier Monaten wieder in die Hände ihrer Eigentümer.

Vorderhand müssen sich also die hier ansässigen Weißen, vielleicht hundert an der Zahl, so gut wie möglich behelfen, aber das kleine Völkchen lebt dabei ganz vortrefflich. Große Toilettenansprüche werden hier nicht gemacht. Weiße Damen giebt es in Herbertshöhe noch keine, und die samoanisch=englischen Halbblutdamen, welche das zarte Geschlecht hier allein vertreten, finden Gefallen daran, den ganzen Tag über in ihren leichten, luftigen Schlafröcken zu bleiben. Bei den Männern giebt es keine andere Tracht als weißleinene Waschanzüge, die man in Singapore das Dutzend um fünfzig bis sechzig Mark kaufen kann. Selbst bei den größten Festlichkeiten fällt es niemandem ein, anders als in Weiß zu erscheinen, eine Tracht, welche auch von den katholischen Missionaren angenommen wurde, wenn sie nicht kirchliche Funktionen zu verrichten haben. Ebenso werden vornehmlich nur weißleinene Halbschuhe getragen, dazu der Tropenhelm; die Damen tragen überhaupt keine Hüte, und damit fallen in diesem idealen Tropenlande alle Toiletteschwierigkeiten von selbst fort. Ich habe vorhin auch Uhren erwähnt, aber wozu Uhren, wenn die Zeit lange nicht den Wert hat wie bei uns, und wenn die Sonne mit ihrem Erscheinen und Verschwinden das ganze Jahr über die sechste Morgen= und sechste Abendstunde mit nie fehlender Pünktlichkeit anzeigt? Und Schlösser? Wozu Schlösser, wenn die Bungalows tags= und nachtsüber weit geöffnet bleiben?

Es scheint geradezu widersinnig, daß in einer von Menschenfressern und feindlichen Kanakenstämmen bewohnten Gegend keine Anfälle auf Weiße und keine Räubereien vorkommen sollen, und doch ist es so. Ich mochte zu irgend einer Tageszeit bei den Pflanzern Besuche machen, oder nach Mitternacht in meine Behausung heimkehren, die Hauseigentümer mochten gerade wochenlang verreist sein, ihre Häuser waren doch immer weit geöffnet, mit allen Nippsachen, Büchern, Toilettegegenständen an ihrem Platze, und niemandem fällt es hier ein, das Haus oder auch nur irgend ein Zimmer abzusperren. Während meines Aufenthaltes hier kam auch Geheimrat Koch zu meinem Gastgeber auf Besuch und hatte mit mir das Gastzimmer zu teilen. Das Haus liegt mitten im Palmenwalde außer. Seh= und Hörweite von dem nächsten Hause; zwei Thüren führen unmittelbar aus der Plantage in unser Zimmer, die ich zur Nachtzeit aus alter Gewohnheit zu schließen pflegte. „Ach was", meinte Koch, „lassen Sie uns doch die Nacht über frische Luft schnappen und die Thüren offen lassen!" Sprach's, legte seine Uhr und Geldbörse offen auf den Tisch und verschwand unter dem Mückennetz seines Bettes.

Unter solchen Verhältnissen führen die Weißen hier ein ganz idyllisches Dasein. Ihre Häuser sind wohl in der Größe und Ausstattung verschieden, aber doch nach einem Leisten gebaut. In der Mitte eines mit Blumenbeeten und Zierpflanzen geschmückten Rasenplatzes erhebt sich auf meterhohen Holzpfeilern der einfache einstöckige Holzbau, auf allen Seiten von einer breiten Veranda umgeben, über welche das Well= blechdach hinwegragt. Das Innere ist in mehrere große Räume geteilt mit weit offenen Thüren, um dem Luftzug den größten Spielraum zu gestatten. Der nach dem Meere gewendete Raum (fast alle Häuser haben Aussicht auf das Meer) ist gewöhnlich das Empfangszimmer, daran schließt sich nach hinten das Speisezimmer, und nach den Seiten liegen die luftigen Schlafzimmer, mit harten Betten und Mückennetzen. Das Tropenklima macht unsere weichen Federbetten und Kopfkissen hier unmöglich.

An frischen Lebensmitteln fehlt es nicht; Früchte und Gemüse werden auf den eigenen Plantagen in Hülle und Fülle gezogen, dazu giebt es Hühner, Enten, Gänse, Schweine, und zeitweilig wird auch ein Rind geschlachtet, an welchem dann die ver= schiedenen Nachbarn sich beteiligen. Im ganzen genommen läßt es sich in Herberts= höhe recht gut leben; auch die wirtschaftlichen Verhältnisse sind recht günstig, so daß der Hauptort des Archipels sich gewiß in kurzer Zeit ansehnlich entwickeln wird.

Plantagenleben auf der Gazellenhalbinsel.

Die Haupteinkünfte der auf der Gazellenhalbinsel ansässigen Weißen stammen aus dem Ertrag der Kokosnußplantagen. Die hier etablierten Handelsfirmen, wie Forsayth & Co., Hernsheim & Co., Mouton, Neuguinea-Gesellschaft treiben daneben auch einen ausgebreiteten Handel mit den Eingeborenen im ganzen Archipel, bis zu den Admiralitätsinseln und den östlich von Neumecklenburg liegenden Eilanden. Ueberall dort sind weiße Händler ansässig, die teils selbst Plantagen besitzen, teils von den Eingeborenen ihres Bezirks die Naturerzeugnisse, vornehmlich Kopra, Perlmutterschalen und Seewalzen (ein bei den Chinesen als kräftebelebendes Mittel sehr beliebtes Seetier) eintauschen. Die Tauschwaren, hauptsächlich Tabak, Stoffe, Glasperlen, Eisenwerkzeuge, werden ihnen von dem Haupthause zu bestimmten Preisen geliefert.

Ungeachtet dieses ausgebreiteten Handels ist auch bei den genannten Firmen Kopra, das Erzeugnis der Kokosnußplantagen, die wichtigste Einnahmequelle. Die größten Plantagen dürften wohl die Firma Forsayth & Co. und die Neuguinea-Gesellschaft besitzen. Beide Firmen haben mehrere Quadratkilometer Land mit Kokospalmen bepflanzt. Der Besitz der Firma Forsayth (sie ist amerikanischen Ursprungs, heute aber eine deutsche zu nennen, denn einer ihrer Teilhaber, Herr P. Kolbe, ist Deutscher) umfaßt im ganzen dreißig Quadratkilometer, ein kleines Fürstentum für sich, aber die Plantagen der Neuguinea-Gesellschaft dürften den vorgenannten, wenn überhaupt, so doch nicht viel im Werte nachstehen. Glücklicherweise befindet sich die Leitung der Neuguinea-Gesellschaft hier in ausgezeichneten Händen. Der Administrator, Herr Geisler, ein geborener Sachse, hat sich seiner schwierigen Aufgabe schon seit Jahren mit vieler Sachkenntnis, unendlichem Fleiß und großer Ausdauer hingegeben, und wenn irgendwo in den ausgedehnten Ländereien der Gesellschaft, so werden sich zunächst hier entsprechende Einnahmen für das von der Gesellschaft in der Südsee verwendete Millionenkapital zeigen. Als souveräne Lenkerin der Geschicke der Südseeländer hat sich die Gesellschaft nicht bewährt, aber für dieses Fiasko wird sie in dem Ertrage ihrer gewaltigen Plantagen Tröstung finden können. Es war mir eine Freude, unter fachmännischer Leitung diese Plantagen zu besuchen und die einzelnen Tropenkulturen, die mir schon von Ost- und Westindien bekannt waren, auch hier kennen zu lernen. Vortreffliche Fahrwege durchziehen das ganze, viele Quadratkilometer große Gebiet, das von der Küste ausgehend bis weit ins Inland reicht. Nicht weniger als tausend Hektar sind hier mit Kokospalmen bepflanzt, die der Reife entgegengehen und zum Teil bereits Früchte zeitigen. Rechnet man den durchschnittlichen Ertrag eines Hektars auf hundertfünfzig Mark, so würden binnen wenigen Jahren die Einnahmen der Gesellschaft aus der Kokospflanzung von Herbertshöhe allein sich auf hundertfünfzigtausend Mark belaufen. Selten habe ich schönere und besser gepflegte Palmenpflanzungen gesehen. Die Bäume stehen in regelmäßigen Abständen voneinander, das Unkraut ist überall ausgejätet, und auf dem frischen, saftigen Gras im Schatten der Bäume weiden Pferde und das ganz vortrefflich aussehende Hornvieh. Nach langen Versuchen ist es geglückt, eine Mischung von australischem und hinterindischem Vieh zu erzielen, die hier gut fortkommt. Augenblicklich beträgt der Bestand etwa hundertfünfzig Köpfe, darunter auch bengalische, javanische und siamesische Rinder, und es würde sich gewiß lohnen, hier eine Viehzucht in größerem Stile anzulegen. Um den Markt braucht man nicht bange zu sein. Zwischen den verschiedenen Palmenpflanzungen sind große Flächen Landes, nahezu dreihundertfünfzig Hektar, mit Baumwolle bepflanzt. Leider hat diesmal eine in Zwischenräumen von mehreren Jahren in ungeheuren Mengen wiederkehrende Raupenart in diesen schönen und wohlgepflegten Pflanzungen den größten Schaden angerichtet; dazu haben infolge anhaltenden Regens die Stauden zu sehr in die Blätter getrieben, doch war wenigstens eine einigermaßen gute Herbsternte zu erwarten. Die Baumwolle aus dem Schutzgebiet hat sich auf den europäischen Märkten einen so guten Namen erworben, daß es zu bedauern wäre, wenn die Leitung der Neuguinea= Gesellschaft in Berlin der einen Mißernte halber die ganze Baumwollkultur wegbekretieren würde, wie es in Neuguinea bereits wiederholt vorgekommen sein soll. Neben der Baumwollstaude kommt im Schutzgebiet auch der hinterindische Baumwollbaum, Kapok, vortrefflich fort, und seine Baumwolle findet als Kissenfüllung immer mehr Verwendung. Herr Geißler hat deshalb vor einigen Jahren fünfundfünfzig Hektar mit Kapok bepflanzt. Der Baum ist bekannt wegen seines unglaublich raschen Wachstums. Ich war aber dennoch überrascht, als ich diese Wälder mit den riesigen Bäumen erblickte, die schon aus der Ferne an ihrer eigentümlichen hellen Laubfarbe und ihren langen, geraden, immer wagrecht vom Stamm abstehenden Aesten erkennbar sind.

Als wir auf vortrefflichen, gut unterhaltenen Fahrwegen diese Palmen= und Kapok= wälder durchfahren hatten und auf dem Hochplateau angekommen waren, das sich ohne nennenswerte Unterbrechung bis zum Varzinberg hinzieht, fand ich mehrere Hektar mit Kakao und Pfeffer, dann zwölf Hektar mit schönen Kaffeebäumen der Liberiagattung bepflanzt. Der Kaffee scheint ebenfalls vorzüglich zu gedeihen; zwischen dem groß= blätterigen, glänzend dunkelgrünen Laub glühten an den Stengeln die roten Kaffee= kirschen in großen Mengen, und die Kaffeeproben, die ich in einem gastlichen Hause zu genießen Gelegenheit hatte, mundeten besser als mancher Kaffee in der Heimat. Auch hier war das in diesen Tropenländern mit besonderer Ueppigkeit wuchernde Unkraut sorgfältig gejätet, und Hunderte von Arbeitern sind täglich damit beschäftigt. Hier und dort an den Grenzen der Plantagen hat man einige Urwaldbäume von schier unglaub= lichen Maßen stehen lassen, und während sie einerseits die Schönheit des tropischen Landschaftsbildes heben, zeigen sie, welch gewaltige Arbeit es gekostet haben muß, ein kleines Fürstentum von derartigen Baumriesen und dem dazwischen wuchernden Dschungel zu befreien. Jenseits der Kakaoplantagen steht auf einigen Hektar der Urwald noch in seiner ganzen Ursprünglichkeit. Baumriesen von mehreren Metern Stammumfang erheben sich hier auf vierzig bis fünfzig Meter Höhe, fast erdrückt von üppig emporstrotzenden Schmarotzer= und Schlingpflanzen, die von Ast zu Ast sich schlingend, die einzelnen Bäume miteinander verketten. In den dichten Kronen schrieen zahlreiche Kakadus, und über die mit großer Mühe durch den Wald geschlagene Fahrstraße flogen zeitweilig die häßlichen, einer riesigen Fledermaus ähnelnden fliegenden Hunde.

Plantagenarbeiterinnen von Herbertshöhe.

Als wir den Wald durchfahren hatten, sahen wir in der mit hohem Gras bestandenen
Ebene zahlreiche Arbeiter mit der Vorbereitung des Landes für Reiskultur beschäftigt.
Hier, wie auch in den Baumwoll= und Kakaopflanzungen, arbeiten sie gruppenweise bei
einander, und jedesmal, wenn wir bei einer derartigen Gruppe von Männern oder
Mädchen vorbeikamen, ließen sie unisono einen schrillen vibrierenden Ruf nach Art der
amerikanischen Rothäute ertönen, der weithin durch die Landschaft hörbar war. Sie
behaupten, es geschehe zur Begrüßung der weißen „Masters"; ich glaube aber, sie wollen
damit die benachbarten Arbeiterbrigaden von dem Kommen der Masters benachrichtigen.
In der That arbeitete jeder der schwarzen nur mit einem Lendentuch bekleidete Kanaken
auf das emsigste. Ob sie, als wir wieder außer Sicht waren, ihre Werkzeuge nicht
fort und sich selbst ins Gras warfen, ist eine andere Frage. Unter den Mädchen, die
in Gruppen zu zwanzig bis dreißig hauptsächlich beim Jäten des Unkrauts beschäftigt
waren, fand ich zum ersten Male einige ganz hübsche Gestalten. Das schwache Geschlecht
zeichnet sich hier im Archipel nicht durch besondere Körperschönheit aus; in den Dörfern
und auf den Märkten hatte ich bisher selbst unter den jungen Frauen nur verwelkte,
unschöne Gesichter wahrgenommen, die große Mehrzahl war sogar von abstoßender
Häßlichkeit, die sie mit der größten Ungeniertheit zur Schau trugen.

Das ganze Plantagenleben erinnerte mich lebhaft an ähnliche Bilder, die ich vor
Jahren in Kuba, Portorico und vor allem im südlichen Louisiana gesehen habe; nur
sind dort an Stelle der ruhigen Kanaken die muntern, stets zu Gesang und tollen

Scherzen aufgelegten Neger als Arbeiter
thätig, deren Vorfahren wegen Mangels
an eingeborenen Arbeitern aus Afrika
eingeführt worden sind. In ähnlicher
Weise haben spanische Menschenräuber
die Kanaken der Südsee und des Bis=
marckarchipels hordenweise nach den Berg=
werken von Peru und Ecuador entführt;
ihnen folgten englische und amerikanische
Raubschiffe bis in die achtziger Jahre,
um den Minen von Australien und den
Plantagen von Hawai Arbeiter zuzu=
führen, so daß bis in das letzte Jahr=
zehnt hinein auch hier in Neupommern
Arbeitermangel herrschte und man ernstlich
an die Masseneinführung von Chinesen
dachte. Gestützt auf meine Erfahrungen
in anderen Kolonien würde ich eine solche
Chineseneinwanderung unter gewissen Be=
schränkungen ebenfalls warm empfehlen,
doch scheint es mir, als ob die schwierige
Arbeiterfrage schon binnen einem Jahr=
zehnt ganz von selbst die befriedigendste
Lösung finden wird. Vor dem Ein=
treffen der Missionspriester fanden unter

Plantagenarbeiterin von den Salomonsinseln in
Herbertshöhe.

den Eingeborenen heftige Fehden statt; Nachbardörfer bekriegten einander, ihre Einwohner
jagten einander wie Wild, um die Gefallenen aufzufressen, und es herrschte der schreckliche
Gebrauch, die Kinder männlichen Geschlechtes zu töten. Durch den segensreichen Einfluß
der Missionen bessern sich diese greulichen Zustände von Jahr zu Jahr; in ihren Bezirken,
die sich immer vergrößern, herrschen bereits friedliche Beziehungen unter den Nachbardörfern.
Die Kanaken haben den Wert der Arbeit kennen gelernt und bebauen das Land in der
Umgebung ihrer Wohnungen; endlich hat das Morden der Kinder erheblich nachgelassen,
die Kanaken vermehren sich. Jede der Hunderte und Tausende von Frauen, die ich auf
meinen Wanderungen auf der Gazellenhalbinsel antraf, hatte mehrere Sprößlinge, und sind
diese herangewachsen, so wird es kaum mehr nötig sein, den Bedarf an Arbeitern
von auswärts zu holen. Vorderhand ist es in Neupommern noch recht schwierig,
Arbeiter anzuwerben; unter den etwa achthundert Arbeitern, welche die Neuguinea=
Gesellschaft auf ihren Plantagen beschäftigt, stammen nur achtundzwanzig von dieser
Insel. Der große Rest wurde in Neumecklenburg, Neuhannover und auf den Salomons=
inseln angeworben. Dazu kommen noch einige Chinesen und Malaien für besondere
Arbeiten.

Die meisten Arbeiter werden für einen Zeitraum von drei Jahren angeworben und erhalten monatlich Waren, zunächst Tabak, Lendenschurze, Koffer, billige Schmuck=gegenstände u. dergl. im Wert von fünf bis acht Mark, doch giebt es schon einzelne unter ihnen, welche den Wert des Bargeldes kennen gelernt haben und sich in blinkenden Markstücken bezahlen lassen. Dazu erhalten sie freie Wohnung und Nahrung, zunächst Taro, Yam, Mais und Reis, die auf den eigenen Ländereien der Gesellschaft gezogen werden. Die Plantagen sind in große Bezirke eingeteilt, deren jeder von einem Weißen geleitet wird. Im ganzen beschäftigt die Gesellschaft hier zwanzig Weiße, durchweg Deutsche. Die Arbeiterhäuser sind lange Bambushütten mit einem mittleren Durchgang und Bambuspritschen an den Längswänden, auf welchen die Arbeiter ihre wenigen Habseligkeiten sowie Matten zum Schlafen aufbewahren. An den Enden sind aus Matten Verschläge hergestellt, in denen die Ehepaare wohnen.

Bei Tagesanbruch beginnt die Arbeit draußen in den Plantagen, und bei Sonnen=untergang kehren die Brigaden nach ihren Wohnungen zurück, um den Abend auf den weiten Rasenflächen rings um die Baracken herumzulungern, ihre kurzen Thonpfeifchen zu rauchen oder zu tanzen. Der Tanz ist ihr Hauptvergnügen. Sonntags oder wann immer sie Fleisch= oder Fischspeisen zum Kaikai (Mahlzeit) erhalten, ist großer Tanz. Dann schmücken sie ihr kurzes Kraushaar mit bunten Federn (sogar meinem armen Kakadu haben sie zu diesem Zweck den schönen gelben Schopf ausgerupft), Hals und Arme mit Blumen= und Grasbündeln, und die Hopserei geht los. Aus trockenen Palmenwedeln werden Fackeln gebunden, deren flackerndes rauchiges Licht das seltsame Bild beleuchtet. In der Mitte des Platzes schlagen ein paar Kanaken mit ihren Fäusten oder mit Bast umwundenen Schlägern in eigentümlichem Rhythmus auf große Holz=trommeln; die grotesk geschmückten Weiber fassen einander bei den Händen oder um den Leib, und in Reihen zu vier oder sechs bewegen sie sich in anmutigem langsamen Tanzschritt um die Trommel, indem sie dazu mit ihren hellen klangvollen Stimmen Lieder singen. Zeitweilig fährt die Vortänzerin mit einem grellen Zischlaut dazwischen.

Haben die Frauen ihren Tanz beendigt, dann treten die Männer in Reihen auf, fassen einander bei den Händen und führen ähnliche Tanzfiguren unter Gesang und Jauchzen auf. Fast allnächtlich hörte ich von meiner hochgelegenen Wohnung den dumpfen Trommelschlag und den eigentümlichen Dingbing der Arbeiter auf den ver=schiedenen Plantagen.

Wie bei der Neuguinea=Gesellschaft, so geht es auch auf den anderen Pflanzungen von Herbertshöhe zu, und wenn man diese lauschigen einsamen Palmenwälder durch=wandert oder die Arbeiterwohnungen besucht, mit ihren dunkelhäutigen Schönen und kraftvoll gebauten Männern, die den Besucher mit dem gebräuchlichen Hei Hei begrüßen, dann würde man es wohl kaum für glaubhaft halten, daß vielleicht jeder dieser Leute schon Menschenfleisch gegessen hat und es für sein Leben gern wieder thäte, wenn die Richter und die Missionen nicht da wären, die Missionen, die auch hier trotz der Kürze ihres Bestehens schon unendlich viel beigetragen haben, um den Kanaken die wahren Segnungen der christlichen Kultur zu erweisen.

Am erften Sonntagmorgen weckte mich ferner Glockenklang aus meinem Schlafe, und bald war ich auf dem Wege nach der Miffion von Bunapope, wo die geiftlichen Herren der Hiltruper Miffion vom heiligen Herzen Jefu ihres Amtes walten. Aus der Ferne wiefen mir die über die Palmenkronen der Pflanzungen hoch aufragenden Türme der Kirche den Weg. Bunapope ift nämlich der Hauptfitz der Miffionen für den Bismarck= archipel, mit dem hochwürdigen Bifchof Couppé als Leiter, der zu meinem Bedauern gerade in Europa weilte. Nach viertelftündigem Marfch erreichte ich eine große, mit wohlgepflegten Blumenbeeten gefchmückte Lichtung, die ringsum mit den Häufern der Miffion, wohl zwanzig an der Zahl, umgeben ift. Es find einfache Holzbauten mit Veranden und Wellblechdächern, nach Art der Pflanzerhäufer etwa anderthalb Meter über dem Erdboden erhoben.

Auf einem weiten Rafenplatze nahe dem fteilabfallenden Meeresftrande erhebt fich die Kirche, gewiß das größte und ftattlichfte Gebäude im ganzen Schutzgebiete der Süd= fee. Erft vor kurzem fertiggeftellt, zeigt der fchöne Bau die Steinquadern noch in neuer Befchaffenheit, und ich war nur überrafcht, wahrzunehmen, daß Mfgr. Couppé, der eigentliche Schöpfer diefes Werkes, es gewagt hat, in Anbetracht der häufigen, mit= unter fehr heftigen Erdbeben ein fo geräumiges Gotteshaus, und vor allem fo hohe Türme aus Stein aufführen zu laffen. Als ich aber vor der Kirche ftand und die Einzelheiten näher in Augenfchein nahm, bemerkte ich, daß die Quadern nur mit Pinfel und Farbe hergeftellt find, die Kirche aber ebenfalls aus dem allgemein üblichen Material, Holz und Wellblech, erbaut ift. Sonft läge fie heute, nach dem letzten großen Erdbeben, das alle Häufer heftig durchrüttelte und uns alle erfchreckt das Freie fuchen ließ, wohl in Trümmern.

Erhebende Orgelklänge und hundertftimmiger Gefang ertönten aus dem Innern. Ift fchon der Anblick diefes Gotteshaufes hier in der fernen Südfee, in der Heimat der Kannibalen, für den fremden Befucher ungemein anheimelnd, fo waren diefe lange entbehrten feierlichen Klänge von tiefer Wirkung. Ich fand die Kirche dicht gefüllt mit Andächtigen, der großen Mehrzahl nach die Knaben und Mädchen aus den Miffions= fchulen. Mit gefalteten Händen lagen fie auf den Knieen und fangen diefelben Gefänge, die wir alle in unferer Kindheit felbft gefungen haben, nur war der Text von den Miffionaren in die Kanakenfprache übertragen worden, damit die des Deutfchen noch unkundigen Kleinen den Sinn der Worte verftänden. Die Kinder trugen reinliche Kleidchen und hatten fich gewiß forgfältig gewafchen; das konnte jeder Kirchenbefucher fofort an der Atmofphäre verfpüren, die fonft bei fo großen Anfammlungen von Kanaken keineswegs angenehm genannt werden kann.

Nach dem Gottesdienfte ftattete ich dem Provikar der Miffion, P. Goutheraud, meinen Befuch ab, der mich in den einfachen Räumen der Refidenz auf das liebenswürdigfte empfing und mich auch den beiden anderen Prieftern der Miffion, P. Dicks und P. Meier, vorftellte. Ihnen verdanke ich fehr erfreuliche Nachrichten über die Fortfchritte der Herz=Jefumiffion, die in ihren drei Vikariaten der Südfee, Neuguinea, Neupommern und den Gilbertinfeln, fünfundreißig Miffionare und dreiundfünfzig Brüder zählt mit einem Erzbischofe (Mgr. Navarre) und zwei Bischöfen. Das unter der Leitung des Bischofes Couppé stehende Apostolische Bikariat von Neupommern besitzt elf Stationen, auch ist demselben die Mission auf den Marshallinseln untergeordnet. Die Schwierig= keiten, mit denen die ersten Priester der Mission auf den Salomonsinseln und in Neu= guinea zu kämpfen hatten, ihre Leiden unter den Händen der Wilden und die Krank= heiten, denen so viele von ihnen zum Opfer fielen, sind wohl bekannt. Nach dem Bismarckarchipel kamen die Missionare zuerst gelegentlich der traurigen Expedition des französischen Marquis de Ray im Jahre 1879. Als diese Schwindelexpedition zusammen= brach, erbaten sich die Priester in Rom die Erlaubnis, unter den Wilden im Bismarck= archipel Missionen errichten zu dürfen; die Angelegenheit wurde jedoch erst nach einigen Jahren geregelt, so daß die Anfänge der Mission nicht viel weiter als 1885 zurück= reichen. Heute zählt die Mission bereits 7000 Christen. Wenn man die schwierigen Anfänge in diesem entlegenen, von allem Verkehr abgeschnittenen Lande und die geringe Zahl der Missionare in den ersten Jahren in Betracht zieht, so ist das ein geradezu überraschender Erfolg. In den ersten Zeiten hatten sie nicht nur unter der Feindselig= keit der hier bereits ansässigen englischen Wesleyaner und der von ihnen aufgestachelten Eingeborenen zu leiden, sie hatten auch das vollständig unwegsame Land zu bereisen, um geeignete Plätze für ihre Thätigkeit zu wählen; sie hatten mit ihren eigenen Händen Wohnstätten, Kirchen, Schulen zu bauen, Pflanzungen für ihren Lebensunterhalt anzu= legen, die Sprache der Eingeborenen zu lernen und sich allmählich die Zuneigung und Achtung der letzteren zu erringen.

In welch hohem Maße dies ihnen gelungen ist, zeigt der Erfolg, und diese Achtung wird ihnen nicht nur von den Eingeborenen, sondern auch von allen Weißen, ohne Ausnahme, entgegengebracht. Sie empfangen die Besuche des Gouverneurs und der Regierungsbeamten wie jene der Offiziere von den Kriegsschiffen, und ihr selbstloses, segensreiches Wirken zum Besten der Kolonie wird allseitig anerkannt. Die geringen ihnen zur Verfügung stehenden Mittel haben ihre Thätigkeit bisher auf die Gazellen= halbinsel und die ihr vorliegenden Inseln beschränkt, und es liegt auch in den Absichten des Bischofs, zunächst noch weitere Erfolge auf dem bisherigen Gebiete abzuwarten. Dann aber soll die Missionsthätigkeit auch auf Neumecklenburg und Neuhannover ausgedehnt werden. Ursprünglich war die Mission eine rein französische; seit der Bismarck= archipel jedoch deutsch geworden ist, wird die große Mehrzahl der Stationen von deutschen Missionaren verwaltet, wie denn auch die Erzbruderschaft vom heiligen Herzen bereits seit Jahren das bekannte große Missionshaus Hiltrup (Westfalen), dann ein zweites in Freilassing (Bayern) und ein drittes in Salzburg besitzt, in welchem deutsche Priester für ihren ernsten Beruf in der Südsee vorbereitet werden.

Der Einladung des Herrn Provikars Folge leistend, begab ich mich am folgenden Morgen abermals nach der Mission, um auch die Schulen derselben kennen zu lernen. Unmittelbar hinter dem Priesterhause erhebt sich das einfache Schulhaus für die schwarzen Knaben. Es ist freilich nur ein einfaches Holzgebäude, mit dem man bei uns kaum auskommen könnte; aber die Mission mußte sich nach der leider recht kurzen Decke strecken. Wie die schöne Kirche und jedes andere Haus der Mission, so wurde auch dieses von den einfachen Brüdern, fast durchweg Deutsche, erbaut, die durch unermüd= lichen Fleiß und große Aufopferung das ersetzten, was der Mission an Mitteln gebrach. Die Kinder, hundert Knaben und ebensoviele Mädchen, werden nämlich auch auf Kosten der Mission ernährt und gekleidet. Nur dadurch, daß es dem umsichtigen und thätigen Bischofe gelang, einige Grundstücke zu erwerben, teilweise auch von Weißen zum Geschenke zu bekommen, ist es heute möglich, sich mit dem Ertrag der mühsam geschaffenen Pflanzungen wenigstens über dem Wasser zu erhalten. Auf wie lange, ist die Frage, wenn nicht rechtzeitig von auswärts Hilfe kommt. Die kleinen Schwarzen erhoben sich bei unserem Eintritt von den Sitzen und benahmen sich während unseres Aufenthaltes in der Schule gerade so sittsam und ruhig, wie unsere Kinder es thun (oder thun sollten). Die Schreibhefte zeigten sehr hübsche Schriften, und daß die schwarzen Kanaken mit der schwarzen Tinte schon umzugehen verstehen, bewies die geringe Zahl von Tintenklecksen. Mit dem Rechnen geht es bei den Schülern nicht so recht vorwärts, dafür singen sie deutsche Lieder, daß es eine Freude ist. Sobald die Ausbildung der Jungen hinreichend vorgeschritten ist, sollen sie in einer eigenen Handwerkerschule in verschiedenen Handwerken ausgebildet werden, und damit begegnet die Mission den allgemeinen Wünschen der weißen Bevölkerung, vom Gouverneur abwärts. Es ist keine kleine Aufgabe, den schwarzen Kindern der wilden Eingeborenen, reinen Struwwel= petern, ihre rohen Sitten und Unarten abzugewöhnen und sie zu Reinlichkeit, Anstand und zur Arbeit heranzuziehen. Daß es aber mit Geduld und Fleiß doch gelingt, beweisen uns ihr Aussehen und ihre Fortschritte.

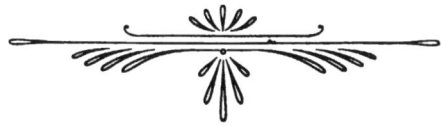

Alter Sandwichinsulaner.

Eine Expedition durch den Archipel. Die Sandwichinsel.

Herbertshöhe ist, wie bereits bemerkt, bisher der Endpunkt des deutschen Postdampfer=
verkehrs gewesen. Der Lloyddampfer Stettin läuft auf seinen zweimonatlichen
Rundreisen wohl auch das nahe Matupi, zuweilen noch die Insel Mioko der Neu=
lauenburggruppe an, aber das ganze große Schutzgebiet, welches nördlich und östlich
von Herbertshöhe liegt und zusammen die Größe von Württemberg und Baden erreichen
dürfte, hat keinerlei Post=, Telegraphen= oder Passagierverbindung mit der Außenwelt.
Weder Neumecklenburg, noch Neuhannover, noch die große Salomoninsel Bougainville
haben ein Postamt, obschon auf ihnen, sowie auf den kleineren Inselgruppen in ihrer
Nähe' vielleicht zweihundert Weiße wohnen dürften. Ja, bisher ist auf den genannten

großen Inseln keinerlei Regierungsvertretung gewesen, und galt es, Unruhen zwischen den Eingeborenen zu schlichten, Ueberfälle auf Stationen, Mordthaten zu bestrafen, dann mußte ein Beamter der Regierung von Herbertshöhe auf einem Kriegsschiffe nach der betreffenden Insel fahren, wenn gerade ein Kriegsschiff vorhanden war. Wenn! Aber wie selten ist dies der Fall, und mitunter muß mit der Erledigung solcher Angelegen= heiten monatelang gewartet werden. Es verkehren wohl zwischen Herbertshöhe und den Hauptstationen auf Neumecklenburg ꝛc. zeitweilig kleine Segelschoner der Handels= firmen, doch sind sie keineswegs eingerichtet, um die Beamten oder gar den Gouverneur des Archipels mit seiner Polizeimacht auf solche Strecken zu befördern. Andere Gelegen= heiten zum Besuch dieser großen, hochinteressanten Inseln sind im Archipel nicht vor= handen; nicht einmal die kleinste Segeljacht kann dafür gemietet werden, und diese mangelnden Verkehrsgelegenheiten sind die Hauptursache, warum Neumecklenburg, Neu= hannover und Bougainville bisher so unbekannt geblieben sind.

Ich hatte schon die Hoffnung aufgegeben, von Herbertshöhe nach Australien, Samoa oder sonst irgendwohin zu gelangen, und bereitete mich zur Rückreise nach Batavia auf dem Lloyddampfer Stettin vor, um von dort einen Dampfer zur Fahrt nach Australien zu benutzen, als ich in Erfahrung brachte, daß S. M. S. Seeadler, der eben von den Karolinen zurückgekehrt war, den Befehl erhalten hatte, baldthunlichst nach Samoa zu fahren. Vorher mußten jedoch verschiedene Häfen in Neumecklenburg und anderen Inseln angelaufen werden, um dem Gouverneur Gelegenheit zu geben, einige Strafexpeditionen auszuführen und administrative Angelegenheiten zu erledigen.

Die armen, wackern Seeratten! Eben war das Schiff von einer dreimonatlichen Rundreise durch die Karolinen eingetroffen, um die stark erschöpften Vorräte an Proviant, Wasser und Kohlen zu ergänzen und endlich einmal wieder langentbehrte Nach= richten von der Außenwelt zu erhalten, als es auch schon weiter mußte. Und dazwischen sollten auch noch Schießübungen abgehalten werden. In derselben Nacht noch wurden wir aus unseren Betten herausgedonnert, und als wir Passagiere der Stettin an Deck eilten, um zu sehen, was es gäbe, da sahen wir den Seeadler draußen vor der Nordspitze der Gazellenhalbinsel mit Hilfe des Scheinwerfers auf Scheiben schießen. Und da giebt es im Deutschen Reiche noch Leute, welche die Expeditionen der Kriegsschiffe für Spazierfahrten halten!

Am nächsten Morgen lag das Schiff wieder auf der Reede von Herbertshöhe vor Anker. Rasch entschlossen ließ ich mich nach dem Seeadler rudern, um dem Komman= danten, Kapitän Schack, mein Anliegen vorzutragen, und fünf Minuten später hatte ich von diesem auf allen Meeren erprobten Seemann und liebenswürdigen Kavalier die Erlaubnis, in Anbetracht der elenden Verkehrsverhältnisse die Fahrt mitmachen zu dürfen.

Langes Zögern giebt es auf den Kriegsschiffen nicht. Wenige Stunden, nachdem der Befehl zu der langen Seereise eingetroffen war, befand sich der Seeadler bereits in Matupi, der großen Handelsstation der Firma Hernsheim, um dort Proviant, Wasser und Kohlen einzunehmen, und zwei Tage später dampften wir aus Herbertshöhe.

Zunächst mußte eine kleine Handelsstation der Neuguinea=Gesellschaft an der Ost=küste von Neupommern, namens Warangoi, angelaufen werden. Dort waren in den letzten Wochen von den eingeborenen Menschenfressern verschiedene Greuelthaten verübt worden, und noch kurz vor der Abfahrt des Seeadler hatte der Verwalter der Neu=guinea=Gesellschaft gemeldet, daß einer seiner schwarzen Angestellten augenscheinlich zu demselben grauenhaften Zweck im Walde von den Kannibalen angefallen und durch einen Speerwurf schwer verwundet worden war. Es gelang ihm indessen, sich in die erwähnte Station zu flüchten, wo er unter dem Schutz des weißen Händlers vor den Kannibalen geborgen war. Der energische Gouverneur ließ sofort seine ganze verfüg=bare Polizeimannschaft nach der Handelsstation abgehen, begleitet von dem Verwalter der Neuguinea=Gesellschaft in Herbertshöhe, Herrn Geisler, und die Fahrt des See=adler bot die Gelegenheit, diese Mannschaften, durchwegs stramme kohlschwarze Kanaken, direkt an den Ort dieser Schandthaten zu bringen, wo sie in mehreren Booten aus=geschifft wurden. Das Ergebnis dieser Expedition konnten wir erst nach unserer Rück=kehr nach Herbertshöhe erfahren, da, wie bereits erwähnt, eine Postverbindung mit unserem nächsten Reiseziele nicht besteht. Die Polizeitruppe hat ihre Aufgabe thatsäch=lich in befriedigender Weise gelöst. Sie ist durchweg aus kräftigen jungen Leuten zusammengesetzt, die von den verschiedensten Inseln stammen und durch einen deutschen Wachtmeister einexerziert werden.

Mit erstaunlicher Raschheit lernen sie exerzieren und die Waffen handhaben, und kommt es zu den kleinen aber häufigen Kriegszügen gegen ihre Landsleute, dann gehen sie wie die Teufel darauf los und schießen ganz vortrefflich. Ja, sie sind hier, wo dichter, fast undurchdringlicher Urwald das ganze heiße Tropenland bedeckt, die einzig möglichen Soldaten. Wenn sie nur immer in der erforderlichen Anzahl zu haben wären! Aber das Rekrutieren ist mit nicht geringen Schwierigkeiten verbunden. Die jungen Leute möchten wohl recht gern, ich hätte beinahe gesagt den kaiserlichen Rock tragen, aber die älteren Dorfbewohner lassen sie nicht fort, und so kommt es, daß die Polizeitruppe noch niemals die etatsmäßige Zahl von hundert erreicht hat. Hundert Mann für ein Gebiet so groß wie Süddeutschland! Sie wohnen in Herbertshöhe in einer Kaserne mit ihren Frauen beisammen, erhalten ihre tägliche Nahrung und dazu Waren im Werte von fünf bis zehn Mark monatlich. Bargeld steht ihnen wohl zur Verfügung, aber sie ziehen es vor, sich in den Regierungswarenhäusern Tauschwaren zu dem betreffenden Betrage auszuwählen, da das gemünzte Geld unter den Ein=geborenen noch nicht gangbar ist.

Es war hauptsächlich zum Zweck der Rekrutenanwerbung, daß der Gouverneur des Schutzgebietes, der sich mit an Bord des Seeadler befand, den Kommandanten ersuchte, die etwa achtzig Quadratkilometer große Sandwichinsel anzulaufen, welche südwestlich von der Nordspitze Neumecklenburgs liegt. Am Morgen des 5. Mai trafen wir vor den Korallenküsten der dichtbewaldeten, hügeligen Insel ein, die bisher von Weißen, wenn überhaupt, so doch nur äußerst selten besucht und nie beschrieben worden ist. Nirgends zeigte sich eine Landungsstelle oder irgend eine Ansiedelung der Eingeborenen,

Fischförbe, Rüfte ber Gazellenhalbinfel.

deren Häuſer gewöhnlich im
Waldesdickicht nahe der Küſte
verſteckt zu liegen pflegen.
Endlich konnten wir mit dem
Fernglaſe einige nackte Kanaken
wahrnehmen, die der Küſte
entlang gegen Oſten liefen.
An einer geſchützten Stelle
ſahen wir einige Kanoes von
der hier gebräuchlichen Form
liegen, aus einem Baumſtamme
geſchnitzt, mit einem Ausleger
zur Seite. Es mußte hier
alſo eine Unterbrechung in
der ſteil ins Meer fallenden
Korallenkette ſein, wie ſie nicht
nur dieſe Inſel, ſondern auch
die große Mehrzahl der an=
deren Inſeln des Archipels
umgiebt. Die Boote wurden
herabgelaſſen, und begleitet von
einigen Mann der ſchwarzen
Schutztruppe fuhren wir ans
Land. Hier hatten ſich all=
mählich etwa dreißig Kanaken
zuſammengefunden, die flink
ins Waſſer ſprangen, um
unſere Boote auf den Strand

Junge Frau von der Sandwichinsel.

ziehen zu helfen, und hinter den
Bäumen halb verborgen konnten wir auch einige Weiber wahrnehmen, die ſchüchtern mit
großen Augen die nie zuvor geſehenen, ſeltſamen weißen Menſchen beobachteten. Aber ebenſo=
ſehr wie wir ihre Verwunderung erregen mochten, ebenſoſehr war auch unſere Auf=
merkſamkeit auf ſie gerichtet, denn dieſe Inſulaner zeigten ſich von geradezu rührender
Naivetät. Nahezu ſchwarz und von wohlgeſtalteten kräftigen Körperformen, trugen die
meiſten von ihnen nichts anderes am Leibe als ihre Haut. Das kurze Kraushaar
ebenſo wie die Bärte waren durch Kalk entfärbt und von ſchmutziggelber Farbe, einzelne
hatten ihr Haar noch mit dickem weißen Kalk verſchmiert. Die Männer trugen
faſt durchweg eine kleine lange Taſche aus einem Stück trockenem Bananenblatt in
der Hand, in welcher ſie ihre ganze Habe, d. h. eine Pfeife und ihren Vorrat an
Tabak und Betelnüſſen, wohl auch ein kurzes Meſſer aufbewahren. Manche hatten
einen ſchmutzigen Lappen um den Bauch geſchlungen und um den Hals ein Band von Baſt

Sandwichinsulanerin mit einem Schweinchen
im Arm.

ober Glasperlen, an welchem das im Archipel gebräuchlichste Ornament der Männer baumelte: eine Scheibe von etwa drei Finger Durchmesser, aus einer Muschelschale geschliffen und in der Mitte mit einer in regelmäßige Figuren geschnittenen Schildpattkokarde geziert. Der Umstand, daß sie keine Speere (die hier einzig gebräuchlichen Waffen) trugen, sowie die Nähe der Weiber sagten uns, daß die Leute keine bösen Absichten auf unser Leben und, ich kann wohl beifügen, unser Fleisch hegten. Gewöhnlich pflegen sie in solchen Fällen ihre Weiber in den Urwald, oder, wie es hier heißt, in den „Busch" zu schicken.

Das Haar war bei allen diesen Weibern kurz geschnitten und mit Mennig rot gefärbt oder mit Kalk verschmiert. Unter der ganzen Damengesellschaft waren mehrere, die als Kinder auch nach unseren Begriffen recht hübsch gewesen sein mochten, aber nirgends in der Welt habe ich ein Völkchen gesehen, wo Frauenschönheit so rasch verblüht. Manche trugen auf dem Kopfe aus Matten geflochtene Hauben, ähnlich wie Dragonerhelme, und ohne diese nicht unschöne Kopfbedeckung sollen sie sich, wie man mir erzählte, vor ihren Verwandten oder Gatten nicht sehen lassen dürfen. Ihr Schamgefühl ist also auf die Bedeckung des Kopfes und nicht des Körpers gerichtet. Manche der traurigen verwelkten Weiber trugen kleine Schweinchen in den Armen, die ganz so zutraulich an der Brust lagen, als fühlten sie sich wie die leiblichen Kinder der betreffenden Sandwichdamen, ja, sie werden mitunter von diesen Adoptivmüttern an dem verwelkten Born der Natur gesäugt.

Die Toilette der Weiber bestand aus einer um den Leib gebundenen Schnur, an welcher ein kurzer Stofflappen herabhing, und aus einem Strumpfband, das um das strumpflose linke Bein gebunden war: honny soit qui mal y pense.

Die Hütten der Sandwichinsulaner sind aus Bambusstäben erbaut und wie auch sonst im allgemeinen üblich mit Attapblättern eingedeckt. Während in den Gegenden weiter südlich die Thüre bis zum Erdboden geöffnet ist, liegen hier einige Balken quer darüber bis auf Kniehöhe, so daß die Thüröffnung eigentlich ein Fenster ist, durch welches die Leute in das dunkle Innere steigen. Um die Nässe möglichst abzuhalten, wählen sie sich für ihre kleinen Dörfer Erhöhungen und sandigen Boden. Das Feuer wird im Innern der Hütte nahe der Thüre angezündet, und der Rauch schwärzt nicht nur die Decke, er überzieht auch die dort aufbewahrten Harpunen, Ruder und Speerbündel mit einer dicken Rußkruste und schützt sie so vor Fäulnis. Die einzigen Einrichtungsstücke sind ein paar geflochtene Matten, ihre Gefäße sind Kokosnußschalen, ihre Gerätschaften und Werkzeuge fertigen sie aus Holz und Muschelstücken an.

Das ist die ganze Habe der armen Leute; ihre Nahrung besteht aus Kokosnüssen, Bananen, Sago, dazu aus den allgemein im Archipel gepflanzten Taro und Yam; sie speeren sich auch Fische und schlachten bei festlichen Gelegenheiten ein Schwein. Die Insel liefert ihnen ihre gesamten Lebensbedürfnisse. Würden sie Kokospalmen pflanzen, dann hätten sie innerhalb acht bis zehn Jahren reiche Kopraernten zur Verfügung, um mit den weißen Händlern an der gegenüberliegenden Küste Tauschhandel zu treiben. Aber sie sind dazu nicht unternehmend und fleißig genug, und deshalb leben sie heute noch beinahe in demselben Urzustande wie zur Zeit der Entdeckung der Insel.

Auffälligerweise konnten verschiedene Eingeborene Pidgen-Englisch recht gut verstehen; sie haben es wahrscheinlich auf den anderen Inseln gehört, wohin sie von weißen Werbern zu Plantagenarbeit angeworben wurden. Obschon sie demnach den Wert und Ertrag der Arbeit ganz gut kennen, sind sie doch zu faul, um diese Arbeit in ihrer Heimat fortzusetzen. Uns war es natürlich sehr willkommen, daß wir uns mit ihnen verständigen konnten. Sie begleiteten uns auch auf unserer Durchquerung der Insel in nordöstlicher Richtung und gaben uns allerhand Aufschlüsse. Auf halbem Wege stießen wir auf ein zweites Dorf mit etwa fünf Dutzend Einwohnern, und unter letzteren befand sich ein Kanake, der bereits einige Jahre in der Polizeitruppe in Herbertshöhe gedient hatte. Er war hocherfreut, wieder Europäer zu sehen, und warf sich sofort in besten Sonntagsstaat, ein paar alte weiße Beinkleider und seine schmierige Polizeimütze mit der dreifarbigen Kokarde. In seiner Hütte sah es ganz behaglich aus; er hatte neben der Fensteröffnung sogar ein Handspiegelchen hängen, und in einer Ecke stand ein verschließbarer Koffer, dessen Schlüssel vorn an seinem Gürtel baumelte.

Auf dem schmalen Eingeborenenpfade setzten wir im Gänsemarsch unsern Weg durch den dichten Urwald fort, der die ganze Insel bedeckt, über das etwa hundert Meter hohe Plateau, das ihre Mitte einnimmt, und dann hin zur Küste, wo wir auf ein drittes Dorf stießen. Die Bewohner kletterten auf unseren Wunsch flink die Kokospalmen empor, um einige Nüsse zu pflücken, mit deren Milch wir uns nach dem heißen Marsch erquickten. Während wir auf den Seeadler warteten, der nach Verabredung uns hier wieder aufnehmen sollte, brachten die Schwarzen willig ihre Speere, Halsbänder, Gerätschaften und anderes herbei, die sie gegen Stangen schwarzen amerikanischen Tabaks umtauschten. Ich hatte vor der Abreise in dem großen Laden der Neuguinea-Gesellschaft in Herbertshöhe eine Menge Tauschartikel erworben, Maultrommeln, Beile, Meißel, Knöpfe, bunte Lendentücher und ähnliches, aber die beliebteste, ja ich möchte sagen einzige Tauschware ist hier doch Tabak. Für eine Stange von Spannenlänge und Fingerstärke im Wert von einigen Pfennigen gaben die Leute willig ein bis zwei geschnitzte und bemalte Speere her.

Mit solchen Schätzen beladen kehrten wir wieder auf das Kriegsschiff zurück, das nun den Kurs nach der Küste von Neumecklenburg nahm, um eine dort liegende kleine Händlerstation namens Lang zu besuchen, auf welche vor kurzem die Eingeborenen einen Angriff unternommen hatten. Auf dem Schiffe entdeckten wir erst, daß drei junge kräftige Burschen von der Sandwichinsel mitgekommen waren, um sich in die Polizeitruppe aufnehmen zu lassen. Der Gouverneur, Herr v. Bennigsen, hatte den weißen Polizeiwachtmeister beauftragt, Leute anzuwerben. Etwa sechs Kanaken hatten fest zugesagt, waren aber im letzten Augenblick ausgekniffen, wahrscheinlich auf Veranlassung der älteren Leute. Die drei vorerwähnten hatten abgelehnt. Als unser Ruderboot vom Strande abstoßen sollte, waren sie mit anderen Schwarzen ins Wasser gesprungen, um unser Boot flott zu machen, dann aber behend in das Boot selbst geklettert, und die Polizeitruppe hatte nun drei Rekruten mehr.

Handelsstationen in Neumecklenburg.

Von der Sandwichinsel nahm unser Schiff seinen Kurs gegen Nordwest, um die ziemlich zahlreichen Handelsstationen rings um die Nordspitze von Neumecklenburg zu besuchen. Der Handelsverkehr hat sich nämlich bisher nur im nördlichsten Teile Neumecklenburgs entwickelt, wo alle großen Handelsfirmen des Archipels ihre Faktoreien besitzen.

Die erste dieser letzteren, wo unser Kriegsschiff anlegte, war Lang, der Insel Sandwich schräg gegenüber. Dort war im Jahre 1894 ein weißer Händler von Eingeborenen ermordet und die Faktorei ausgeraubt worden, aber solange die Neuguinea-Gesellschaft hier das Scepter schwang, war bei den beschränkten Machtmitteln derselben eine Bestrafung der Kanaken schwer durchzuführen. Erst seit der Uebernahme der Hoheitsrechte durch das Reich konnte diese erfolgen, und thatsächlich kam einige Monate vor unserem Besuch der kaiserliche Richter Dr. Schnee mit der Polizeitruppe hierher, bestrafte eine Anzahl der Schuldigen, verurteilte die Dörfer außerdem zur Zahlung von fünfundzwanzig Sack Kopra und zur Ablieferung der Schießgewehre, die ihnen auf bisher unaufgeklärte Art in die Hände gespielt worden waren.

Die Lektion, welche die Eingeborenen für ihre Missethaten sowie für ihre häufigen Raubzüge auf die Sandwichinsel erhalten hatten, war so empfindlich gewesen, daß sie auch heute bei der Annäherung unseres Kriegsschiffes sofort das Hasenpanier ergriffen und sich im Urwald versteckten. Auf den die Station umgebenden Korallenfelsen standen einige Kundschafter, um unser Vorgehen zu beobachten und die tiefer im Busch hausenden

Flüchtlinge rechtzeitig zu benachrichtigen. Wir selbst fühlten uns keineswegs sicher und nahmen nicht nur Waffen, sondern eine Bedeckung von Polizisten mit scharfgeladenen Gewehren mit, um so mehr, als sich auf der Station niemand regte. Unsere Befürchtungen waren indessen grundlos, denn kaum hatte sich das Boot durch die Korallenriffe den Weg an den Strand gebahnt, als auch schon der Händler, Herr Schneider, ein Rhein=länder, aus seinem Hause tretend uns bewillkommnete. Er hatte seit der Strafexpedition keine Schwierigkeiten mit den Eingeborenen mehr gehabt, ja sie hatten ihm sogar schon einige Säcke Kopra sowie zwei alte Gewehre abgeliefert, von welchen eines als das Gewehr des ermordeten Händlers erkannt wurde. Auch die anderen Gewehre würden nunmehr, so meinte er, bald abgeliefert werden, denn das Erscheinen des großen Kriegs=schiffes hätte ihnen einen heillosen Schrecken eingeflößt.

Wer diese Gewehre in ihre Hände gespielt hatte? Wer die Munition? Wohl hieß es vor kurzem, ein fremdes Schiff hätte sich an der Küste umhergetrieben, aber der ziemlich allgemein verbreitete Verdacht bezeichnete einen Händler, dem die Regierung wohl bald das Handwerk legen wird. Nichts ist gefährlicher und gewissenloser, als diesen heimtückischen, den Fremden feindlich gegenüberstehenden Eingeborenen Schießwaffen zu liefern, und die Regierung wird zur Verhinderung dieses Handels wohl die aller=strengsten Maßregeln ergreifen müssen.

Während der Gouverneur die Aussagen des Händlers zu Protokoll brachte, besahen wir uns die Station. Einen Steinwurf weit vom Meeresstrande erhebt sich inmitten eines kleinen umfriedeten Gärtchens das Haus des „Traders", auf Pfählen etwa anderthalb Meter über dem Erdboden stehend und aus leichten vertikalen Dielen erbaut, deren Zwischenräume den Luftzutritt gestatten. Das Dach, etwas über die Seitenwände erhöht, ist mit Wellblech gedeckt und überschattet auch die breite Veranda, welche das Haus auf allen Seiten umgiebt. Auf einer Holztreppe zu diesem emporsteigend, befindet man sich dem kleinen Wohnzimmer gegenüber, das gleichzeitig als Speisezimmer dient und mit allerhand Lanzen, Keulen und Holzschnitzereien der Eingeborenen geschmückt ist. Rechts daran schließt sich das Schlafzimmer mit einem einfachen Feldbett, in dessen Nähe ein paar Gewehre und Revolver bereit liegen, denn in einem Lande mit so heim=tückischer Bevölkerung kann man nie wissen, was der nächste Augenblick mit sich bringt.

Hinter dem Wohnhause und mit diesem durch einen gedeckten Gang verbunden, liegen die Küchenräume und die leichten Wohnhäuser der eingeborenen Diener. Rings um diese Nebenbauten tummeln sich Gänse, Enten und Hühner mit ihrer jungen Brut. Glücklicherweise gedeihen diese Haustiere in den letzten Jahren nach vielen Mißerfolgen im ganzen Archipel recht gut, und die Händler sind wenigstens, was Geflügel betrifft, nicht mehr auf Konserven angewiesen.

Auf der einen Seite des Gärtchens mit seinen stets blühenden Hibiscussträuchern und buntfarbigen Krotonpflanzen liegt das Warenhaus mit allerhand Tauschartikeln für die Eingeborenen, wenn sie mit ihren Perlmuscheln, Kopra= und Trepangsäcken nach der Station kommen. Die Muscheln werden unter Flugdächern aufgehäuft, die zu visit=kartengroßen Stücken zerteilte Kopra der Kokosnüsse in leichten, luftigen Häusern zu kleinen Bergen zusammengeworfen oder auf langen Gestellen zum Trocknen ausgebreitet und die von den Chinesen so gern gegessenen Seewalzen (Trepang) in einem Räucher=hause nahebei geräuchert. Nahe dem Meeresstrande steht noch ein Flugdach mit den Segel= und Ruderbooten des Händlers.

Wie diese eine Station, so sind auch die Stationen auf Neupommern eingerichtet, und so zeigten sich mir auch die vielen anderen Stationen, die ich auf der Weiterreise durch den Archipel zu sehen bekam. Manche mögen wohl größer, anspruchsvoller und netter eingerichtet sein, andere sind dagegen wieder bescheidener; aber im ganzen ist die Einteilung und Anordnung der Gebäude dieselbe, denn überall sind auch die Produkte dieselben. Die Händler sind der Mehrzahl nach Deutsche, aber es giebt auch Engländer, Australier und Norweger unter ihnen. In den wenigsten Stationen wohnen zwei Weiße; gewöhnlich lebt der Händler allein auf dem Posten, der nur alle zwei oder drei Monate von den Segelschiffen oder kleinen Dampfern angelaufen wird. Dann nimmt der Händler seine Briefe und Zeitungen, neue Tauschwaren und Ergänzungen seiner Lebens=mittelvorräte entgegen, liefert dafür die seit dem letzten Besuche eingegangenen Kopra=, Muschel= und Trepangschätze an das Schiff ab, und nach kurzem Aufenthalte zieht dieses weiter zur nächsten Station. Mitunter nimmt der Händler auch Speere, Keulen, Tanz=masken und sonstige ethnologische Gegenstände als Tauschwaren von den Eingeborenen an, um sie nach dem Hauptsitz seines Hauses in Herbertshöhe oder Matupi zu senden; aber es geschieht dies immer seltener, weil die wirklich guten alten Gegenstände dieser Art nur in wenigen Exemplaren mehr zu haben sind und die von den Eingeborenen für den Handel angefertigten keinen oder doch nur geringen Wert besitzen. In den Warenhäusern von Herbertshöhe und Matupi werden diese Ethnologica aufbewahrt, bis irgend ein Durchreisender einen Posten davon erwirbt oder irgend eine Museums=leitung schriftlich Bestellungen macht. Für Museen und öffentliche Sammlungen sind die Gegenstände aus der Südsee immer sehr begehrte und gut bezahlte Artikel. Die Kaufleute erhalten auch häufig Briefe, in welchen von Privaten und Museen um Schenkungen gebeten wird. Die Schreiber bedenken nicht, daß all diese wie gesagt immer seltener werdenden Gegenstände von den Kaufleuten selbst für teures Geld gekauft, lange aufbewahrt und schließlich verpackt und verschifft werden müssen, und sie dürfen sich deshalb nicht wundern, wenn ihre Briefe mitunter gar nicht beantwortet werden.

Nach etwa einstündigem Aufenthalt in Long setzte der Seeadler seine Reise fort. Der Händler drückte beim Abschiede dem Gouverneur und dem Schiffskommandanten seinen Dank für das Erscheinen des Schiffes aus. Nichts trägt so sehr zur Sicherung von Leben und Eigentum in diesen Handelsstationen bei als das zeitweilige Erscheinen eines Kriegsschiffes. Seit der Besitzergreifung des Archipels sind wohl schon achtzehn deutsche Kriegsschiffe hier gewesen; aber nur wenige haben die Rundreise durch den Archipel ausführen können, weil ihrer häufig größere und wichtigere Aufgaben harrten und der Regierung die erforderliche Zahl an Schiffen bisher nicht zur Verfügung stand. In Zukunft, nach der Vermehrung der Flotte, wird es wohl nicht mehr vorkommen, daß das einzige im Archipel stationierte Kriegsschiff, wie augenblicklich der Seeadler, nach anderen Kolonien gesandt wird und die Regierung sowie die zweihundert im Archipel zerstreuten mitten unter den Eingeborenen wohnenden Weißen im Falle von Unruhen geradezu wehrlos sind. Wohl befindet sich noch ein zweites Kriegsschiff, die Möwe, im Archipel, aber dieses ist ausschließlich für die dringend notwendigen Vermessungs= arbeiten bestimmt.

Daß diese Arbeiten in der That dringend notwendig sind, sahen wir schon auf unserer Weiterfahrt nach dem Nordende von Neumecklenburg. Dort liegt eine große Anzahl von Inseln, die nur zum Teile und auch noch unrichtig auf den Karten verzeichnet sind, so daß die Schiffer gewöhnlich diese Inselgruppen im weiten Bogen umfahren, um sich nicht der Gefahr auszusetzen, auf irgend einem der vielen tückischen Korallenriffe zu scheitern. So liegt beispielsweise zwischen der Nordwestspitze von Neumecklenburg und der ihr vorgelagerten großen Baubissininsel ein tiefer schiffbarer Meeresarm, die Albatroß= straße, welche die Fahrt nach der wichtigsten Handelsstation in diesen Gewässern, Nusa, erheblich abkürzt, doch ist sie noch nicht vermessen. Der Kommandant des Seeadler beschloß deshalb, mit seinem Schiffe den weiteren Weg zu nehmen, während die Dampf= pinasse mit einem Offizier die Albatroßstraße durchfahren sollte, um die Möglichkeit der Durchfahrt für den Seeadler festzustellen. Behufs Anfertigung photographischer Auf= nahmen erhielt ich die Erlaubnis mitzufahren und bekam so Gelegenheit, den unstreitig schönsten Teil des ganzen Bismarckarchipels zu sehen. In einem doppelten Knie windet sich die Albatroßstraße zwischen den zwei großen Inseln durch; die Ufer derselben fallen senkrecht auf fünfzehn bis fünfundzwanzig Meter Tiefe ab und sind mit der üppigsten Tropenvegetation bedeckt, die sich weit ins Land hineinzieht. Zwischen ausgebreiteten Mangroven mit ihrem vielgestaltigen Wurzellabyrinth erheben sich Pandanen, Callophyllum und ungeheure Kasuarineen, bis in die turmhohen Kronen hinauf mit den üppigsten Schlingpflanzen überwuchert, die sie zu ersticken drohen. Wilde Tauben, Kakadus und buntgefiederte Papageien flogen kreischend umher, und gleichzeitig sahen wir auch fliegende Hunde langsam durch die Lüfte ziehen. Hier und dort an den Ufern erheben sich Palmen= und Bananenhaine, sichere Anzeichen von Eingeborenendörfern, deren armselige Hütten wir auch beim Passieren wahrnahmen. Ueberall liefen die Einwohner verwundert am Ufer zusammen, ohne uns indessen ihre Speere nachzusenden, wie es zeitweilig bei Kauffahrteischiffen bis auf die letzte Zeit vorgekommen ist.

Nach etwa einstündiger Fahrt erreichten wir ein weites, von kleinen, bewaldeten Inseln umschlossenes Becken, über das sich in nördlicher Richtung die dunklen, ebenfalls bewaldeten Höhenzüge von Neuhannover erhoben, der drittgrößten Insel des Bismarck= archipels. Aber mehr als diese fesselten uns die verschiedenen Handelsstationen, die aus dem Waldesgrün der Insel hervorleuchteten, ganz im Westen die Station des Kauf= mannes Ruge auf der geradezu paradiesischen Insel Nusaum, vor uns, auf der Insel Kabotteron, die beiden Stationen der deutschen Handels= und Plantagengesellschaft und der Neuguinea=Gesellschaft, rechts von uns die Insel Lisseno mit einer zweiten Station der letztgenannten Gesellschaft; und als wir nach kurzen Besuchen weiter dampften, folgten auf der Nordspitze Neumecklenburgs die Stationen Bagail der Firma Forsaith,

Kabien der Firma Ruge, Nauan der Firma Hernsheim und endlich die Zwillingsinseln Nusalick und Nusa, auf welch letzterer sich die Hauptstation der letztgenannten Firma befindet. Also auf verhältnismäßig so kleinem Raume nicht weniger als acht deutsche Handelsstationen! Dazu kommen noch mehrere andere längs der Nordküste von Neu= mecklenburg sowie an der Küste von Neuhannover. Nirgends im ganzen Schutzgebiet der Südsee, mit der einzigen Ausnahme des Distriktes von Herbertshöhe auf der Gazellenhalbinsel, haben die Deutschen so festen Fuß gefaßt wie hier im Nusadistrikt, auf dem Insellabyrinth zwischen Neumecklenburg und Neuhannover, und hier ist inzwischen auch der Regierungssitz für Neumecklenburg eingerichtet worden.

Alle diese Handelsstationen mit ihren weißen Händlern, ihren malaiischen und chinesischen Unteragenten und ihrem umfangreichen Besitz waren bisher auf sich selbst angewiesen, denn der einzige Regierungssitz im Archipel, Herbertshöhe, war ihnen auf ihren kleinen Segelschiffen im besten Falle nur nach mehreren Tagereisen erreichbar. Hier, nahe dem Aequator, auf Hunderte von Kilometern nur von wilden Eingeborenen und Kannibalen umgeben, die nächste Telegraphenstation zwanzig Tagereisen, die nächsten Städte der Weißen, Brisbane, Sydney, Manila, dreißig Erdgrade weit entfernt, hier sind die ent= legensten Sitze des deutschen Handels, hier haust das von der Welt abgeschiedenste Häuflein Deutscher. Glücklicherweise ersetzt die Natur zum Teile das, was diese fernen Landsleute an Segnungen der Kultur entbehren müssen; ihre einfachen, aber behaglichen Häuschen liegen auf geradezu paradiesischen Inseln, inmitten herrlicher Palmenhaine; rings von dem blauen Meere umgeben, dessen Brandung sich an vielgestaltigen, bunten Korallenriffen bricht, sind sie kleine Könige auf ihren Eilanden und können dort nach Belieben schalten und walten; die Eingeborenen, die mit ihnen auf diesen Eilanden wohnen, je hundert oder zweihundert an der Zahl, sind gewissermaßen ihre Unterthanen und leben auch in achtungsvollem Frieden mit ihnen, verrichten für sie Feld= und Plantagenarbeiten, rudern ihre Boote, hüten ihr Vieh. Es steht in ihrer Macht, den Urwald stehen zu lassen, um dort auf Papageien oder Tauben zu jagen, oder an seiner Stelle ertragreiche Plantagen von Kokospalmen anzulegen, in deren Schatten auf dem üppigen Rasen selbstgezüchtete Kühe weiden; sie können die herrlichste Tropennatur aus vollen Zügen genießen, baden, fischen, rudern, schießen, sich vergnügen, wie sie wollen, es steht kein Polizeigesetz über ihnen, und wünschen sie Verkehr mit ihresgleichen, dann brauchen sie sich nur nach der einen oder anderen Station rudern zu lassen. So ein= sam und traurig das Los dieser Händler den in Städten des Heimatlandes Wohnenden auch dünken mag, es ist doch reizvoll und reich an Genüssen, wie sie nur die Freiheit bieten kann.

Das konnte ich deutlich erkennen, als ich der Reihe nach die einzelnen Stationen besuchte und mit deren Inhabern sprach. Da ist nichts von Unzufriedenheit wahr= zunehmen; die Einsamkeit ruht keineswegs drückend auf ihnen, ja es geht mitunter recht toll und ausgelassen her, wenn die Nachbarn aus irgendeinem Anlaß zu einem Trinkgelage geladen werden. Das Eintreffen der Handelsschiffe der verschiedenen Firmen oder eines Kriegsdampfers wird gewöhnlich auf solche Art gefeiert, und im Bierdusel kommt es

Neumecklenburger.

zuweilen auch zu ernstlichen Reibereien. So auch gelegentlich unseres Besuches. Natürlich hatten die kleinen Könige nach Herzenslust gezecht, bis einzelne nicht mehr zurechnungs= fähig waren, und als endlich ein Händler der Firma F. nach seinem Hause zurückkehrte, fand er dasselbe von einem anderen besetzt, der mit einem scharfgeladenen Gewehre herumknallte, die eingeborenen Diener des Eigentümers niederschießen wollte und sogar den letzteren selbst bedrohte. Es blieb ihm nichts übrig, als sich in Nacht und Nebel zum Seeadler rudern zu lassen, um den Gouverneur um Schutz zu bitten. Ein so eklatanter Hausfriedensbruch konnte nicht ungestraft bleiben. Der Polizeiwachtmeister wurde mit einer Anzahl Leuten an Land beordert, um das Haus zu stürmen und den Eindringling gefangen zu nehmen. Glücklicherweise ergab sich dieser aber freiwillig, und die Sache ist seither wohl glatt verlaufen.

Im großen und ganzen macht der Nusaarchipel mit seinen vielen Inseln einen sehr günstigen Eindruck, und ich glaube, daß sich hier ein für Plantagenkultur sehr günstiges Feld darbieten dürfte. Die Insel Nusa beispielsweise liefert, obschon sie nur hundert Hektar groß und keineswegs ganz mit Kokospalmen bepflanzt ist, jährlich fünfzig Tonnen Kopra im Werte von etwa zehntausend Mark und das dreißig Hektar große Nusalik fünfundzwanzig Tonnen im Werte von fünftausend Mark. Auf der gegenüberliegenden Station Nauan ist der Ertrag einschließlich der eingetauschten Kopra hundert Tonnen, auf Bagail fünfzig Tonnen jährlich. Dabei liegt aber die Kokosnußkultur in den ersten Anfängen, denn auf den Inseln wie auf dem Festlande giebt es noch viele Tausende von Hektaren des denkbar fruchtbarsten Bodens. Eingeborene Arbeiter dürften hier in ähnlicher Zahl vorhanden sein wie überall im Archipel. Auf jeder Insel fand ich kleine Dörfer, und auch in den Festlandsstationen waren zahlreiche Schwarze, mit denen die Händler auf recht vertraulichem Fuße leben. Jeder Händler hat seine Arbeiter und für die Besorgung seines Hauswesens eine Anzahl Mädchen, darunter recht hübsche Er= scheinungen, die mit Stolz bunte Kleider und Kopftücher tragen, der Lohn für ihre Dienstleistungen. Auch hier werden die Waren mit Tauschartikeln bezahlt, und gemünztes Geld ist vollständig unbekannt. Dafür giebt es unter den Eingeborenen Neumecklenburgs und des Nusaarchipels ähnliches Muschelgeld wie die Dewarastränge in Herbertshöhe, doch bestehen die einzelnen Glieder nicht aus ganzen Muscheln, sondern aus fünf Milli= meter großen runden Scheibchen, die in Neuhannover aus einer gelben Muschel heraus= geschnitten und an starke Fäden aufgereiht werden. Eine Elle dieses, Tapsoka genannten Geldes hat nicht weniger als fünf Mark Wert, und die Eingeborenen in Neumecklenburg legen ihre gesammelten Reichtümer in solchen Tapsokasträngen an. Eine andere minder= wertige Art heißt Mieneling und wird an der Ostküste von Neumecklenburg aus weißen und schwarzen Muschelstücken angefertigt. Im ganzen genommen sind diese Geldsorten im Verkehr recht selten, so daß die Händler oft Mühe haben, auch nur einzelne Stränge zu erwerben. Merkwürdig ist es, daß die Kanaken für ein Schwein vier bis sechs Fäden Tapsoka, für ein junges Mädchen aber nur drei bis vier Fäden bezahlen.

Begleitet von einer großen Zahl ganz nackter Eingeborener marschierten wir von der Station Kabieng aus im Schatten großer Kasuarineen und Pandanusbäume die Küste

Der Gouverneur bei den Kanalen.

entlang gegen Nauan, wo der Gouverneur einen Platz für das neue Regierungsgebäude ausfuchen wollte. Bald fand er eine geeignete Stelle auf einer Anhöhe, Nusa schräg gegenüber, und hier dürften sich binnen kurzem die ersten Gebäude der neuen Hauptstadt von Neumecklenburg erheben, zunächst die Wohnung des Stationschefs, dann die Kaserne für die schwarzen Polizisten und das unvermeibliche Gefängnis. Es hat lange genug gedauert, bis Neumecklenburg seine eigene Regierung erhielt. Im Laufe der sechzehn Jahre seit der Besitzergreifung sind eine ganze Menge von Regierern des Landes aufeinandergefolgt, aber der gegenwärtige Gouverneur ist ein Mann der That, und überall, wohin er auf seinen vielen Reisen kommt, sieht man bald die erfreulichen Ergebnisse seines Organisationstalentes und seiner Thatkraft.

Erster Besuch von Weißen bei den St. Matthiasinsulanern.

Die drittgrößte Insel des Bismarckarchipels, Neuhannover, welche wir nun besuchen sollten, liegt wohl von der Nordspitze Neumecklenburgs nur etwa sechzig Kilometer weit entfernt, aber die kleine Expedition zur Verhaftung des Ruhestörers in Nusa hatte so viel Zeit in Anspruch genommen, daß der Seeadler die einzige Handelsstation von Neuhannover, Kung mit Namen, vor Einbruch der Dunkelheit nicht mehr erreichen konnte. Man muß sich eben vor Augen halten, daß es hier in diesen einsamen unbekannten Gegenden keine Leuchttürme und keine vermessenen Zufahrten giebt, ja daß eine Menge von Inseln, Korallenbänken und Riffen auf den höchst mangelhaften Karten= skizzen noch gar nicht verzeichnet sind. Der Kommandant des Seeadler beschloß deshalb, einen geschützten Ankerplatz innerhalb des Neuhannover an der Nordostküste vorgelagerten Riffs aufzusuchen und die Fahrt erst nach Anbruch des folgenden Tages fortzusetzen. Während die Offiziere den Rest des Tages zu nautischen Aufnahmen benutzten, unter= nahmen die „Badegäste", d. h. wir Zivilisten, in Ruderbooten einen kleinen Jagdausflug nach den benachbarten Inseln. Zwischen den hohen Baumkronen und über den schmalen Meeresstraßen hatten wir nämlich große Mengen wilder Tauben gesehen, und in der That erwiesen sich diese kleinen Inselchen als der Aufenthaltsort unzähliger Tauben, die beim ersten Schusse in Schwärmen von Hunderten aufflogen. Nach kaum einer Stunde lagen über hundertundfünfzig der großen buntgefiederten Vögel in unseren Booten, so daß nicht nur wir, sondern auch die Schiffsmannschaft am folgenden Tage einen vortrefflichen Schmaus vorgesetzt bekamen. Einwohner schien nur die größere Insel Ungalik zu besitzen. Die Händler in Nusa und Neumecklenburg hatten uns vor diesen Leuten gewarnt, und als wir uns nach Ungalik rudern ließen, nahm der Gouverneur einige seiner schwarzen Polizisten mit scharfgeladenen Gewehren mit, ohne daß es indessen zu irgend einem Zusammenstoß kam. In ganz Neuhannover sind die Einwohner gerade so leidenschaftliche Menschenfresser wie auf den anderen Hauptinseln, doch ist die Gefahr für Weiße, aufgefressen zu werden, nicht groß.

Die Eingeborenen, welche wir auf der Insel Ungalik trafen, machten keineswegs den Eindruck, besonders blutdürstig zu sein, dennoch waren wir auf unserer Hut. Wenn sie uns so freundlich, ich möchte sagen unterwürfig, empfingen, so mag wohl unsere Zahl, sowie die Nähe des großen Kriegsschiffes der Grund gewesen sein. Willfährig gaben sie uns ihre schön geschnitzten und bemalten Speere, ihre mehrspitzigen Harpunen, Gefäße, Hausgerätschaften und anderes und nahmen dafür kleine Stangen des schwarzen ameri= kanischen Tabaks, Lendentücher für ihre Frauen, Messer und Glasperlen entgegen. Sie waren vollständig unbekleidet, trugen weder Lendenschurz noch Kämme, waren nicht tättowiert und hatten auch ihre kurzen Kraushaare nicht durch Kalk gebleicht, wie es ihre Nachbarn auf Neumecklenburg ziemlich allgemein zu thun pflegen. Ihre Frauen waren ebenfalls nahezu unbekleidet, trugen aber hohe Kappen aus Bananenblättern auf ihrem kurzen Kraushaar. Ihre Hütten sind aus rohen Baumästen hergestellt, über welche sie lange trockene Palmenwedel oder Attapblätter legen und mit Bast an die Aeste festbinden. Die Hütten liegen in Gruppen von drei oder vier mitten im Walde, ohne irgendwelchen freien Platz, und von Feldern oder Pflanzungen war keine Spur zu sehen. Selbst die Kokospalmen, in Neumecklenburg ein untrügliches Zeichen mensch= licher Ansiedelungen, waren hier nur vereinzelt vorhanden. Nachdem wir durch Geschenke Freundschaft geschlossen hatten, ließen uns einzelne Kanaken in ihre Hütten treten. Das Innere wird nur durch die niedrige, teilweise durch rohes Geflecht verschlossene Thür= öffnung erleuchtet. Auf dem nackten Erdboden liegen einige Matten, die Ruhestätten zur Nachtzeit, und in der Mitte der Hütte zeigen eine Anzahl gebleichter kleiner Steine, mit weißer Holzasche bedeckt, die Feuerplätze an. In einer Ecke liegen ein paar Matten, Kokosschalen und Holzstäbchen, welche den ganzen Hausrat zu bilden scheinen. Nahe der rauchgeschwärzten Decke liegen über die Hüttenpfosten gebreitet Ruder und Speere; die letzteren recht hübsch poliert und mit eingekratzten Ornamenten bedeckt. Jeder einzelne ist für sich mit Bananenblättern umwickelt, und gewöhnlich sind sechs oder acht Speere zu einem Bündel zusammengebunden. Diese Speere sind die einzigen Waffen der Leute von Neuhannover. Sie haben weder Schleudern noch Bogen und Pfeile, wie die Papuaner von Neuguinea, noch die kurzen Obsidianmesser wie die Bewohner der benach= barten Admiralitätsinseln. Selbst Fischnetze sind ihnen anscheinend unbekannt, denn wir fanden nichts davon in ihren Hütten oder im Wasser. Sie speeren die Fische mit sechs= bis achtzackigen Harpunen.

In der Nähe einer Hütte am Strande lag eine frisch gefällte Sagopalme, deren Schnittfläche zeigte, welche Mühe das Fällen des großen Baumes den Leuten mittels ihrer Muschelmesser und Muschelbeile gekostet haben mochte. Der Baumstamm war auch schon der Länge nach von seiner harten Rinde befreit worden, so daß das weiche Mark bloßlag. Ein Kanake schlug oder schabte dasselbe mittels einer Art Haue ab, an deren armlangem Stiel ein spannenlanger Querarm mittels Bast festgebunden war. An der Spitze des letzteren steckte das eigentliche Werkzeug, eine in diesen Gegenden ziemlich häufige Konusmuschel. Diese, etwa zehn Centimeter lang und an dem breiteren Ende von etwa vier Centimeter Durchmesser, war der Länge nach so weit abgeschliffen worden, daß ihr Profil etwa halbkreisförmig war. Das untere Ende war überdies durch Schleifen geschärft worden. Für das Ausnehmen des Sagomarkes reichen solche primitive Werk= zeuge wohl aus, aber es ist mir ein Rätsel, wie die Kanaken damit die hübschen Holz= schnitzereien am Bug und Stern ihrer langen Kanoes herstellen konnten, vor allem, wie es möglich war, diese selbst, aus langen ausgehöhlten Baumstämmen bestehend, zu bearbeiten. Die Kanoes in Neuhannover haben gerade so wie alle anderen im Bismarck= archipel Ausleger zum Verhüten des Umkippens, aber keine Masten und Segel. Die Spitze eines der vielen am Strande liegenden Kanoes war so hübsch mit geschnitzten Krokodilen und anderen Figuren verziert, daß ich den Kanaken ein paar Messer dafür bot. Sie konnten sich aber nicht entschließen, das nur mit Bast an das Kanoe befestigte Stück herzugeben. Als wir, schon im Boote sitzend, von der Insel abgestoßen waren, kam aber der Besitzer des wertvollen Stückes mit diesem in den Händen herangesprungen, watete durch das lendentiefe Wasser zu uns heran und gab es mir, im Tausch dafür freudig die wohlfeilen Messer entgegennehmend. Das Stück ist heute im Berliner Museum für Völkerkunde.

Es war mir auffällig, auf der ganzen Insel, die etwa dreihundert Einwohner zählen mag, kein Grab zu finden. Der Grund liegt darin, daß die Inselbewohner hier ihre Leichen verbrennen. Von europäischen Tauschwaren irgendwelcher Art fand ich unter den Leuten nichts. Sie besaßen weder Pfeifen, noch Messer, noch den geringsten Eisen= nagel, ein Beweis dafür, daß die Einwohner mit den europäischen Händlern noch gar keine Beziehungen unterhalten.

Die einzige Handelsstation in Neuhannover liegt an der Nordküste der kleinen oben erwähnten Insel Kung, und diese war unser nächstes Reiseziel. Als wir nach kurzer Fahrt zwischen dieser Insel und Neuhannover vor Anker gingen, kam auch schon der Händler, ein Engländer, in seinem Boote zu uns, um uns zu sich zu bitten. Die Station unterscheidet sich nur wenig von den anderen Stationen des Archipels: ein einfaches Holzhaus auf Pfählen, ein paar Holzschuppen für die einzigen Landesprodukte: Kopra, Trepang und Muscheln, und endlich die Wohnhäuser für die eingeborenen Mädchen und die Stationsarbeiter. Schweine, Gänse, Enten und Hühner tummelten sich munter unter den Palmenhainen umher. Der Station gerade gegenüber sahen wir die vier- bis fünfhundert Meter hohen Gipfel der an der Südseite von Neuhannover liegenden Höhenzüge; die nördliche Hälfte dieser großen Insel ist eine dicht bewaldete Ebene, die bis auf etwa einen Kilometer an Kung heranreicht. Der Händler ist mit einem Boote auf dem hier mündenden Flusse bis an die Gebirge vorgedrungen, und in den siebziger Jahren wurden anläßlich der Forschungsreise der „Gazelle" verschiedene Aufnahmen dort gemacht. Das Eindringen in das Innere der drei großen Inseln des Archipels wird durch die dichten Wälder und das üppig wuchernde Gestrüpp, das sich dem Reisenden wie eine Mauer entgegenstellt, ungemein erschwert und ist vorderhand auch ziemlich zwecklos, denn die Hauptprodukte sind vornehmlich nur an den Küsten erhältlich. Kopra wird in dem Gebiete der Handelsstation Kung nur in einer Menge von etwa dreißig Tonnen jährlich erzeugt, dafür ist der Trepangfang (Seewalzen) desto ergiebiger und einträglicher, denn die Tonne Trepang wird in Singapore mit dreihundert bis vierhundert Mark, zuweilen auch noch viel teurer bezahlt. Perlmuttermuscheln kommen hier wenig vor. Wertvoller als diese sind zuweilen, je nach der in Europa herrschenden Mode, die Greensnailschalen (Grünmuschel), aus welchen Knöpfe gedrechselt werden. Die Tonne dieser hier viel vorkommenden Muschel wird bis zu fünfhundert Mark bezahlt, also fünfzig Pfennig das Stück.

Von der Station aus besuchten wir das auf der anderen Seite der Insel gelegene einzige Kanakendorf, das nur siebzig bis achtzig Einwohner zählt. Etwa fünfzig starben im vergangenen Jahre an Influenza, einer Krankheit, die also die Runde um die Welt gemacht und sich sogar diese entlegensten aller Landgebiete erobert hat. Der Typus der Neuhannoveraner ist von jenem der Bewohner Neumecklenburgs nur wenig verschieden, auch in ihren Waffen, Gerätschaften, Sitten und Nahrungsmitteln gleichen sie diesen. Im ganzen genommen ist Neuhannover eine koloniale Erwerbung, die vielleicht in künftigen Jahrhunderten dem Deutschen Reiche von erheblichem Werte sein dürfte, heute aber einen solchen nicht besitzt.

Es ist möglich, daß Stationen auf anderen um Neuhannover liegenden Inseln ähnlichen Erfolg haben könnten wie die Station Kung, oder Nakung, wie sie auf den deutschen Karten fälschlich angegeben ist, doch bedarf es dazu der Händler; aber Leute, die sich nach so entlegenen, weltvergessenen Gegenden begeben wollen, um mit täglicher Lebensgefahr im besten Falle einige tausend Mark jährlich zu verdienen, muß man mit der Laterne suchen.

Neuhannover dürfte mit seinen zahlreichen vorgelagerten Inseln, von denen die große Mehrzahl noch nicht einmal ihren beiläufigen Umrissen nach bekannt sind, einen Flächenraum von zwei= bis dreitausend Quadratkilometer besitzen, also ungefähr die Größe von Sachsen=Meiningen. Für den Naturforscher dürfte sich auf diesen, noch nie von Weißen durchzogenen Inseln ein ungemein reiches Feld darbieten, auch sonst wäre es von großem Interesse, mehr über dieses verhältnismäßig umfangreiche Inselgebiet zu erfahren, aber es fehlt eben heute noch jede Verbindung mit der Hauptstadt des Archipels, Herbertshöhe, oder mit dem nur etwa hundert Kilometer entfernten neu eingerichteten Regierungssitze auf Neumecklenburg. Eine regelmäßige, wenn auch nur monatliche Schiffsverbindung zwischen den drei großen Inseln, auf welchen zusammen doch schon über zweihundert Weiße wohnen, ist ganz unerläßlich. Es würde dazu ein kleiner Dampfer von hundert Tonnen Gehalt genügen, und es wäre gewiß jetzt, so viele Jahre nach der Besitzergreifung, an der Zeit, einen solchen Dampfer hier in Dienst zu stellen. Ist eine solche Verbindung mit der Außenwelt vorhanden, dann kommen auch Händler und Pflanzer, und desto eher können diese fruchtbaren Schutzgebiete erforscht und entwickelt werden. Früher oder später muß es doch geschehen, und die Ausgaben für einen solchen Dampfer sind so gering, daß wahrhaftig nicht länger gezögert werden sollte, der Regierung dadurch zu Macht und Ansehen bei der eingeborenen Bevölkerung zu verhelfen, den vollständig schutzlosen Händlern Schutz zu geben und ihnen die Existenz in diesem entlegensten und unbekanntesten aller deutschen Schutzgebiete zu erleichtern. Diese Inseln sind die schlimmsten kolonialen Stiefkinder des Reiches. Sogar Missionen, die doch sonst in der Südsee überall, selbst auf den Salomonsinseln, errichtet sind, giebt es hier noch nicht. Die Händler erhalten alle paar Monate durch die kleinen Segel= schiffe der Handelsfirmen ihre Briefe, und es dauert mitunter beinahe ein Jahr, ehe sie die Antwort auf ein Schreiben aus Europa erhalten können.

Bis an die Nordspitze von Neuhannover bewegten wir uns in Gewässern, die, wenn auch nur wenig bekannt, so doch von den Schonern der Handelsfirmen des Bismarck= archipels mehrmals im Jahre befahren werden. Darüber hinaus aber sind seit der Entdeckung des Stillen Ozeans nur wenige Schiffe gekommen, denn dieser Teil der Südsee zwischen dem Bismarckarchipel und den Karolinen liegt an keiner Verkehrsroute. Nordwestlich von Neuhannover ist nun auf den Karten in ganz willkürlichen Umrissen eine große Insel, St. Matthias, angegeben, welche nebst einer zweiten kleineren, als Sturminsel (Squally Island) bezeichneten, als wahre terra incognita noch zum deutschen Besitz gehört. Der Entdecker von St. Matthias war Dampier, dessen Namen man in Gewässern von Neuguinea wiederholt antrifft. Auf seiner Fahrt im Jahre 1700 erblickte er, vom nordwestlichen Neuguinea kommend, am 24. Februar eine Insel, die er nach den alten Karten der Entdeckungsreisen Schoutens aus dem Jahre 1616 für die Fischerinsel (nordöstlich von Neumecklenburg gelegen) hielt. Als er seinen Irrtum erkannte, gab er ihr den Namen des Kalenderheiligen St. Matthias. Vergeblich suchte er hier vor Anker zu gehen und fuhr nach der weiter östlich gelegenen Insel, die er des gerade herrschenden heftigen Windes wegen Sturminsel (Squally Island) nannte. St. Matthias

Matthiasinsulaner (der eine hält eine geflochtene Matte in der Hand).

schildert er als gebirgig und bewaldet, mit vielen Wiesenflächen dazwischen. Besonders freundlich war sein Empfang durch die Eingeborenen dieses Inselgebietes nicht. Sein Schiff wurde bald von unzähligen Kanoes umschwärmt, die vom Strande einer weiten Bucht gekommen waren. Als er in diese einlief, fand er sie mit einer nach Hunderten zählenden Menschenmenge besetzt, und aus den Kanoes wurde, wie er sagt, „mittels Maschinen" ein Hagel großer Steine auf das Schiff geschleudert, so daß er mit Kanonen in sie donnern mußte und weiterfuhr. Von diesem Angriff nannte er die Bucht Slingersbai (Schleuderbucht). Die St. Matthiasinsel war unser nächstes Reiseziel, und als der Seeadler den Anker lichtete, um seinen Kurs nach St. Matthias zu nehmen, bemächtigte sich unser eine begreifliche Spannung, denn die Reise dahin war im eigent= lichen Sinne des Wortes eine Entdeckungsreise. Soweit bekannt, hat bisher nur ein fremdes Vermessungsschiff, der englische Kreuzer Blanche, es versucht, St. Matthias an= zulaufen, doch konnte derselbe kein Fahrwasser durch die Klippenreihen finden, welche die Insel umgeben. Nach der Besitzergreifung durch das Deutsche Reich gelang es wohl einem Schoner, Senta mit Namen, wohlbehalten durch die Klippen zu kommen, er wurde aber bei einem Landungsversuche durch die Eingeborenen angegriffen, und der Kommandant gab weitere Versuche zur Erforschung der Insel auf.

Der Grund dieser Feindseligkeit der Eingeborenen ist in den Sklavenjagden zu suchen, welche in früheren Zeiten von spanischen Schiffen hier abgehalten wurden, um für die Goldminen von Peru Arbeiter zu gewinnen. Man weiß, mit welcher Grausamkeit die spanischen Menschenjäger hier ganze Schiffsladungen junger Männer ihren Familien entrissen, von denen selten auch nur einer wiederkehrte. Auf die Spanier folgten mit nicht geringerer Grausamkeit bis zum Jahre 1881 amerikanische Menschenjäger, um für die Zuckerplantagen von Hawai Arbeiter zu kapern. Unter der deutschen Herrschaft sind derartige Menschenjagden hier nicht mehr vorgekommen, aber die Erinnerung an die früheren Grausamkeiten ist unter den Eingeborenen doch noch zu rege, als daß sie den Weißen besondere Liebe entgegenbringen sollten.

Die Insel St. Matthias ist auf den bisherigen Karten in einer Entfernung von etwa fünfundsiebzig Kilometer von Neuhannover angegeben, der Seeadler legte aber in gerader Richtung neunzig Kilometer zurück, ehe er St. Matthias erreichte. Auch dann noch war es nicht die Hauptinsel, sondern eine der vielen kleineren auf den Karten nicht ver= zeichneten Inseln, welche St. Matthias im Süden vorliegen und durch Wasserstraßen von ein bis drei Kilometer Breite voneinander getrennt sind. Vor uns lag anscheinend ein ganzer Archipel von dicht bewaldeten Eilanden, deren Höhenzüge kulissenartig hinter= und übereinander emporsteigen, um in dem etwa sechshundert Meter hohen Gebirgsstocke der Hauptinsel ihren Abschluß zu finden.

In Anbetracht des vollständig unbekannten Fahrwassers fuhr der Seeadler nur sehr langsam vorwärts und ging endlich in einer kilometerbreiten Meeresstraße zwischen zwei größeren, dicht bewaldeten Inseln vor Anker. Von Bord unseres Schiffes konnten wir auf der südlichen Insel deutlich eine Anzahl dunkelbrauner, vollständig nackter Kanaken wahrnehmen, die, mit langen Speeren bewaffnet, aufgeregt zwischen dem Ufergestrüpp umhersprangen oder, hinter den Bäumen Deckung suchend, unser Thun beobachteten. Bei der allen Händlern im Bismarckarchipel wohlbekannten feindseligen Stimmung der Ein= geborenen war es nicht ratsam, noch an demselben Abend eine Landung zu versuchen. Wir blieben deshalb an Bord, in der Hoffnung, daß vielleicht einige Kanaken, wie es sonst im Archipel und in den Neuguineahäfen beim Einlaufen eines fremden Schiffes üblich ist, in ihren Kanoes zu uns kommen würden. Aber statt dessen zogen die Ein= geborenen ihre am Strande liegenden Kanoes noch weiter zurück und verbargen sie im Gebüsche. Nach Einbruch der Dunkelheit sahen wir dort einige Feuer aufleuchten, und um vielleicht über die Lage der Dörfer uno die Zahl der Kanaken Aufschluß zu erhalten, gab der Schiffskommandant Befehl, die Inseln mit dem Scheinwerfer zu durchsuchen. Als der mächtige Strahl plötzlich aufblitzte, konnten wir die geringsten Einzelheiten an den umliegenden Ufern wahrnehmen, aber mehr noch fesselte mich ein bisher noch nie gesehenes Naturschauspiel. Fiel das blendend weiße Licht auf die schwarze, vollkommen glatte Wasserfläche des Meeresarmes, dann sprangen aus dem großen durchleuchteten Kreise Tausende und Abertausende von Fischen erschreckt empor, um, in weiten Sätzen über die Fläche schnellend, im umliegenden dunkeln Wasser Zuflucht vor diesem ungewohnten Ruhestörer zu suchen. Ihre Körper leuchteten und glitzerten selbst wie elektrische Lichter, und die von ihnen triefenden Wassertropfen, ebenso wie der aufspritzende Schaum der aufgeregten Meeresfläche glänzten wie ein unausgesetzter Diamantenregen in unbeschreib= licher, blendender Fremdartigkeit. Auf den jüngsten Weltausstellungen bildeten die „Leuchtfontänen" besondere Anziehungspunkte für die Besuchermassen. Aber all ihr Glanz verblaßt im Vergleich zu der Großartigkeit der Lichteffekte, wie sie sich unseren

Urwaldbild, Bismarckarchipel.

Augen darboten. Waren die Fiſche von der durch=
leuchteten Stelle verſchwunden, dann brauchte der
Scheinwerfer nur auf den nächſtliegenden Fleck ge=
richtet zu werden, um dasſelbe Schauſpiel hervor=
zurufen. Bald hier, bald dort, bald in unmittel=
barer Nähe, bald in weiter Ferne, wohin der Strahl
auch traf, wiederholte ſich das geradezu geſpenſter=
hafte Leuchten, und wir wurden nicht müde, es zu
bewundern. Noch tiefer mußte aber die Wirkung
auf die Eingeborenen ſein, denen dieſe nie geſehenen
Lichtmengen wie von übernatürlichen Kräften hervor=
gebracht erſcheinen mußten, und wir verſprachen uns
davon nur Gutes für unſeren bevorſtehenden Beſuch.

Bevor wir dieſen am nächſten Morgen ausführten,
benutzte der Gouverneur den uns ſo unverhofft ent=
hüllten Fiſchreichtum in dieſen Gewäſſern, um von
ſeinen ſchwarzen Poliziſten Fiſche ſchießen zu laſſen.
Bei Tagesanbruch ruderten ſie an die fiſchreichſte
Stelle und ließen dort im Waſſer eine kleine Dynamit=
patrone explodieren. Kaum hatten ſich die auf=
geworfenen Waſſermaſſen beruhigt, als auch ſchon
Hunderte von betäubten oder getöteten Fiſchen ver=
ſchiedener Größe und Art an der Oberfläche erſchienen.
Die ſchwarzen Jünger der Hermandad warfen nun
ihre Lendentücher ab, und ins Waſſer ſpringend,
hielten ſie die denkbar reichſte Ernte. Hatten ſie ihre

Matthiasinſulaner als Aufpaſſer.

Hände voll, dann faßten ſie die Fiſche mit den Zähnen oder klemmten ſie zwiſchen ihre
Zehen und brachten ſchwimmend gleich ein bis zwei Dutzend zum Boote. Nach einem
Viertelſtündchen war das letztere ſo ſchwer geladen, daß hinreichend Fiſche für die ganze
Beſatzung des Seeadler vorhanden waren und das Boot nicht wieder ausgeſandt zu
werden brauchte. Nun ſtürzten ſich ihrerſeits die wilden Kanaken ins Waſſer, um
heulend den Reſt der reichen Beute einzuheimſen.

Vorſichtshalber beſchloß der Gouverneur, zuerſt nur in Begleitung einiger Poliziſten
und eines mit den Kanakenſprachen vertrauten Kaufmannes an Land zu gehen. Mit
Revolvern und ſcharfgeladenen Gewehren bewaffnet, ſtieg die kleine Expedition, unbehelligt
von den Eingeborenen, auf der nächſtliegenden Inſel an Land. Mit begreiflicher
Spannung verfolgten wir die Bewegungen unſerer Leute, denn bisher war jeder Landung
von Weißen bewaffneter Widerſtand entgegengeſetzt worden, und noch im vergangenen
Jahre wurde einem Händler hier mit Speeren ein Bein zerſchmettert. Aber es ließ
ſich kein Kanake ſehen. Die Expedition wanderte unbehelligt die Küſte entlang etwa
einen Kilometer weit, ohne irgendeinem Eingeborenen zu begegnen oder auf eine Hütte

Matthiasinsulaner mit Kokosnußschalen.

zu stoßen. Vermutlich hatte der magische Scheinwerfer seine Wirkung hier, und wohl auch auf den anderen Inseln, nicht verfehlt, und der Kommandant erteilte deshalb die Erlaubnis, in kleinen Partieen die verschiedenen Inseln zu besuchen. Wir nahmen unsere Gewehre und Revolver, steckten allerhand Tauschwaren, vornehmlich rote Tücher, Glasperlen, Messer, Streichhölzer und Tabak zu uns und bestiegen die Boote.

Die Abteilung, zu der ich gehörte, wählte zwei jenseits der großen Bucht gelegene größere Inseln als Ziel der Fahrt. Unsere wackeren Ruderer vom Seeadler brachten das Boot rasch vorwärts, aber etwa einen Kilometer vom Strande wurde das Wasser so seicht, daß an ein Weiterkommen mittels Rudern nicht zu denken war. Wir versuchten an verschiedenen Stellen tieferes Fahrwasser zu finden, aber vergeblich. Ueberall nichts als Korallenbänke mit kaum einem Fuß Wasser bedeckt, Korallen in den verschiedensten Formen und Farben, ganze Gärten von steinernen Gewächsen, die sich wie üppige Blumenbeete ausnahmen, mit Flächen weichen Sandes als Wege dazwischen. Da war nichts anderes zu thun, als ins Wasser zu steigen und das Boot zu schieben, bei der drückenden Tropenhitze keine besonders angenehme Arbeit.

Endlich war der Strand erreicht, auf dem wir schon aus der Ferne einige armselige Hütten wahrgenommen hatten. Statt aber von dem Dutzend Kanaken, die sich hier befanden, mit Speerwürfen empfangen zu werden, wie wir gefürchtet hatten, blieben sie ruhig stehen und betrachteten staunend unsere Kleider und Waffen. Natürlich trachteten wir zunächst, sie zu unseren Freunden zu machen, sprachen sie freundlich an und zeigten ihnen unsere Tauschwaren. Aber weder der mitgebrachte Tabak noch die Streichhölzer, in anderen Gegenden des Archipels die begehrtesten Dinge, verfingen bei ihnen. Das Tabakrauchen und die Feuergewinnung nach unserer Art war ihnen augenscheinlich noch unbekannt; thatsächlich sahen wir später, daß sie Feuer noch durch Aneinanderreiben trockener Hölzer erzeugen und es unter Holzasche auf Tage und Wochen hinaus glimmend erhalten. In jeder Hütte am Strande befand sich ein derartiges Feuer auf dem Boden. Auch unsere Messer und Eisenstücke fanden bei den Kanaken keinen Beifall: sie kannten einfach ihre Verwendung nicht, ein weiterer Beweis, daß wir es mit Leuten zu thun hatten, die noch vollständig im Urzustande lebten und niemals Beziehungen mit Weißen gehabt hatten. Ich war aufrichtig überrascht darüber, daß es auf dem Erdball überhaupt noch Menschen dieser Art gab. In den entlegensten Gebieten der Hudsonbai, im Innern Südamerikas und Yukatans, überall, wohin ich bisher auf meinen Reisen gekommen war, kannten die Eingeborenen, wenn nichts anderes, so doch Streichhölzer und Messer. Hier aber hatten sie nicht einmal steinerne Werkzeuge, auch keine Angelhaken, keine Bogen und Pfeile. Staunend betrachtete ich die vor mir stehenden dunkelbraunen Männer, die ihrerseits vielleicht noch niemals einen Weißen vor sich gesehen hatten. In ihrem ganzen Typus erinnern sie mehr an die Bewohner der benachbarten Admiralitäts= inseln als an die Kanaken von Neumecklenburg oder Neupommern und erschienen mir auch größer und wohlgestalteter als die letzteren. Sie waren vollständig nackt. Die Hautfarbe ist dunkelbraun, fast ins Schwarze spielend, die Nase breit, das Gesicht aber sonst nicht unschön. Schwarzes, kurzes Kraushaar bedeckte den Schädel und um= rahmte das Gesicht. Bei verschiedenen waren auch der Körper und die kräftig ent= wickelten Gliedmaßen ziemlich dicht behaart. Augenscheinlich ist bei ihnen allgemein die Beschneidung, und zwar in viel ausgesprochenerer Weise als anderswo, gebräuchlich. Die einzigen Schmuckgegenstände, die ich hier sowie auf den übrigen Inseln der St. Matthias= gruppe an ihnen sah, waren Armbänder aus einem Stück Perlmutterschale geschnitten und am Oberarm getragen, dann winzig kleine, ungemein zarte Ringe aus Schild= patt, von denen zwei bis drei Dutzend an der Nasenscheidewand zwischen den Nasen= löchern steckten. Fast bei allen waren die Ohrläppchen durchbohrt und die Löcher so erweitert, daß sie fünf bis sechs Centimeter Durchmesser besitzen. Die Ohrläppchen baumelten bei manchen ohne jeden Schmuck fingerlang herunter, andere hatten einen zusammengerollten Blattstreifen von etwa sechs Centimeter Breite in den Ohren stecken, wieder andere trugen das ganze Ohrläppchen mit den genannten kleinen Schildpattringen so dicht besetzt, daß ihrer an jedem Ohre Hunderte stecken mochten. Ihre Hände und Füße sind verhältnismäßig klein und wohlgeformt, ihre Zähne blendend weiß.

Auch die sonst in der Südsee sehr verbreitete Tättowierung scheint ihnen unbekannt zu sein; dagegen verzieren sie Gesicht und Körper dadurch, daß sie verschieden geformte Einschnitte zumeist in Kreisform von drei bis sechs Centimeter Durchmesser in die Haut machen und die in Heilung begriffenen Wunden mehrmals wieder aufreißen, so daß die Narben mitunter bis zu einem halben Centimeter erhaben sind. Auffällig war mir die Abwesenheit von Hautkrankheiten. Während die Bewohner von Neuguinea und des Bismarckarchipels sehr viel an dem ekelhaften Ringwurm leiden, welcher der Haut ein aschgraues, geschupptes Aussehen giebt, scheint er hier gar nicht vorzukommen.

Sobald wir anfingen, mit den Eingeborenen zu sprechen, wurden sie zutraulicher und begannen auch ihrerseits uns allerhand zu erzählen, ohne daß unsere aus Neu= mecklenburg und den Salomonsinseln stammenden Polizisten ein Wort davon verstanden

Matthiasinsulaner mit Tauschwaren.

hätten. Ich bemühte mich, hier sowohl wie auf den anderen Inseln, die ich besuchte, verschiedene Wörter mit ihrer Bedeutung herauszufinden, aber es war unmöglich, ihnen klar zu machen, was ich von ihnen wollte, und so blieb mein Verzeichnis auf etwa dreißig Wörter beschränkt. Auf jede meiner durch Zeichen ausgedrückten Fragen antworteten sie mit einem unglaublichen Wortschwall, aus dem nur zu entnehmen war, daß sie Laute wie r und s, die in anderen Kanakensprachen nicht vorkommen, kennen, dafür schien auch ihnen der Laut f unbekannt.

Das größte Entzücken äußerten die Leute, als wir ihnen die mitgebrachten knallroten Stoffe zeigten, welche von den Eingeborenen des Archipels mit Vorliebe als Lawalawa (Lendentücher) getragen werden. Nun standen uns davon nur wenige zur Verfügung, und wir zerrissen sie daher in etwa handbreite, armlange Streifen und boten sie ihnen für die Speere an, die sie in den Händen trugen. Mit Freuden gaben sie diese kunstvoll aus sehr hartem Holz geschnitzten Waffen her, so daß sie bald keinen einzigen mehr zur Verfügung hatten. Nur legten die glücklichen Erwerber dieser schmalen Stoffstücke dieselben nicht dort an, wo nackte Menschen sie gewöhnlich zuerst anbringen würden, sondern banden sie um ihre Arme und Beine, um ihren Hals und den Leib, während die mittleren Körperteile, wenn überhaupt, in stiefmütterlicher Weise zuletzt an die Reihe kamen. Nun liefen einige in den Busch zurück und kamen bald wieder mit ganzen Bündeln von Speeren, dann mehrspitzigen Harpunen zum Fischstechen, geschnitzten Rudern u. dergl. zum Vorschein, um sie gegen die roten Stofflappen einzutauschen, aber diesmal behielt doch jeder von ihnen einen Speer zurück. Endlich luden sie uns durch Zeichen ein, ihnen in den Busch, wahrscheinlich zu ihren dort verborgenen Hütten, zu folgen. Einige waren im Busch zurückgeblieben und verständigten sich mit den am Strande Befindlichen durch verschiedene Rufe. Vorsichtig folgten wir ihnen auf dem viel verschlungenen engen Pfade durch den Dschungel, im Gänsemarsch einherstolpernd;

plötzlich waren sie aber alle verschwunden. Wir hielten es nun für geraten, nicht weiter in das dämmerige Urwaldbidicht einzudringen, sondern lieber nach der Küste zurück= zukehren. In den verlassenen kleinen Hütten fand ich noch mancherlei Gegenstände von Interesse: Kalebassenschalen zur Aufbewahrung des Kalkes, den sie gleichzeitig mit der Betelnuß einnehmen; große Haarkämme, aus netznadelartigen Holzstäbchen bestehend, die durch weiß und rot bemaltes Flechtwerk zusammengehalten werden und an der Spitze mitunter noch Federschmuck zeigen; Beile, an denen als Werkzeug zu einer Schneide zugeschliffene Gehäuse der Mitraschnecke saßen; endlich auch verschiedenartige Fischnetze.

Während ich noch mit verzeihlicher Neugierde in den verlassenen Hütten umherstöberte, ·kamen die Eingeborenen wieder heran und brachten diesmal Gegenstände mit, die uns recht überraschten: Gürtel und Stücke von Stoffen, aus Bast recht kunstvoll gewebt. Die Leute kannten also den Webstuhl. Daß sie ihn selbst erfunden haben, ist in An= betracht ihrer tiefen Kulturstufe vollständig ausgeschlossen, und es wird wohl ein un= gelöstes Rätsel bleiben, wie er zu ihnen gelangte. Ihren Nachbarvölkern, den Bewohnern des Bismarckarchipels und der Admiralitätsinseln, ist die Kunst des Webens unbekannt, dagegen ist sie auf den Karolinen ziemlich allgemein verbreitet, und es ist möglich, daß die Bewohner der St. Matthias nächstgelegenen Karolineninsel Kusai sie hierher= gebracht haben.

Als wir noch mit den Eingeborenen verhandelten, kam von der etwa einen Kilometer entfernten Nachbarinsel ein Kanoe mit sechs Männern herangerudert, welche uns eben= falls ihre Speere als Tauschobjekte für unsere roten Lappen anboten und uns ein= luden, nach ihrer Insel zu kommen. Wir ließen uns auch hinüberrudern, in der Hoffnung, die Leute durch Geschenke zu bewegen, uns ihre Dörfer und ihre Frauen zu zeigen; aber als wir, dort angekommen, den Versuch machten, ins Innere der Insel zu bringen, wurden die schwarzen Kerle plötzlich so drohend, daß wir das Unternehmen aufgeben mußten. Erst nach unserer Abfahrt sahen wir die Weiber schreiend mit ihren Männern am Ufer tanzen, zu weit entfernt, als daß ich eine photographische Aufnahme von ihnen hätte machen können. Kaum hatte das Boot sich wieder zurückgewendet, verschwanden die Frauen wieder im Dickicht.

Zum Schiff zurückgekehrt, fanden wir, daß die anderen Bootsexpeditionen ähnliche Erfahrungen gemacht hatten wie wir. Eine Unmenge von Speeren, gewiß mehrere hundert, dazu die verschiedensten Gebrauchsgegenstände, Stoffe, Gefäße, Werkzeuge u. dergl. waren die Beute des ersten Tages. Die Einwohner hatten sich überall scheu und miß= trauisch gezeigt, aber es war zu keinem blutigen Zusammenstoß mit ihnen gekommen. Die einzige unangenehme Erfahrung hatte der Vertreter der Firma Hernsheim mit den Kanaken gemacht. Er hatte für seine Expedition eine verschlossene Ledertasche mit= genommen, in welcher sich neben seinen Tauschwaren auch eine Geldbörse, Uhr, Taschen= messer, sein Tagebuch und verschiedene andere ihm wertvolle Gegenstände befanden. Während er mit den Kanaken verhandelte, verschwand die neben ihm stehende Tasche. Nach langem Suchen wurde sie im Busch wiedergefunden, doch war das Leder an einer

Eingeborene von St. Matthias, Speere anbietend.

Seite mittels eines scharfen Instrumentes aufgeschnitten und der Inhalt verschwunden. Nur das, was in „zivilisierten" Ländern am ersten genommen wird, der Beutel mit den Geldmünzen, war zurückgeblieben. Am folgenden Tage wurden von den verschiedenen Booten Ausflüge nach anderen Inseln mit demselben Erfolg unternommen. Die Eingeborenen hatten durch unser freundliches Vorgehen Zutrauen gewonnen, und als wir des Abends zum Schiffe zurückkehrten, fanden wir dasselbe von zahlreichen Kanoes umringt, deren nackte Insassen ihren ganzen Haushalt mitgebracht hatten, um die Gegenstände den Matrosen gegen alte Lumpen und Bierflaschen einzutauschen. Die letzteren erfreuten sich beinahe noch größerer Beliebtheit als die roten Lappen. Selbst für zerbrochene Flaschen gaben die Leute ihre schönsten Speere her, für deren Verzierung sie vielleicht einen Monat Zeit gebraucht hatten. Als es keine leeren Bierflaschen mehr gab, ließen sich die Blaujacken in ihrer erstaunlichen Sammelwut volle Flaschen geben, und, so unerhört es auch sein mag, vertauschten die vollen Flaschen. Der Seeadler war bald mehr mit Kanakenspeeren als mit Kanonen und Gewehren armiert.

Da die Offiziere die kartographischen Aufnahmen der Inselgruppen noch nicht vollendet hatten, blieb der Seeadler noch einen dritten Tag vor Anker liegen. Die Kanaken, welche in früheren Jahren alle Landungsversuche der Weißen blutig zurückgeschlagen hatten, waren nun unsere Freunde geworden, und wir besuchten sie auf der nächsten Insel, diesmal ohne einen Angriff zu befürchten. Der freundliche, ich möchte beinahe sagen kameradschaftliche Verkehr, den wir alle, vom Gouverneur abwärts, mit ihnen pflegten, war nicht ohne bestimmte Nebenabsichten. Auf einer früheren Rekognoszierungsreise hatte ein Händlerschiff in den Gewässern von St. Matthias eine große Menge der wertvollen, von den Chinesen mit besonderer Vorliebe gegessenen Trepang (Holothurien) gefunden, und auch auf unseren Bootsfahrten sahen wir auf dem Meeresboden

St. Matthiasinsulaner, Speere anbietend.

durch das seichte Wasser große Mengen dieser scheußlich aussehenden Seewalzen. Zwei Händler aus dem benachbarten Neumecklenburg hatten deshalb die Absicht ausgesprochen, hier eine Station zu gründen, und waren am Tage nach dem Eintreffen des Seeadler mit einem Segelschiffe hierhergekommen. Als besten Platz für die Station hatte sich nach unseren Wahrnehmungen gerade der dem Ankerplatz gegenüberliegende Strand der nächsten Insel erwiesen, und es galt nun, die Leute nicht nur an die Weißen zu gewöhnen, sondern auch zu sehen, wie sie sich zu dem Fällen der Bäume und dem Klären des Urwaldes verhalten würden. Wir zeigten deshalb die hinreißendste Liebenswürdig= keit. Unsere Leute sangen und tanzten mit den Wilden, promenierten mit ihnen Arm in Arm, manchem wurden rote Lappen um den Hals, Leib und Arme gebunden, so daß sie vor Entzücken laut aufschrien, kurz, es gab einen Kannibalenkarneval, wie er zwischen Weißen und Kanaken wohl noch nicht vorgekommen ist. In der Zwischenzeit machte sich der Schiffszimmerman ans Werk, einen großen Kasuarinenbaum zu fällen. Die Schwarzen stutzten wohl, ließen ihn aber gewähren, und nun versuchten wir, sie selbst an die Arbeit zu gewöhnen, indem wir ihnen Äxte in die Hand gaben und sie durch Zeichen aufforderten, ebenfalls Bäume zu fällen. Sie machten sich in der That ans Werk, stöhnten und ächzten wohl nach ein paar Schlägen, als wir ihnen aber die viel begehrten Lappen vor die Nase hielten, setzten sie die Arbeit fort und freuten sich schließlich, wenn die Bäume unter ihren Schlägen fielen.

Mittlerweile hatten die Offiziere ihre Aufnahmen beendet, und wir kehrten auf den Seeadler zurück, der bald darauf die Anker lichtete, um noch die Rundfahrt um die ganze Inselgruppe zu machen. Das Händlerschiff blieb zurück.

Viel anderes als Trepang wird vorderhand auf St. Matthias nicht zu holen sein. Indessen ebenso wie heute hier, lagen zur Zeit der ersten Entdeckungen die Verhältnisse auch auf allen anderen Tropeninseln, und doch sind diese im Laufe des letzten Jahrhunderts zu blühenden Kolonien geworden. Hoffentlich wird auch mit St. Matthias dasselbe der Fall sein.

Als erste Folge unseres Besuches hat die Firma Hernsheim & Co. auf der südlichsten Inselgruppe eine Handelsstation mit einem weißen „Trader" errichtet, der bei der Erbauung seines Hauses, ebenso wie auch später, von den Eingeborenen nicht belästigt wurde.

Menschenfresserei im Archipel.

Die verhältnismäßig günstigen Ergebnisse der vorgeschilderten Expedition mögen auch für den deutschen Forscher Bruno Mencke Veranlassung gewesen sein, einige Monate später mit seinem Schiffe Eberhard (frühere Dampfjacht „Prinzessin Alice" des Fürsten von Monaco) nach St. Matthias zu fahren, um die große Hauptinsel zu durchforschen. Das traurige Schicksal dieser Expedition ist bekannt: Mencke und einer seiner weißen Begleiter, Herr Caro, fielen den Kannibalenspeeren bei einem heimtückischen Ueberfalle sofort zum Opfer, auch von seinen Schutzmannschaften wurde eine beträchtliche Anzahl getötet und gefressen. Mencke, der erst zwei Tage nach seiner Verwundung starb, konnte den Kannibalen noch rechtzeitig entrissen werden. Die Leiche Caros indessen war verschwunden und mag wohl gleichfalls den Eingeborenen zum Schmause gedient haben.

Das bringt mich auf ein trauriges Kapitel, die Menschenfresserei, die, so unglaublich es scheinen mag, heute noch trotz aller möglichen Maßnahmen der Regierung im ganzen großen Bismarckarchipel allgemein verbreitet ist, ja es ist eine dort wohl von allen weißen Einwohnern anerkannte Thatsache, daß es unter der Viertelmillion Kanaken, welche den Archipel bewohnen, keinen Mann im reifern Alter geben dürfte, der nicht schon Menschenfleisch gegessen hätte! Es handelt sich dabei nicht etwa allein um den Kannibalismus früherer Zeiten, vor der Einsetzung einer Regierung durch das Reich, sondern um die Gegenwart; nicht allein um vereinzelte Fälle, sondern um Menschenschmause, die in verschiedenen Teilen des großen, weit ausgebreiteten Inselgebietes allwöchentlich, wenn nicht alltäglich stattfinden.

In einem eben erschienenen Buche über Deutsch-Neuguinea sagt der Verfasser u. a. in Bezug auf Neupommern: „Die Thatsache ist da, über das Wann, Wie und Wo ist man auch im Schutzgebiete meines Wissens noch völlig im unklaren ...." Das ist ein Irrtum, man ist sich in Neupommern, der größten Insel des Bismarckarchipels, über das Wann, Wie und Wo der Menschenfresserei vollständig klar. Sie ist noch heute sogar auf dem von vielen Weißen bewohnten nördlichsten Teile von Neupommern, auf der Gazellenhalbinsel·allgemein verbreitet, Menschenfresserei, ausschließlich

Einwohner von Neupommern.

aus Lust auf Menschenfleisch getrieben, Jagden auf Menschen, auf Bewohner der Nachbardörfer und Stammesgenossen, die man im Walde hinterlistig tötet, schlachtet, bratet und verspeist, und es wird noch Jahrzehnte Zeit bedürfen, um sie wenigstens auf der Hauptinsel Neupommern gänzlich auszurotten. Seit 1900 sind ja wieder eine Reihe ähnlicher Fälle vorgekommen. Der jüngst bekannt gewordene war der eingangs erwähnte Ueberfall auf St. Matthias, und wie viele sich ereignet haben mögen, ohne daß sie zur Kenntnis der Regierung gelangt sind, entzieht sich der Beurteilung.

Gerade die Nordküste der Gazellenhalbinsel, also dort, wo sich die größte Zahl von Pflanzungen, Ansiedelungen, Faktoreien und Missionen der Weißen, speziell der Deutschen befinden, war früher der Schauplatz des grauenhaftesten Kannibalismus. Nur in der unmittelbaren Nachbarschaft, dort, wo die Weißen direkten Einfluß auf die nahen Ort-schaften der Kanaken besitzen, ist diese schreckliche Gewohnheit, aber auch nur aus Furcht vor schwerer Strafe, wirklich verschwunden. Indessen auch hier begegnet man Spuren, Andeutungen, Erzählungen, welche beweisen, wie tief der Kannibalismus bei diesem Volke eingewurzelt ist. Am besten kann man dies in den Schulen und Waisenhäusern der katholischen Mission von Kiningunan erkennen, in denen sich Hunderte von Kindern aus verschiedenen Teilen des Archipels befinden, von der Gazellenhalbinsel bis zu den fernen Lord-Howe- und Admiralitätsinseln. Den meisten sind Szenen vom Schlachten und Aufessen getöteter Kanaken bekannt. Ich habe selbst mehrere darüber befragen lassen; niemand aber kann genauere Auskunft geben als die Missionare der Herz-Jesu-mission selbst, die seit vielen Jahren mitten unter den Kanaken leben, sich ihr Vertrauen erworben haben und zu deren Aufgabe es gehört, sich gerade über die Sitten und Gebräuche dieses Volkes nach Thunlichkeit auf dem laufenden zu erhalten. Sie sind auch die besten Kenner des Landes, denn sie haben weite Strecken desselben durchzogen, die vor und nach ihnen kein anderer Weißer besucht hat; von ihren an der Küste und im Inlande, weit von dem Regierungs- und Handelssitze entlegenen Stationen unter-nehmen sie häufig Streifzüge durch die Umgebung, und als auf Hochschulen gebildete Männer bringen sie dem Lande und seinen Einwohnern auch größeres Verständnis entgegen als Pflanzer und Kaufleute, die sich zunächst doch nur um ihre Geschäfte zu kümmern haben und viel mehr mit Fremden und aus anderen Gebieten eingeführtem Arbeitermaterial verkehren als mit den Eingeborenen. Die Regierung, im ganzen aus drei bis vier Beamten bestehend, ist mit Geschäften derart überbürdet, daß für ethno-logische Studien kaum viel Zeit übrigbleibt. Gerade die Missionare sind es, welche ihr vielfach die Fälle von Menschenfresserei zur Kenntnis bringen. Die Missionsberichte enthalten nun geradezu haarsträubende Einzelheiten über die Menschenfresserei auf Neu-pommern, die gelegentlich der Strafexpeditionen und Untersuchungen durch den kaiser-lichen Richter auch überall bestätigt wurden. Er selbst hat mir bei meinen Besuchen in seinem Hause so manches darüber aus seinen reichen Erfahrungen mitgeteilt.

Bald nach meiner Ankunft im Archipel unternahm ich einen Ausflug gegen das im Inneren der Gazellenhalbinsel gelegene Gebiet des Taulilstammes. Nach dieser Richtung führt von Herbertshöhe aus auf mehrere Wegstunden ein von der katholischen

Mission angelegter Weg. Sie errichtete nämlich in der nahen Umgebung des mächtigen Varzinberges, dem aus weiter Ferne sichtbaren Wahrzeichen des eigentlichen Plantagen=distriktes der Nordküste, vor zwei Jahren eine Missionsstation, Namens Takabur, die erste im Innern der Gazellenhalbinsel. Auf dem Wege dahin kam ich bei einem mächtigen Gummibaum (in der Kanakensprache Rebarebe genannt) vorbei, dessen riesige Wurzeln hoch über den Boden hervorstehen und den unter den sengenden Gluten der Tropensonne leicht ermüdenden Wanderer zum Ausruhen einladen. Die ganze ungemein malerische Landschaft hat von diesem gewaltigen, auf einer Lichtung im Walde stehenden Baume ihren Namen Bitarebarebe erhalten, und die zahlreichen großen Steine und Aschenhaufen im Schatten seiner Laubkrone sagten mir, daß auch die Eingeborenen auf ihrer Wanderung nach und von der Küste hier Rast zu halten pflegen. Als ich, von meinem Ausfluge zurückgekehrt, Pater Dicks über verschiedenes befragte und auch auf diesen Baum zu sprechen kam, erzählte er mir, unter dem Rebarebe seien noch vor gar nicht langer Zeit die schrecklichsten Kannibalenorgien abgehalten worden. Seinen eigenen Worten nach veranstalteten die Bewohner dieses Distriktes, gleich anderen, Raubzüge, teils weiter ins Innere, teils zur Küste, um sich Menschenfleisch zu verschaffen. Es handelte sich nicht um eine gewöhnliche Fehde, die mit Lanze und Beil ausgefochten wurde, sondern einfach um organisierte Jagden auf menschliches Wild. Die große Zahl von Kokospalmen auf den Ländereien der Mission von Kiningunan an der Küste zeugen davon, daß dort früher zahlreiches Volk gelebt hat, das heute, durch diese Raubzüge zu einem kleinen Häuflein zusammengeschmolzen ist.

„Stellen wir uns die Leute am Bitarebare vor, wie sie siegestrunken von Taulil oder einem andern Orte zurückkehren. Hände und Füße an eine Bambusstange gebunden, werden die Leichen von je zwei Männern getragen. Kriegsgefangene sind geknebelt und folgen stumpfsinnig ergeben in ihr trauriges Los. Unter dem Gummibaum versammelt sich die ganze Schar. Eine Anzahl Totenschädel, welche man am Fuße des Baumes aufgestellt oder an den Zweigen aufgehängt hat, grinsen den neuen Opfern entgegen.

Die Leichen werden mit gespaltenem Bambusrohr, das haarscharfe Kanten besitzt, zerlegt. Jeder Häuptling erhält seinen Anteil und zieht sich dann zurück, um mit seinen Leuten den Leckerbissen zu verzehren. Das Fleisch wird zwischen heißen Steinen gebraten. Ist der Schmaus vorbei, so sammeln die Häuptlinge die Knochen und bringen sie zum Baume. Dort werden sie zu den schon vorhandenen um den Stamm gelegt oder an die Zweige gebunden, und nun feiert man unter Tanz und Gesang das Knochenfest. Kriegsgefangene werden teils erschlagen und verzehrt, teils als Sklaven behalten."

Die Feder sträubt sich, die schrecklichen Einzelheiten des Verfahrens bei der Zerteilung der unglücklichen Opfer, sowie beim Verzehren noch nicht geborener Kinder nieder=zuschreiben, zu welchem Zweck schwangere Frauen getötet werden. Daß dergleichen that=sächlich vorkommt, wurde mir wiederholt unter Nennung der Namen der betreffenden Scheusale bestätigt. Der letzte bekannt gewordene Fall von Menschenfresserei im Distrikt von Takabur, wo sich heute eine Missionskirche erhebt, fand im Jahre 1898 statt, und im Jahre 1897 wurde sogar in Ralum, in unmittelbarer Nähe von Herbertshöhe, ein

Blutschänder getötet und gefressen. Was aber heute, wenigstens hier, der jüngsten Ver=
gangenheit angehört, steht auf dem benachbarten Neumecklenburg noch in vollster Blüte.
Der frühere kaiserliche Richter Dr. Hahl hatte auf seinen wiederholten Strafzügen dort=
hin, sowie nach den westlich vorgelagerten Inseln und in Neuhannover reichliche
Erfahrungen darüber gesammelt und aufgezeichnet. Er nennt hauptsächlich drei Häupt=
linge an der Westküste von Neumecklenburg, Marit, Touton und Tastas, welche ein
förmliches Gewerbe daraus machen (oder machten), jedes an das unwirtliche Gestade
getriebene Kanoe abzufangen und die Insassen zu verspeisen. Am Wohnplatze des
Touton wurden Dr. Hahl zwei Bäume gezeigt, die über und über mit Narben von
Axthieben bedeckt sind. In nicht mißzuverstehender Weise zeigten ihm die Eingeborenen,
wie die Opfer festgebunden, wie ihnen einzeln Arme, dann die Füße abgeschlagen und
vor den Augen der noch lebenden Opfer gebraten und womöglich noch verspeist werden,
wenn die Gemarterten sich inzwischen nicht verblutet haben. Touton hat seither seinen
verdienten Lohn erhalten. Die beiden andern haben sich seit dem letzten Strafzuge,
soviel man erfahren konnte, neuer Gewaltthaten nicht mehr schuldig gemacht.

Bei der Expedition des Dr. Hahl nach Mabine, an der Ostküste Neumecklenburgs,
waren dort viele Leute gefallen. Die Bewohner der nordwärts gelegenen Ortschaften,
die Blutfeinde der Mabineleute, hatten ihm Hilfe geleistet. Der Kampf war beendet,
Dr. Hahl hatte seine Mannschaften gesammelt, da vernahm er von seiten seiner mit Aus=
nahme ihres Kriegsschmuckes völlig nackten Bundesgenossen, dreihundert an der Zahl,
ein fürchterliches Freudengeheul. Sie hatten begonnen, die Beute zu sammeln, und eben
brachten zwei Mann den gefallenen Häuptling des feindlichen Stammes, über eine
Bambusstange gelegt, herbeigeschleppt. Dr. Hahl ließ die Leute anfänglich gewähren,
da er noch nicht verstand, was sie mit den Leichen zu thun gedachten. Der Jubel
erneuerte sich, als ein zweiter, von einer Tragstange schwingender Leichnam herbeigebracht
wurde. Nun bedurfte es nicht mehr der Versicherung seiner Polizeimannschaft, daß es
ein „big fellow kai kai plenty too much", d. h. ein großes Festessen geben sollte. Die
Leute folgten zwar der Aufforderung Dr. Hahls, die Leichen am Strande niederzulegen,
und verließen das Kampffeld. Allein am folgenden Tage hörte er, daß sie zurück=
gekehrt waren und sich den Schmaus nicht hatten entgehen lassen.

Südwärts Lasua wurde Hahl am zweiten Tage von den Häuptlingen und allem
Volke erwartet. Ein großes Tanzfest feierte den Sieg und wohl auch den Schmaus.

Die Leichen der Feinde werden sorgfältig rasiert, gewaschen und dann, mit allem
Schmucke angethan, auf heißen Steinen geröstet. Auf Neuhannover ist es gebräuchlich,
die Schädel der erschlagenen und verspeisten Feinde auf Pfähle zu stecken, und die
Menge der Schädel spricht deutlich von der Zahl der Opfer.

In den Berichten der Missionare an das Mutterhaus in Hiltrup, Westfalen, vom
Jahre 1897 kommt folgende Stelle vor:

„Kannibalismus herrscht im ganzen Archipel. Die Toten des eigenen Stammes
werden nicht gegessen, sondern in der Regel nur die gehetzten und mit dem Speer
erlegten Fremden, ohne daß diese gerade Feinde zu sein brauchen. Man fängt

Stammesfreunde ab, wo man ihrer nur habhaft werden kann. In manchen Gegenden, wie auf Neulauenburg (nur wenige Stunden von Herbertshöhe entfernt), wird dazu eine eigene Waffe angewandt, in Speerform mit einer weiten, festen Schlinge, welche dem fliehenden Opfer um den Kopf geworfen wird, worauf dann ein Speerstoß in den Hinterkopf es erlegt. Bei geeigneten Gelegenheiten wird ein Toter auch von Nachbarstämmen gekauft, aber nur, wenn nachgewiesen wird, daß er gehetzt und „weidgerecht" mit dem Speer getötet worden ist. Ein an Krankheit gestorbener wird stets verschmäht. Stammesgenossen werden nur dann gegessen, wenn sie als unverbesserliche Taugenichtse gelten, nachdem man sie unter gräßlichen Martern, die den Fleischgeschmack verbessern sollen, getötet hat. Daß Weiber gegessen werden, kommt seltener vor. Europäer werden es in diesem Gebiete nie; ihr Fleisch soll den Kannibalen zu salzig sein, auch einen Beigeschmack von Tabak und Alkohol besitzen.

Jeder Häuptling hat zwei ständige „Minister", einen Sprecher und einen Schlächter. Ersterer besorgt das Reden, letzterer das Schlachten und Zerlegen. Auf manchen Inseln besorgen die Frauen das Geschäft, indem sie jedes Stück sorgsam in Bananenblätter einwickeln, die ihnen die Mädchen herbeischaffen. Die Männer rüsten sich unterdessen durch Sang und Tanz zum Festschmause; Frauen dürfen nur das verzehren, was die Männer übrig lassen. Das wertvollste Stück vom Manne ist der Schenkel, vom Weibe die Brust. Der Kopf wird nie gegessen, ebensowenig die Eingeweide. Bein= und Arm= knochen des Opfers werden am stumpfen Ende der Speere befestigt; die Eingeborenen glauben, das verleihe ihnen die Stärke des Mannes, dessen Knochen sie besitzen, und mache sie den rachewütenden Verwandten des Gegessenen gegenüber unverwundbar. Sollte aber ein Kanake von seinem eigenen Häuptling getötet worden sein, so kann der Leichnam von einem andern Stamme gekauft werden.

Wollten wir hier ein Verzeichnis der Inseln aufstellen, so könnten wir füglich hinter dem Namen jeder einzelnen ein derartiges Ereignis anführen."

Thatsächlich enthalten fast alle bisher über den Bismarckarchipel erschienenen Werke Beispiele von Kannibalismus, so Powell in seinem Buche Neubritannien, b'Albertis, B. Volz, Robide, der englische Großkommissär H. H. Romilly, Cailay=Webster (Durch Neuguinea und andere Kannibalenländer) und alle deutschen. Ebenso hatten alle Beamten der gegenwärtigen Regierung in Herbertshöhe wiederholt Gelegenheit, der Menschen= fresserei auf die Spur zu kommen und dieselbe zu bestrafen. Als Dr. Schnee, der kaiserliche Richter, im verflossenen Jahre seine Strafexpedition gegen die Sklavenjäger an der Nordostküste der Gazellenhalbinsel unternahm, befand sich unter den von ihm gemachten Gefangenen ein Hauptmenschenfresser, Namens Tonggoliol, der nachweislich eine ganze Anzahl Menschen erschlagen und gefressen hatte. Von den Gefangenen sind mit Aus= nahme eines einzigen seither alle aus Herbertshöhe entwichen, aber nur einer erreichte glücklich seine Heimat. „Die übrigen", so sagt Pater Rascher, wohl der beste Kenner der Gazellenhalbinsel, „werden auf dem Wege nach Baining beim Ueberschreiten der Flüsse ertrunken oder, was wahrscheinlicher ist, von umherstreifenden Ramanduleuten er= schlagen und verzehrt worden sein."

Dr. Schnee sagt in einer kürzlich erschienenen Schilderung unserer schwarzbraunen Lands=
leute in Neuguinea folgendes: „Die in den meisten Büchern ausgesprochene und in
Neuguinea überall geglaubte Ansicht, die Festlandbewohner seien keine Menschenfresser,
muß ich widerlegen. Ich habe gegen derartige Versicherungen von Anfang an einiges
Mißtrauen gehegt, da es mir unwahrscheinlich dünkte, daß nur die Inselbewohner diesem
Laster frönen. Sicher festgestellt ist die Anthropophagie für die Landschaft Poum,
nordwestlich von Finschhafen, wo die Besatzung eines Schoners die Eingeborenen mit
dem Braten eines menschlichen Beines beschäftigt fand. Ich glaube annehmen
zu dürfen, daß trotz des Leugnens der in der Nähe von Ansiedelungen ansässigen
Eingeborenen der Kannibalismus bei allen Papuastämmen gleichmäßig zu finden ist.
Man begnügt sich bei ihnen eben nicht damit, den gehaßten Feind getötet zu haben,
sondern sucht auch noch seinen Körper gänzlich zu zerstören, was ja bei Naturvölkern
nichts Seltenes ist. Zugleich spricht wohl die Idee mit, daß die Kraft des Toten, die
ja doch nicht ohne weiteres verschwunden sein kann, auf diese Weise auf den Sieger
übergeht und dessen Stärke erhöht". Der jüngst bekannt gewordene Fall von Menschen=
fresserei auf Neuguinea stammt aus dem Monat April 1801 und ist um so schrecklicher,
als dabei zweifellos auch zwei Weiße dem Kannibalismus zum Opfer fielen. Der
Dampfer Niue der Londoner Mission, mit den englischen Missionaren Chalmers und
Tomkins an Bord, ging am 6. April von der Insel Goaribari im Papuagolf an der
Südseite von Neuguinea, der Astrolabebai gerade gegenüber, vor Anker. Das Schiff
war bald von etwa einhundert Booten bewaffneter Eingeborener umgeben, die den
Missionar Chalmers durch Zeichen einluden, an Land zu kommen. Am nächsten
Morgen ließen sich beide Missionare, begleitet von einer Anzahl ihrer Missionszöglinge,
an Land rudern und wurden nicht mehr gesehen. Ja sogar der Dampfer wurde von
den wilden Eingeborenen total ausgeplündert, und nur mit knapper Not gelang es der
Bemannung, das offene Meer zu gewinnen. Als die Regierung von Queensland die
Sache erfuhr, sandte sie sofort eine Expedition nach den betreffenden Orten und
fand bald heraus, daß alle, dreizehn an der Zahl, von den Eingeborenen mit Keulen
erschlagen, ihnen mit Sägen aus Bambus die Köpfe abgeschnitten, die Leichen zerstückelt
und aufgefressen worden waren. Vom Missionar Chalmers fand man den Unterkiefer und
die zwei noch frischen Schenkelknochen wieder. Die Expedition brannte elf Eingeborenen=
dörfer nieder und sprengte alle Kriegsboote und Kanoes mit Dynamit in die Luft. In
zwei großen Kriegshäusern dieser Gegend wurden nicht weniger als 1100 Menschen=
schädel gefunden, von erschlagenen Feinden herrührend, denn die Eingeborenen sind hier
gerade so wie die Bewohner der Salomonsinseln auch Kopfjäger.

Mit den geschilderten Erlebnissen und Beobachtungen verschiedener Autoritäten ist
wohl der ganz unwiderlegbare Beweis geliefert, daß die Menschenfresserei thatsächlich
heute noch mit Ausnahme der nächsten Umgebung der spärlichen Ansiedelungen
überall im Schutzgebiete ausgeübt wird. Dr. Hahl hat die Ansicht ausgesprochen, daß
der Kannibalismus nicht mit Waffengewalt unterdrückt werden kann; „Gewöhnung,
Beispiel und Lehre müssen neben der Züchtigung das meiste wirken, ein unendliches

Feld der Thätigkeit für das segensreiche Wirken der Missionen in dem weiten Gebiete der Kolonie". Thatsächlich ist der Kannibalismus überall dort, wo in diesem vollständig religionslosen Inselreiche die Missionare direkten Einfluß ausüben können, verschwunden. Leider giebt es Missionen nur auf Neupommern und auf den Salomonsinseln. In Neumecklenburg, Neuhannover und auf den anderen zahlreichen Eilanden wohnen nur vereinzelte weiße Händler, und es wird noch Jahrzehnte dauern, ehe dort die Zustände ähnlich günstige sein werden wie an der Nordküste der Gazellenhalbinsel. Inzwischen giebt es kein anderes Mittel, dem Kannibalismus zu steuern, als die strengsten Strafen und Strafexpeditionen, wie sie thatsächlich von Herbertshöhe aus unternommen werden, wenn immer sich eine Schiffsgelegenheit darbietet, um den betreffenden Ortschaften bei-zukommen. Leider ist es aber mit diesen Schiffsgelegenheiten sehr schlecht bestellt.

Die Blanchebai und ihre Bulkane.

Wer eine Expedition nach so weltentlegenen, verlassenen, unbekannten Inselgebieten hinter sich hat, wie es die Neuhannover- und die St.-Matthiasgruppe heute noch sind, dem dünkt das winzige Herbertshöhe, die Hauptstadt des Bismarckarchipels, wie ein Klein-Paris. Mit Freuden vertauschte ich die enge Kabine des Kriegsschiffes mit der behaglichen Wohnung beim Gouverneur und bedauerte nur, daß dieser selbst schon zwei Tage nach meiner Rückkehr fort mußte, um auf einem kleinen Kutter eine Expe-dition nach Neumecklenburg zu unternehmen. Nur zu gern hätte ich mich dieser an-geschlossen, wenn bestimmte Aussicht auf eine Rückkehr nach ein paar Wochen vorhanden gewesen wäre. Aber auf Segelschiffen in diesen nur wenig bekannten Meeren herum-zugondeln, beim Landen unter feindlichen, nach Menschenfleisch lüsternen Kannibalen zu wohnen, hat seine Schattenseiten; man kann nie wissen, ob die Vorsehung den Reisenden innerhalb einer Woche oder innerhalb zweier Monate oder überhaupt zurückbringt; entrinnt man auch dem wenig ansprechenden Schicksal, zerteilt, gebraten und aufgefressen zu werden, so kann doch Windstille eintreten, und man liegt dann wochenlang auf offener See, oder man kann durch Stürme nach irgendeinem Winkel im Stillen Ozean ver-schlagen werden, wie es während meines Aufenthaltes in Neuguinea und im Bismarck-archipel manchem Segelschiffe passierte, das als verloren und verschollen galt, um Monate später irgendwo aufzutauchen. Ich zog es deshalb vor, Herbertshöhe als Hauptquartier beizubehalten und von dort Ausflüge zu Land und zu Wasser in die nähere Umgebung dieses so entzückend gelegenen Ortes zu unternehmen.

Ob auf dem Festlande von Neupommern, ob auf den zahlreichen, der Gazellenhalb-insel vorgelagerten Inseln, überall findet man mitten unter den kanakischen Menschen-fressern einzelne Weiße, und man kann bei diesen stets eines Rückhaltes, eines gastlichen Empfanges und im Bedarfsfalle auch der Unterkunft sicher sein.

Wie in der ganzen Südsee, von den Philippinen bis nach Samoa und Tahiti, so herrscht auch hier unter den Weißen der verschiedensten Berufe ein recht herzliches Ein= vernehmen, und die Gastfreundschaft wird als etwas ganz Selbstverständliches ausgeübt. Ich war während meiner Fahrten im Archipel an aufeinanderfolgenden Tagen der Gast des Gouverneurs wie der Missionare, der Kriegsschiffe wie der Pflanzer, Händler oder Kauffahrteischiffe. Freilich beschränken sich die Ansiedler auf einen Umkreis von etwa fünfzig Kilometer von Herbertshöhe, darüber hinaus ist noch alles wildes, unerforschtes Gebiet, nur von feindlichen Eingeborenen bewohnt. Selbst die Gazellenhalbinsel, der nördlichste Teil von Neupommern, ist noch niemals ihrer vollen Breite nach durchquert worden. Die einzigen Weißen, welche Reisen ins Innere unternommen haben, waren die katholischen Missionare, wie denn auch die wenigen nach dem Innern der Halbinsel führenden Wege zum Teil von den Missionaren angelegt worden sind.

Der Sicherheit halber siedelten sich die ersten weißen Händler zunächst auf den Inseln an, und unter diesen besitzen die Inseln Mioko der Neulauenburggruppe und Matupi in der Blanchebai die ältesten Handelsstationen. Einer der ersten Ausflüge, die ich von Herbertshöhe aus unternahm, war eben der Blanchebai gewidmet, die durch ein von der Gazellenhalbinsel nach Norden und Osten vorspringendes Knie gebildet wird. An der äußersten Spitze desselben erheben sich die drei Vulkane Mutter, Nordtochter und Südtochter, von denen die letztgenannte Vulkan heute noch thätig ist und aus einem weiten niedrigen Seitenkrater fortwährend heiße Dämpfe entsendet. Die beiden anderen Vulkane sind längst erloschen und bis nahe an ihre Krater mit Urwaldbäumen und dichtem Gestrüpp überwuchert. Einige Tage nach meiner Ankunft in Herbertshöhe sah ich der Mutter mächtige Rauchwolken entströmen; auch an verschiedenen Stellen des durch die Südtochter teilweise verdeckten Südabhanges kam stoßweise dichter Rauch zum Vorschein. Gegen Mittag war der Vulkan wieder ruhig, um am nächsten Morgen erneut und anscheinend aus denselben Kratern wie am Tage vorher auszubrechen; den Abend vorher verspürten wir auf der ganzen Halbinsel ein sehr heftiges Erdbeben, das wegen der leichten Bauart der Holzhäuser (andere giebt es hier nicht) keinen erheblichen Schaden anrichtete. Die Sache erschien mir um so interessanter, als sich am dritten Tage der Ausbruch in den gleichen Stunden wiederholte. Es war am Dienstag, an welchem Tage allwöchentlich die Mission in Kiningunan ihren kleinen Dampfer Gabriel die Rundreise nach den anderen Missionsstationen antreten läßt, um bei dem Mangel jeder Postverbindung Briefe und Pakete an die Missionare zu senden, anderseits um von diesen Lebensmittel, wie Taro, Yam, Bananen u. dergl. zu holen; denn die drei= hundert Kanakenmäulchen in den Missionsschulen verschlingen mehr, als die Mission in Kiningunan produzieren kann. Ich erbat mir nun von dem Provikar die Erlaubnis, den Dampfer zur Fahrt in die Blanchebai benutzen zu dürfen, und hatte die Freude, nicht nur umgehend in liebenswürdigster Weise die Bewilligung zu erhalten, sondern auf dem Dampfer auch noch Pater Dicks und Pater Maier anzutreffen, welche eben einige dreißig ihrer kanakischen Waisenknaben für eine Ferienreise nach der Mission in Malaguna führten. Die schwarzen Kerlchen freuten sich sichtlich, als der kleine Dampfer von den Wellen auf= und niedergeworfen wurde, und keiner von ihnen wurde seekrank. Auch die beiden Missionare hatten die wiederholten Ausbrüche des Vulkans wahr=genommen, doch behauptete der Kapitän, ein Philippiner Namens Basilio, die Rauch=wolken rührten von dem Niederbrennen des Waldes auf den Vulkanflanken her, wo die Kanaken Plantagen anzulegen beabsichtigten. Als wir nach zweistündiger Seefahrt in die Nähe des Vulkans gekommen waren, zeigte sich auf Don Basilios breitem kastanien=braunen Gesicht überlegenes Lächeln. Er hatte recht gehabt.

Das ganze Land hier ist indessen vulkanischen Ursprungs. Die schöne Blanchebai, die wir nun durchfuhren, ist nichts als der Krater eines ungeheuren erloschenen Vulkans, und ihre Uferberge sind seine Kraterwände. Im Süden sahen wir die flache, große Vulkaninsel, welche vor einer Reihe von Jahren plötzlich hier aus den Fluten empor=tauchte, und unweit von ihr liegen in der Bai ungeheure Lavablöcke, welche von dem letzten Ausbruch des Ghaievulkans im Jahre 1878 herrühren. Der Vulkan selbst liegt mit seinem rotgebrannten, weiten Krater der Insel Matupi gerade gegenüber; aus ver=schiedenen Solfataren zischen Schwefeldämpfe hervor, die Kraterwände zeigen dicke Schwefellager, und am Fuße des Vulkans münden verschiedene siedendheiße Quellen in die Bai.

Das ganze Gebiet ist zeitweilig heftigen Erdbeben unterworfen, und das letzte, das an Heftigkeit alle früheren seit der Besiedelung der Gazellenhalbinsel durch Weiße übertraf, ereignete sich am 11. September 1900. „Eine geradezu erdrückende Hitze herrschte seit dem frühen Morgen und ließ, wie die »Deutsch=Australische Post« bald darauf berichtete, auf ein großes Naturereignis schließen. Die Weißen, welche weniger vertraut sind mit den warnenden Vorzeichen der Natur, wurden durch das eilige Vordringen der Ein=geborenen aus dem Busch nach der Küste darauf aufmerksam gemacht, daß etwas Un=gewöhnliches im Anzuge sei. Bereits um sieben Uhr morgens waren die Ufer der Blanchebai mit Gruppen von Eingeborenen angefüllt, die teilweise bis zur Hüfte im Wasser standen, um den Ausbrüchen der Natur zu entgehen. Um halb acht Uhr hörte man ein leichtes Geräusch, dem grollenden Donner eines herannahenden Gewitters ver=gleichbar; gleichzeitig erzitterte die Erde, ein furchtbarer Stoß folgte, der die vor Angst heulenden Eingeborenen ins Meer trieb. Die Häuser tanzten, die Zementgrundlagen barsten, und es entstand ein knatterndes, krachendes, polterndes Geräusch, als ob alles zu Stücken geschlagen worden wäre. Alles bewegte sich wie in einem Wirbelwinde, die Bäume flogen durch die Luft und fielen mit krachendem Geräusch auf den Boden zurück. Der wilde Taumel dauerte etwa drei Minuten; sie schienen zu Stunden an=gewachsen zu sein, und während dieser Schreckenszeit richteten sich die Augen der Weißen und Eingeborenen mit bangem Entsetzen nach dem gähnenden, schwefelfarbigen Krater des noch immer thätigen Vulkans, wo der von den Schwarzen am meisten gefürchtete böse Geist »Kaiyn« sein zerstörendes Wesen trieb. Aber auch der Weißen Entsetzen war nicht geringer; denn sie wissen, welch alles vernichtende, übermenschliche Gewalt sein Inneres birgt. Doch der Krater blieb ruhig, und alle atmeten erleichtert auf. Dem ersten Stoß folgte gegen acht Uhr ein zweiter, und die Erde erzitterte und bebte noch bis zum

Ein Aufzug der Dut-Dutfänger, Reupommern.

anderen Morgen fünf Uhr, einem gefesselten Ungetüm vergleichbar, das sich in ohn=
mächtiger Wut aufbäumt gegen die überstarken Bande, die es festhalten. Daß diese
Ereignisse überall Schrecken verbreiteten, ist nur zu erklärlich; niemand wagte unter
Dach zu bleiben, Tag und Nacht lebte man in Furcht vor den Ausbrüchen des Bulkans.
Als am Mittwoch Morgen während einiger Stunden Ruhe eintrat, wurde man froher,
aber um neun Uhr fing das Getöse wieder an und erneuerte sich alle halbe Stunden,
gleichsam als ob die Dämonen der Unterwelt nach einiger Ruhe den Kampf wieder
aufgenommen hätten. Bis zum Abgange der Post am 27. September dauerten diese
sich regelmäßig wiederholenden Erschütterungen fort. Während des ersten Stoßes am
11. September war auch das Meer in Mitleidenschaft gezogen worden. Die Fluten
zogen sich mit unheimlicher Schnelligkeit fünfzig Fuß von dem Ufer zurück und drangen
nach zehn Minuten wieder schäumend und brausend gegen die Insel an, Hunderte von
Fischen, die ans Ufer geschleudert waren, wieder in ihr nasses Element zurückführend.
Der deutsche Postdampfer Stettin, der in Herbertshöhe vor Anker lag, stieß manchmal
während dieser Flutwellen auf den Boden, zum nicht geringen Entsetzen der sich an
Bord befindlichen Menschen.“

Auch die kleine Insel Matupi verdankt ihren Ursprung der nie ruhenden vulkanischen
Thätigkeit. Die ganze Ostspitze wird von den Lagerhäusern, Kaufläden und Villen der
Firma Hernsheim & Co. eingenommen, die hier ihren Hauptsitz hat und von diesem aus
ihre vielen Handelsstationen im Archipel leitet. Obschon sehr hübsch nnd praktisch ein=
gerichtet, bildet diese Faktorei doch keinen besonders angenehmen Aufenthalt, denn die
Insel ist auf drei Seiten von hohen vulkanischen Bergen umgeben. Von der Ostseite
blickt der glühendheiße Ghaiekrater in die Fenster.

Der größte Teil der Insel wird von Palmenpflanzungen eingenommen, in welchen
kürzlich eine neue Station der katholischen Mission unter Leitung des Pater Baumann ent=
standen ist. Sein Nachbar ist der Chinese Ah Tam, eine berühmte Persönlichkeit im
Archipel, denn er hat die einzige Schiffswerfte und Zimmerwerkstätte, dazu einen großen
Kramladen und ein Boarding House für Europäer, in welchem freilich selten jemand
wohnt. Der flinke, pfiffige Mongole ist nicht gut auf die europäischen Kaufleute zu
sprechen, denn er behauptet, sie ließen ihn auf keinen grünen Zweig kommen. Er müsse
alle seine Waren nur durch sie beziehen, Chinesen dürften auch im Archipel kein Land
besitzen und selbständig keine Minen ausbeuten, sonst würden sich gewiß schon zahlreiche
Chinesen im Archipel angesiedelt haben und zum Aufschwung desselben beitragen. Ah Tam
ist aber trotzdem ein reicher Mann geworden.

Jenseits Matupi dampften wir an den beiden „Bienenkörben“, zwei ungemein malerischen,
steil aus der Bai emporsteigenden Felstürmen vorbei, an die Nordküste, wo wir bald
die Mission von Malaguna, unser Reiseziel, erreichten. Der Name klingt italienisch
und läßt auf Sümpfe, Malaria u. dergl. schließen. Davon ist aber in dem stillen, von
steilen Bergen umschlossenen Erdenwinkel hier glücklicherweise ebensowenig wahrzunehmen,
wie in dem ganzen Bismarckarchipel überhaupt, dessen Klima entschieden viel gesünder ist
als das von Neuguinea.

Malaguna ist eine der ältesten Stationen der Herz-Jesumission, in welcher Pater Fromm, ein geborener Elsässer, seit vielen Jahren seines Amtes waltet und außergewöhnliche Erfolge zu verzeichnen hat, denn in keiner Station giebt es so viele und so gute Christen wie hier. Doch fahndete ich vergeblich nach einem Dorfe oder auch nur Hütten von Eingeborenen. Pater Fromms „Pfarrkinder" wohnen in den Bergen zerstreut, und Malaguna besteht, soweit es sich von unserem Dampfer aus erkennen ließ, nur aus einem Kirchlein und einigen bescheidenen Missionsgebäuden. Als wir, von Pater Fromm erwartet, den Strand betraten, kamen eben aus den Bergen einige Kanaken, die in großen Palmblattkörben das Mittagsmahl für die von uns mitgebrachten Missionskinder herbeitrugen, denn unser Besuch war längst erwartet. Es gab vortreffliche Leckerbissen für die schwarzen Kleinen: geröstete Bananen, gebratene Taro (eine Art Riesenkartoffel) und Kraut mit Kokosmilch zubereitet. Als Refektorium diente das Schulhaus der Mission. Schulhaus! Man ist dabei geneigt, an ein stattliches Gebäude mit verschiedenen Sälen zu denken, mit Karten und Bildern an den Wänden, mit Katheder und Schulbänken. Dergleichen ist in den Missionen der Gazellenhalbinsel nichts vorhanden. In einem Winkel des umhegten Missionsgartens erhebt sich ein Bambushaus, vier Pfeiler mit einem Strohdach, und dünne Bambusstäbchen mit ebensolchen Zwischenräumen als Wände, so daß man den Bau für einen großen Vogelkäfig halten könnte. Das ist das Schulhaus von Malaguna. Im Innern stehen auf dem sandigen Erdboden Reihen von Bänken, aus alten Kistenbrettern und Bambusstäbchen zusammengenagelt, und eine leere Kiste als Sitz für das Lehrpersonal, das einzig und allein aus Pater Fromm besteht. Man muß sich eben zu helfen wissen. Auf polierte Möbel und gemalte Wände kommt es hier nicht an, sondern auf festen Willen und Glaubenseifer. Beides besitzt der ernste, stille Mann, der hier sein entbehrungsvolles, aber erfolgreiches Leben fristet, in hohem Maße. Sein Wohnhaus ist auch nicht viel besser. Eine Kammer mit einem Tisch und ein paar Stühlen dient als Speise- und Wohnzimmer, daran schließen sich auf beiden Seiten zwei Kämmerlein mit höchst einfachen Betten für den Missionar und den dienenden Bruder. Diesmal machte das Haus einen ausnahmsweise festlichen Eindruck, denn der Tisch war gedeckt, und die sechs Missionsteller, vier Bestecke und vier Gläser von Malaguna standen für die Mahlzeit bereit.

Pater Fromm schien ob der Frugalität desselben ein wenig verlegen zu sein. Ich tröstete ihn mit den Erfolgen seiner Missionsthätigkeit. Er schüttelte aber den Kopf. „Es geht nicht so recht", meinte er.

„Sie haben doch so viele Christen in Ihrem Bezirk?"

„Ja, aber es ist schon lange her, daß ich den letzten Kanaken getauft habe."

Das war Pater Dicks, der lächelnd die Klagen seines Kollegen angehört hatte, doch zu viel. „Pater Fromm", so sagte er, „vergißt beizufügen, daß es in seinem Gebiete überhaupt niemanden mehr zu taufen giebt, denn alle elfhundert Eingeborenen desselben sind bereits Christen."

Pater Fromm schüttelte wieder stumm den Kopf.

„Sind vielleicht viele von Ihren schwarzen Pfarrkindern wieder abgefallen?"

„O nein!"

„Oder sind sie flau in der Ausübung ihrer religiösen Pflichten?"
Pater Fromm nickte.

„Meinen Sie, daß Ihre Leute zu Ostern nicht zur Kirche gekommen sind?" (Das
Osterfest war eben vorüber.)

„O, ich sollte mich eigentlich nicht beklagen, aber es fehlten mir doch vier Frauen!"

„Vier Menschen bei elfhundert Pfarrkindern!" rief ich aus. „Glauben Sie, es giebt
eine Gemeinde auf Erden, die noch größere Erfolge aufzuweisen hätte? Vielleicht", so
fügte ich tröstend bei, „waren die Frauen krank!"

„Ja", meinte Pater Fromm, „sie haben sich durch Krankheit entschuldigen lassen.
Ich bin deshalb zu ihnen gegangen, um mit ihnen zu beten."

Pater Fromm ist doch gewiß ein Mann, der seinem Namen Ehre macht!

Das Kirchlein, in welches er mich nun führte, ist von ähnlicher Einfachheit wie die
anderen Missionsgebäude. Die Bankreihen sind auch nur aus alten Kisten zusammengenagelt, auf denen man noch die Worte „Glas", „Vorsicht", „Sydney", „Melbourne"
lesen kann. Das dünne Wellblechdach zieht die glühenden Strahlen der Tropensonne
so an, daß es im Innern kaum auszuhalten ist. An einer Wand steht der Beichtstuhl,
und in diesem Dampfbad saß Pater Fromm während der Osterzeit tagelang, um die
Leiden seiner Kanaken anzuhören.

War er damit fertig, dann mußte er in die Berge, um den Schulknaben Unterricht
zu erteilen, denn neben der Schule in Malaguna hat er noch drei andere Schulen,
wovon eine in Bunambeca, eine Stunde weit auf der anderen Seite des steilen Berg-
rückens liegt. Neben diesen vier Knabenschulen giebt es in dem Missionsbezirk auch vier
Mädchenschulen mit etwa einhundertsechzig Schülerinnen. Diese werden durch eine weiße
und zwei eingeborene Missionsschwestern besorgt, welche in einem eigenen Gebäude nahe
der Kirche von Malaguna wohnen. Als ich zu ihnen kam, war die weiße Schwester,
eine noch junge, ungemein sympathische Erscheinung, gerade in der Küche, um unsere
Mahlzeit höchst eigenhändig zuzubereiten. Sie geriet ob des Besuches in nicht geringe
Verlegenheit und wollte mir gar nicht die mit Mehlteig bedeckte Hand reichen. „Es ist
nicht schön von meinem Bruder, Sie gerade jetzt hierherzuführen", meinte sie.

„Pater Fromm Ihr Bruder?"

„Ja, mein leiblicher Bruder, aber ich sehe leider nur sehr wenig von ihm. Er ist
den lieben langen Tag bei den Kanaken oder in der Kirche oder Schule und gönnt sich
gar keine Ruhe. Ich bin recht besorgt um ihn!"

Ich betrachtete das kleine, schwächliche, fast durchsichtige Wesen, auf dessen Schultern
eine solche Menge verschiedener Verpflichtungen ruht, und dachte mir, daß man, wenn
um irgend jemand, gerade um die Schwester besorgt sein müsse. Dabei diese Arbeits-
freude, diese Hingebung, diese Aufopferung! Beim Abschied drang ich in sie, mir zu
sagen, ob ich irgend etwas für sie besorgen könnte. Nach langem Zögern teilte sie mir
schüchtern ihren Wunsch mit, einen Regenschirm! Ich will gleich beifügen, daß ich die
nächste Gelegenheit benutzte, ihr einen solchen zuzusenden.

An der Nordküste der Gazellenhalbinsel.

Der Ausflug nach der Blanchebai war so interessant gewesen, daß ich Pater Dicks um die Erlaubnis bat, auch in der folgenden Woche die Rundfahrt des Missions= schiffes rings um die Gazellenhalbinsel mitmachen zu dürfen. Das Wetter war uns aber diesmal nicht so günstig. Die kleine Dampfnußschale schaukelte troß aller Kunst des seeerfahrenen Kapitäns Don Basilio ganz erbärmlich umher, und die Brandungs= wellen gingen besonders an der Nordostküste, zwischen den drei Vulkanen und Kap Stephens, so bedenklich hoch, daß wir unsere Landungsversuche in Nondup sowohl wie auf der hochinteressanten großen Insel Uatom zu unserem Bedauern aufgeben mußten. Unser Boot wäre an den Klippen wahrscheinlich zerschellt worden, und wir wohl mit ihm. Noch schlimmer blies der Wind, als wir die malerische Küste entlang fahrend die Station Vlavolo, einen der wichtigsten Siße der Mission, erreichten. Haushoch brachen sich dort die Wellen an den Korallenriffen; wir sahen in der Ferne das hübsche von einem Turm überhöhte Kirchlein und die Missionsgebäude in einem üppigen Blumengarten stehen, wir sahen auch den Leiter der Mission, den verdienstvollen Pater Bley, von der Küste uns verschiedene Zeichen geben, aber wir mußten weiter. Ueberall längs der Küste liegen die niedrigen Bungalows und Warenhäuser von weißen Händlern, hauptsächlich Engländern und Deutschen, die hier von den Eingeborenen Kopra einhandeln. Daß sie sich hier überhaupt mit einiger Sicherheit ansiedeln konnten, daß sie Wege ins Innere finden und dort bei den Eingeborenen auch Produkte für den europäischen Markt ein= tauschen können, haben sie vornehmlich den Missionaren zu danken. Diese waren es, die sich zuerst unter beständiger Lebensgefahr unter den Menschenfressern ansiedelten, um ihnen den schrecklichen Kannibalismus, das hinterlistige Morden und Verzehren von Menschen, das Töten ihrer eigenen Kinder abzugewöhnen und ihnen das Gotteswort zu predigen; die Missionare waren es, welche Wege durch das Land bauten, die faulen Kanaken auf die Segnungen der Arbeit aufmerksam machten, sie lehrten, wie zu säen, zu pflanzen, zu ernten sei. Sie haben hier nicht nur ihrem Glauben gedient, sondern eine große Kulturmission erfüllt, die von der Regierung, den Pflanzern und selbst von ihren eifrigsten Glaubensgegnern rückhaltlos anerkannt wird. Auf einer Strecke von etwa zehn Kilometer liegen hier mindestens ein halbes Dußend Handelsstationen; weiter hinaus, jenseits des Weberhafens, in den großen Bezirk der Bainingberge, haben sie sich noch nicht gewagt, denn dort ist das Feld für sie noch nicht vorbereitet, dort wirkt vorläufig die Mission allein unter der Leitung des hochverdienten Pater Rascher.

Da wir in Vlavolo unmöglich an Land kommen konnten, versuchte Kapitän Basilio das Schiff durch Wind und Wellen nach der nächsten Missionsstation, Vunakamkabi, zu steuern, die in der Talilibucht etwas geschützter gelegen ist. In der That gelang es uns, dort ohne besondere Salztaufe an Land zu kommen. Dort besorgte uns der Missionsleiter, Pater Nollen, in liebenswürdigster Weise Pferde, damit wir noch vor Einbruch der Nacht nach Vlavolo und von dort über die Berge nach Matupi gelangen

konnten. Pater Dicks erwies sich als sehr geübter Reiter, aber mein zweiter Reise=
begleiter, Pater Meier, war erst seit einigen Monaten hier, und in den Seminaren zu
Hause wird bekanntlich kein Reitunterricht erteilt. Erst einmal in seinem Leben hat er
ein Roß bestiegen. Das war mir aber nicht bekannt, und so galoppierte ich denn, kaum
im Sattel, durch die Plantagen Blavolo zu, um dieses so rasch wie möglich zu erreichen.
Erst nach geraumer Zeit ließ ich mein Pferd im Schritt gehen, und mich umwendend,
erblickte ich wohl Pater Dicks auf dem schmalen Fußpfade hinter mir, Pater Meier war
aber nirgends zu sehen. Wir warteten ein Weilchen, und in der That erschien nun
auch der neue Missionskavallerist. Er klammerte sich mit den Händen an Zügeln und
Sattel fest, saß aber wenigstens auf seinem Roß, was uns bei dem zweitmaligen Reit=
versuch gewiß nicht so gut geglückt sein dürfte.

Auf dem ganzen Wege bis Blavolo kamen wir nicht aus Palmen= und Bananen=
plantagen heraus; zwischen ihnen versteckt erheben sich die kleinen Palmstrohhäuschen
der Eingeborenen, die uns beim Passieren durch freundlichen Zuruf begrüßten; überall
waren sie an der Arbeit, um Kokosnüsse zu öffnen oder die Pflanzungen von Unkraut
zu befreien. Zwischenburch konnten wir stellenweise das mit weißem Schaum bedeckte
Meer wahrnehmen, dessen Wellenkolonnen unaufhörlich gegen die Klippen donnerten.
Nach einstündigem Ritt sah ich über den großblätterigen Bananen wieder den Kirchturm
von Blavolo erscheinen, und einige Minuten darauf saßen wir (Pater Meier allerdings ein
wenig mühsam) in dem einfachen Hause des Pater Bley und tranken erfrischende Kokos=
milch, während der würdige Missionar uns von seinem langjährigen Leben hier, von
seinen Erlebnissen und Gefahren erzählte. Dank seiner Thätigkeit haben sich die Ver=
hältnisse so gebessert, daß er ohne Gefahr in jeder Eingeborenenhütte seines Distriktes
schlafen könnte. Das Kirchlein, inmitten eines schönen Blumengartens, ist eines der
reizendsten, das ich in der Südsee gesehen habe, und doch ist alles das Werk der
fleißigen Brüder wie des Pater Bley selbst, der nebenbei ein vortrefflicher Zeichner und
Maler ist. Auf der anderen Seite des Gartens liegt ein etwas größeres Gebäude, in
welchem einige ehrwürdige Missionsschwestern eine Mädchenschule leiten und die kleinen
Kanakenmädchen, zumeist Waisenkinder, neben Lesen und Schreiben auch allerhand nützliche
Handarbeiten lehren. Ein eigenes Schulhaus ist nicht vorhanden. Pater Bley half sich
auf geschickte Weise aus der Verlegenheit. Statt das Haus der Missionsschwestern nur
einundeinhalben Meter über den Erdboden zu legen, wie es bei der Mehrzahl der
Pflanzer= und Missionshäuser der Fall ist, verwendete er zweiundeinhalb Meter hohe
Pfeiler und gewann so unter dem Hause einen nach allen Seiten offenen und deshalb
luftigen und kühlen Raum. Dort fand ich die Schulmädchen unter der Leitung der
Missionsschwestern an der Arbeit; die einen lasen oder schrieben, die andern nähten,
stickten und flickten. In den letztgenannten Fertigkeiten war ich nicht genügend Autorität,
um die hübschen pausbackigen Mädchen der Prüfung zu unterziehen, dafür konnte ich
es im Lesen und Schreiben. Es muß keine kleine Aufgabe sein, die wilden Kinder der
Kannibalen zur Schulbildung und Gesittung heranzuziehen; aber es ist den aufopferungs=
vollen Schwestern auf das beste gelungen.

Nachdem ich noch von der Mission einige photographische Aufnahmen gemacht, mußten wir Blavolo verlassen, um noch vor Einbruch der Nacht die jenseits der Berge gelegene Blanchebai zu erreichen. Zu unserer großen Freude gab uns Pater Bley das Geleite. Er hat ja auf seinem entlegenen Posten nur wenig Gelegenheit, mit Weißen zu ver= kehren. Selten kommt jemand an diese Küsten, und nur in den letzten Tagen waren verschiedene Offiziere der Kriegsschiffe Seeadler und Möwe auf ihren Streifzügen Gäste in seinem bescheidenen Heim gewesen.

Der Weg führte uns zunächst durch weite Plantagen von Bananen, Taro= und Kokospalmen, dann in dem tief ausgewaschenen steinigen Bett eines Wildbaches auf= wärts auf den gegen dreihundert Meter hohen Ratawulpaß, von wo wir die entzückendste Aussicht auf die drei Vulkane, das Meer und die stille zu unseren Füßen liegende Blanche= bai mit ihren Inseln genossen. Das ganze Bild erinnerte mich lebhaft an die schönsten Gegenden, die ich in Japan gesehen habe, und in Herbertshöhe ist alle Welt Pater Bley dankbar, daß er diesen Weg über den Paß von seinen Leuten herstellen ließ, ja größtenteils sogar selbst gebaut hat.

Die Sonne vergoldete noch die Spitzen der Vulkane, als wir eben den Fuß des Bergzuges erreichten, um auf Kanakenpfaden die Ufer der Bai und das dort unser harrende Boot zu erreichen. Brusthohes dichtes Gras bedeckt hier den Boden, und auf dem kaum fußbreiten, gar nicht sichtbaren Pfade einherschreitend, kam es mir in der rasch eintretenden Dämmerung vor, als ob ich durch Wasser watete. Durch gegen= seitige Zurufe fanden wir endlich die palmenbedeckte Uferstelle, wo das Ruderboot der Mission harrte. Eine Stunde später waren wir wieder auf der Handelsstation in Matupi, um nach kurzem Abendbrot den Weg nach Herbertshöhe fortzusetzen. Erst gegen zwei Uhr morgens erreichten die müden Ruderer dieses Ziel.

Die Eingeborenen von Neupommern.

Ueber das Leben und Treiben der Eingeborenen von Neupommern haben die Missionare der verschiedenen Stationen, die mitten unter den Kanaken seit Jahren wohnen und fast ausschließlich auf den Verkehr mit ihnen angewiesen sind, sehr bemerkenswerte Auf= zeichnungen gemacht. Besonders Pater Bley, der langjährige Leiter der Station Blavolo auf der Gazellenhalbinsel, hat sich darin hervorgethan, und von seinen Gesprächen während unserer gemeinschaftlichen Spaziergänge wie von seinen Berichten an die sehr interessanten Monatshefte des Missionshauses von Hiltrup bei Münster sei folgendes wiedergegeben: „Die Eingeborenen von Neupommern sind ungefähr von derselben Größe wie die Europäer, dazu sehr schlank und regelmäßig gebaut. Mißgestalten giebt es hier weniger als bei Europäern. Die Kinder haben sehr schöne, regelmäßige Gesichtszüge, und wenn sie reinlich gehalten werden, wie die Kleinen in unseren Erziehungsanstalten, so können sie

Eingeborene von Neupommern.

sich an Schönheit mit den meisten Europäern messen. Die dunkle Hautfarbe der Neu=
pommeraner, welche bei ihnen die Kleidung vertritt, ist sehr verschieden. Die Durchschnitts=
farbe ist die der gebrannten Kaffeebohne; einige sind heller, sogar bis zu hellgelb,
andere sind dunkler. In den nahen Salomonsinseln sind sie sogar negerschwarz. Auch
Albinos trifft man hier an, d. h. Leute mit ganz weißer Hautfarbe wie Europäer.
Bei einer Familie auf der Insel Uatom sind Vater und Mutter schwarz, die Kinder
aber alle Albinos. Die Handflächen und Fußsohlen sind bei allen Kanaken heller.
Unsere Wilden entstellen sich nicht die Ohren, wie sie es in den benachbarten Inseln
fast alle thun, in Neuguinea, den Salomonsinseln und Neumecklenburg, wo die durch=
bohrten Ohrlappen fast bis auf die Schultern herabhängen und mit so viel Zierat über=
laden werden, daß sie schließlich auseinanderreißen und fetzenartig umherbaumeln. Nur
die Nasenwand und =flügel durchbohren sie sich, um zur Verschönerung ihres Gesichtes
eine lange, schwarze Kasuarfederspule durch die Nasenscheibe zu stecken und kleine Bambus=
stäbchen in den Nasenflügeln zu tragen. Ob durch diese Behandlung die Nasen sich all=
mählich verbreitert und verplattet haben, oder ob durch diese Verzierungen die ursprüngliche
Breite und Plattheit der Nase etwas verdeckt werden soll, wissen die Eingeborenen selbst
nicht. Tättowierungen des Körpers und des Gesichtes sind selten und wegen deren
unregelmäßigen Formen nur eine Entstellung und Karikatur. Auffällig ist, daß alle
hiesigen Wilden krause, wollige Haare haben. Von Natur aus sind diese Haare schwarz,
und wenn sie kurz geschnitten und gekämmt werden, wie es unsere Zöglinge und viele
unter den Getauften schon thun, so ist ein Krauskopf gar nicht mehr häßlich. Männer

Kanaken die Holztrommel schlagend.

und Frauen tragen die Haare alle gleich kurz. Früher ließen sie alle lang wachsen, und auch jetzt thun es viele. Dann trägt allerdings das Kopfhaar nicht zur Ver= schönerung des Kopfes bei. Wenn es eine bestimmte Länge erreicht hat, hängt es in dichten Locken rings um den Kopf und verdeckt sogar das Gesicht, so daß, wenn der Wilde etwas sehen will, er erst die Haare auseinanderschlagen muß. Die einzige Pflege des Haares besteht darin, daß nach dem Bade Korallenkalk in dasselbe gestrichen wird. Beim Antrocknen werden sie einfach mit den Händen durcheinandergeschlagen, und dann erscheint so ein Kopf schneeweiß gepudert. Ein Strich Kalk kommt womöglich noch über

Duk=Duktänzer auf der Gazellenhalbinsel.

die Stirn und zwei weiße Tupfen auf die Wangen. Gelegentlich werden die Haare auch bunt gefärbt, hellgelb, hellgrün, blau, rot, halb rot und halb schwarz und bei Trauer um einen Toten glänzend pechschwarz. Damit kommt viel Schmutz in die Haare, der nicht leicht wieder zu entfernen ist. Wird ihnen endlich der Schmutz doch etwas zu viel und das Läusegewimmel im dichten Gehege zu arg, dann lassen sie sich mittels scharfer Steine oder gebrochener Muscheln, neuerlich mittels Glasscherben den Kopf ganz kahl abrasieren. Dem armen Kopf wird dabei schrecklich zugesetzt, und die zahlreichen Ver= krustungen und Narben auf den kahlen Köpfen lassen leicht erkennen, wieviel unschuldiges Blut dabei geflossen ist. Den Bart rasieren sich die Eingeborenen bis auf einen schmalen Streifen rings um das Gesicht ganz weg. Diese gekalkten, fein geordneten Ziegen= bärtchen sehen sich sehr komisch an, aber thatsächlich sind sie vorteilhafter für die Schön= heit des Gesichtes als ein voller, schwarzer, struppiger Backenbart, den einige, besonders wesleyanische Zöglinge sich wachsen lassen.

Bei den Erwachsenen sind die Lippen etwas dicker als bei Europäern, und der Mund steht halb oder ganz offen, besonders wenn die Wilden sich ein ganz unschuldiges Aus= sehen geben wollen. Die zwei Reihen glänzender, schwarz gefärbter Zähne sind kern= gesund und ersetzen oft Messer und Schere.

Und nun die Kleidung der Eingeborenen: Viel bedarf es bei der hiesigen Hitze nicht. Ein breites Lendentuch, Lawalawa, das von den Hüften bis zu den Knieen herabreicht, ist gewöhnlich die ganze Kleidung der Männer wie der Frauen. An Sonntagen, besonders Kommuniontagen, tragen die Männer sowohl wie die Frauen Oberkleider, die sie bei der Taufe bekommen haben. Die jungen Frauen, die bei den Missionsschwestern früher Zöglinge waren, erhalten bei ihrer Verheiratung mehrere Oberkleider, so daß sie auch alle Tage solche tragen können. Beim Baden und bei Feldarbeiten wird gewöhnlich ein breiter Blättergürtel getragen, damit die Kleider nicht schmutzig werden. Gern ahmen die Eingeborenen die Weißen in ihrer Kleidung nach, tragen gern Hosen, Hüte und Regenschirme. So ausgestattet, haben sie das Aussehen leibhaftiger Gigerl, besonders, wenn sie dazu noch ihre Haare hoch aufdressieren, wie die wesleyanischen Zöglinge, die den Stolz ihrer Civilisation in Putz und Dressur suchen. Sein Beil oder Buschmesser trägt der Wilde in der Hand mit sich herum, und kleinere Sachen, wie Spiegel, Kalk und Betelnüsse, haben ihren Platz im Armkörbchen, das jedermann mit sich herumträgt.

Folgen wir jetzt dem Wilden bei seiner täglichen Beschäftigung. Wenn er nicht bei hellem Mondschein die ganze Nacht durchlungert hat, dann erwacht er meistens des Morgens schon beim Schrei des Kaus, eines kuckucksartigen Vogels, der sich regel= mäßig um vier Uhr morgens hören läßt, setzt sich zu seinem Feuer und wärmt sich. Unsere Christen verrichten dann auch meistens gleich ihr Morgengebet, damit sie es nachher nicht vergessen. Andere verschieben es lieber, rauchen sich erst ein Pfeifchen und vergessen es dann oft oder beschneiden es doch gar sehr. Ist der Tag zu irgend welcher Arbeit in der Pflanzung bestimmt, so begeben sich die Männer gleich beim ersten Morgenlicht dahin, klären entweder den Busch, pflanzen Bananenableger, graben den Boden oder setzen Hecken oder Zäune zum Abhalten der Schweine. Vorher zu frühstücken fällt ihnen gar nicht ein, nur eine Betelnuß mit Zubehör von Zeit zu Zeit darf nicht fehlen. Lange dauert die Arbeit nicht, gewöhnlich bis acht, höchstens bis zehn Uhr, und dann ist die Hauptarbeit des Tages vollendet. Die Weiber kommen gewöhnlich etwas später für die leichteren Arbeiten und bleiben auch etwas länger. Wenn nach dieser Arbeit etwas genossen werden soll, so ist es meistens eine junge Kokosnuß. Von der Pflanzung geht es zurück ins Gehöft, wo alles dicht verschlossen wird, und dann zum Ufer, um entweder den ganzen Tag im Schatten liegend zu faulenzen oder höchstens an den Fischkörben zu arbeiten oder nach ausstehenden Fisch= körben im Meere zu fahren und zu sehen, ob sie Fische enthalten. Mancher Tag ver= geht auch ohne jegliche Beschäftigung. Die geringen Bedürfnisse und die Leichtigkeit, mit der ihnen die Natur die Nahrung bietet, gestatten ihnen dieses Schlaraffenleben. Wenn die Weiber nicht in der Pflanzung arbeiten, so fegen sie des Morgens das Gehöft aus und verbringen den ganzen Tag im Schatten am Ufer liegend oder sitzend und rauchend. Mit der Zeit haben sich die Bedürfnisse der Eingeborenen vermehrt, sie bedürfen jetzt Kleider, die von Zeit zu Zeit geflickt oder erneuert werden müssen. Des Sonntags und an Tanztagen will jedermann bessere Kleider tragen. Auch der Rauch= tabak mit den Pfeifen dazu fällt nicht von den Bäumen. Mancher strebt nach einem Hute, einer Hose, einem Regenschirm, einer Schlafdecke. Ihre Häuser wollen sie jetzt mit einem Schlosse verschließen und ihre Kleider und wertvolleren Sachen in verschließbaren Kisten aufbewahren. Das sind alles Bedürfnisse, die sie früher nicht hatten; deshalb müssen sie mehr arbeiten und handeln als früher. Die Pflanzungen sind jetzt dreimal so groß als vor neun Jahren. Man sieht hinter Blavolo fast gar keinen Busch mehr. Ihre Früchte, Bananen, Taros, Yams verkaufen sie an die Weißen gegen allerlei Tausch= artikel, Tabak, Pfeifen, Messer, Lawalawas und anderes. Alle drei Tage ist etwa eine Stunde von hier, nahe bei Unakamkambi Markt, wohin Tausende von Menschen zu= sammenströmen, um bei den weißen Händlern und untereinander ihre Sachen aus= zutauschen. Für ihre größeren Arbeiten haben sie auch wieder neue Bedürfnisse an Messern, Beilen und Spaten. Während die Baininger fast nur mit den Produkten ihrer Pflanzung handeln, verkaufen die hiesigen hauptsächlich ihre Kokosnüsse. Das erfordert nur geringe Arbeit und bringt mehr ein; die Nüsse brauchen bloß ausgeschnitten und an der Sonne getrocknet zu werden. Bei all dieser Beschäftigung bleibt ihnen noch Zeit genug zum Faulenzen und zu ihren spielenden Nebenbeschäftigungen, Fisch= fang, Tanz, Schweinejagd u. a. Früher, als noch weniger Händler hier waren, waren die Eingeborenen viel williger, für uns gegen Tagelohn ganze Tage zu arbeiten, als jetzt. Jetzt steigen die Preise für die Kokosnüsse und alle Produkte, die Eingeborenen kommen zu größerem Wohlstande, alle ihre Bedürfnisse sind leicht befriedigt, wozu also noch einen ganzen Tag arbeiten? Höchstens hat man sie noch für wenige Stunden, und dann verlangen sie gleich ihre Bezahlung und wollen wieder faulenzen. Aus diesem Grunde hält es auch schwer, hier noch Arbeiter für die Pflanzungen der Firmen an= zuwerben. In anderen Inseln wie Samoa und den Marshallinseln ist es durch die viele Konkurrenz der Weißen noch zehnmal schlimmer geworden als hier. Nur eine Arbeit gefällt den Wilden, das ist so etwas handlangen bei den Zimmermannsarbeiten, hier und da einen Nagel einschlagen, Geräte anreichen und dergl. Auch zu Bootsfahrten sind sie fast immer bereit, besonders wenn der Wind günstig und kein Rudern nötig ist. Bei solchen Fahrten muß der Weiße für ihr Essen sorgen, und nach geringer Arbeit werden sie gleich ausgezahlt. Zudem sind sie stolz darauf, daß ihr Missionar oder ihr Weißer ein Boot hat, zu dessen Besitzer sie sich halb mitrechnen. Ferner sind die Kanaken auch noch zu Botendiensten bereit; es gefällt ihnen, durch bloßes Gehen Tabak zu ver= dienen, dazu glauben sie sich sehr wichtig, wenn sie einen Brief oder ein Paket tragen.

Nachdem die Eingeborenen den Tag am Ufer zugebracht haben, verschwinden sie nach und nach wieder im Busch und wenden sich den Gehöften zu. Die Weiber gehen zuerst, um das Essen zu bereiten; denn die Herren Männer lieben es, wenn sie heimkommen, ihr Essen fertig vorzufinden. In den Gehöften wird noch weiter geraucht, geplaudert, gesungen und getrommelt. Die Katholiken beten meistens gemeinsam ihr Abendgebet. Die Kinder spielen noch umher, weinen, lachen und singen, und jeder amüsiert sich, bis er Schlaf fühlt, schreit und singt und trommelt weiter, unbekümmert, ob andere schon schlafen. Gegen Mitternacht ist gewöhnlich alles eingeschlafen. Diese Zeit heißt „a Muttumutt", die Stille, weil dann gewöhnlich Stille in allen Gehöften herrscht. Das hindert aber nicht, daß, wenn einer nach der Muttumut wieder aufwacht und nicht schlafen kann, er mitten in der Nacht weiter musiziert. Wer einen Gang durch die Nacht zu thun hat, verfehlt nicht, dabei aus Leibeskräften zu singen, um die Tambarans zu vertreiben. Wie oft wird man auf diese Weise aus dem Schlafe gestört! Die jungen Leute schlafen meistens zusammen am Ufer und machen auch die Nacht hindurch einen Heidenlärm. Es hat uns viele Mühe gekostet, diesen Lärm bei uns zum Schweigen zu bringen.

Rüsten wir uns jetzt zu einer eingehenden Inspektion der Speisebereitung und =ver= tilgung bei den Wilden. Der Eingeborene ißt an den gewöhnlichen Tagen nur einmal, und zwar am Nachmittage, wenn er vom Ufer wieder heimkehrt zu der heimatlichen Hütte. Und auch dann ißt er noch sehr wenig, ein paar grüne Bananen, auf dem Feuer geröstet und ihrer verkohlten Haut entledigt. Die Dinger sind trocken wie ein Stück Holz, und es bedarf der Begleitung einiger öligen Stücke Kokosnuß, damit ihnen das Essen nicht in der Kehle stecken bleibt. Trotzdem verschwindet es im Handumdrehen. Die ganze Familie dreht sich gegenseitig den Rücken zu, einige nehmen ihr Blatt voll Essen und verschwinden damit in einer Ecke des Gehöftes hinter dem Hause oder einem Strauche, denn man schämt sich, offen voreinander zu essen, besonders vor Schwägers= leuten. Das Bißchen Kokosnuß, Wasser= oder Baummelone oder andere Frucht, das die Eingeborenen während des Tages hier und da zu sich nehmen, kann eigentlich nicht als Mahlzeit gerechnet werden.

Besser und saftiger wird das Essen, wenn zu den Bananen etwas Gemüse hinzu= kommt, eine Art Blätter (Ingir), die sie besonders anpflanzen, oder allerhand eßbare Kräuter und Blätter, die sie sich hier und da gesammelt haben. Töpfe giebt es in der

Küche der Eingeborenen nicht, und so auf dem Feuer kann man auch das grüne Gemüse nicht kochen, aber dafür weiß man sich anders zu helfen. Eine Menge handgroßer Steine werden auf dem Feuer glühend heiß gemacht, dann mit Bambusstangen wieder herausgeholt, mit einem Blatt umwickelt und in das Gemüsepaket geschoben. Sind genug Steine darin, so wird das Paket zugewickelt und einige Minuten liegen gelassen. Nachher werden die Steine entfernt, und das Gemüse ist mehr oder weniger gekocht. Nun werden reine Blätter auf die Erde gelegt, so viel als Personen da sind, und dann die Bananen und das Gemüse sorgfältig auseinander geteilt und ausgepreßte Kokosmilch darauf gegossen. Die gegenwärtigen Personen nehmen sich ihre Portion und essen sie gleich, wobei die Finger die Gabel und die Zunge den Löffel vertritt. Für die Ab= wesenden wird das Essen zu einem Päckchen gebunden und ihnen überreicht, wo man sie nur antrifft, sie verzehren es dann auch meistens in einer einsamen Ecke, denn wenn wieder andere über dem Essen eintreffen, so müssen sie mit diesen allen teilen, wenn sie auch selbst dabei halb hungrig ausgehen. Giebt es bei festlichen Gelegenheiten noch ein Stück Schwein oder anderes Fleisch dazu, so wird dieses unter alle verteilt und meistens ohne Umstände auf dem rauchigen Feuer gebraten und halb= gar gegessen.

Taros, Yams, Süßkartoffeln, Elafrüchte werden einfach auf dem Feuer geröstet; wenn sie gar sind, wird die verkohlte Haut abgeschabt. Brotfrüchte werden nicht abgeschabt; dafür wird aber auch die Haut nicht mitgegessen. Seitdem von den Weißen eiserne Kochtöpfe eingeführt wurden, kochen sich auch viele Wilde zur Abwechslung ihre Früchte in kochendem Wasser. Sie haben zwar dann nicht denselben Geschmack, als wenn sie gebraten werden, sind aber saftiger.

Zur Küche gehört auch das interessante Kapitel über die Schlächterei und Fleisch= zubereitung. Beginnen wir mit dem Schweineschlachten. Hält sich das Schwein in der Nähe des Gehöftes auf, so wird es mit dem Ruf „Mo, mo, mo!" herangelockt und ihm zu fressen vorgehalten. Unterdessen nähert sich einer von hinten, ergreift das Tier an einem der Hinterfüße, und alsbald stürzt sich die ganze Gesellschaft darauf. Im Nu sind ihm die Beine und die Schnauze mit starken Winden oder Ranken gebunden. Eine Bambusstange wird zwischen Vorder= und Hinterbeinen durchgesteckt und das Tier nach der Stelle getragen, wo es geschlachtet werden soll.

Das Töten geschieht durch Ersticken. Eine lange Winde wird um den ganzen Rüssel gebunden, so daß das Schwein weder durch den Mund noch durch die Nasenlöcher atmen kann. Da ihm die ganze Gesellschaft dabei auf dem Leibe sitzt, so ist es bald erstickt. Nun werden die Hinterfüße losgebunden und das Tier mit den Vorderfüßen an zwei aufgesteckte Bambus gebunden, und im Handumdrehen sind durch hoch auf= flackernde Kokosblätter alle Haare vom Schweine heruntergebrannt.

Nun ist das Tier ganz schwarz geworden, aber ehe man sich's versieht, ist die Haut wieder mit Wasser gewaschen, mit Kalk eingerieben und schneeweiß. Ist es nun ein großes Schwein und für ein Fest bestimmt, so wird es bunt bemalt, die vom Feuer aufgequollene Haut lang und quer zu Vierecken eingeschnitten, und zwei oder vier Männer

tragen es auf einer Bahre zum Festplatz, wo alle die zusammengetragenen Schweine
zur Schau ausgestellt und während des Tanzes stückweise an die Anwesenden aus=
geteilt werden. Mit dem Tanze ist gewöhnlich auch Gesang verbunden. Als Beispiel
eines solchen Kanakenliedes sei das folgende angeführt, das von dem Leiter der Station
Takabur, P. Eberlein, aufnotiert wurde:

Ta na - ma - ka va ma to Pi - nie.
Seht, da ge = het noch der To Pi = nie.
To na - ma - ka va ma to Li-
Se = het, da geht noch der To Li=

man. Mur bing - bing ma - rum ma qo ra pe - le kai Ma - li - ve - ran
man. Was macht ihr zwei noch zur Nacht hier mit dem Pe = le in der Hand?

stacc.

To Ba - ut i ko - ko - e, To Vo - vo - tia i qa li - vu - e.
To Ba = ut steigt auf den Baum, To Wo = wo = tia, der ver = scheucht das Schwein.

Soll das Schwein gleich an Ort und Stelle gegessen werden, so wird ihm mit
scharfer schneidiger Bambusfaser der Bauch dicht bei den Rippen quer aufgeschlitzt und
dann die ganze Bauchhaut abgeschnitten, so daß die Eingeweide leicht herausgenommen
werden können. Würste machen die Eingeborenen zwar nicht, weder Mehl=, Blut= noch
Leberwürste, aber die Eingeweide sind darum doch wertvoll. Schnell sind die Weiber
damit zum Ufer geeilt und haben in einigen Minuten etwas Meerwasser hindurchgespült,
nur der gröbste Unrat ist entfernt, aber das ist mehr als genügend. In Blättern oder
auch nur so auf dem Feuer geröstet sind sie ein Leckerbissen. Leber, Lunge, Herz und
Nieren werden ausgeweidet und dann das ganze Blut, das sich noch im Brustkasten
befindet, mit Blättern ausgeschöpft, zu Päckchen gebunden und auf dem Feuer geröstet.
Große Schweine werden auseinandergeschnitten oder =gerissen, wozu jetzt meistens die
eingeführten Messer gebraucht werden, früher aber nur Bambusstreifen. Da die Ein=
geborenen das Fleisch nicht einsalzen und dasselbe bei der großen Hitze schon nach einem
Tage verdorben ist, obschon sie es in dieser Beziehung nicht so genau nehmen, so ver=
kaufen sie den größten Teil an die Nachbarn gegen Muschelgeld. Das Fleisch wird
nun entweder so aufs Feuer gelegt oder in Blätter eingewickelt gebraten. In jedem
Falle schmeckt es aber nach Rauch. Um diesen Geschmack zu vermeiden, wird es in
Blätter gewickelt und zwischen heißen Steinen in die Erde gegraben. Junge und mittel=
große Schweine werden bloß ausgeweidet, mit blätterumwickelten heißen Steinen gefüllt
und dann zwischen heißen Steinen gebraten. So zubereitet, wird das Fleisch sehr
gut, ohne Rauchgeschmack, nur fehlt das Salz daran.

Hühner werden außerhalb des Bereiches der Mission lebend gerupft. Das Töten
geschieht auch durch Ersticken. Der Hals wird in die Hand genommen und das Tier
ein paarmal rundgeschlagen. Nur die gröbsten Federn werden ausgerupft. Das andere

Schnabel eines Kanoes.

Fischerhütte an der Nordküste von Neupommern.

brennt man leicht auf einem Feuer ab. Auch vom Huhn werden die Eingeweide ge=
essen, so gut wie vom Schwein, und die Zubereitung des Fleisches geschieht entweder
in Blättern oder zwischen heißen Steinen.

Sehr grausam war früher die Zubereitung des fliegenden Hundes, von dem einige
Arten ausgewachsen die Größe einer Katze erreichen. Das zählebige Tier wurde lebend
aufs Feuer gelegt, wo es sich manchmal zehn Minuten lang quälte, bis es aus=
geröchelt hatte.

Fische werden entweder direkt auf dem Feuer geröstet oder in Blättern, die Schuppen werden nicht abgekratzt und auch von den wenigsten die Eingeweide ausgenommen. Auf dem Riff gesammelte Seemuscheln werden einfach ins Feuer geworfen und beim Essen nach und nach mit Steinen aufgeschlagen.

Zu ihren Wohnplätzen wählen die Eingeborenen immer hochgelegene kleine Plateaus, weniger der schönen Aussicht wegen: nach der einen Seite auf grüne Thäler, Hügel und Berge, nach der anderen Seite auf das blaue Meer mit seinen Buchtungen und Inseln und den graublau verschwommenen Bergen im Hintergrunde, dafür haben die Wilden kein Verständnis. Sie treffen diese Wahl wohl hauptsächlich deshalb, weil das bei ihnen so hergebracht und weil es oben luftiger und frischer ist. Unter diesen Plateaus darf man sich aber keine geebneten Plätze vorstellen. Im Gegenteil, nicht nur alle ur= sprünglichen Unebenheiten des Bodens bestehen, sondern auch der Regen gräbt noch neue Löcher dazu. Nicht einmal die Stellen, auf denen die Häuser stehen, sind eben, obschon dies doch beim Schlafen auf der Erde sehr unbequem ist. Mit einigen Spaten= stichen könnte der ganze Platz geebnet sein. Nur dies Gute haben die Plätze an sich, daß sie fleißig gefegt werden. Rings um das Gehöft fällt der Kehricht von selbst am Abhange herunter und braucht also nicht weit weggeschafft zu werden.

Eine dichte lebende Hecke oder ein Bambuszaun umgiebt das Gehöft, nur an einer oder zwei Stellen einen schmalen Eingang lassend, der des Nachts und bei Abwesenheit der Bewohner mit Bambusstäben zugesteckt wird, welche durch Schnüre vielfach durch= schlungen sind, so daß es nicht leicht ist, hineinzubringen, ohne Aufmerksamkeit zu erregen. Zur größeren Sicherheit werden an den Stäben noch klappernde Muscheln, leere Flaschen oder leere Konservenbüchsen aufgehängt, welche bei der leisesten Bewegung Geräusch verur= sachen. In einem Gehöfte, das von einer zahlreichen Familie bewohnt ist, stehen immer mehrere Häuser. Früher waren dieselben so niedrig, daß man nicht gerade darin stehen konnte, und auch jetzt giebt es noch solche. Mit den besseren, von Weißen eingeführten Werkzeugen und dem wachsenden Wohlstande der Wilden haben sich auch allmählich die Häuser verbessert; sie sind höher und stärker gebaut und haben meistens verschließbare Thüren. Auf wenigen Pfosten ruht das dichte Grasdach. Die Seiten= wände sind entweder aus Bambusstäben, mit Kokosmatten bedeckt, oder aus Gras hergestellt. An Fenstern fehlt es natürlich, aber dafür lassen die Thür und andere Oeffnungen und Lücken Licht genug hereindringen. An den Seitenwänden draußen sind Bündel von Speeren angebunden, wie sie in früheren kriegerischen Zeiten immer zur Hand sein mußten, jetzt aber nur mehr bei Schweinejagden gebraucht und daher immer seltener werden.

Treten wir jetzt ein. Da erblicken wir vor uns auf der Erde zunächst einige Kokos= matten nebeneinander, auf denen die Familienglieder schlafen. Dazwischen ist die Feuer= stelle, auf der des Nachts das wärmende Feuerchen unterhalten wird, dessen Rauch allmählich das ganze Innere des Hauses und alle darin befindlichen Gegenstände geschwärzt hat. Oben unter dem Dache liegen auf einigen angebundenen Querstäben allerlei Kleinigkeiten, Messer, Spaten, Beile, die kleinen Fischnetze der Weiber, Ruder,

Körbe mit Früchten und eine Reihe Wasserbehälter, ausgehöhlte, schwarz gewordene Kokosschalen, mit einem Blattpfropfen verschlossen. Weiter nach hinten in der Hütte stehen einige Kisten, welche von den jungen Leuten durch Arbeit erworben wurden, und in denen man jetzt die Kleider und allerlei Kleinigkeiten aufbewahrt. Ganz im Hinter=grunde der Hütte hängen einige graue Rollen, das ist der Reichtum der Familie, nämlich der Tambu. Dadurch, daß die Weißen auch Tambu neben dem Gelde als gangbare Münze im Handel gelten lassen, selbst nach Nakanai fahren, um Tambu zu holen, für den sie viel Nüsse einkaufen können, haben die Eingeborenen mehr und mehr von diesem Reichtum erworben. Seit einem Jahre ist auch die Mode bei den Wilden eingerissen, sich Boote anzuschaffen und selbst lange Reisen nach Nakanai zu machen, von wo sie sich ganze Mengen Muschelgeld mitbringen. Es giebt Eingeborene, welche über tausend Faden Tambu haben, ein Kapital, das in Münze umgesetzt einen Wert von zwei bis dreitausend Mark repräsentiert, aber es ist ein totes Kapital, das den Besitzer im Grunde genommen nicht reicher macht, da es bis zu seinem Tode unverbraucht in seiner Hütte liegt. Erst nachher wird es verteilt, um wieder totes Kapital der Empfänger zu werden. In der Nähe der Wohnhütten stehen einige schmale, sehr hohe Häuschen, in denen auf einem kleinen Boden unter dem Dache Yamswurzeln aufbewahrt werden, die sich nur getrocknet längere Zeit halten. Die vielen Kokosbäume im Gehöfte geben den nötigen Schatten für diejenigen, welche tagsüber zurückbleiben müssen, um den Dieben aufzupassen. Zwar sind sie wegen der herabfallenden Wedel und Nüsse sehr gefährlich; aber dem suchen die Wilden dadurch vorzubeugen, daß sie die der Reife nahen Nüsse und welkenden Wedel vorsichtig herunterholen.

Ist ein Grasfeld zu einer Pflanzung bestimmt, so begeben sich die Männer zuerst hinein mit Messern und Bambusscheiten und schlagen das mannshohe Gras nieder. Nach zwei Tagen Sonnenschein ist dasselbe trocken wie Heu und wird angesteckt, so daß alles Unkraut bis auf den Boden mit abbrennt. In dieses so gereinigte Feld werden ohne weiteres die Bananenableger gepflanzt. Das Gras fängt aber sofort wieder an zu sprossen. Deshalb wird dann der Boden von den Männern umgegraben oder umgehackt. Das weitere besorgen die Weiber, welche nach und nach mit Grab=stöcken die ganze Pflanzung umwühlen und die Graswurzeln entfernen. Sie liegen dabei auf der Erde, wie man es zu Hause beim Kartoffelaufnehmen thut. Neben sich haben die Weiber die schwarze Wasserflasche, aus der sie zuweilen ein Schlückchen thun, und in einiger Entfernung liegt das Kind und schläft oder schreit, oder es spielen mehrere Sprößlinge, die sich nach Herzenslust raufen oder schreien, bis daß es der Mutter zu viel wird. Von Zeit zu Zeit muß dann wieder nachgejätet werden, weil das Unkraut, dessen Wurzeln nicht ganz entfernt werden konnten, wieder neu und üppig empor=schießt, viel schneller, als alles, was man gepflanzt hat. Zwischen die Bananen pflanzt man Ingirsetzlinge, hie und da Yams, Süßkartoffeln, Zuckerrohr oder Ingwer. Fangen die Bananen der besseren Sorten an zu reifen, so drohen ihnen verschiedene Feinde, Papageien sowohl als fliegende Hunde, welche sich die besten aussuchen und zerfressen. Deshalb werden die schönsten Trauben zum Schutze mit trockenen Bananenblättern

Palmstrohhütte und Eingeborene der Nordküste von Neupommern.

umwickelt. Ist eine Bananentraube reif, so wird der Stamm mit einigen Messerhieben in der Mitte durchgehauen, er neigt sich zur Erde, wo die Traube bequem abgenommen werden kann. Ein zweites Mal trägt der Stamm ja doch nicht. Unterdessen sind schon neue Sprößlinge aus der Wurzel emporgeschossen, welche zum Teil als Setzlinge für neue Pflanzungen benutzt, zum Teil stehen gelassen werden, um die abgehauenen Stämme zu ersetzen. Werden sie zu dicht, so müssen die überflüssigen entfernt werden. Die Bananen sind von ganz verschiedener Größe, Form, Farbe und Geschmack. Der Stamm ist fleischig und faserig, aus seinen starken Fasern wissen die Eingeborenen sehr geschickt ihre Bindfäden und Schleuderschnüre zu drehen. Das große Blatt ersetzt Teller und Töpfe, Packpapier und Wasserbehälter, Trichter, Sonnen- und Regenschirme. Da der Boden einer Bananenpflanzung nach einigen Jahren ganz ausgemagert ist und Düngen von den trägen Kanaken zu viel verlangt wäre, so läßt man die Pflanzung für einige Jahre brach liegen, mit Gras und Unkraut und von selbst aufschießendem Gestrüpp überwuchern, um an einer anderen Stelle eine neue anzulegen.

Eine Taropflanzung verlangt fetteren Boden als eine Bananenpflanzung; deshalb wählt man frischen Waldboden. Zuerst wird das untere Buschholz niedergehauen, und wenn es trocken ist, angezündet, wodurch auch mittelgroße Bäume versengen und von selbst absterben. Große Waldbäume werden durch Abschälen der Haut rings um den Stamm auch allmählich zum Absterben gebracht. Mitten im abgebrannten Holzfeld werden die Tarosetzlinge ohne weitere Vorbereitung des Bodens in tiefe Erdlöcher gesteckt. Außer etwas Jäten haben die Taros weiter keine Pflege nötig.

Für Yams und Süßkartoffeln muß der Boden erst umgegraben und fertig bearbeitet sein. Als Yamsetzlinge dienen kleine Abschnitte von der reifen Knolle mit Augen darin. Ein halbes Jahr aufbewahrt, sind sie fast ganz zusammengetrocknet. In der ganzen Pflanzung werden Erdhäufchen gemacht, so groß wie Maulwurfshaufen, und in diese die Yamsetzlinge hineingesteckt. Sobald sie anfangen zu sprossen, steckt man meterlange Stöcke daneben, an denen sie emporranken, und dann sieht eine solche Pflanzung von weitem gerade wie ein üppiger Weinberg aus. Die Yamknollen sind meistens länglich rund, zum Teil auch lang gestreckt oder handförmig. Ihre Größe ist je nach der Fruchtbarkeit und Lockerheit des Bodens ganz verschieden. Die größten sind jedoch nicht immer die schmackhaftesten.

Süßkartoffeln sind am allerleichtesten anzupflanzen. In den bearbeiteten Boden werden nur hier und da kleine Rankenstücke von einer anderen Pflanzung eingesteckt. Sie fassen sofort Wurzel, bedecken bald den ganzen Boden und halten so Unkraut von selbst ab. Von Zeit zu Zeit gräbt man mit der Hand an der Wurzel herum und zieht die reifen Knollen ab, die Pflanzung aber wächst jahrelang weiter, ohne erneuert zu werden. Nur Schweine sind von der Pflanzung möglichst abzuhalten, weil auch sie das Ausgraben der Knollen sehr gern besorgen. Die Süßkartoffeln werden nicht so groß als Yams, sind aber auch untereinander sehr verschieden an Gestalt und Größe. Die Blätter kann man als Spinat zubereiten; sie sind jedoch merkwürdigerweise herbe, während die Knollen widerlich süß sind. Taros sowohl, als Yams und Süßkartoffeln

Kanaken von Neupommern.

vertreten hier bei den Europäern die Kar=
toffeln bei den Hauptmahlzeiten. Manche
können sich schwer daran gewöhnen, andere
aber ziehen sie in gewissen Zubereitungen
europäischen Kartoffeln vor. Zuckerrohr, das
hier und da in die Pflanzung gesteckt wird,
wächst wie Unkraut, wird aber von den Ein=
geborenen nur zur Stillung des Durstes ge=
kaut oder zum Füttern zahmer Papageien
benutzt.

Ingwerknöllchen sind bei den Wilden eine
Hauptmedizin. Bei Leibschmerzen werden sie
gegessen, bei Anschwellungen oder rheuma=
tischen Schmerzen werden sie vom Doktor ge=
kaut und dem Patienten auf den Leib gespuckt.

Eine Art wildes Zuckerrohr, Saccharum
floridulum, von den Eingeborenen Pit ge=
nannt, ist eine leichte Kultur und dabei zu
Zeiten eine Hauptnahrung der Eingeborenen.
Einige Wurzelstöcke werden hier und da in
eine alte Pflanzung gesteckt und erfordern
dann weiter keine Pflege. Bevor die lange,
rispenförmige Blüte sich entwickelt, sitzt sie
zusammengefaltet in Form von zwanzig bis
dreißig Centimeter langen Cigarren in langen
Hüllblättern, wird in dieser Form abgepflückt
und auf dem Feuer geröstet. Auch manche

Europäer gewinnen mit der Zeit dieses etwas fade Essen lieb, besonders wenn bei der
Zubereitung noch etwas Fett verwendet wird.

Hier und da gehört in eine gute Pflanzung auch eine gute „Blume“, d. h. eine
Zierpflanze, deren bunte Blätter bei Tänzen und anderen Gelegenheiten unentbehrlich
sind. Oefters werden jedoch besondere Blumengärtchen angelegt, die bei hellem Sonnen=
schein aus der Ferne in allen Farben schillern.

Ebenso eigenartig sind die Lebensgewohnheiten und Sitten der Kanaken. Die deutsche
Redeweise „von der Wiege bis zum Sarg“ zur Bezeichnung des ganzen Lebenslaufes
eines Menschen kann man hier im richtigen Sinne gar nicht anwenden, da die Ein=
geborenen weder Wiegen noch auch eigentliche Särge haben. Das Erste, womit ein
hiesiger kaffeebrauner Erdenpilger beehrt wird, sobald er das Licht der Welt erblickt hat,
ist ein kräftiger Feuerrauch. Die Nachbarweiber voll Freude über das Festessen, das
es bei der Geburt eines Kindes abwirft, und die Geschenke an Tambu, die sie dabei
erhalten, kommen alle zusammen. Eine hält das neugeborene Kind über das Feuer und

spricht lauter Glück= und Segenswünsche über dasselbe aus: „Werde ein starker Mann, ein Reicher, ein Häuptling, mache dir große Pflanzungen, fahre oft nach Nakanai und bringe viel Tambu von da mit!" Der arme Vater des Kindes muß für diese Weiber= narrheiten mit Tambugeschenken aufkommen. Ist er reich und ist Hoffnung auf große Tambugeschenke, so wollen die Weiber ihre Sache nur zu gut machen und halten das schreiende Kindlein recht lange in den Rauch.

Das Haus und Gehöft wird mit buntem Blätterwerk geschmückt, auch einige Stücke buntes Tuch sind dabei sehr angebracht. Die nächsten Verwandten bringen Geschenke, welche jedoch der Vater alle im voraus hat bezahlen müssen. Besuche kommen von allen Seiten, besehen das neugeborene Kind, loben es und erhalten Betel und Tambu geschenkt.

Größer ist die Freude bei der Geburt eines Mädchens, als bei der Geburt eines Knaben, denn das Mädchen kann später verkauft werden und bringt Geld ein, während die Knaben nichts eintragen. Ja diese werden von den Eltern häufig auf die Seite geschafft. Wo Missionare thätig sind, hat dieser ursprüngliche Gebrauch aufgehört.

Zum Tragen der Kinder dienen den Müttern lange Tragtücher, die früher aus dem Bast des Brotfruchtbaumes gemacht wurden. Jetzt nehmen sie dazu Stücke Leinen oder Baumwollzeug, das sie von den weißen Händlern einkaufen. Im Nacken wird dieses Tuch in einen Knoten geschlungen und geht unter dem rechten Arm her und über die linke Schulter. Kinderwindeln, Wiege, Betten sind ganz unnötig. Entweder steckt das kleine Kind im Tragtuch, oder es liegt neben der Mutter auf der Erde. Wird es größer, dann sitzt es auf den Hüften der Mutter, wie ein Reiter im Sattel, von den Händen der Mutter gehalten. Auf den Armen getragen, wie in Europa, wird kein Kind. Solange die Kinder nach der Sitte der Eingeborenen getragen werden, haben sie alle O= oder Reiterbeine, die aber später schnell wieder verschwinden.

Die Namen werden den Kindern nur gelegentlich früher oder später erteilt und erinnern zuweilen an die Umstände der Geburt oder an angesehene noch lebende oder schon gestorbene Personen. Gelegentlich eines Dukdukfestes wird aus einem neugeborenen Kinde To Dukduk, oder beim Erntefest (a ndok) heißt ein anderes To Urandok. Nach einem bekannten Händler heißen mehrere Kinder To Poe, nach anderen Rubin, Timi. Auch Namen von Gegenständen und Tieren sind häufig, wie To Kaur, Herr Bambus; To Mi, Herr Rauch; To Tava, Herr Wasser; To Maliliu, Herr Schweinefett; To Um= bene, das Fischnetz; Ja Pal, Frau Haus; Ja Gatingat, Frau Stechmücke; Ja Bakut, Frau Himmel; Ja Lukara, Frau Festessen; Ja Bambang, Frau Ritze; Ja Kanai, Frau Seemöwe; Ja Kindam, Frau Flußkrebs; Ja Karakum, Frau Ameise; To Pap, Herr Hund; To Kumbau, Herr Heuschrecke. Einige Namen müssen wohl nach vorhandenen oder gewünschten Eigenschaften der Kinder gegeben sein; so heißen die Kinder in einer Familie: To Mari, der Prächtige; To Kaina, der Schlechte; Ja Boina, die Gute; Ja Lavo, die Spitze; To Bakua, der Ringwurmbehaftete. Nicht selten sind Namen nach Zahlen benannt, wie To Mar, Herr Hundert; To Vinun, Herr Zehn; Ja Ivat, Frau Vier; Ja Utul, Frau Drei; To Vaevut, der Zweite; To Direvut, er zu zweien mit einem andern. Selten ist, daß ein Name keine Bedeutung hat. Wie komisch sich diese Bedeutung aber auch als Namen ausnimmt, so würden doch die Kanaken nie darüber lachen; es nimmt sie wunder, daß wir uns bei Nennung solcher Namen oft des Lachens nicht erwehren können, wie To Bit, das stumpfe Ende; Ja Uladau, Frau Gesäß; To Puiket, der Dreck; To Tambaranive, der versteckte Teufel; To Komina, das Ueberbleibsel; To Populu, das Päckchen; To Urakavil, die zwei Läuse; Ja Malmilat, der ewige Friede; To Varkaul, das Fangenspiel; Ja Tutan, Frau Mann; Ja Nangunan, Frau im Hof; To Ulaveo, Herr auf dem Sand; To Vatangtuna, nenne ihn richtig; To Punangia, begrabe ihn; Talilnanga, kehr auf dem Wege zurück; To augine, rieche oder (st....); Ja Bambatiau, halt mich auf; To Pobonabok, die leere Kiste; To Umbungai, schlag' den Mond; To Papapa, der gelbe Lehm; To Ulaen, der Fischkopf; Ja Pataie, der nicht; Ja Vanakeina, sie geht von ihm weg; Ja Vanamut, sie geht schweigend; Ja Marnaula, Frau Hundert=köpfige; Takapba, sie flüchtet in den Busch; hunderte solcher drolliger Namen könnte man anführen. Oder es sind Namen, die an Unnennbares in europäischen Sprachen erinnern, im Kanakischen aber unschuldiger Natur sind, wie To Kata, To Pipi, To Mimi.

Die heranwachsende Jugend spielt weder mit Puppen noch Baukasten und Schaukel=pferden. Die Kinder gewöhnen sich die Allüren der Alten schnell an und erhalten da=durch etwas Altkluges in ihrem Benehmen. Sie spielen am liebsten mit Grasstengeln oder kleinen Lanzen, die sie in grüne, weiche Pflanzen, Blätter oder Früchte werfen, um sich in der Treffsicherheit zu üben. Oder sie machen vom nassen Ufersand runde Klumpen, die sie hoch aufwerfen und die dann beim Zurückfallen ins Meer hinein=plumpsen, spielen Fangen oder Verstecken oder anderes. Oft sieht man die Alten als große Kinder mit den Kleinen zusammen spielen. Die erste Fähigkeit der Kleinen, bevor sie noch gehen können, ist Tanzen. Der Tanztrieb muß ihnen angeboren sein, wie ein Instinkt. Jede Bewegung der Kinder, sowie auch der Alten in unbewachten Augenblicken ist eine Nachahmung der Tanzbewegung. Ein anderer Trieb, der sich schon früh kund giebt, ist der zum Rauchen. Schon der Säugling greift zur Abwechselung zur Pfeife. Allerdings muß auch zugegeben werden, daß die Mütter ihre Kinder sehr lange säugen, besonders, wenn nicht ein nachfolgender Sprößling dem ersten sein Recht streitig macht. Sind die Kinder der Brust entwöhnt, so sind sie auch schon selbständig und brauchen nicht erst das einundzwanzigste Lebensjahr abzuwarten. Kein Mensch hat ihnen etwas zu gebieten. Sie arbeiten entweder mit den Alten oder spielen, ganz wie sie selbst wollen. Ihr Essen bekommen sie auf jeden Fall.

Die Mädchen bleiben in ihrer Familie. Die Knaben gehören jedoch zum Stamm der Mutter und kommen daher zu ihrem Onkel mütterlicherseits, von dem sie auch später erben.

Ein junger, noch unverheirateter Mann heißt a mbarmann. Er hilft entweder seinem Vater oder seinem Onkel oder seinem Häuptling bei der Pflanzung, oder legt sich auch schon selbst eine solche an. Während die alten, verheirateten Leute, die Weiber und Kinder im Gehöft schlafen, bleiben die jungen Männer am Ufer und schlafen zusammen in sogen. Pal na mbarmann, d. h. Junggesellenhäusern. „Ein freies Leben führen wir!" können die „Barmänner" von sich sagen, denn sie sind weder durch Nahrungssorgen, noch durch

Bei der Plantagenarbeit.

Polizei oder Etikette an irgend etwas gebunden. Das Einzige, was sie etwa bindet, ist Gewohnheit und Scham vor den anderen. Daher thun sie gewöhnlich mit, was alle anderen thun, es sei denn, daß die Trägheit noch die Scham überwiegt. Früher verdingten sich einige auf zwei oder drei Jahre in die Pflanzungen der Weißen, aber wenn ihnen auch am Ende der Arbeitszeit eine Kiste mit allerlei Gegenständen als Bezahlung wohlgefiel, so konnten sie sich doch mit regelmäßiger Arbeit und zeit= weiligen verdienten oder unverdienten Prügeln nicht recht befreunden. Zudem können sie ja jetzt auch durch Verkauf ihrer Kokosnüsse alles von den Weißen haben, was sie nur wünschen. Deshalb ist es nur noch äußerst selten, daß ein junger Mann sich noch zur Arbeit verdingt, und es geschieht meistens nur, wenn einer im Streite mit seiner Familie lebt und sich durch dreijährige Abwesenheit rächen will. Früher, als die Kriege unter den einzelnen Distrikten noch häufiger waren, fühlten die jungen Leute besser ihre Zugehörigkeit zu den Häuptlingen, welche sie im Kriege anführten. Jetzt nennen einige Reiche auch zwar noch die um sie wohnenden Leute ihre „Jungen" oder ihre „Hunde", aber von einem wirklichen Einfluß dieser „Häuptlinge" kann keine Rede sein.

Hat einer einen reichen Onkel, so kann er sicher sein, daß ihm auch schon frühzeitig eine Lebensgefährtin gekauft wird, während andere oft ihr halbes Leben lang vergebens darauf warten. In früherer Zeit, als noch keine Missionare hier waren, geschah dieser Weiberkauf unter eigentümlichen Zeremonien, die man „a Warwaawёi" nannte. Sollten mehreren jungen Leuten der Umgegend Frauen gekauft werden, so wurde zunächst ein großer Tanz veranstaltet, bei dem alles Volk zusammenströmte. Nach dem Tanze ließen sich alle jungen Leute der Gegend von den Alten ergreifen und zu einem großen Haufen zusammenwerfen. Die unten Liegenden wurden dabei fast erstickt, und wenn sie schrieen oder zappelten, wurden sie so lange geschlagen, bis sie ruhig waren. Es soll sogar vor= gekommen sein, daß einige unter dem schweren Menschenhaufen tot blieben. Auf diesen Menschenknäuel legten die Alten alle ihre schweren Tamburollen und weideten sich eine Zeitlang an dem Schauspiel. Endlich wurde der Tambu wieder abgenommen, die Leute nacheinander vom Haufen losgelöst und reichlich mit Stücken Tambu beschenkt. Darauf stürzte die ganze Bande von jungen Leuten tief in den Wald hinein, wo sie sich Schlafhütten bauten und einen oder zwei Monate ein verstecktes Schlaraffenleben führten. Für reichliche und gute Nahrung mußten die Verwandten sorgen. Nur des Nachts, wenn alles schlief, durften die Burschen zum Ufer kommen, wo sie auf dem Riff fischten. Geschah es, daß einer ihrer Verwandten sie aus Versehen anredete oder auch nur nach ihnen blickte, so mußte er dafür zur Strafe ein Stück Tambu hergeben. Am Ende dieser Versteckenszeit kamen die jungen Leute aus dem Busche in ihre Familie zurück zur Verlobungsfeier. Die Familie hatte unterdessen ein junges Mädchen gekauft, meistens im Alter von fünf bis zehn Jahren. Bei diesem Feste (a niriu) sah der junge Mann seine Braut zum ersten Male. Die Zeremonie der Verlobung bestand darin, daß das Mädchen ihrem Zukünftigen Betel und Zubehör reichte, welches letzterer annahm und dadurch zeigte, daß sie sich gegenseitig gefielen. Zwischen beiden Familien wurde dann Essen und Tambu ausgetauscht, und die Feier war zu Ende. Nun konnte das junge Mädchen teils in der einen, teils in der anderen Familie bleiben, wo es ihm gerade am besten gefiel. Lief es für immer fort zur elterlichen Familie, so war das ein Zeichen, daß ihm nachträglich der Mann oder dessen Familie nicht gefiel, und die Eltern hatten dann entweder den Tambu zurückzugeben, oder das Mädchen durch Prügel zu zwingen, den Mann zu nehmen. Manchmal floh das Mädchen in eine andere Familie, wo ihm ein junger Mann besser gefiel, und von der es dann auch gekauft wurde. Dann gab es Streitigkeiten über Streitigkeiten um den Tambu oder das Mädchen. Ging alles gut, und war das Mädchen etwa herangewachsen und heirats= fähig, so wurde das eigentliche Heiratsfest (a makmaku, die Verschwägerung) gefeiert, bei welcher Gelegenheit die junge Frau dem Manne als Lebensgefährtin gegeben wurde.

Bei der Verheiratung von Witwen ging es einfacher zu, und es wurde nur das Verschwägerungsfest gefeiert. Manche reiche Männer kauften sich früher zu dem ersten Weibe noch ein zweites, besonders, wenn das erste seine Jugendschönheit verloren hatte oder wegen einer kleinen Streitigkeit lange Zeit von ihrem Manne fort zu seiner Familie lief oder aus irgendeinem anderen Grunde. Hatte auch das zweite die Gnade des Mannes verloren, so kam ein drittes hinzu und so weiter, je nachdem der Reichtum des Mannes erlaubte. Einige Häuptlinge kauften sich auch bloß Weiber für ihre Arbeiten in den Pflanzungen und kamen dabei manchmal zu einer beträchtlichen Zahl. Beim Kauf neuer Weiber zu dem ersten, auch nach dem Tode des ersten, stellen sich alle anderen Weiber wie verrückt, aber bloß zum Scheine. Sie treiben allerlei unsaubere Allotria, fallen über vorbeigehende Männer her und färben ihnen das Gesicht rot, gehen in die Pflanzung des Ehemannes und nehmen heraus, was ihnen einfällt, so daß die ganze Zeremonie wieder auf ein Kaikai (Essen) hinausläuft, nach welchem alle befriedigt auseinandergehen. In der Umgebung der Missionen haben diese Gebräuche stark nachgelassen.

Männer, die vor der Taufe mehrere Frauen hatten, mußten dieselben bis auf eine entlassen und zwar diejenige, welche sie zuerst gehabt haben. Fast alle haben sich gut- willig darein gefügt. Nur wenige haben doch vorgezogen, ihre Weiber zu behalten und sich nicht taufen zu lassen, unter andern auch ein Häuptling von Unakamkambi, der uns erst alle seine Leute zum Unterricht und zur Taufe herbeiführte und dann am Schlusse selbst das Opfer seiner zwei nachfolgenden Weiber nicht bringen konnte. Gern hätte er die beiden ersten entlassen, die doch nichts mehr taugten, aber die dritte, die noch jung war und ihm seinen Tambu so schön herrichtete, wollte er um keinen Preis fahren lassen. So mußte er auf die Taufe verzichten.

Das Leben der Wilden ist im ganzen recht eintönig, ohne einschneidende Momente. Der ewige Sommer ohne Abwechselung macht sie stumpfsinnig gegen die Natur. Höherer Genuß durch Schreiben und Lesen ist bei den Alten ausgeschlossen. Keine Aufregung, keine größere Sorge und Furcht bedrängt sie; daher aber auch keine Ueberraschung, keine wahre Freude oder Begeisterung, „Gleichgültig gegen alles!" ist die Losung der Ein= geborenen. Sie beneiden die Weißen um ihren größeren Komfort, selbst sind sie aber zu träge oder zu geizig, um sich etwas zu verdienen oder zu kaufen. Natürlich giebt es auch Ausnahmen, aber diese fallen dann gewöhnlich ins gerade Gegenteil. Sogar für ihre Gesundheit sind sie von einer erstaunlichen Gleichgültigkeit. Wie oft könnten sie geheilt werden, wenn sie gleich im Anfange der Krankheit Medizin holten, z. B. bei der Dysenterie, aber da warten sie gewöhnlich, bis es sehr spät oder schon zu spät ist. Kleine Wunden brauchten nur ein paarmal verbunden zu werden, um zu heilen. Das wissen sie ganz gut, trotzdem warten sie oft damit, bis eine monatelange Behandlung nötig wird.

Mit einiger Ueberwindung ihrer zum Teil durch das Klima bedingten Trägheit könnten die Wilden sich manchen Komfort verschaffen und ein ganz glückliches Dasein führen. In ihrem Schlaraffenleben fließen die Tage eintönig dahin; es scheint beinahe, als wenn ihnen der Tod selbst in jüngeren Jahren oder im mittleren Alter ganz gleichgültig wäre.

Wie alt er ist, hat noch keinem Eingeborenen irgendwelche Sorge gemacht. Die Jahre nennen sie zwar kilal na up, d. h. die Zeit eines Yams, aber dieselben zu zählen, fällt ihnen gar nicht ein, sie würden es ja doch nicht behalten können, weil sie es nicht niederschreiben. Eine Art die Zeit zu schätzen haben sie darin, daß sie aus gewissen Anlässen, Festen, Tänzen, Kokosnüsse pflanzen und dann später an der Größe der Bäume sehen können, wieviel Zeit ungefähr nach dem Ereignis verflossen ist. Die Arbeiter, welche ein Interesse daran haben, die Monate ihrer Arbeitszeit zu zählen, damit sie nicht über. die Zeit hinaus gehalten werden, machen bei jedem Neumonde einen neuen Ein= schnitt in ihr Kerbholz, nur glauben sie sich am Ende immer betrogen, weil ihre Rechnung (achtundzwanzig Tage auf einen Monat) mit der der Weißen nicht übereinstimmt, welche dreißig und einunddreißig Tage auf einen Monat zählen. Für die Buschwilden ist es aber vollständig gleichgültig, ob ein paar Tage mehr oder weniger verflossen sind, der eine ist ja doch wie der andere. „Time is money", sagt der Engländer, aber der Kanake würde lachen und sagen: „Zeit ist gar nichts!"

Bei dieser Eintönigkeit des Lebens strebt der Wilde immer nach etwas Abwechselung und sucht dieselbe meistens in den immer gleichen Festlichkeiten und Tänzen, die gewöhnlich mit einem besseren „Kaikai" verbunden sind. Sogar der Tod einer seiner eigenen Ver= wandten ist ihm gar nicht unerwünscht, weil es dabei auch wieder etwas Abwechselung und besonders Festessen giebt.

Die Meinung der Weißen über das Alter der Eingeborenen geht sehr auseinander, da man nicht unfehlbar nach dem Aeußeren auf das Alter schließen kann. Einige bekommen früher, andere später das Aussehen eines vollständig abgelebten Greises, leben dann aber oft noch länger, als man hätte erwarten sollen.

Ist jemand am Sterben, so hat sich das Gerücht davon bald überall verbreitet. Alle Verwandten und Bekannten strömen zusammen und erwarten den Tod desselben, um an der Verteilung des Tambu teilzunehmen. Die Weiber gebärden sich dabei, als wenn sie von Schmerz überwältigt wären, heulen und jammern und schlagen mit den Händen um sich, werfen sich auf die Erde und raufen sich die Haare aus. Mitten aber aus diesem künstlichen Geheul lacht die helle Freude über die baldige Verteilung des Tambu und das baldige Essen. Oft ist es vorgekommen, daß während des Weinens etwas Drolliges passierte, und alsdann platzten die weinenden Weiber vor Lachen los. Je weniger Tambu in Aussicht steht, desto weniger wird geweint, und bei ganz armen Teufeln fällt es keinem Menschen außer den allernächsten Verwandten ein, ihnen auch nur eine Thräne nachzuweinen.

Die Männer bleiben ruhiger, halten sich weiter vom Sterbenden ab und weinen höchstens still. Nur wenn das Geheul der Weiber allzustark wird, lassen auch sie sich zuweilen zu einiger Aufregung hinreißen. Sie springen auf, ergreifen ihre Lanzen und werfen sie wütend in die Stämme der Bäume, als wollten sie den Feind treffen, der ihnen den Sterbenden aus ihrer Mitte reißt. Andere ergreifen ihre Beile und hauen die schönsten Kokos= und andere Fruchtbäume um; aber, Freund, nur ruhiges Blut! es ist alles nur Komödie. Während die Verwandten des Toten mehr den Tambu bedauern, den sie austeilen müssen, als den Verlust eines der Ihrigen, so freuen sich alle die übrigen mit großer Ungeduld auf ihr Stück Tambu, das sie bekommen, und können oft den wirklichen Tod nicht erwarten, wenn sie nun einmal versammelt sind. Wenn der Sterbende noch röchelt, aber nicht mehr sprechen kann, heißt es: „Der ist schon tot, nur her mit dem Tambu!" Und dann wendet sich alles Interesse von dem Sterbenden ab und dem Tambu zu. Tritt aber, wie es auch geschehen ist, statt des Todes nur eine Ohnmacht

Familie des Bainingstammes, Westküste von Neupommern.

ein und kommt dann ein solcher Totgeglaubter wieder zu sich, so ist er dann auf ein=
mal ein armer Mann geworden, sein ganzer Tambu ist verteilt und später, bei seinem
wirklichen Tode, scheren sich nur wenige um ihn, weil ja doch kein Tambu mehr zu
erwarten ist.

Um solchen unliebsamen Dingen vorzubeugen, und auch, um den langsamen Prozeß
des Todesröchelns abzukürzen, während schon alles ungeduldig auf den Tambu wartet,
faßten früher oft mehrere Männer den Sterbenden bei den Beinen und hoben ihn auf
mit dem Kopfe nach unten. Nachdem sie ihn so ein paarmal kräftig geschüttelt hatten,
war der Mann natürlich erstickt, und das Röcheln hörte auf. Dann konnte man mit
Ruhe das Muschelgeld verteilen.

Frauen werden von ihrer elterlichen Familie noch lebend fortgeholt und später in
deren Hofe begraben. Es ist oft grausam, wie das arme sterbende Weib, das nichts
weiter verlangt, als daß man es in Ruhe sterben lasse, ohne Gnade auf eine harte
Bahre gelegt und dann von den Männern im Triumph zum Gehöfte gebracht wird,
wo es sterben oder begraben werden soll.

Ist jemand tot, oder wird er tot genug geglaubt, so binden sie ihm zunächst die beiden
großen Zehen aneinander und ebenso die beiden Daumen, damit nachher beim Tragen
nicht die Hände oder Füße von der Bahre herunterhängen; denn der Tote wird im
Gehöfte seiner Familie mütterlicherseits begraben. Dort angekommen, wird er nun erst
sorgfältig geschmückt, wie Lebende, wenn sie zum Tanze gehen. Kalk wird in die Haare
gestrichen, der Bart frisiert und der Leib in bunte Tücher gehüllt. Darauf wird
er in den „Bere" gelegt, das sind lange, zusammengenähte Pandanusblätter, welche sonst
als Regenschirm dienen. In diese Blätter wird er später eingerollt und begraben. Nun
geben die Verwandten ihm noch mit, wovon sie sich losmachen können, Tabak, Pfeifen,
Tücher, Messer und dergleichen. Einige Stränge Tambu werden ihm um den Hals
gehängt, Flaschen mit Tambustückchen über ihm zerschlagen und die Tambustückchen über
ihn ausgestreut, einige sogar in den Mund, die Nasenlöcher, die Ohren und die Hände
gesteckt.

Bei der Tambuverteilung liegt der Tote in vollem Schmuck zur Schau. Reiche Tote
werden sogar aufrecht sitzend mitten in die Versammlung auf ein Gerüst gestellt, als
nähmen sie noch an ihrer Totenversammlung teil, und die reichen Verwandten hängen
neben ihnen alle ihre Rollen Tambu auf, die sie besitzen, ja sogar noch einige mehr, die
sie selbst geliehen haben, und mit denen sie nur prahlen wollen. Während das Gehöft
sich nach und nach mit Menschen füllt, die Männer zur einen, die Frauen zur anderen
Seite, haben die Verwandten den Tambu des Verstorbenen geordnet und Haufen Kau=
material, Betelnüsse und Pfefferblätter herbeigeschafft. Beim Beginne der Verteilung
müssen die Weiber alle zusammen ihr Stückchen heulen. Die Männer sitzen still, schwätzen
und lachen leise. Es wird überhaupt nur sehr leise gesprochen; denn man schämt sich,
in der großen Versammlung durch lautes Sprechen die Aufmerksamkeit auf sich zu lenken.

Endlich, nach langer Erwartung, kommt der Tambu. Die bedeutendsten Familien=
glieder tragen ihn, jeder etwa zehn bis zwanzig Faden, und sind von jüngeren Leuten

begleitet, welche den Betel tragen. Sie verteilen sich in die verschiedenen Gruppen und teilen aus, von den Reichen angefangen bis zu den Armen. Die Reichen bekommen viel, die Armen wenig, einige sogar gar nichts, denn auch hier gilt: „Wer hat, dem wird gegeben werden." Frauen teilen Tambugeld bei den Frauen genau nach denselben Prinzipien aus.

Es ist ein peinlicher Augenblick, wenn jemand den Tambu bekommt. Aller Augen sind auf ihn gerichtet; er schämt sich sehr und bohrt die Augen in den Boden. Der Tambu muß ihm aufgenötigt oder nur so hingeworfen werden und wird auch nach= her erst unbemerkt aufgenommen und ins Armkörbchen gesteckt. Nur das Betelkauen bringt wieder Leben in die tieferschütterte Gesellschaft.

Das Begraben der Toten geschieht am selben Tage, an dem der Tambu ausgeteilt wird, und zwar in einer neuen Hütte. Das Loch ist kaum einen halben Meter breit und einen Meter tief. Bei der Einsenkung der Leiche sind meistens nur die Verwandten zugegen, von denen die Weiber wieder ihr kurzes Liedchen heulen. Zu Ehren des Toten schlafen auf dem Grabe in der Totenhütte einige Wochen lang schwarz gefärbte Weiber, die noch von Zeit zu Zeit heulen. Dieses Schlafen auf dem Toten, bis derselbe verfault ist, geschieht nur, wie die Eingeborenen versichern, um den Leichnam vor den Schweinen zu sichern, welche ihn leicht wieder herauswühlen könnten. Nun färben sich alle Weiber der Umgegend zu Ehren des Toten das Gesicht schwarz bis zu einem bestimmten Tage, dem „Ukawolo", an welchem sie von den Verwandten des Toten wieder mit Tambu und Essen beschenkt werden und sich dann die Schwärze wieder abwaschen. Auch an diesem Tage wird wieder ein Stückchen geweint.

Merkwürdig und oft komisch ist es, was die Verwandten sich zu Ehren des Toten für schwere Enthaltsamkeit auferlegen. Eine Frau enthält sich z. B. zehn Monate lang des Schweinefleisches, eine andere verzichtet ebensolange auf Fisch und Kokosnuß, ein Mann etwa ein Jahr lang auf Bananen, oder er will ein Jahr lang nicht tanzen, dieses oder jenes Gehöft nicht besuchen. Ein Reicher, der es sich leisten kann, enthält sich einen Monat lang jeden selbständigen Essens und läßt sich füttern wie ein Kind. Woher dieser sonderbare Brauch kommt, und was er zu bedeuten hat, wissen die Eingeborenen selbst nicht. Männer sowohl als Weiber tragen Zeichen ihrer Enthaltsamkeit, Männer kleine Perlenschnüre um die Hand= und Fußknöchel, die Weiber ein Bündel Schnüre quer über Brust und Schulter.

Eine weitere Ehrung der Toten besteht in dem „Irang" oder Verbot auf die Kokos= bäume für einen oder zwei Monate. Wenn dieses Verbot anfängt, werden zunächst alle eß= und trinkbaren Nüsse heruntergeholt als Vorrat für die Zeit des Verbotes, und dann wird dem Baume Ruhe gelassen, bis er wieder neue Früchte zur völligen Reife entwickelt hat. Zum Schutze wird er mit trockenen Blättern umflochten, so daß ein Besteigen nicht möglich ist, ohne Aufmerksamkeit zu erregen. Wer dabei ertappt wird, wenn er zur Zeit des Irang Kokosnüsse herunterholt, muß zur Strafe ein Stück Tambu zahlen. Selbst Nüsse, die zu der Zeit von selbst fallen, dürfen nicht aufgenommen werden; im geheimen nehmen sich jedoch die meisten ihren Nußbedarf von der Erde sowohl, als

von den Bäumen. Einige Weiße wollen in
diesem Jrang eine mit Ueberlegung einge=
führte Schonzeit für die Kokosnüsse sehen;
denn wenn die grünen Nüsse stets herunter=
geholt werden und keine mehr zur Reife
gelangen, läßt die Fruchtbarkeit des Baumes
nach. Manchmal wird ihnen aber diese
Schonzeit doch etwas zu lang, wenn näm=
lich mehrere Jrang aufeinander folgen und
die heruntergefallenen Nüsse Zeit haben, hoch
aufzuschießen und für den Handel unbrauch=
bar zu werden. Dann bezahlt der Händler
gern dem Häuptling einige Fäden Tambu, da=
mit er das Verbot schneller zurückziehe, natür=
lich unter der Bedingung, daß ihm allein
alle Kopra gebracht werde und nicht einem
andern Händler.

Hat der Verstorbene viel Tambu gehabt,
so finden noch allerlei Ehrungen desselben
statt, z. B. es wird eine Zeitlang überall Still=
schweigen beobachtet, außer in den Gehöften.

Tanzmaske.

Während der Zeit blasen Knaben versteckt auf einem halb zischenden, halb kreischenden
Instrumente, a Konga, und wollen dadurch die Weiber glauben machen, daß der Geist
des Verstorbenen umgehe. Ferner tanzt ein Dukduk einsam am Ufer entlang oder in
den Gehöften und stellt den Toten vor, wobei die Weiber wieder weinen müssen. Die
Hauptehrung sind jedoch Tänze, a Mbalanguon, die einen Monat oder ein Jahr nach
dem Tode stattfinden, oder auch noch jahrelang später, solange der Tambu reicht.
Gleichzeitig errichtet man Schaugerüste, Erinnerungsgerüste, bemalte Bambus oder dünnes,
zu einer Wand zusammengestelltes Rohr, mit Blättern ringsum geschmückt, mit Essen und
bunten Tüchern behangen. Glücklich schätzt sich der Kanake, der sich als Toter das
alles noch gestatten kann. Daher auch sein Hauptbestreben, während seines Lebens so viel
als möglich zusammenzubringen.

Um ein vollständiges Bild vom Leben der Wilden zu bekommen, müssen wir auch
den mannigfachen Aberglauben kennen, der früher fast alle Handlungen ihres Lebens
begleitete und so tiefe Wurzeln geschlagen hat, daß wohl noch mehrere Generationen
vergehen werden, bevor er ganz erstickt ist.

Da ist zunächst der Jniet=Aberglaube, durch den die Eingebornen in zwei Kasten
geteilt werden, in Schweinefleischesser und Nichtschweinefleischesser, in „Mana“ und
„Jniet“. Die letzteren haben geheime Zusammenkünfte auf Plätzen, auf welche erstere
nicht kommen dürfen, den sogen. Moramoro. Sie haben eigene, unsaubere Tänze, eigene
häufige Festessen, eigene Wörter zur Bezeichnung ihrer Kastengeheimnisse. Früher hatten

sie bei ihren geheimen Zusammenkünften kleine weiße Statuen, aus einem gipsartigen Steine geschnitzt, und eine aus einer Wurzel geschnitzte Schlange. Ueber alle Zeremonien bei ihren Zusammenkünften haben sie uns nie vollen Aufschluß geben wollen, ein Beweis, daß es nicht gerade sehr sauber herging. Oft wurden ganze Nächte hindurch zusammen verbracht, getanzt und gesungen. Das Charakteristische bei den Iniet ist die Furcht vor dem Schweinefleisch. Sie glauben, daß, wenn einer von ihnen Schweinefleisch äße, ihm der Bauch anschwellen und schließlich zerplatzen würde. Deshalb müßten, wenn aus Versehen oder freiwillig etwas angerührt würde, allerlei Zaubereien wieder an dem Betreffenden ausgeübt werden, damit er nicht sterbe. Der größte Teil aller Männer gehört der Inietkaste an, in welche sie schon als kleine Kinder aufgenommen wurden und dabei neue Namen erhielten. Die Gelegenheit der Aufnahme sind gewöhnlich die großen Moramorofeste, welche reiche Iniethäuptlinge geben, bei denen dann Tausende und Tausende von Iniet von überallher zusammenströmen und die jungen Leute auf einem sehr hohen, blättergeschmückten Gerüste tanzen. Die Tänze werden durch Gesang begleitet, der bei dem Inietfeste noch nicht aufgezeichnet werden konnte. Dagegen sei hier der Gesang wieder= gegeben, den die Kanaken bei dem Vatuntanz singen, niedergeschrieben von P. Eberlein:

Gesang.

U - ia — na va-tut ra mi-mi a - ka-ma-na ta ra be-rao i ma-la-ri a-

Trommel.

ro ra ba-la qu ma ia Ma dit u-na ta gi va-la - ri Ti - a - le ma i ma-la

ri ra ba-la qu ta-na va-viqu ia An i ma-la-la-ra-ro ba-la - meau.

P. Da capo.

Nur ein geringer Teil der Männer, die Frauen aber alle sind „Mana" und dürfen Schweinefleisch essen.

Die zum Christentum bekehrten Eingeborenen haben natürlich ihrem Iniet=Aber= glauben entsagen müssen und Schweinefleisch gegessen. Eine gewisse Furcht bleibt aber trotzdem noch, und wenn sie auch nach Schweinefleisch zulangen, so geschieht es doch lieber heimlich als vor andern, und immer noch mit Zaubern.

Früher wurden oft Manaleute, wenn sie schwer krank wurden, auf den Moramoro-platz gebracht, wo sie dann gegen Bezahlung von Tambu in die Inietgesellschaft aufge-nommen wurden; dadurch hofften sie zu genesen. Trat dann später Besserung ein, so war es gewiß die Aufnahme in diese Gesellschaft, die das bewirkt haben mußte. Trat aber die Besserung nicht ein, so war irgendetwas in den Inietzeremonien nicht richtig gemacht worden; das Vertrauen der Leute auf ihr abergläubisches Mittel wurde aber nie erschüttert.

Einige Eingeborne wollen den Ursprung der Iniet auf die frühere große Lüsternheit der Wilden nach Fleisch zurückführen. Da Menschenfleisch nicht immer vorhanden war, so lief das Schweinegeschlecht Gefahr, ganz vertilgt zu werden, so daß sich die Häupt-linge genötigt sahen, dieses edle Geschöpf durch Gründung der genannten Gesellschaft vor dem Aussterben zu schützen, also eine Art Tierschutzverein. O diese edlen Kanaken!

Ganz allgemein ist der Glaube an Verwünschungen und Verhexungen, welche besonders von Eßresten vorgenommen werden sollen. Niemand ißt gern an fremden Orten unter unbekannten Leuten aus Furcht, seine Eßreste möchten vom „Tambaran" gegessen oder von feindlichen Leuten behext werden, wodurch sie krank würden und sterben könnten. Wir hatten Neumecklenburg-Arbeiter, die, wenn sie mit uns im Boote fuhren, sich wegen dieser Furcht oft tagelang alles Essens enthielten. Am liebsten verbrennen die Ein-gebornen die Eßreste, wie Bananenschalen, Nußschalen, Knochen, Fischgräten, gleich auf dem Feuer, vergraben sie in die Erde oder werfen sie ins Meer, wo sie aber gleich untergehen müssen. Will man an jemand Rache nehmen, so bezahlt man einen „Tenangangar", Hexenmeister, der an den Eßresten des Betreffenden die Behexung vornimmt. Er sammelt nun alles nötige dazu, schwarzgelbe, geringelte Seeschlangen, a mbiliwo, die zerstückelt werden, Seeschwämme, Blätter und Wurzeln von gewissen Pflanzen und dazu die betreffenden Eßreste. Das alles (a Putta) wird in ein kurzes Stück Bambusrohr gesteckt, dieses gut zugestopft und dann entweder ins Meer geworfen oder im Busch vergraben. Bald wird dann der Betreffende krank und stirbt. Stirbt eine junge Person an irgendeiner Krankheit, so wird doch ihr Tod nie der Krankheit zuge-schrieben. Jedermann behauptet steif und fest und glaubt auch der Familie des Toten eine Gefälligkeit zu erweisen dadurch, daß er behauptet, der Verstorbene müsse durch einen Zaubermeister verzaubert gewesen sein. Früher ging man dann in Masse zu irgend einem bekannten Zauberer und umlagerte sein Gehöft, bis er eine gewisse Summe Tambu als Ersatz hergegeben hatte. Weigerte sich aber dieser Zauberer hartnäckig im Bewußtsein seiner Unschuld, so ging man zu einem andern, der eine Zauberei an dem Toten vornahm, das Komkom.

Dem Toten wurde ein Stückchen vom Ohr, von der Nase, den Zehen, den Fingern oder sonst irgendwo abgeschnitten und darüber Kalkstaub geblasen und Verwünschungen ausgesprochen. Dann war man sicher, daß der oder die Urheber des Todes binnen kurzer Zeit sterben würden. Und merkwürdig! Sehr oft geschah es, daß kurz nach dieser Zeremonie die betreffende Person, die man im Auge gehabt hatte, wirklich starb, so daß die Furcht vor dem „Komkom" sehr groß ist.

Als Ursache des Todes hört man auch oft das „Warlili" nennen, d. h. das Hinüberwerfen von Steinen über das Haus des Kranken.

Wie in Europa, so sollen auch hier Eulen und andere Vögel um den Tod der
Menschen wissen. Fliegt ein solcher Vogel über das Haus eines Schwerkranken oder
läßt sich sein Ruf in der Nähe hören, so ist man sicher, daß die Person tot ist oder
doch bald sterben wird. Jung und alt setzt dem unschuldigen Vogel mit Steinen nach,
als wenn dieser nicht allein der Verkünder, sondern auch noch die Ursache des Todes
wäre. Fällt jemand von einem Baume herunter, so ist nie die Unvorsichtigkeit des
Kletternden die Ursache, vielmehr muß es ihm ein in der Nähe kreisender „Miningulai",
ein großer Raubvogel, angethan haben.

Sternschnuppen sind ebenfalls sichere Anzeichen nahenden Todes, und zwar sollen es die
Geister von eben gemordeten und gegessenen Wilden sein. Unwillkürlich ruft jedermann, wenn er eine Sternschnuppe erblickt, „A tulungen na wirua!" Der Geist eines
Ermordeten!

Ein weiteres Zaubermittel besteht darin, daß man jemandes Fußspuren mit Hummerzangen einritzt und dabei Verwünschungen über ihn ausspricht. Dadurch sollen Wunden
erzeugt werden.

Oft sieht man ganze Strecken weit das Gras über dem Wege zusammengebunden und
Kalk darüber gestreut. Auch das ist eine Zauberei, die mit Rücksicht auf jemand, dem
man Böses will, gemacht ist. Geht jemand über den Weg, ohne darauf zu achten, und
reißt mit seinem Fuße die Grasknoten auf, so soll der Betreffende, dem es galt, sterben
oder wenigstens krank werden. Aus liebevoller Rücksicht gehen deshalb die Wilden im
weiten Bogen um solche Stellen herum.

Ein eigentümlicher Aberglaube der Wilden besteht darin, daß sie meinen, der Geist
gewisser mächtiger Personen halte sich in Wildschweinen, Vögeln und andern Tieren
auf, und wenn dann jemand ein solches „Toi" (wie sie das besessene Tier nennen) töte,
so geschehe ihm fürchterliche Rache, einerlei ob es aus Unwissenheit, Zufall oder Bosheit
getötet worden war.

Ein sehr schwer auszurottender Aberglaube ist ferner das „Wakumbak" oder Wechseln
der Schlafstätte. Ist jemand krank, so muß die ganze Familie um ihn sein, das soll
ihn kräftiger machen und böse Einflüsse abhalten; deshalb müssen auch möglichst viele
bei ihm schlafen. Geht aber jemand von dem Kranken wieder fort und schläft anderswo,
so glaubt jedermann, daß sich die Krankheit dadurch verschlimmere und sogar der Tod
herbeigeführt werden könne. Deshalb hielt es früher oft schwer, Bootsruderer zu
bekommen, wenn die Fahrt über einen Tag dauern sollte, besonders da auch die
Furcht bestand, daß selbst Gesunde, wenn sie von andern eine Nacht über verlassen
wurden, krank werden könnten. Von einer Familie, in der jemand krank ist, ist noch jetzt
schwerlich ein Mitglied fortzubringen. Kommt jemand aus seinem Dorfe in ein anderes und
schläft dort, so heißt der Tag nach der ersten dort verbrachten Nacht a Maul na kumbak.
An diesem Tage darf keiner in der Pflanzung arbeiten, sonst, glauben sie, müßte alles
darin absterben.

Des Nachts glauben sie überall schwarze Teufel (die Seelen der Verstorbenen) zu sehen, die vor ihnen tanzen, sie chikanieren, falsche Pfade führen, im Hause rumoren und sie nicht schlafen lassen. Wer des Nachts durch den Wald geht, trägt entweder seine hell leuchtende Kokosfackel oder singt mit entsetzlich schreiender Stimme, um den Teufeln Furcht einzujagen.

Zu der Furcht vor den Teufeln kommt noch die Furcht vor den unheimlichen Plätzen, a Kaia genannt. Dort sollen große Schlangen und Ungetüme hausen, die Krankheiten und Tod verursachen.

Gewisse Plätze am Ufer nennen sie a Teraju. Diese sind nur für Dukduk und Inietleute bestimmt. Gehen Frauen über solche Plätze, so sollen sie nach und nach in Männer verwandelt werden. Deshalb gehen Fremde und Frauen immer weit im Bogen um den Platz herum durch den Wald.

Gegen jedes Uebel giebt es natürlich Zauberheilmittel. Das bekannteste von allen diesen ist das Papait, die Behandlung mit Kalkstaub und Zauberworten. Ueber eine Person oder wehe oder wunde Stellen wird mit geheimnisvoller Miene Kalk geblasen und dabei bestimmte Worte gesprochen, meistens ein wiederholtes Verbot gegen die Krankheit, oder eine Aufforderung zur Heilung an die Wunde. Ein anderes Heilmittel, vielmehr ein Vorbeugungsmittel gegen Krankheiten und allerlei Uebel, heißt a Lolo und besteht in dem Umbinden des Halses oder der Hand= und Fußknöchel mit vielfach geknoteten, farbigen Fäden.

Eine Pflanzung wird fruchtbar gemacht durch Anlegung eines kleinen Blumen=gärtchens in derselben, worüber der Zauberer Kokoswasser spritzt und Zauberworte spricht. Ein solches Gärtchen im Gehöft eines Kranken soll auch die Krankheit heilen.

Ist eine Frau unfruchtbar, so weiß der Hexenmeister auch dafür Rat. Lange Gras=stengel werden über dieselbe weg geworfen und dabei· die nötige Formel gesprochen, weiter braucht's nichts.

An Fischkörben können verschiedenerlei Zaubereien vorgenommen werden. Mit einem grünen Zweiglein wird Meerwasser wie Weihwasser über sie gespritzt. An Kalk und Zauberworten darf's natürlich dabei nicht fehlen.

Gewisse Zauberer können sogar mit Kalk und den nötigen Formeln jedes Wetter machen, je nach Bedarf und Bezahlung, Wind, Sonnenschein, Regen, sogar Erdbeben. Für alles und jedes gab es früher Zaubermittel, und das Vertrauen der Leute in die=selben war grenzenlos. Erfolgte die Heilung nicht, so war nach ihrer Meinung irgend=etwas in der Zeremonie nicht richtig gemacht. Seitdem unsere Arzneien bekannt sind, geht der feste Glaube an ihre alten Zaubermittel in die Brüche. Zur völligen Aus=rottung bedarf es aber wohl noch mehrerer Generationen."

Im Lauenburgarchipel.

Hier in den stillen blauen, von Neupommern und Neumecklenburg umschlossenen Gewässern, aus denen zahlreiche bewaldete Inseln hervorragen, ist die Wiege des deutschen Kolonialreiches in der Südsee, das heute eine Viertelmillion Quadratkilometer, also etwa die Hälfte des Deutschen Reiches, umfaßt, aber freilich nur gegen eine halbe Million Einwohner zählt. Hier auf den Inseln Matupi, Mioko, Kerawara und Makaba haben sich die ersten deutschen Händler niedergelassen, hier wurden bald darauf christliche Missionen gegründet, und hier wurde in ihrem Gefolge zum erstenmal die deutsche Flagge in der Südsee gehißt. Dieser denkwürdige Akt wurde im Dezember 1878 von dem Kommandanten S. M. S. Ariadne, dem heutigen Konterabmiral B. v. Werner, vollzogen, aber von der Reichsregierung nicht anerkannt. Die eigentliche Besitzergreifung erfolgte im August 1884. Siebzehn Jahre sind seither verstrichen, und wenn die neuen deutschen Kolonien in den ersten Jahren auch nur geringe Fortschritte gemacht haben, so sind sie dafür seit der Uebernahme der Verwaltung durch das Reich in so raschem Aufblühen begriffen, daß jetzt schon viel von dem früher Versäumten nachgeholt worden ist. Von dem Mittelpunkt Herbertshöhe aus strahlt Leben, Verkehr, Handel, freilich vorläufig nur in bescheidenem Maße, nach allen Richtungen aus, ins wilde unerforschte Inland von Neupommern, nach den Inselgruppen der näheren Umgebung und über das Meer hinweg nach Neuhannover und den Admiralitätsinseln. Was die raschere Entwickelung dieser bisherigen Stiefkinder des Deutschen Reiches neben anderen Umständen vornehmlich lahmgelegt hat, war die schlechte Dampferverbindung dieses großen Gebietes mit der Außenwelt. Alle zwei Monate kam ein Dampfer des Norddeutschen Lloyd von Singapore aus, und nicht viel häufiger, dafür desto unregelmäßiger, erschien ein australischer kleiner Dampfer von Sydney. Das war alles.

Es ist mit Freude zu begrüßen, daß durch die neu geschaffenen Dampferlinien des Norddeutschen Lloyd diese elenden, ungenügenden Verbindungen nunmehr etwas besser geworden sind. Der Lloyd hat einen zweiten größeren Dampfer in den Dienst gestellt, und dieser Zwillingsdampfer der in der ganzen Südsee bekannten und beliebten „Stettin" verkehrt nunmehr zwischen Sidney über Neuguinea, den Bismarckarchipel, die Karolinen und Marianen nach Hongkong und zurück. Es sind also neben dem bisherigen Anschluß an Singapore auch Verbindungen mit Australien und China, überdies auch solche unter den deutschen Schutzgebieten selbst entstanden.

Von dem bisherigen Verkehrselend kann man sich zu Hause gar keine Vorstellung machen. Als ich zu Jahresbeginn 1900 von Java aus nach dem Schutzgebiet reiste, traf ich auf der Stettin einige seltsame Mitpassagiere, darunter eine Dame. Dieselbe war Besitzerin eines Hotels in Ponape, der Hauptstadt der Karolinen, und fuhr anfangs des Jahres 1899 mit einem spanischen Dampfer nach Manila, um dort Einkäufe zu besorgen. Da wurde als Folge des spanisch-amerikanischen Krieges die spanische Dampferlinie eingestellt, und die gute Dame konnte nicht nach Ponape zurück. In

Die Handelsstation der Deutschen Handels- und Plantagengesellschaft auf der Insel Mioko.

Manila sagte man ihr, es sei für sie das beste, von den Philippinen nach Hongkong, von dort nach Singapore zu fahren und hier den Lloydbampfer Stettin über Neu= guinea nach dem Bismarckarchipel zu nehmen. Von Herbertshöhe aus würde sich schon Gelegenheit finden, nach den Karolinen zu fahren. Sie that, wie ihr geheißen. Die direkte Fahrt von ihrem Heim nach Manila hatte acht Tage gedauert, und in der gleichen Zeit wäre sie wieder zurückgewesen. Nun war sie schon beinahe ein Jahr auf der Reise und saß jetzt in Herbertshöhe als Pensionärin der katholischen Mission, die sich ihrer in barmherziger Weise angenommen hatte. Schon in Hongkong mußte sie einige ihrer Einkäufe wieder losschlagen, um die Reisemittel zu bekommen, in Singapore einen weiteren Teil. Für die Fahrt nach Herbertshöhe verkaufte sie ihre Vorräte an Manilacigarren, die für ihre Hotelgäste in Ponape bestimmt waren. Dort wird man sich über sie wie über eine vom Tode Auferstandene wundern, ein weiblicher Enoch Arden!

Neben dieser Dame befanden sich auf der Stettin noch vier Karoliner, die ebenfalls ein Jahr vorher von ihrer Heimatinsel Yap in einem kleinen Boote ausfuhren, um die Nachbarinsel zu besuchen. Ein Sturm verschlug sie aufs offene Meer; dort trieben sie, aller Nahrung entblößt, eine Woche umher und wurden glücklicherweise von einem spanischen Kriegsschiff gefunden, das sie aufnahm und nach Manila brachte. Die spanischen Kriegsschiffe sind also doch zu etwas gut. In Manila muß man mit den Verkehrsverhältnissen und der Geographie des Stillen Ozeans nicht besonders bewandert sein, denn auch diesen armen, nackten Wilden wurde bedeutet, das beste für sie sei, über Neuguinea nach Hause zu fahren. Die deutschen Konsulate beförderten sie als „Frei= berger" auf deutschen Schiffen über Hongkong und Singapore hierher, und hier saßen sie nun auf Rechnung und als Last der kaiserlichen Regierung und warteten auf die erste Gelegenheit, nach Yap zurückzukehren. Die armen Kerle besaßen nichts, als was sie am Leibe hatten, d. h. ein Muschelhalsband und Muschelohrringe. Das Klima hatte ihnen hart zugesetzt. Jedesmal, wenn ich ihnen in Herbertshöhe begegnete, grüßten sie freundlich, sagten „Yap, Yap", denn kein Mensch versteht dort Karolinisch, und zeigten mit der Hand nach Norden. Gab ich ihnen etwas Tabak, dann knieten sie nieder, senkten ihre malerischen Krausköpfe, hoben mein rechtes Bein und setzten meinen Fuß auf ihr Wollhaar. Bald nach unserer Ankunft starb einer an Auszehrung; als ich von der Expedition nach St. Matthias zurückkehrte, fand ich wieder einen weniger, der dritte sah so elend aus, daß er wohl auch ins Gras beißen dürfte, und der vierte kann sich glücklich schätzen, wenn vor seinem Tode ein Dampfer eintrifft, der ihn mit nach seinem geliebten Yap nimmt. Man sieht, in der deutschen Südsee sind die Reisen ins Jenseits leichter als von einer Insel zur andern.

Aber selbst zwischen den verschiedenen Inselgruppen unmittelbar bei Herbertshöhe giebt es keine bessere Verbindung, oder vielmehr gar keine. Die weißen Händler, Missionare und Regierungsbeamte sind auf ihre eigenen Segel= und Ruderbote angewiesen, die natürlich bei schlechtem Wetter nicht auf die offene See können. Man kann also bei einem Ausflug, selbst zur nächsten Insel, nie wissen, wann man zurückkehrt. Davon kann auch der liebenswürdige, gutherzige Pater Goutheraud erzählen, der während der Abwesenheit des Bischofs Couppé die Missionen als Provikar leitet. Während meines Hierseins hatte er die Mission von Malaguna zu besuchen, die vom Hauptsitz der Mission, Bunapope, in gerader Linie etwa zwanzig Kilometer entfernt an der Nordküste der schönen Blanchebai liegt. Der kleine Missionsdampfer St. Gabriel, der ihn dorthin brachte, hatte seine gewöhnliche Rundfahrt durch die Missionen bis nach den Baining= bergen zu machen, andere Schiffe waren nicht da, dazu war das Wetter elend; aber Pater Goutheraud glaubte als Missionsleiter sofort zurückkehren zu müssen und that es auch auf Schusters Rappen rings um die Blanchebai, eine doppelt so große Ent= fernung, die Nacht durch marschierend. Eine solche Leistung hätte man dem keineswegs gesunden, schwächlichen Mann kaum zugetraut. Aber das Pflichtgefühl überwand alle Hindernisse.

Mir wäre es auf meinen Ausflügen noch schlimmer gegangen, ich hätte die ver= schiedenen Punkte von Neupommern, die Inseln und den vor meiner Nase auf kaum fünfundzwanzig Kilometer Entfernung daliegenden Neulauenburgarchipel überhaupt nicht besuchen können, wenn nicht wieder die katholischen Missionare Barmherzigkeit geübt und mit Hintansetzung ihrer eigenen Interessen in liebenswürdigster Weise den kleinen Missions= dampfer mir zur Verfügung gestellt hätten. Die armen Herren, die in ihrer Mission in der bescheidensten Weise ihr Leben fristen und ihr spärliches Brot mit Hunderten von Kanakenkindern teilen, besitzen diesen kleinen gebrechlichen Dampfkahn, weil sie ohne einen solchen mit den anderen Missionsstationen an der Küste und auf den Inseln gar nicht verkehren, den dort unter den wilden Kannibalen wirkenden deutschen Priestern gar keine Lebensmittel und anderen Bedarf zukommen lassen könnten. Dieser Kahn verursacht ihnen größere Kosten, als sie bestreiten können, und sie müssen es sich gewisser= maßen vom Munde absparen, um die nötigen Kohlen zu kaufen. Was wäre das für ein Freudenfest für sie, wenn irgend eine der großen reichen Zechen in Westfalen ihnen ein Geschenk von ein paar hundert Tonnen Kohlen machen würde! Warum auch nicht? Könnte nicht irgend ein wohlthätiger Zechenbesitzer einmal in seinen schwarzen Kohlensäckel greifen und eine Sendung an die katholische Mission in Herbertshöhe adressieren?

Die verzeichnete Verkehrsnot im Bismarckarchipel ist indessen nur vorübergehend. Von Jahr zu Jahr hebt sich der Handel, immer zahlreicher werden die Ansiedler, die Plantagen und Handelsposten auf den, besonders im westlichen Teile der Südsee dicht gesäeten Inselgruppen, immer reger die Expansionskraft der australischen Kolonien und Japans. Damit hebt sich auch der Verkehr, und es wird gar nicht mehr lange dauern, bis Dampferlinien zwischen den genannten Ländern verkehren, vielleicht auch Zweiglinien nach und zwischen den einzelnen Inselgruppen eingerichtet werden. Dann wird sich erst die wirkliche Bedeutung von Herbertshöhe zeigen, denn der sicherste und beste Weg führt durch die Georgsstraße, zwischen Neumecklenburg und Neupommern, und an dieser Straße liegt Herbertshöhe. Mit Ausnahme der kleinen Thursdayinsel, in der Australien von Neuguinea trennenden Torresstraße, scheint mir kein Punkt der Südsee ähnliche

Aussichten für die Zukunft zu haben, und Herbertshöhe wird mit der Zeit ähnliche Bedeutung gewinnen und zu einem ähnlich wichtigen Knotenpunkte für die Schiffahrt werden, wie Honolulu, Auckland oder Brisbane. Dadurch wird aber auch das Hinterland von Herbertshöhe, d. h. der Bismarckarchipel selbst, an Bedeutung und Besiedelung gewinnen.

Der erste Anfang wurde, wie eingangs erwähnt, auf den Inseln der Neulauenburg= gruppe gemacht, die auf der weiten Wasserfläche zwischen Neupommern und Neumecklen= burg liegen und die ich von meiner Wohnung hoch oben auf dem Plateau hinter Herbertshöhe mit dem Fernglase deutlich unterscheiden konnte. Sieben bewaldete Ei= lande umgeben dort die große Hauptinsel Neulauenburg, nämlich, von Nordost an= gefangen, Makaba, Buruan, Ulu, Kerawara, Utuan, Mioko und Muarlin. Alle sind flach, nur aus der Mitte der Insel Mioko ragt eine etwa dreißig Meter hohe steile Erhebung als Wahrzeichen der ganzen Gruppe empor. Diese Erhebung ist jedoch nicht etwa ein Hügel, sondern ein riesiger Banyan (Gummibaum), die größte Merkwürdigkeit des ganzen kleinen Archipels.

Eines Morgens lag der Missionsdampfer auf der Reede von Herbertshöhe bereit, um mich aufzunehmen. Wir mußten die weite Wasserfläche sorgfältig durchfahren, um nicht mit einem der vielen Fischereiapparate in Berührung zu kommen, mit denen die Eingeborenen hier fischen. Während ihre Nachbarn in Neuguinea nur mit dem Speer Fische fangen, haben die viel weiter vorgeschrittenen Bewohner des Bismarckarchipels bereits Netze und Fischkörbe, die sie jeden Morgen weit in die See hinausführen. Diese ein bis zwei Meter langen, tonnenartigen Körbe sind sorgfältig aus Bambusrippen geflochten und besitzen am oberen Ende eine Oeffnung, ähnlich gestaltet wie jene der Mausefallen. Diese Körbe werden einige Meter unter der Oberfläche des Wassers schwebend erhalten, indem man sie an ein aus Bambusstäben gebundenes Floß hängt. Damit dieses selbst in seiner Lage erhalten und von Strömung oder Wind nicht fort= geführt werde, binden die Eingeborenen daran einen schweren Stein, der an einem vierzig bis fünfzig Meter langen, aus Lianen gedrehten Seil hängt und als Anker dient. Als Köder werden tote Fische in den Korb gethan. Vom Ufer aus beobachten die Fischer das Meer. Sammeln sich über den auf der weiten Fläche schwimmenden zahlreichen Bambusflößen Seevögel, dann enthalten die Körbe sicher Fische; die Ein= geborenen rudern dann von einem Floß zum anderen und entnehmen den Körben ihren Fang; auch Körbe, welche nicht ihnen gehören, werden geleert und der Inhalt dem Eigentümer gegen einen Prozentsatz des Fanges übergeben. An den Küsten der Neu= lauenburginseln fangen die Einwohner Fische dadurch, daß sie Früchte einer Giftpflanze in Spalten und Löcher der Korallenklippen stecken. Fische, die davon fressen, zeigen sich bald mit dem Bauch nach oben an der Oberfläche; sie werden rasch aus dem Wasser geholt und sorgfältig ausgenommen, dann sind sie genießbar. Andere suchen das Weite, werden möglicherweise von größeren Fischen aufgezehrt, und nun kriegen diese so heftige Leibschmerzen, daß sie aus dem Wasser springen und schließlich verenden. Sofort sind die Fischer mit ihren schön geschnitzten Kanoes mit Auslegern zur Stelle und

fangen und zerteilen den Fisch, selbst wenn es ein Haifisch sein sollte. Leider hat der
Fischreichtum durch das Schießen mit Dynamitpatronen seitens der Europäer hier
erheblich abgenommen; denn neben den erwachsenen Fischen wurde dadurch auch die
Brut getötet. Ist das Fischeschießen noch nicht verboten worden, dann sollte dieses
Verbot seitens der Regierung ehethunlichst erlassen werden.

Etwa halben Weges zwischen Neupommern und den Neulauenburginseln kamen wir
an den beiden Crednerinseln vorüber, nach einem Schiffskapitän dieses Namens benannt,
ein beliebter Ausflugs- und Picknickort der weißen Bewohner von Herbertshöhe. Auf
einer dieser Inseln wird in nächster Zeit ein Lazarett erbaut werden.

Die südlichste Insel von Neulauenburg, an der wir nun langsam vorbeidampften, ist
Kerawara, auf der sich eine der ältesten Handelsniederlassungen der Neuguinea=Gesellschaft
befindet. Früher wurde dieselbe von einem Weißen verwaltet, aber der Ertrag recht=
fertigte nicht die Kosten. Auf den Landkarten ist westlich der nur von einer geringen
Zahl von Eingeborenen bewohnten Insel Kerawara noch eine zweite, größere, Namens
Kabakon, verzeichnet. In Wirklichkeit bilden beide jedoch eine einzige Insel, denn sie
werden nur durch eine ganz seichte, durchwatbare Wasserstraße voneinander getrennt.
Von unserem Dampfer gesehen machte Kerawara mit seinen vielen Kokospalmen und
hohen Laubbäumen den Eindruck eines herrschaftlichen Parkes, ein entzückender, idyllischer
Aufenthaltsort. Ist Herbertshöhe einmal zu einer Großstadt und Handelsmetropole des
Stillen Ozeans gediehen, dann könnte sich in der Umgebung kein schöneres Plätzchen
für eine Villenstadt darbieten wie dieses Kerawara, aber darüber wird noch ein wenig
Zeit vergehen.

Der vielen Korallenriffe wegen umfuhren wir nun im weiten Bogen die große Insel
Ulu, auf welcher die Europäer von Herbertshöhe im Verein mit den Offizieren der
Kriegsschiffe einige Tage vorher eine Schweinejagd abhielten, ohne indessen auch nur ein
einziges Rüsseltier zu ergattern. Zwischen der Nordküste von Ulu und der Hauptinsel
Neulauenburg führt eine mehrere Kilometer lange, etwa einen halben Kilometer breite
Meeresstraße, die sogenannte Nordwestpassage, nach Mioko, eine der entzückendsten Wasser=
straßen, die ich auf meinen vielen Weltfahrten gesehen habe. Mit ihren steilen bewal=
deten Felseninselchen, malerischen Klippen, schattigen Baumriesen, deren tief herabhängende
Zweige sich in dem kristallklaren Wasser spiegelten, erinnerte sie mich an das herrliche
Insellabyrinth der berühmten japanischen Inlandsee. Sogar die malerischen Tempelchen
und Pagoden, die dort alle Inselchen und Klippen krönen, fehlen hier nicht, freilich
sind sie nicht dem heidnischen Buddha, sondern den christlichen Seefahrern gewidmet.
Es sind einfach rot gestrichene Anseglungs= und Vermessungszeichen, welche die wackeren
Blaujacken des deutschen Kriegsschiffes Möwe hier zur Sicherung der Schiffahrt errichtet
haben. Es ist hier wohl der Platz, der segensreichen und aufopfernden Thätigkeit der
Möwe zu gedenken, deren Besatzung unter dem Kommando des wackeren Kapitäns
Dunbar, trotz seines englischen Namens ein biederer Darmstädter, im Archipel ganz
Hervorragendes geleistet hat. Seemann zu sein hat in den Augen unserer Landratten
etwas sehr Verführerisches. So zu sagen als Freipassagier fremde Meere zu durchsegeln,

fich die schöne Welt anzusehen, bald in China oder Japan, bald in den parabiesischen Eilanden der Südsee oder unter den Palmen Westindiens zu weilen, muß doch herrlich sein. Sie mögen es einmal mitmachen! Eine anstrengendere Thätigkeit, als sie die Besatzung der Möwe zu vollführen hat, ist wohl kaum denkbar. Tag für Tag heißt es, mit Meßinstrumenten und Meßketten in der Hand, bei der glühendsten Tropenhitze in dem heißfeuchten Schwitzklima umhereilen, auf Berge hinauf, über stechende Korallen= klippen, durch fieberbringende Mangrovesümpfe, mitunter stundenlang bis an die Bruft durch Strandwasser watend, dabei Exerzieren, Schießübungen halten, den anstrengenden Schiffsdienst verrichten. Dafür schälen sich die Umriffe, die Berge und Flüffe, der ganze Charakter der unter deutscher Herrschaft stehenden Inseln immer klarer aus den nebelhaften Umriffen, in denen sie heute noch auf den Landkarten verzeichnet sind. Man macht viel Wesens aus Geographen und kühnen Forschungsreisenden, aber wahrhaftig, die im stillen, von der großen Menge unbeachtet wirkenden Seeleute verdienen ebenso= viel Anerkennung und Bewunderung.

Mioko, die älteste Handelsniederlaffung in der deutschen Südsee.

Nach der Durchfahrung des Kanals gelangten wir in ein weites, rings von Land umschlossenes Becken, das sich wie ein krystallklarer Alpensee zeigte. Krystallklar ist das rechte Wort; denn der Grund des zehn bis vierzehn Meter tiefen Wassers war mit allen Einzelheiten so deutlich zu erkennen, als wäre die Wasserschicht nur spannen= tief. Korallen in phantastischen Formen und Farben bedecken den Meeresgrund, als wüchsen dort unten Palmen und Krautköpfe, bunte Blumen und dichtverschlungene Sträucher. Dazwischen tummelten sich Fische in so bunten Farben wie Papageien und Paradiesvögel. An der von hohen Palmen und Bananen beschatteten Küste der Insel Utuan liegen die weißen Gebäude einer englischen, wesleyanischen Miffion, und gerade vor uns sahen wir den sandigen Meeresstrand von Mioko, unserem Reiseziel. Eine schmale Landzunge springt von der Insel gegen Westen vor, mit Gruppen hoher Palmen, zwischen deren Stämmen hindurch ich den blauen Streifen des Meeres jenseits gewahrte; an der Spitze der Landzunge stehen die weißen, roten, gelben Wohnhäuser und Waren= lager der ersten deutschen Station, welche im Bismarckarchipel errichtet wurden, die Wiege des deutschen Befitzes. Von Johann Cesar Godefroy und Sohn im Jahre 1874 als Handelsniederlaffung gegründet, ging sie nach dem schwerwiegenden Zusammenbruch dieses altberühmten Hauses auf die „Deutsche Handels= und Plantagengesellschaft in der Südsee" über, in deren Befitz sie sich noch heute befindet. Als unsere Dampfpfeife ertönte, ging auf dem hohen Flaggenmaste die deutsche Flagge empor, und gleich darauf erschien der Leiter der Faktorei, Herr Schultze, auf der weit ins Meer springenden Landungsbrücke, um uns in herzlichster Weise zu empfangen. Die Insel Mioko liegt nicht in der Spree, und Besucher aus Europa kommen alle heilige Zeiten hierher. Dafür sind sie desto herzlicher willkommen.

Schon auf der Landungsbrücke machte mich Herr Schultze auf eine historische Merkwürdigkeit aufmerksam. Diese Brücke steht auf einem großen versunkenen Segelschiffe, das einst, in den Jahren 1879 bis 1882, zahlreiche Auswanderer der berüchtigten Expedition des Marquis de Rays nach Neumecklenburg brachte. Man kennt die Geschichte dieses unglückseligen Unternehmens. Der gute Marquis brauchte Geld, und um es zu erwerben, benutzte er die Unkenntnis seiner Landsleute in geographischen Dingen. Er reiste mit dem Finger über die Landkarte, stieß auf den Bismarckarchipel, der damals noch herrenloses Land und nicht mit der roten englischen oder blauen französischen Landbesitzfarbe umpinselt war, und beschloß, dort eine „Nouvelle France" zu gründen. Er schilderte die wilde Menschenfresserinsel Neumecklenburg als ein Paradies, wo Milch und Honig fließen und jeder im Handumdrehen reich werden kann. Alle, welche nach diesem Neufrankreich und dessen Hauptstadt Port Breton wollten, hätten ihm nur fünfzig Francs einzusenden, dafür würde jeder ein Stück des herrlichen Landes, so groß wie das Bois de Boulogne, oder noch größer, erhalten. Die Fünfzigfrancsscheine flogen ihm zu, zahlreiche Familien mit Kind und Kegel verkauften ihre Habe, um sich nach diesem Schlaraffenlande einzuschiffen, und endlich, nach unsäglichen Mühen und Abenteuern hier an der wüsten Küste angekommen, wurden sie von den Menschenbraten liebenden Neumecklenburgern aufgefressen oder gingen am Fieber elend zu Grunde. Die übrigen verließen „Neufrankreich", um sich nach Australien oder Neukaledonien durchzuschlagen; im Bismarckarchipel ist nur einer geblieben, der Händler Mouton, von dem ich gelegentlich meiner Schilderung von Herbertshöhe schon erzählt habe.

Aber auch Mioko hat trotz seiner Jugend schon seine blutige Geschichte. Als wir nach vortrefflichem Mittagsimbiß einen Spaziergang durch die Ansiedelung unternahmen, zeigte mir Herr Schultze das winzige Holzhäuschen, welches der Gründer der Station, der erste weiße Ansiedler im Bismarckarchipel, bewohnt hat. Aus rohen Baumstämmen gezimmert, mit ungehobelter Thüre und kleinen Fensterchen, enthält es zwei winzige Räume, die heute von Arbeitern der Faktorei bewohnt werden. Eigentlich gehörte dieses kleine, in einem Zimmer durchschnittlicher Größe leicht aufzustellende Häuschen ähnlich jenem, welches der Gründer der Firma Krupp in Essen bewohnt hat, in das Berliner Museum für Völkerkunde, denn es ist eine historische und ethnologische Merkwürdigkeit, die sich noch steigern wird, wenn einmal aus dem Bismarckarchipel in Bedeutung und Einwohnerzahl ein zweites Westindien geworden sein wird, was freilich in fernster Zukunft liegt. Aber dann dürfte das Häuschen längst verfallen und verschwunden sein.

Hier in einem der Häuschen wohnte auch der deutsche Reisende Kleinschmidt, welcher Anfang Mai 1881 auf der benachbarten Insel Utuan von den Eingeborenen erschlagen wurde, und dessen Grab ich neben vielen anderen in dem idyllisch am Meeresstrande gelegenen Friedhof von Mioko sah. Die Darstellungen, wie sie in verschiedenen Werken über die Ursache seiner Ermordung zu lesen sind, weichen von den Thatsachen ab. Die Untersuchung seitens des englischen Kommissars Hugh Hastings Romilly auf den damals noch herrenlosen Inseln ergab, daß Kleinschmidt die Insel Utuan für ein paar Stück rotes Zeug und andere nichtige Tauschwaren von dem Häuptling der Insel gekauft hatte. Da indessen bei den Eingeborenen Gütergemeinschaft herrscht und sie das Recht des Häuptlings, über die Insel zu verfügen, nicht anerkannten, ernteten sie wie zuvor ihre Kokosnüsse weiter, ja widersetzten sich, als Kleinschmidt seine Leute zu dem gleichen Zweck nach Utuan nahm. Er ließ ihnen sagen, daß er jeden, der auf Utuan Nüsse einsammele, töten würde, und fuhr selbst mit zwei Begleitern hinüber. Kaum ans Land gestiegen, wurden alle drei von den wütenden Eingeborenen erschlagen. Aber auch sonst ist die junge, sich nur über zwanzig Jahre erstreckende Geschichte der Insel und die noch viel kürzere des Archipels reich an Blutthaten. Eine ganze Menge weißer Händler sind in den ersten Jahren von Wilden erschlagen worden, und auch mehrere Missionare sind diesen zum Opfer gefallen.

Beim Durchwandern der Insel Mioko könnte man wahrhaftig begreifen, warum die Wilden des Archipels sich nur langsam die Segnungen der europäischen Kultur, wie sie die Händler ihnen darbieten, aneignen. Wir kamen durch verschiedene kleine Dörfchen, in denen nur Weiber, nicht ein einziger Mann zu sehen war, und zwischen den Dörfern zu verschiedenen Lagerplätzen, wo wieder lauter Männer, kein einziges Weib zu sehen waren. Tagsüber sind die Männer stets außer Haus, sie fischen, jagen, spielen, essen, arbeiten vielleicht auch ein bißchen, aber stets unter sich, während die Weiber innerhalb der Bambusumzäunungen bleiben, welche die verschiedenen Gehöfte umgeben, und kochen, arbeiten, ihre Schweine und Hühner besorgen und ihre Kinder nähren. Mitten in dem schönen, schattigen Wald, zwischen Bananen und Palmen stehen verschiedene Gruppen von Bambushütten beisammen, gewöhnlich rings um einen reingefegten, nett gehaltenen Platz. Auf diesem machten sich die Weiber zu schaffen, die Kinder tummelten sich mit den Schweinen um die Wette umher. Nur langsam wurden sie zutraulich genug, um wenigstens aus den Behausungen hervorzukriechen; ein paar Stück schwarzen amerikanischen Stangentabaks, den sie für ihr Leben gern mögen, genügten dann, um sie zu veranlassen, für photographische Aufnahmen stille zu halten. Für Geldmünzen zeigten sie kein Verlangen, und der ganze Handelsverkehr mit ihnen wird auch heute noch, nachdem weiße Händler seit einem Vierteljahrhundert unter ihnen wohnen, nur durch billige Tauschartikel bewerkstelligt.

Dennoch haben sie ihr eigenes Geld, die schon geschilderten Muschelstränge, und im östlichen Dörfchen von Mioko hatte ich auch Gelegenheit, die Anfertigung derselben zu sehen. Eine junge Frau hockte mit ihrem Kindchen auf dem Rücken mitten auf dem Dorfplatz. Vor ihr lag ein großer Stein, auf welchem sie mit einem kleineren Steine schwarze Tambumuscheln in Stückchen schlug und jedes Stückchen durch geschickte Schläge zu einem Scheibchen von der Größe unserer Handschuhknöpfe, nur dünner,

Mioko, die älteste Ansiedelung Weißer im Neuguinea=Schutzgebiet.

abrundete. Dann nahm sie einen Bohrer, der aus einem Bambusstäbchen mit einem
Stück spitzen Flintstein bestand. Diesen Bohrer setzte sie in die Mitte jedes Scheibchens,
legte die Sehne eines Bogens mehrmals um den Bohrer und bewegte den Bogen hin
und her, dadurch auch den Bohrer in Drehung versetzend. Nach einer Minute war
das Scheibchen durchlöchert und wurde nun von ihr auf einen Strang gereiht. Der=
artige Scheibchen gehen wohl Tausende auf einen Faden Diwarra, und dieser hat einen
Wert von etwa zwei Mark. Nimmt man an, daß sie täglich hundert derartige Diwarra=
scheibchen anfertigen kann, so beläuft sich ihr Verdienst nach unserem Gelde auf sechs
Pfennig! Und dabei war ich grausam genug, sie zum Verkaufe ihrer Werkzeuge, nämlich
der Steine, des Bohrers und einiger Muscheln zu verleiten! Ich bot ihr eine Stange
Tabak, und willig gab sie alles her. Schon machte ich mir Gewissensbisse und wollte
ihr die Mittel zu ihrem Erwerb wieder zurückgeben, da lief die Frau nach ihrer Hütte
und brachte mir mehrere andere Bohrer und Klopfer, die sie mir zusammen für eine
zweite Stange Tabak anbot. Mein Gewissen war nun beruhigt.

Die wenigen hundert Einwohner von Mioko führen ein recht paradiesisches Leben.
Der ungemein fruchtbare Boden liefert bei ganz geringer Arbeit reichen Ertrag an Yam,
Taro und anderen Feldfrüchten, Kokosnüsse und Bananen sind massenhaft vorhanden,
das Meer liefert Fische, der Urwald auf den benachbarten Inseln wilde Schweine.
Andere Bedürfnisse als zu essen und zu schlafen haben sie nicht. Die einzige Arbeit,
zu der sich die Männer, große kräftige Gestalten mit prächtigen Gliedmaßen, zuweilen
verstehen, ist das Schnitzen von Kanoes. Ich sah an der bewaldeten Küste zwischen

Kanakenmädchen.

Laub versteckt oder unter eigenen Schutzdächern einzelne dieser Fahrzeuge, die durch ihre schönen, bemalten Schnitzereien den Stolz jedes europäischen Museums bilden würden, doch ließen sich die Eigentümer nicht bewegen, mir auch nur einen der geschnitzten hohen Schnäbel dieser Kanoes, geschweige denn diese selbst, zu verkaufen. Die einzigen Männer, welche etwas mehr Kleidung trugen als jene, welche sie bei der Geburt von Mutter Natur mitbekommen haben, waren die Dorfschulzen. Der Regierung in Herbertshöhe ist es gelungen, wenigstens in der Umgebung etwas wie gesetzliche Autorität zur Einführung zu bringen. Sie zog dazu die wohlhabenderen und angesehneren Mitglieder eines Stammes herbei, setzte ihnen eine kaiserliche Dienstmütze, ähnlich jenen unserer Briefträgermützen, auf die Krausköpfe und drückte ihnen dicke Spazierstöcke als Zeichen ihrer Würde in die Hand.

Herr Schultze hat einen breiten Fahrweg quer durch die Insel, an dem ungeheuren Gummibaum vorbei, nach der Nordostküste derselben anlegen lassen, und dort kamen wir zu einer von Mangrove- und Pandanusbäumen halb verdeckten Grotte, in welcher die Bewohner von Mioko noch vor gar nicht langer Zeit ihre Kannibalenfeste feierten. Hier töteten und verspeisten sie die Unglücklichen, die ihnen auf ihren Zügen nach den Nachbarinseln in die Klauen gefallen waren. Heute ist die offene Menschenfresserei aus dem Lauenburgarchipel verschwunden. Ob sie aber im geheimen nicht noch weiter betrieben wird, ist eine andere Frage.

Wenn die Deutsche Handels- und Plantagengesellschaft die Station Mioko in Neulauenburg immer noch aufrecht erhält, so geschieht es wahrscheinlich nicht allein wegen des Nutzens, den sie aus dem Koprahandel und dem Tauschgeschäft mit den eingeborenen Kanaken zieht. Dieser Nutzen ist sehr gering und scheint mir kaum zu genügen, um die Kosten der Station zu decken. Der Hauptzweck derselben ist die Anwerbung von Arbeitern für die ausgedehnten Plantagen, welche die Gesellschaft in Samoa besitzt und die ich einige Wochen nach meinen Spazierfahrten im Bismarckarchipel ebenfalls durchwandern sollte. Die Arbeiterfrage ist nicht nur in Samoa, sondern auch auf anderen Inselgruppen der Südsee, dann in Queensland und Australien überhaupt eine sehr schwierige. Sie war der Grund, warum in früheren Jahren die berüchtigten Raubzüge englischer und amerikanischer Sklavenschiffe, die grausamen Menschenjagden, blutigen Gemetzel auf den verschiedenen Inseln unternommen wurden, sie ist auch indirekt die Ursache, warum die wilden Einwohner dieser entlegenen Inselgruppen den Weißen heute noch so feindlich gegenüberstehen und an vielen Orten weder eine Ansiedelung noch das Landen überhaupt gestatten.

Fürwahr, die vielgerühmte abendländische Zivilisation, wie sie in der Südsee von den Söhnen des großen Kolonialvolkes, von Engländern, ausgeübt wurde, hat vieles auf dem Gewissen. Grausamkeit, Habsucht und Blut haben dort die Wege bezeichnet, auf denen die Engländer und mit ihnen die Amerikaner gewandelt sind. Mit Schaudern liest man heute die unmenschlichen Thaten dieser Sklavenjäger, die Abenteuer eines Billy Hayes und seinesgleichen. Die Schiffe liefen die Inseln an, lockten die harmlosen Eingeborenen durch allerhand begehrenswerte Tauschwaren, wie Glasperlen, Beile, Messer,

Tabak, bunte Stoffe auf die Boote, und waren diese mit Menschen gefüllt, dann wurden die Leute auf die Sklavenschiffe gebracht und nach Queensland, Fidschi oder Hawai befördert. Erst 1885 sah sich die englische Regierung durch das Zeitungsgeschrei, das über diese Unmenschlichkeiten entstand, veranlaßt, einen Kommissar, Hugh Hastings Romilly, nach Queensland zu senden, der die geraubten Arbeiter nach ihrer Heimat zurückbefördern mußte. Aber noch bis in die neunziger Jahre dauerten diese Menschen= jagden. Freilich wurden die Arbeiter auf den verschiedenen Inseln, deren Einwohner noch keine so schlechten Erfahrungen mit den Pionieren der weißen Kultur gemacht hatten, gegen Bezahlung auf drei Jahre angeworben, unter der ausdrücklichen Bedingung, nach Ablauf ihrer kontraktlichen Arbeitszeit nach ihrer Heimat zurückgebracht zu werden. Aber einmal in den Händen der Weißen, waren sie vollständig hilflos. Sie waren in einem fremden Lande, niemand verstand ihre Sprache, viele gingen an Schwindsucht und anderen Krankheiten zu Grunde, und mischten sich wirklich die Behörden ein wenig zu ihren Gunsten in die Sache, dann wurden die armen Ueberlebenden nach drei Jahren auf die Sklavenschiffe gebracht, um zu ihren Stammesgenossen in die Heimat transportiert zu werden. Aber wo war diese Heimat? Die Aufzeichnungen wurden sehr mangelhaft geführt, die Leute konnten den Namen ihres Dorfes, wenn es einen solchen überhaupt hatte, selbst nicht angeben, und so wurden viele von ihnen einfach an irgend einer Küste, einer Insel ans Land gesetzt, ein willkommener Braten für die Bewohner, die ja in diesen Gegenden fast durchweg Menschenfresser sind oder doch waren.

Als der Bismarckarchipel im Jahre 1884 in den Besitz des Deutschen Reiches kam, war es eine der ersten Maßnahmen der neuen Verwaltung, den fremden Sklavenschiffen das Anwerben von Arbeitern zu verleiden. Von deutschen Schiffen dagegen wird dieses Anwerben bis auf den heutigen Tag fortgesetzt, und in jedem Jahre sendet beispielsweise die Handels= und Plantagengesellschaft ein Segelschiff von Samoa nach dem Archipel, um ausgediente Arbeiter zurückzubringen und neue anzuwerben. Noch immer spukt es zuweilen in den Zeitungen von den Grausamkeiten dieses Menschenhandels; die Landungs= boote sollen dunkelrot angestrichen sein, um dadurch das Blutbad zu verbergen, das der Werbeakt gewöhnlich zur Folge hat, und dergleichen mehr. Alle diese Spukgeschichten gehören in das Reich der Fabel. Die ganze Sache spielt sich heute, wenigstens was deutsche Schiffe betrifft, in ganz prosaischer Weise ab. Freilich werden an manchen Orten die ungebetenen Gäste mit Speeren und Keulen empfangen, es kommt zu blutigen Scharmützeln, denn die Weißen wollen sich doch auch verteidigen, aber von Menschenraub ist keine Rede mehr. Das Schiff der Handels= und Plantagengesellschaft wird von Kapitän Weber, einem liebenswürdigen und seelenguten Manne, befehligt. Er gestand mir, die blutroten Landungsboote seien jene seines eigenen Schiffes, und sie hätten auf seinen Befehl diesen Anstrich erhalten. Aber der Zweck ist ein anderer. Wie ich es nachher von verschiedenen Seiten bestätigt fand, erfreut sich Weber bei den Küsten= bewohnern von Neumecklenburg großen Vertrauens, und die rote Farbe seiner Boote ist einfach für diese ein Erkennungszeichen, gewissermaßen ein Paß, der ihn vor heim=

tückischen Angriffen schützt. Uebrigens hat er die angeworbenen Leute regelmäßig nach ihrer Heimat zurückgebracht. Ihre Verwandten erhalten beim Anwerben so reichliche Geschenke, daß sein Erscheinen in vielen Orten freudig begrüßt wird. Für diese Werbethätigkeit ist nun Mioko der Zentralpunkt. Wie mir der Leiter der Station, Herr Schultze, übrigens mitteilte, soll demnächst auch ein größerer Landstrich dort für eine Kokosnußplantage gewonnen werden.

Auf der Rückfahrt von Neulauenburg nach Neupommern (wie heimatlich diese Namen in der fernen Südsee klingen!) nahmen wir den Weg zwischen der Insel Utuan und den gefährlichen Korallenriffen, die sich bis zu der Insel Kerawara im Süden erstrecken. Auch Herr Schultze nahm die Gastfreundschaft des Missionsdampfers in Anspruch, da vorderhand weder er noch irgend eine im Archipel ansässige Firma über einen Dampfer für den lokalen Verkehr verfügt. Die malerische Küste Neupommerns mit ihren herrlichen Palmenwäldern und den dazwischen eingestreuten Pflanzerhäusern lag vor uns, und über sie ragte der steile Kegel des über sechshundert Meter hohen Varzinberges hoch empor. Der Horizont wurde in weiter Ferne von den scharf gezackten Ketten der Bainingberge abgeschlossen, die, an der Westküste der Gazellenhalbinsel gelegen, bisher zu Lande nur von einem einzigen Europäer, dem katholischen Missionar Pater Rascher, erreicht worden sind. Pater Rascher leitet die Mission St. Paul in den Bainingbergen, und alle Kenntnis, die wir von den dort lebenden Ureinwohnern dieses Landes besitzen, stammt hauptsächlich von diesem kühnen und thatkräftigen Manne.

Ausflüge auf der Gazellenhalbinsel.

Von Herbertshöhe aus sind die West-, Süd- und Ostküste der nur durch einen schmalen Hals mit der Hauptinsel Neupommern zusammenhängenden Gazellenhalbinsel hundertundfünfzig bis hundertundsiebzig Kilometer in gerader Linie entfernt; aber wenn diese Küsten überhaupt einigermaßen bekannt sind, so ist dies allein dem Schiffsverkehr zuzuschreiben. Das Innere zu durchdringen, hat seltsamerweise noch keiner der vielen auf der Halbinsel ansässigen Kaufleute, Pflanzer und Beamten gewagt. Die letzteren sind freilich zu beschäftigt, als daß sie auch nur einen Tag, geschweige denn eine Woche für eine solche Expedition übrig hätten. Die Pflanzer und Kaufleute hätten aber gewiß die Zeit dazu, denn es wird an Picknicks, Jagden, gesellschaftlichen Zusammenkünften hier ganz erhebliches geleistet. Sie haben überdies eingeborene Arbeiter und Diener in so großer Zahl zur Verfügung, daß es an Trägern und Begleitmannschaft für eine solche mehrtägige Reise keineswegs fehlen kann. Als Bedienung ständen ihnen außerdem Soldaten zu Gebote. Dennoch ist in dieser Hinsicht

Dut=Duktänzer und Trommelschläger.

seit der Besitzergreifung des Archipels durch das Reich im Jahre 1884, also seit sieb=
zehn Jahren, wenig geschehen. Nur der rechtwinkelige, etwa zwanzig Kilometer breite
Zipfel, der von der Nordküste der Gazellenhalbinsel vorspringt und so die Blanchebai
bildet, ist in früheren Jahren von zwei Deutschen durchquert worden, keineswegs eine
irgendwie bemerkenswerte Leistung. Die große Hauptinsel Neupommern endlich ist noch
vollständig jungfräuliches, vollständig unbekanntes Gebiet, wo es noch nicht einmal
Missionen giebt! Was gäbe es hier für den Forschungsreisenden und Geographen an

Sporen zu verdienen! Der jetzige Gouverneur, Herr v. Bennigsen, ist selbst ganz der Mann dafür, und wir beide hatten in der That schon die ganze Expedition quer durch die Insel nach den Bainingbergen verabredet, da traf der Dampfkutter „Johann Albrecht" der Neuguinea-Gesellschaft in Herbertshöhe ein. Das kleine, schwache Schiff, mit Geheimrat Dr. Robert Koch an Bord, hatte auf der Fahrt von Neuguinea hierher die schrecklichsten Stürme zu überstehen und war nur durch ein Wunder dem Untergang entronnen. Dennoch wollte der wackere Kapitän die Reise nach Neumecklenburg fortsetzen, und da der Gouverneur bei dem vollständigen Mangel eines Regierungsschiffes jede sich darbietende andere Schiffsgelegenheit benutzen muß, um seinen Regierungs- pflichten überhaupt nachkommen zu können, so fiel unsere geplante Expedition ins Wasser.

Dafür unternahm ich allein Streifzüge ins Innere, soweit es Zeit und Verhältnisse gestatteten, und der erste Ausflug galt der Umgebung des Varzinberges. Am Fuße desselben befindet sich heute bereits eine Mission, abhängig und verwaltet von der Mission Villa Maria in Takabur, die etwa halben Weges zwischen Herbertshöhe und dem Varzinberge gelegen ist. Als ich mich nach dem Wege erkundigte, erfuhr ich zu meiner Ueberraschung, daß Takabur durch eine fahrbare Straße mit der „Hauptstadt" verbunden sei. Eine Fahrstraße in Neupommern, durch den von heimtückischen Menschen- fressern bewohnten Urwald! Die erste Hälfte derselben wurde von der Neuguinea- Gesellschaft erbaut, durch deren ausgedehnte Plantagen sie führt, die zweite Hälfte, durch den Urwald, erbauten die katholischen Missionare. Durch sie ist es möglich geworden, daß man heute in dem wilden Neupommern mitten zwischen Kannibalen im Wagen spazieren fahren kann.

Der erste Teil des Weges führt im Schatten herrlicher Kokospalmen durch die Plan- tagen der Neuguinea-Gesellschaft auf das Plateau, welches das ganze Innere der Gazellenhalbinsel einnimmt. Die kurzen Flußläufe haben das Land hier zerrissen, breite Thäler mit steilen Wänden oder tiefe Schluchten ausgewaschen, Niederungen ausgefüllt. Mit großem Geschick hat der Leiter dieser Plantagen die vorhandenen Ländereien aus- genützt und an geeigneten Stellen Baumwolle, Kaffee, Kakao angepflanzt. Es war keine geringe Aufgabe, zunächst den aus ungeheuren Bäumen und dichtem Gestrüpp bestehenden Urwald auszuroden, vor allem des weitverzweigten Wurzelwerkes Herr zu werden und dann die Hänge gegen das Abschwemmen zu schützen. Dazu wuchert das Unkraut hier mit unglaublicher Ueppigkeit empor und erfordert unaufhörliche kostspielige Arbeit, sonst werden die Plantagen binnen wenigen Monaten wieder zur Wildnis. Ueberall in den Baumwoll-, Bananen- und Kaffeepflanzungen waren schwarze Arbeiter mit dem Reinigen beschäftigt, gewöhnlich Abteilungen von sechs oder zwölf oder auch mehr Leuten, Männer wie Mädchen. Die Mehrzahl dieser kräftigen, wohlgebauten Arbeiter stammen von den Salomonsinseln. Alle trugen ein etwa fußbreites, rotes Lendentuch, dazu vielleicht ein Halsband oder Ohrgehänge aus Muscheln oder Glasperlen. Sie schäkerten, sangen, plauderten und lächelten uns ganz zutraulich beim Vorbeifahren zu, wobei sie ihre schönen, blendend weißen Zähne zeigten.

Nach etwa vierstündiger Fahrt war das Ende des Plantagengebietes erreicht, und wir fuhren in den herrlichen Urwald ein, der, unterbrochen von Dschungeln, Buschland und Sümpfen, wohl auch stellenweise von kleinen Pflanzungen der Eingeborenen, das ganze Innere der Halbinsel einzunehmen scheint. Der nur durch den Busch gehauene Weg wurde immer schlechter, ja stellenweise bedeckte ihn mannshohes Gras und Gestrüpp, obschon er nur kurze Zeit vorher gereinigt worden war. So üppig ist die Natur, so reich der Boden in diesem Tropenlande.

Der Urwald zu beiden Seiten war geradezu undurchbringlich; Riesenbäume, unter= einander verbunden durch Schlinggewächse, bilden mit ihren verschlungenen dichten Laub= kronen einen hohen düsteren Dom, unter welchem andere niedrigere Bäume ihre Kronen erheben, ebenfalls überwuchert, gefesselt, fast erdrückt durch die unendlich scheinenden Lianen, und der feuchte Boden selbst ist mit niedrigem ineinander gewachsenen Gestrüpp bedeckt, drei Stockwerke von Vegetation könnte man sagen. Hat sich das Auge, geblendet durch das grelle Sonnenlicht am Wege, an das Urwaldbunkel gewöhnt, dann sieht man erst, in welchem Maße die Schlinggewächse mit ihren bis hundert Meter langen Strängen hier wuchern, sie überziehen und bedecken und verbinden, als wären sie von gigantischen Spinnen zu diesem riesigen Netzwerk gesponnen. Sie erscheinen wie Fesseln, welche die Riesenbäume in ihrem Wachstum himmelwärts hemmen, an die Erde ketten wollen, und dieser Wald, der hier von der Hand des Menschen wenigstens so weit bezwungen wurde, daß er auf einem schmalen Streifen die Durchfahrt gestattet, dieser Urwald bedeckt zum großen Teil alle Inseln des deutschen Schutzgebietes, bedeckt Kaiser= Wilhelmsland und ganz Neuguinea, ein Gebiet so groß wie Mitteleuropa. So aus= gedehnt und stattlich sich die Plantagen an der Küste auch zeigen mögen, im Vergleich zu der Größe des Landes sind sie wie der Punkt eines i auf einer großen Blattseite. Hier lernt man erst die Größe der Arbeit kennen, welche in diesen Gebieten noch zu verrichten ist, und welcher Jahrhunderte und Millionen Menschen es bedürfen wird, um diese Länder der Kultur zu unterwerfen. Wo aber die Menschen hernehmen? Es war gerade Markttag in Herbertshöhe, und scharenweise strömten die Menschen, mit Waren beladen, aus der nahen und fernen Umgebung nach der „Hauptstadt", d. h. der Hand= voll im Palmenwald an der Küste verstreuten Häuschen, wo auf dem freien Platze vor der Gouverneurshütte der Markt abgehalten wird. Es ist schon ein großer Fortschritt, daß man die Eingeborenen dazu gebracht hat, den Wert eines solchen Marktes zu erkennen und ihre Bodenprodukte dorthin zu bringen. Dadurch lernen sie Erwerb, und damit Arbeit, d. h. Bodenkultur in größerem Maße, als ihr eigener Bedarf sie erheischt, schätzen. So werden die Leute zur Arbeit, größerem Wohlstand und größeren Bedürfnissen herangezogen, aber zum Lastentragen sind die Männer noch immer nicht zu bewegen. Unter Hunderten von Frauen waren nicht zehn Männer. Im Vergleich zu den kräftigen, frischen, wohlgenährten Plantagenarbeitern, denen wir vorher begegnet waren, machten diese weiblichen Wesen einen höchst traurigen Eindruck. Mit Ausnahme eines aus schmutzigen, zerfetzten Lumpen bestehenden schmalen Lendenschurzes unbekleidet, zeigten sich selbst bei jungen Weibern die Körper verwelkt, die Haut mit Ausschlag,

Wunden oder Narben bedeckt, die Glieder fleischlos und schmutzig, das krause dichte Haar ungepflegt und ebenso wild, wie etwa der Dschungel, in welchem diese elenden menschlichen Wesen hausen. Die meisten Weiber trugen nackte Säuglinge und überdies auf dem Rücken schwere Lasten, Körbe gefüllt mit Yam, Taro, Kokosnüssen, Bananen, Gemüse verschiedener Art. Der Wert einer solchen Last mag nach unserem Gelde zehn bis fünfzehn Pfennig betragen, und auf die Möglichkeit hin, diese in Herbertshöhe zu verdienen, kommen diese armseligen Geschöpfe aus großen Entfernungen, mitunter viele Stunden weit, und müssen denselben Tag wieder zurück. Aber es ist immerhin ein Anfang, und dieser Anfang konnte nur durch die Herstellung eines gangbaren Weges herbeigeführt werden. Ohne die den Wald durchziehende Straße, auf welcher wir dahinfuhren, hätten die Frauen den Markt überhaupt nicht besuchen können.

Die starke Benutzung dieses Weges mag den Behörden in Herbertshöhe als Finger= zeig dienen, was in Neupommern nottut, um die Eingeborenen zur Arbeit, zu Handel und Verkehr und damit auch zu einer höheren Kulturstufe ohne weiteres Zuthun der Regierung, sondern aus sich selbst heraus anzuleiten. Verkehrswege sind in so un= kultivierten Ländern wie Wasserkanäle. Im Innern sind Sümpfe, stagnierendes, fieber= erzeugendes Wasser, das große Strecken fruchtbaren Landes bedeckt und der Nutzbar= machung entzieht; werden Kanäle gegraben, so fließt das Wasser nach der Küste ab, dorthin, wo man es haben will, das Land wird trockengelegt und für die Bebauung fähig, die Wasserläufe werden geregelt. Jedes der kleinen Völker auf der Gazellen= halbinsel, die Taulil, Baininger und andere, sind mit einem derartigen nutzlosen Sumpf zu vergleichen. Werden Straßen durch das Land gebaut, so treten sie in Beziehungen zu der Küste, die Straßen entlang entsteht Verkehr, die Eingeborenen sehen den ver= hältnismäßigen Wohlstand der Küstenbewohner, auf den Märkten lernen sie die Art und Weise kennen, wie sie selbst Mittel erwerben können. Um es den anderen gleich zu thun, machen sie sich, nach Hause zurückgekehrt, selbst an die Arbeit, um für diese Märkte Schweine oder Hühner zu züchten, Nutzbäume zu pflanzen und dergleichen.

Nach etwa halbstündiger Fahrt hörte der Urwald auf, und wir befanden uns auf einem etwas erhöhten Punkte im Schatten einzelner riesiger Banyan (Gummibäume), von wo wir einen weiten Ausblick auf die entzückende Tropenlandschaft genossen, die sich, sanft ansteigend, bis an die fernen in leichten Dunst gehüllten Bainingberge hinzog. Zur Linken öffnete sich ein weites Thal, mit Kokospalmen und Bananen bestanden. Während ich voll Bewunderung dieses herrliche Bild, eines der schönsten, die ich in Tropenländern überhaupt gesehen, betrachtete, machte mich mein Begleiter auf einen gewaltigen Banyanbaum zur Linken aufmerksam, dessen Äste, wagerecht vom Stamme abstehend und durch zahlreiche, selbst zu Stämmen gewordene Luftwurzeln gestützt, einen weiten vegetationslosen Platz beschatten. Schon wollte ich mich dort in der Kühle ein wenig ausruhen, als mein Begleiter mir sagte: „Dies ist der berüchtigte Bitarebarebe, von welchem die ganze Landschaft zu Ihren Füßen den Namen erhalten hat. Hier hielten die Einwohner bis vor wenigen Jahren ihre kannibalischen Orgien, auf diesen Ästen wurden zahllose Menschenopfer wie Schlachtschweine aufgehängt und zerteilt, und auf dem Platze darunter, wo Sie sich eben niederlassen wollten, wurden die menschlichen Körperteile gebraten und von den Kannibalen gefressen."

Schaudernd über die Greuel, welche unter diesem Banyanbaum jahrhundertelang stattgefunden haben, verließ ich den unheimlichen Ort, um die Fahrt nach Takabur fortzusetzen. Die Leute der Umgebung zeigten bereits in ihrem Äußern den Einfluß der Mission; sie waren besser genährt, reinlicher, gesunder, trugen rote Lendentücher, manche Frauen sogar Jäckchen, und bei vielen hing ein Rosenkranz mit dem Kreuz am Halse. Bald sah ich das kleine Kirchlein von Takabur aus einer Bananenpflanzung zur Rechten des Weges emporragen; Hunde kamen uns freudig bellend und wedelnd entgegen= gesprungen, und am Thore der Bambusumzäunung begrüßte uns der noch junge Pater Eberlein aus Würzburg, der hier, unterstützt von Bruder Pfeifer aus Kaiserslautern, seines segensreichen Amtes waltet. Kirche und Wohnhaus sind natürlich höchst einfache Bambusbauten, wurden sie doch zum größten Teil von den Genannten selbst hergestellt und das auch noch mit den gewöhnlichsten Handwerkszeugen. Dabei sind auf dem Grundstück der Mission, auf welchem sich die Gebäude erheben, die Pflanzungen, Garten= anlagen und Wege in der schönsten Ordnung, und kommen des Sonntags die getauften Eingeborenen zur Kirche, dann sehen sie an diesem Beispiel, wie schön und bequem sie es sich in ihren eigenen Dörfern einrichten könnten.

Die Mission dient also nicht nur zur geistigen Erleuchtung der armen Leute, sondern auch als Musterwirtschaft; die Anwesenheit des Priesters ist übrigens auch segenbringend in mancher anderen Hinsicht; die Menschenfresserei hat in der Gegend, wie gesagt, auf= gehört, die Leute sind zu Arbeit und Erwerb herangezogen worden, viele kommen, um sich in der Mission Rat zu holen, der Priester schlichtet Streitigkeiten unter ihnen, giebt ihnen bei Erkrankungen Heilmittel, wirkt gegen die Vielweiberei und trachtet, die Moral unter ihnen zu heben. Leider wird das Wirken der Missionare von der Regierung wohl gern anerkannt, aber nicht immer im hinreichenden Maße unterstützt. Zum Christentum gehört doch die Durchführung und Aufrechterhaltung der Ehegesetze. Nun ist es z. B. in der letzten Zeit unter den eingeborenen Christen vorgekommen, daß eine Frau ihrem Manne entführt wurde. Der betrogene Gatte wendete sich an das Gericht, und dieses entschied, daß der Entführer dem Gatten den von diesem ursprünglich für die Frau bezahlten Kaufpreis zu erstatten hätte. Damit war die Sache abgethan, der Entführer erhielt keine weitere Strafe. Dadurch konnte sich unter den Eingeborenen die Meinung entwickeln, derlei Entführungen und der Wechsel der Frauen seien keine strafbaren Handlungen.

Die betrogenen Gatten kauften sich natürlich andere Frauen, möglicherweise wurden auch diese entführt und wechselten den Besitzer, und so wird das ad infinitum weiter gehen, wenn nicht das deutsche Gericht ein bißchen auf die Missionare hört und den Grundsatz aufstellt, daß zunächst ein Entführer dem Gatten nicht nur den bezahlten Kaufpreis, sondern zur Strafe den doppelten Preis zahlen müsse und außerdem die entführte Frau nicht behalten dürfe.

Am Strande von Matupi.

In ähnlicher Weise sollte von seiten der Behörden auch dem Dukdukunwesen gesteuert werden. Dieses Dukduk ist in früheren Zeiten, lange vor den ersten Besuchen der Europäer auf diesen Inseln, entstanden, möglicher= weise um den Häuptlingen bei der damals herrschenden Rechtlosigkeit einerseits das Mittel an die Hand zu geben, sich ohne besondere Ver= antwortung unbequemer Leute zu entlebigen oder ihnen aus Rache Zahlungen in Lebensmitteln oder Muschelgeld abzuzwingen, anderseits Wohlhabendere zu berauben. Dazu bedienten sie sich einer Anzahl von ergebenen Leuten, die, auf die Geister= furcht der Eingeborenen spekulierend, grauenhafte Masken über die Köpfe zogen, sich sonst in abschreckende Ver= kleidungen hüllten und dadurch sowie

Duk-Duktänzer.

durch allerhand Geheimthuerei den Leuten, besonders den Weibern, Schrecken einflößten. Allmählich entwickelte sich dieses Dukduk zu einem Geheimbunde; nur gewisse Leute in jedem Stamme dürfen ein Dukduk anordnen, und die Teilnahme ist nur Mitgliedern des Bundes gestattet, die dafür bedeutende Zahlungen an die Häuptlinge zu leisten haben. Irgend welches religiöse Moment scheint nach den Mitteilungen, die mir im Archipel gemacht wurden, ausgeschlossen zu sein. Heute ist die Sache an der Küste wohl zu einem Mummenschanz ausgeartet, berechnet, die Beutel der Hauptmacher zu füllen, sich zu amüsieren und besonders auf die Weiber einzuwirken, denen die Mitwirkung am Dukduk oder auch nur der Anblick der grotesken Tänze auf das strengste verboten ist. Früher wurden neugierige Evastöchter einfach niedergemacht. Ich hatte gelegentlich eines Ausfluges längs der Küste der Blanchebai Gelegenheit, einem Dukduktanz bei= zuwohnen, der von vier maskierten Leuten ausgeführt wurde. Der im Walde gelegene Tanzplatz war mit allerhand absonderlichen geschnitzten und grell bemalten Emblemen phantastisch geschmückt. In der Mitte erhob sich ein hohes Bambusgerüst, über und über mit Bananenbündeln behängt, und im Hintergrunde stand, umzäunt von Palmen= flechtwerk, eine Hütte. Die nackten Männer, welche dem Tanze beiwohnten, etwa hundert an der Zahl, trugen groteskesn Schmuck. Vom Halse hingen vorn und hinten Bündel buntfarbiger Crotonblätter und =blüten, in ihrem durch Kalk gebleichten, gelblichen Kopfhaar steckten Büschel von Papagei= und Kakadufedern, die Gesichter und Leiber waren mit Zieraten in grellen Farben bemalt, und die meisten trugen lange Speere,

Duk-Dukmaske.

deren Spitzen mit kunstvoll zusammen=
gesetzten Federsträußchen geschmückt
waren.

In der Mitte des Platzes führten
die vier Dukdukgestalten ihre grotesken
Bewegungen und Sprünge aus. Einer
allein von ihnen würde auf einem
europäischen Maskenfeste größeres Auf=
sehen erregen als alle anderen Masken
zusammengenommen; der Anblick dieser
Gestalten ist so unheimlich, daß die
Heidenangst der Weiber vor ihnen be=
greiflich ist. Von ihrem Körper war
nichts zu sehen als die nackten schwarzen
Beine von den Schenkeln abwärts. Der
Rest wurde von einem aus Palmen=
oder Pandanusblättern hergestellten
Weiberrock in Krinolinenform bedeckt,
der wahrscheinlich über ihren Köpfen zu=
sammengebunden war. Durch Ausschnitte
in diesen weit vom Körper abstehenden

Blättermassen konnten sie sehen, andere seitliche Ausschnitte gestatteten ihnen, im Bedarfs=
falle die Arme auszustrecken. Auf diesem Blätterrocke saßen die merkwürdigsten Masken,
die ich jemals gesehen habe. Aus Holz geschnitzt und geformt wie unsere ältesten
Ritterhelme, waren sie mit absonderlichen Zieraten bemalt und liefen nach oben in eine
ein bis zwei Meter hohe Spitze aus, die mit Federbündeln, gefärbten Halmen u. dergl.
geschmückt war. An einer Seite kauerten einige junge Leute rings um eine riesige
Holztrommel auf dem Boden und bearbeiteten sie mit hölzernen Schlägeln.

Diese Tänze wären an und für sich wohl zu dulden, wenn nicht eine Menge anderer
heidnischer Gebräuche damit verbunden wären. Das Dukduk wird in jedem Jahre
einmal, gewöhnlich im April oder Mai abgehalten, und während des ganzen dem Feste
vorausgehenden Monats werden die Kokosnüsse mit Tabu belegt, d. h. sie dürfen
nicht gepflückt werden, und eigene Aufpasser sehen zu, daß dieses Tabu von niemandem
gebrochen wird. Geschieht es, so werden die betreffenden einfach niedergemacht. Dafür
dürfen sich die Eingeborenen desto mehr an anderen Nahrungsmitteln gütlich thun, und
es wird in der Tabuzeit wie in einer Art Kannibalenkarneval geschmaust, getanzt und
gesungen. Die Leute veranstalten Zusammenkünfte, bei denen recht wilde Orgien gefeiert
werden, verausgaben mehr, als sie besitzen, machen Schulden oder stehlen. Dazu wird
die ganze Bevölkerung während vier bis sechs Wochen der Arbeit und den Plantagen
entzogen, und was noch schlimmer ist, alles was seitens der Weißen während elf Monaten
im Jahre aufgeboten wurde, um sie zu Arbeit und Gesittung zu erziehen, geht im

zwölften Monat wieder flöten, die Eingeborenen gelangen wieder unter den Einfluß der alten wilden Luluai (Häuptlinge) und entschlüpfen der Autorität der Weißen. Deshalb wäre es gewiß sehr empfehlenswert, das Dukduk gesetzlich auf die Dauer von höchstens zwei Wochen einzuschränken.

Im ganzen genommen sind die Verhältnisse auf der Gazellenhalbinsel und den zu ihr gehörigen Inseln recht günstig, es sind entschiedene Fortschritte zu verzeichnen, und die Eingeborenen werden allmählich, wenn auch zunächst nur in der unmittelbaren Umgebung der Niederlassungen, dem Kannibalismus entzogen, der Arbeit zugeführt. Der gute Einfluß der Weißen zieht immer weitere Kreise, und die Kolonie, wo noch vor wenigen Jahren recht traurige Zustände herrschten, geht dank der jetzigen guten Regierung entschieden einer blühenden Zukunft entgegen.

Längs der Salomonsinseln.

Um die fernen Salomonsinseln, den vielleicht am wenigsten bekannten Kolonialbesitz des Deutschen Reiches, werden sich zu Hause gewiß nicht viele Menschen gekümmert haben. Auch die Zeitungen beschäftigen sich mit ihnen nur flüchtig während zweier kurzer Perioden: die erste, als die Inseln an das Reich fielen, die zweite im Jahre 1900, als der größere Teil derselben wieder an England abgetreten wurde. Bei beiden Gelegenheiten hatte man allen Anlaß, an das bekannte Lustspiel „Zwei glückliche Tage" zu denken, in welchem eine Sommervilla von einer Familie erworben und wieder verkauft wird. Wie die Tage des Ankaufs und Loswerdens dieser Villa, so könnte man beinahe auch die Tage der Erwerbung und Abtretung der Salomonsinseln als zwei glückliche Tage bezeichnen.

Wer mit den eigentümlichen Verhältnissen in der Südsee nicht vertraut ist, dem mag dies sonderbar scheinen. Ist von der Südsee die Rede, dann denken die meisten zunächst an die bekanntesten der dortigen Inselgruppen, an Samoa, Hawai, Fidschi, Tonga, und betrachten sie gewissermaßen als Typus all der Tausende von Inseln, mit welchen die Südhälfte des Stillen Ozeans besäet ist. Man träumt dann von schönen, glücklichen Menschen, wie es die blumenbekränzten Samoaner sind, von der üppigen Tropen= vegetation, die ihre idyllischen Heimstätten umgiebt, von dem herrlichen das ganze Jahr über währenden Sommerklima, und kann sich kein schöneres Erdenlos denken, als so ein paar Jährchen auf einer Südseeinsel zu verbringen.

Leider sind nicht alle diese Inseln wie Samoa, am wenigsten die Salomonsinseln. Die Vegetation des ersteren besäßen sie wohl, allein, wenn es Weiße wagen sollten, sich auf diesen sogen. „Tropenparadiesen" anzusiedeln, würden sie wahrscheinlich binnen kurzer Zeit von den Eingeborenen erschlagen werden, wenn sie nicht den mörderischen Fiebern, die an dem größeren Teil der Küsten herrschten, zum Opfer fallen.

Die Geschichte der Salomonsinseln hat leider eine Menge trauriger Beispiele davon aufzuweisen, und obschon der Archipel vor Jahrhunderten entdeckt wurde und in ver= hältnismäßiger Nähe des australischen Kontinents liegt, so giebt es auf den wohl nach Hunderten zählenden Inseln nur sehr wenige Weiße, fast durchweg auf kleineren, den großen Hauptinseln vorgelagerten Eilanden wohnend, wo sie den Angriffen der heim= tückischen grausamen Eingeborenen nicht so ausgesetzt sind.

Vom Meere aus gesehen, machen die Salomonen einen düsteren Eindruck. Als ich im Mai 1900 auf dem deutschen Kreuzer „Seeadler" vom Bismarckarchipel nach Samoa reiste, fuhren wir mitunter dicht an den Küsten Bougainvilles, dann an Neu= georgien, Gualcanar und San Cristobal entlang und waren in Anbetracht der Gefähr= lichkeit der mit Klippen besäeten, noch fast unbekannten Meeresteile zwischen den Inseln herzlich froh, als wir sie hinter uns hatten und das offene Meer sich unserem Schiffe wieder darbot. Dräuend erheben sich auf der größten der Inseln, auf Bougainville, die vulkanischen Bergzüge hinter= und übereinander, mit vielzackigen, kühnen Umrissen, un= vermittelt steigen sie von der Küste bis auf zwei= und dreitausend Meter empor, überhöht von dem über dreitausend Meter hohen Vulkan Balbi, dem höchsten Berge der ganzen Inselgruppe. Südlich von Bougainville kamen wir an der Gruppe der Shortland= inseln vorüber, auf welchen die einzigen Missionen, Händler und Pflanzer des ganzen deutschen Gebiets der Salomonsinseln eine Heimstätte gefunden haben. Alle anderen Inseln sind vollständig unerforschtes Gebiet. Es lag in der Absicht des Kommandanten unseres Schiffes, die Shortlandinseln anzulaufen; da kam noch vor der Abfahrt von Herbertshöhe, der Hauptstadt des deutschen Schutzgebietes in der Südsee, die Kunde von Europa, dieser einzige wertvolle Teil der Salomonsgruppe sei in dem Samoavertrage ganz ohne Grund und im Widerspruch mit den natürlichen Verhältnissen, auch gegen den Willen der dort ansässigen Weißen an unsere lieben, uneigennützigen Freunde, die Engländer gefallen! Heute ist von dem ganzen großen deutschen Gebiet der Salomons= inseln nur noch Bougainville mit der ihr nördlich vorgelagerten Insel Buka deutsch; Choiseul und Isabel mit einer Reihe von kleineren Inselgruppen, im ganzen 12000 Quadrat= kilometer, also beiläufig so viel wie Mecklenburg=Schwerin, gingen an die Engländer über.

Indessen, der Verlust ist nicht so groß, als es nach der Kilometerzahl den Anschein hat. Das erfuhr ich aus meinen Gesprächen mit verschiedenen Missionaren und Pflanzern im Bismarckarchipel, welche die Salomonsinseln kennen, und den Kapitänen der kleinen Segelschiffe, welche zeitweilig ihre Küsten befahren, um Tauschhandel zu treiben oder Eingeborene für die Plantagen auf Neupommern anzuwerben, wo sich eine beträchtliche Zahl von ihnen befindet. Sie alle erklären Choiseul und Isabel als ziemlich wertlos, dagegen bedauern sie auf das lebhafteste den empfindlichen Verlust der Shortlandinseln, denn an dem dortigen Koprahandel sind die deutschen Firmen in Herbertshöhe stark beteiligt gewesen. Nicht nur diese Inseln, sondern auch andere, z. B. Ongtong Java und die Tasmaninsel hingen von Herbertshöhe ab. Im Dezember 1900 wurde die letztgenannte Insel, welche die Engländer in ihrer bekannten Manier sich angeeignet hatten, wieder deutsch, indem der Gouverneur des deutschen Schutzgebietes selbst nach

Tasman kam, um die englische Flagge wieder herunterholen zu lassen. Hätte er nur dasselbe auch mit den Shortlandinseln thun können!

Dieselben liegen nur wenige Meilen von der Hauptinsel Bougainville, mit welcher die Eingeborenen lebhaften Handel treiben, ja, die letzteren sind hauptsächlich von der Hauptinsel eingewandert. Wenn die katholischen Missionare in ihrer Station, Namens Poporag, sowie die Pflanzer und Händler hier friedlich leben können, so ist dies hauptsächlich der Fremdenfreundlichkeit und Aufgeklärtheit des Häuptlings Gorai zu danken, der leider vor nicht langer Zeit gestorben ist und sein „Königreich", wie er es nannte, seinen Söhnen Maik und Fergusson hinterlassen hat. Gorai hatte sich durch seinen Reichtum, die große Zahl seiner Kanoes und die Tapferkeit seiner Krieger auch längs der ganzen Südseite von Bougainville und auf den umliegenden Inseln zum Machthaber emporgeschwungen. Er war freilich auch nur ein Wilder, mit einer großen Anzahl von Frauen, denn auf den Salomonsinseln ist die Vielweiberei gebräuchlich. Aus diesem Grunde wollte er sich auch nicht zum Christentum bekehren lassen; doch folgte er zum wenigsten den Mahnungen der Missionare insoweit, daß, wo immer sein Einfluß zur Geltung kam, die grauenhafte Menschenfresserei, die Ermordung der eigenen Kinder und die Jagden auf Menschenköpfe ihr Ende genommen haben. Auf den an England abgetretenen Salomonsinseln sind diese schrecklichen Gebräuche noch ziemlich allgemein, dazu die ausgesprochenste Feindseligkeit gegen die Weißen. Mit Recht sind die Salomonsinsulaner als die heimtückischten und grausamsten Feinde aller Fremden bekannt, und die Ursache ist auf niemand anderen als auf die Spanier zurückzuführen, die in früheren Jahrhunderten so schrecklich auf dem Erdball gehaust haben. Ihnen ist die Entdeckung eines großen Teils desselben zugefallen, aber im Gefolge der Entdecker kamen spanische Wüteriche, deren grauenerregende Unthaten auf den Inseln der Südsee die meisten Händler und Seefahrer noch heutigen Tags mit ihrem Blute, ihrem Leben büßen müssen. Wie es bei diesen Entdeckungsfahrten der Spanier zuging, ist durch das Tagebuch eines Mannes, Hernando Gallego, bekannt geworden, der als Pilot die Entdeckungsreise Alvaro de Mendanas nach den Salomonsinseln im Jahre 1566 mitgemacht hat. Er schildert die freundliche Begrüßung, welche den spanischen Schiffen überall durch die Eingeborenen zu teil wurde, und die zuweilen durch recht sonderbare Beweise begleitet war. Als sie die Küsten von Isabel entlang fuhren, sandte ein Häuptling dem General Mendana z. B. als Geschenk ein Viertel eines geschlachteten Knaben.

Daß die Spanier dergleichen Freundlichkeiten entgegentraten, war begreiflich, doch war es nicht erforderlich, Expeditionen ins Innere zu organisieren, auf welchen sie z. B. während sieben Tagen alle Hütten und Versammlungshäuser der Eingeborenen verbrannten und die letzteren selbst niedermachten. Wiederholt nahmen die Spanier den Nichtsahnenden ihre Kanoes weg, lockten sie auf ihre Schiffe, um sie gefangen zu nehmen, oder unternahmen Raubzüge ins Land. Gallego selbst schreibt: „Alle Eingeborenen wurden durch den Besuch der spanischen Schiffe so in Aufregung versetzt, daß sie sich in die Wälder flüchteten und ihre Lebensmittel verbargen, so daß die Schiffe ihre Rückreise nach Peru mit unzureichenden Vorräten von Lebensmitteln und Wasser antreten mußten."

Den Spaniern folgten englische Sklavenschiffe, um durch List oder Gewalt Einge=
borene von den Inseln zu rauben und in die Pflanzungen nach Queenstown oder Fidschi
zu schleppen, von wo sie kaum jemals wieder nach ihrem Heimatsort zurückgebracht
wurden. Ist es unter solchen Umständen wunder zu nehmen, wenn die Eingeborenen
den Weißen feindlich gegenüberstehen und Gleiches mit Gleichem vergelten? Während
sie sich gegen das Meer zu der Fremdlinge zu erwehren hatten, leben im Inlande der
großen Inseln, hauptsächlich auf Bougainville, Feinde ihrer eigenen Rasse, Buschleute,
mit denen sie in beständiger Fehde leben, und deren Sprache von der ihrigen vollständig
verschieden ist. Selbst die Küstenbewohner haben verschiedene Sprachen, und auf Bou=
gainville, das etwa zehntausend Quadratkilometer mit einigen dreißigtausend Einwohnern
haben dürfte, giebt es allein über dreißig verschiedene Sprachen. Auf Bougainville ist
es in der letzten Zeit einigen Missionaren wiederholt gelungen, ganz unangefochten bis
zu den auf den Bergen liegenden Dörfern der Buschleute vorzudringen. Da die Ein=
geborenen des Inlands nie an die Küste kommen, haben sie auch noch niemals Weiße
gesehen, und sie flüchteten demnach beim ersten Anblick dieser ihnen fremden Gestalten
in die Wälder. Als sie jedoch sahen, daß man ihnen nichts zu leibe thun wollte, legte
sich ihre Furcht, und sie kehrten langsam zurück. Die Missionare schildern sie ebenso
groß und kräftig gebaut wie die Uferbewohner, und damit ist die Mythe von einer
Zwergrasse im Innern von Bougainville wohl widerlegt. Natürlich sind sie vollständig
unbekleidet, und als ein deutscher Missionar, um mit einem Häuptling Freundschaft zu
schließen, diesem ein Hüftentuch schenkte, rollte er es zusammen und nahm es unter den
Arm. Die Dörfer liegen wie unsere Burgen aus dem Mittelalter auf steilen Berg=
gipfeln oder Felsvorsprüngen, um gegen die räuberischen Ueberfälle der Küstenbewohner
geschützt zu sein. Zu demselben Zweck unterhalten sie in den höchsten Bäumen Wachen,
die dort in dem Geäste in eigenen Häusern wohnen und ihren Verkehr mit den „Erd=
bewohnern" mittels Strickleitern aus Lianen bewerkstelligen.

Hier und da bauen auch die Küstenbewohner ihre Dörfer auf unzugänglichen steilen
Felsen, wie beispielsweise das Dorf Po=po auf der Insel Isabel, oder auf den Bäumen.
Manche dieser Baumhäuser liegen zwanzig bis dreißig Meter über dem Erdboden und
haben, aus der Ferne betrachtet, das Aussehen von ungeheuren Vogelnestern. Durch=
schnittlich haben sie einen Umfang von sechs Meter und sind mit einer Galerie umgeben,
ähnlich den berühmten Baumhäusern der Ortschaft Vieux Robinson, einem beliebten
Ausflugsort der Pariser.

Die vornehmste Industrie der Bougainvillebewohner ist die Anfertigung von Lanzen,
Bogen und Pfeilen, worin sie Meister sind. Die Lanzen und Pfeile sind gewöhnlich
mit zahlreichen Widerhaken versehen, so daß sie, einmal in den Körper eingedrungen,
nicht mehr herausgezogen werden können. Die früher gebräuchlichen Keulen sind durch
die eisernen Beile verdrängt worden, welche die europäischen Handelsschiffe ihnen im
Austausch gegen ihre Produkte gegeben haben. Die Eingeborenen verfertigen auch sehr
hübsche Kanoes mit hochgeschwungenen Spitzen; manche Kriegskanoes können bis an
fünfzig Leute fassen. Die Weiber sind geschickt in der Anfertigung von Thontöpfen

und geflochtenen Matten. Auf den Shortlandinseln werden keine Waffen gemacht; dafür fahren die Eingeborenen mit europäischen Tauschartikeln, Stoffen, Perlen, Messern, Tabak, die sie von den Händlern erworben haben, nach den nur fünf Stunden entfernten Küsten von Bougainville oder der nördlich an diese Insel anschließenden Insel Buka und tauschen sich dort ihre Waffen ein.

Ueberhaupt herrscht unter den Insulanern dieses Gebietes ein lebhafter Tauschhandel. Das auf dem Bismarckarchipel gebräuchliche Muschelgeld, Tambu oder Diwarra genannt, ist auf den Salomonsinseln nicht so gangbar, auch können die Insulaner nur bis zehn, in manchen Gebieten sogar nur bis fünf zählen. Deshalb ergänzen sie sich gegenseitig ihre Bedürfnisse durch Tausch. Selbst die einander feindlichen Küsten= und Berg= bewohner pflegen eifrigen Tauschhandel, ohne daß sie dabei einander zu sehen bekommen. Im Walde zwischen beiden Gebieten sind gewisse Stellen bekannt, wohin die Ufer= bewohner das von den Buschleuten begehrte Salzwasser oder andere Objekte bringen. Kommen sie nach einiger Zeit wieder, so finden sie an Stelle der verschwundenen Gegenstände andere, welche die Buschleute im Austausch dort gelassen haben. Aehnlich findet heute noch der Tauschhandel zwischen den Agenten der Hudsonbai=Gesellschaft und der Indianer des canadischen Nordwestens statt. Die Bewohner von Choiseul bringen Armringe in den Handel, die sie mittels eigenartiger Bambusbohrer aus ver= schieden großen Muschelschalen zu schneiden verstehen, und für welche sie von den Bougainvilleleuten Mädchen einhandeln. Der Preis ist zehn Ringe für ein Mädchen. Lavelai an der Nordostspitze von Bougainville ist der Marktplatz für diesen Mädchen= handel.*) Der Durchschnittspreis für ein Mädchen mag hier bis siebzig Mark betragen und wird oft in europäischen Waren entrichtet. Die einmal verkauften Mädchen bleiben dann, je nach ihrem Alter, kürzere oder längere Zeit in der Familie des Häuptlings und kommen hierauf in deren Harem oder werden vom Häuptling einem seiner Leute zur Frau gegeben. Die Bougainvilleleute verkaufen auch Knaben, die aber in der Regel nur halb so viel kosten wie Mädchen. Sie sind verpflichtet, für ihren Käufer zu arbeiten, ohne dabei Sklaven zu sein. Nur dürfen sie nicht heiraten.

Die Frauen auf Bougainville führen ein arbeitsames Leben. Sie besorgen nicht nur Küche und Hauswesen, sondern auch die Pflanzungen, müssen die Ernteprodukte nach der Küste tragen 2c. Die Vielweiberei bringt die völlige Knechtung des Weibes und den Kindesmord mit sich. Jeder besitzt so viele Frauen, als er kaufen kann; während einer kurzen Zeit ist jede einzelne der Liebling ihres Mannes, um darauf seine Arbeiterin, ja Sklavin zu werden. Daß bei einer großen Zahl von Weibern der Haus= herr manchmal zu Gewaltmitteln greifen muß, um Hausrevolutionen zu verhindern oder die schon ausgebrochenen zu unterdrücken, ist erklärlich. Gewöhnlich, so schreibt ein in den Shortlandinseln ansässiger Mitarbeiter der Kölnischen Volkszeitung, werden dann einige Frauen durch Axthiebe getötet, oder es werden ihnen eine Anzahl Pfeile in die Beine geschossen, um sie kampfunfähig zu machen. Dies ereignete sich noch Anfang April 1900 in dem Harem des Häuptlings Wori bei Poporag. Beim Tode eines

*) Berichtet in der Kölnischen Volkszeitung, Juni 1901.

Häuptlings wurde noch bis in die jüngste Zeit ein Teil der hinterbliebenen Frauen erschlagen, der Rest unter die Söhne des Verstorbenen verteilt. Als der vorhin erwähnte „König“ Gorai vor einigen Jahren starb, wurden trotz seines Verbotes vier Frauen an seinem Grabe umgebracht. Untreue wird auf Bougainville mit dem Tode von der Hand des Gatten bestraft, während sie beispielsweise auf der Insel Cristobal unter gewissen Bedingungen gefördert wird.

Es wäre überhaupt verfehlt, die Gebräuche, wie sie auf einer Insel des Salomon= archipels herrschen mögen, zu verallgemeinern. So sind beispielsweise die Eingeborenen des ganzen Gebietes als leidenschaftliche Kopfjäger berüchtigt. Es handelt sich dabei nicht immer um Kannibalismus; viele Expeditionen werden nur unternommen, um möglichst viele Menschenköpfe zu sammeln, und diesem gräßlichen Gebrauche sind auch schon zahlreiche Weiße zum Opfer gefallen. Wie H. P. Guppy, ein englischer Marine= arzt, der die Salomonsinseln bereist hat, erzählt, ist es auf den östlichen Inseln gebräuch= lich, auf den Kopf eines Mannes, der sich in irgend einem Dorfe verhaßt gemacht hat, einen Preis zu setzen. Die That wird gewöhnlich durch einen professionellen Kopf= jäger ausgeführt, der sich dazu mit den Gewohnheiten des verurteilten Mannes, seinem Hauswesen und der Nachbarschaft vertraut macht, ja die Freundschaft seines Opfers zu gewinnen trachtet, um ihn im geeigneten Augenblick um einen Kopf kürzer zu machen. Die Köpfe werden in den Gemeinde= oder Kanoehäusern der Dörfer zur Ausschmückung verwendet, und werden derartige Häuser gebaut, so wird dieses Ereignis gewöhnlich mit Köpfungen von Sklaven und Verzehren ihrer Körper begleitet. Auf Choiseul sind durch Kopfjäger aus reiner Mordlust ganze Distrikte entvölkert worden, was jetzt um so leichter ist, als die englischen Handelskutter große Mengen von Feuerwaffen eingeführt haben. Eben diesen letzteren fallen gewöhnlich die europäischen Händler früher oder später selbst zum Opfer. In jedem Jahre finden derartige Mordthaten statt. Bekannt ist die heim= tückische Ermordung eines Offiziers und einer Anzahl Matrosen des österreichischen Kriegsschiffes „Albatros“ auf der Insel Guadalcanar im Jahre 1896, Kapitän Webster war 1897 selbst Zeuge der heimtückischen Ermordung eines englischen Händlers, im Jahre 1898 wurde Koldhorn, Kapitän eines Handelskutters, ein Deutscher, an der Nordküste von Bougainville von seinen eigenen schwarzen Matrosen erschlagen, die zu ihm stehenden Leute der Schiffsbemannung entflohen ins Inland und fielen den Ein= geborenen zum Opfer, das Schiff wurde ausgeraubt und zerstört.

Während nun auf den östlichen Inseln die Kopfjäger ihr Unwesen treiben, ist dieser gräßliche Brauch auf den deutschen Inseln Bougainville und Buka nicht bekannt. Da= gegen sind die Eingeborenen aller Inseln, vielleicht mit Ausnahme der Shortlandinseln, wo die katholischen Missionare thätig sind, eingefleischte Kannibalen. Ueberall an den Küsten Bougainvilles, wo der Einfluß der Missionare zur Geltung gebracht werden konnte, hat die Menschenfresserei nachgelassen, indessen ist auch dort noch die zeremonielle Mord allgemein gebräuchlich. Dem verstorbenen Häuptlinge muß eine bestimmte Zahl seiner Unterthanen ins Grab folgen; wird ein neues Kanoe gebaut, so muß ein Mann in demselben auf der ersten Fahrt verbluten und dergleichen mehr.

Am Marangoifluß, Neupommern.

Jede Insel hat ihre bestimmten Gebräuche, jeder Küstenstrich seine eigene Sprache, ja so= gar die Eingeborenen selbst sind in ihrem Aus= sehen, ihrem Haarschmuck und ihren Körper= verzierungen verschieden. Die Bukabewohner sind von kohlschwarzer Hautfarbe, die Bougain= villeleute sind grauschwarz, die Bewohner von Choiseul dunkelbraun, jene von Isabel hell= braun. Im Bismarckarchipel sind die Buka= leute als Plantagenarbeiter sehr gesucht; aus ihnen rekrutiert sich auch großenteils die schwarze Schutztruppe. Sie sind große, kräftige Gestalten mit ernstem, fast düsterem Gesichtsausdruck. Der großen Mehrzahl nach tragen sie auf Wangen, Oberarm und Brust als Zierde die Narben künstlicher Hauteinschnitte, auf manchen östlichen Inseln schmücken sogar die jungen Mädchen mit solchen Einschnitten ihre Gesichter. Interessant ist der Kopfschmuck, den auf Buka die jungen Männer vor ihrer Verheiratung zeitweilig tragen müssen, was übrigens als besondere Ehrung gilt. Sie müssen eigene im

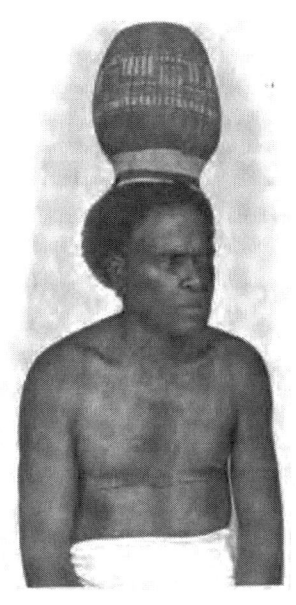

Junggeselle auf der Insel Buka.

Walde versteckte Hütten bewohnen und erhalten ballonförmige Hüte aus Flechtwerk mit einer faustgroßen Oeffnung aufgesetzt, durch welche die Haare wachsen. Sind diese lang genug geworden, daß sie den Hut festhalten, dann werden unter großen Festlichkeiten die Haare mit dem Hute vom Kopfe abgeschnitten, und die jungen Männer sind heiratsfähig.

Der frühere Landeshauptmann Schmiele kommt auf Grund seiner Bereisung des Archipels zu dem Schluß, daß die an England abgetretene große Insel Isabel wegen der Spärlichkeit der Bevölkerung und des Mangels an ebenem Plantagenland für das Deutsche Reich nur wenig Wert besitze; das gleiche gilt seiner Ansicht nach von dem südlichen Teil von Choiseul. Dagegen bezeichnet er Bougainville als eine koloniale Perle, und Bougainville ist bekanntlich auch dem Deutschen Reiche verblieben. Freilich wohnt auf ihr noch kein einziger weißer Händler; aber die deutschen Missionen von den Shortlandinseln haben bereits eine Station an der Nordküste angelegt, und wo diese Pioniere nicht nur des christlichen Glaubens, sondern auch der Kultur in solch wilden Gegenden hinkommen, gestalten sich die Verhältnisse bald so günstig, daß ihnen auch Händler folgen können. So ist es denn zu hoffen, daß Bougainville sich mit der Zeit zu einer ertragsreichen Plantagenkolonie des Reiches entwickeln wird.

Inselparadiese in der Südsee.

Wenn man an kalten, regnerischen Tagen zu Hause sitzt und zufällig, vielleicht zum Zeitvertreib, einen Atlas zur Hand nimmt, dann wird man, darin herum= blätternd, gewiß zunächst das Salzkammergut und Tirol oder die Schweiz, die Riviera, Italien und dergleichen aufschlagen, um in Gedanken schöne Vergnügungsreisen zu unternehmen, aber in den seltensten Fällen wird das Auge auf der Karte des Stillen Ozeans haften bleiben. Sie bietet ja keine Gebirge und Städte und Flüsse dar, sondern nicht viel mehr als ein leeres Blatt Papier mit senkrechten und wagrechten Linien, und an den Rändern vielleicht die Küsten Amerikas und Ostasiens. Gerade wo die Karte anfängt, interessant zu werden, hört sie auf. In der Mitte aber enthält sie eine Menge kleiner schwarzer Pünktchen, Tintenkleckse, als wäre die Stahlfeder des Zeichners auf dem Blatte stecken geblieben und hätte bei dem Kickser ihre Tinte nach allen Richtungen verspritzt.

Aber für denjenigen, der in Wirklichkeit die ungeheure Salzflut durchfurcht, die sich auf der Karte wie eine einsame traurige Wasserwüste darstellt, ist diese Fahrt eine Reise von einem Paradies zum anderen, denn viele von den kleinen Pünktchen der Landkarte sind die entzückendsten Inseln und Inselchen, welche unser Erdball aufzuweisen hat. Wenn ich auf diesen Fahrten durch den Stillen Ozean solche Eilande besuchte und durch ihr Klima, die Großartigkeit ihrer Vegetation, die paradiesische Einfachheit und Natürlichkeit ihrer Einwohner in Entzücken versetzt wurde, mußte ich jedesmal unwillkürlich an die geschickten Fakire denken, deren staunenswerte Vorführungen ich an verschiedenen Fürstenhöfen Indiens gesehen habe, um sie besonders um ein Kunststück zu beneiden. Sie steckten ein kleines, unscheinbares Samenkörnchen in den Boden und zauberten binnen wenigen Minuten daraus vor den Augen des Zuschauers einen Tropen= baum hervor. Das Samenkorn sandte ein Sprößlein aus der Erde, das immer größer wurde, Zweiglein und Aeste, Blüten und Früchte bekam, und endlich stand ein manns= hoher Baum da, so schön und seltsam, wie man sie nur in der fremden Tropenwelt sehen kann.

Die schwarzen Pünktchen auf der Karte des Stillen Ozeans sind solche Samenkörner, und ich wünschte, ich besäße die Gabe des Fakirs, aus ihnen für den Leser in einer kurzen Zeitspanne jene Paradiese hervorzuzaubern, die sie in Wirklichkeit sind. Aber wer könnte dies vollbringen, wenn ihm nichts als ein Blatt Papier und Tinte und Feder zur Verfügung steht? Von all den Tausenden und Abertausenden Inseln sind dem Europäer vielleicht nur die Namen eines halben Dutzends geläufig, er kennt die Namen Fidschi, Tonga, Samoa, Tahiti, Neukaledonien, Neuhebriden, aber sie sind ihm nur geographische Begriffe, und er kümmert sich in der Regel nicht weiter um sie, denn er hat ja nicht die geringsten Beziehungen zu ihnen, nicht die geringste Aussicht, sie jemals zu sehen. Ihre Bewohner sind unsere Antipoden, und wenn man irgendwo bei uns ein Loch graben würde, das mitten durch den Erdball führt, so würde man vielleicht unter den Kokospalmen irgend einer Südseeinsel wieder zum Vorschein kommen. Das wäre auch der einzige Landweg, um sie zu erreichen.

Wahrscheinlich würde das Inselparadies der Südsee häufiger von Fremden besucht werden, wenn es nur Schiffsverbindungen mit ihm gäbe. Es fahren doch genug Globetrotter in jedem Jahre um unsere Erdkugel, und so mancher möchte recht gerne die Route durch die Südsee einschlagen, aber obschon große Schnelldampfer mitten durch diese Inselwelt fahren und den Verkehr zwischen Nordamerika und Australien vermitteln, legen sie doch nur in einem einzigen Hafen Samoas an, und der Reisende sieht von all den Tausenden von Eilanden nur einige wenige in weiter Entfernung aus den tiefblauen Fluten ragen. Um sie zu besuchen, giebt es keine anderen Gelegenheiten als vielleicht alle paar Monate einmal ein Segelschiff, das die Palmenprodukte der größeren Inseln einsammelt, oder wem das Glück lächelt, ein Kriegsschiff, das den Befehl hat, in verschiedenen Häfen die Flagge zu zeigen oder eine Strafexpedition gegen Eingeborene auszuführen.

Solche Expeditionen waren in früheren Jahren häufiger als jetzt, wo die Mehrzahl der Inseln in festen Händen sind und in diesem so viele Millionen Quadratkilometer großen Gebiete schon geregeltere Zustände herrschen. Aber weiter gegen Westen, in der auf der Landkarte mit Melanesien bezeichneten Inselwelt, die größtenteils dem Deutschen Reiche gehört, leben die Eingeborenen heute noch mit geringen Ausnahmen im Urzustande, und sind auch ihre Inseln paradiesisch, so kann man es von den Menschen keineswegs behaupten. Die Fahrten durch Inselgebiet sind Vergnügungs- oder Hochzeits-reisenden nicht gerade zu empfehlen, denn die Hunderttausende von Melanesiern, welche Neupommern, Neumecklenburg, Neuhannover, die Admiralitätsinseln, Neuguinea u. s. w. bewohnen, sind noch die schlimmsten Menschenfresser, und der sprichwörtliche „gebratene Missionar" gehört nicht gerade zu den Seltenheiten, wie meine Ausführungen über den Kannibalismus in der Südsee gezeigt haben. In Melanesien darf man sich also keine Inselparadiese nach Art Samoas denken, wenigstens nicht für Europäer. Vielleicht sind sie es desto mehr für die Eingeborenen. Dafür sind die weiter östlich davon im Stillen Ozean liegenden polynesischen Inselgruppen schon annehmbarer, obschon man auch dort nicht gerade mit Triumphpforten und weißgekleideten Ehrenjungfrauen festlich empfangen wird. So z. B. ist der Besuch des einsamen Santa-Cruzarchipels, der auf unserem Wege nach Samoa lag, für Weiße auch jetzt noch ein sehr zweifelhaftes Vergnügen von gewöhnlich kurzer Dauer.

Wir kamen an der Hauptinsel Nitendi, sowie an den beiden südlich davon gelegenen berüchtigten Tapua und Vanikoro vorüber; zahlreiche Segelboote der Eingeborenen, wie Schwalben mit ausgebreiteten Flügeln über die schaumbedeckte Wasserfläche fliegend, passierten uns, und des Abends diente uns der herrliche Kegel des direkt aus dem Meere hoch aufsteigenden Vulkans Tinakolo als Leuchte. Mächtige weißglühende Lava-ströme ergossen sich über seine Flanken ins Meer, gewaltige zischende Dampfwolken erzeugend. Im Norden zieht sich ein Kranz niedriger Korallenriffe, die Schwalbeninseln, um Nitendi, jede einzelne wieder umgeben von einem vollständig unerforschten, der Schiffahrt ungemein gefährlichen Labyrinth von Korallen.

Ebensowenig einladend wie die Natur in Santa Cruz sind auch die Einwohner; niemals ist der Teufel uns Europäern, als wir noch Kinder waren, in abschreckenderer

Gestalt vor Augen geführt worden, als sie die Eingeborenen dieser Inseln im gewöhnlichen Leben zeigen. Die kupferfarbigen, durch Hautkrankheiten entstellten, wie mit kleinen Fisch= schuppen bedeckten Körper sind mit Ausnahme eines handgroßen, mit einem geflochtenen Mattenstück bedeckten Fleckes zwischen den Beinen vollständig nackt. Die wilden Gesichter mit den blutrünstigen Augen und wulstigen Lippen sind mit fettem Ruß eingerieben, und über die Backen sind fingerdicke rote und gelbe Streifen aufgeschmiert. Um den Mund zeigt sich stets der blutrote Saft der Betelnüsse, welche die Eingeborenen hier wie auch auf allen Molukken= und Sundainseln fortwährend kauen. Durch die Nasen und lang herabfallenden Ohrläppchen sind Ringe gezogen; auf dem Muskelteil der Oberarme stecken ebenfalls eine Anzahl Ringe, die in einem Stück aus den großen Perlmuschel= schalen geschnitten werden. Das dichte wollige Kraushaar steht spannenlang vom Schädel ab und ist in kleine spitzige Zöpfchen geflochten, die steif wie Speichen eines Rades abstehen. Bei manchen dieser grauenhaften Kerle ist die eine Hälfte des Kopfes glatt rasiert, das Haar der anderen Hälfte weiß oder gelb oder brennrot gefärbt. Alle Männer tragen stets und überall einen langen rotbemalten Bogen und ein Bündel kunstvoll geschnitzter, rot und weiß bemalter Pfeile, deren lange scharfe Spitze aus Menschenknochen besteht und stark vergiftet ist, so daß das leiseste Ritzen Starrkrampf oder den Tod zur Folge hat. Auf dem Bug jedes Bootes sind Hunderte solcher Pfeile aufgehäuft, und auf die geringste Veranlassung werden sie von den geübten Kriegern abgeschossen. Den Namen Santa Cruz für diese Insel wäre man daher geneigt davon abzuleiten, daß die spanischen Entdecker mit diesen Teufelskerlen ihr heiliges Kreuz gehabt haben. Aber Don Alvaro de Mendana benannte sie Isla Grande de Santa Cruz Ende des sechzehnten Jahrhunderts, als er mit seinen Leuten noch gar nicht die Bekanntschaft ihrer Einwohner gemacht hatte. Auf der Suche nach Gold, kam er mit seinem Schiffe hierher, die Schiffsmannschaft weigerte sich weiterzufahren, und so wurde eine Ansiedelung auf Santa Cruz gegründet. Die Spanier hatten aber unter den fortwährenden Angriffen der Eingeborenen schwer zu leiden. Mendana und die Hälfte seiner Leute fielen ihnen zum Opfer, die andere Hälfte kehrte nach Amerika zurück, und die Inseln blieben zweihundert Jahre unbesucht, bis Ende des achtzehnten Jahrhunderts Carteret und b'Entrecasteaux sie zum zweitenmale entdeckten. Sie waren die einzigen, die mit heiler Haut davonkamen. Auf der südlichsten Insel Vanikoro fand die berühmte Expedition von La Pérouse 1788 ihr klägliches Ende. 1879 gelang es dem englischen Kapitän Ferguson, eine Menge wertvoller Gegenstände von dieser Expedi= tion auf Vanikoro aufzufinden. Er selbst wurde 1880 auf den Salomonsinseln ermordet. Um dieselbe Zeit versuchte es der englische Bischof Patteson mit einigen Missionaren, die Insulaner von Santa Cruz zum Christentum zu bekehren: sie wurden alle ermordet. Commodore Goodenough, einer der bravsten englischen Seefahrer, sollte mit seinem Schiffe diese Greuelthaten rächen, wurde aber dabei selbst von einem Pfeile der Eingeborenen getroffen und starb an Vergiftung. Seither haben sich die Europäer nur selten mehr auf Santa Cruz sehen lassen, es ist ein englisches Besitztum, aber der Gouverneur residiert in weiser Fürsorge für seine Haut nicht hier, sondern tausend Kilometer weit weg, auf Fidschi.

Je weiter man sich von Melanesien in östlicher Richtung segelnd entfernt, desto schöner werden die Inselgruppen, auf die man stößt, desto friedlicher und freundlicher die Eingeborenen. Auf den Fidschiinseln war das freilich nicht immer der Fall, denn die Bewohner derselben waren ebenso greuliche Menschenfresser, wie die Eingeborenen von Neupommern es noch heute sind. Noch vor einigen Jahrzehnten, unter der Regierung des blutdürstigen Wüterichs Tokumbau, war es ein gottgefälliges Werk, Menschen zu töten und zu fressen, und jene von Tokumbaus Unterthanen, die zu Leb= zeiten nicht Kannibalismus getrieben hatten, wurden nach ihrem Tode Haifischen zuge= worfen; sie waren nicht wert, in den Himmel zu kommen. Um den Göttern gefällig zu sein, ließen sich die Frauen mit ihren Männern, Söhne mit den Leichen ihrer Väter lebendig begraben.

Alles das hat seit der englischen Herrschaft in Fidschi aufgehört, aber die Erinnerung ist doch zu lebendig, als daß man sich dort besonders behaglich fühlen würde. Erst jenseits Fidschi, in dem herrlichen Tonga, in dem noch herrlicheren Samoa lernt man den wunderbaren Reiz der Südsee kennen. Die liebenswürdige, körperlich so schöne Bevölkerung dieser Inselgruppen hat niemals dem Kannibalismus gehuldigt, sie war den fremden Eindringlingen gegenüber stets freundlich und zuvorkommend, und man bewegt sich dort in den lauschigen Palmenwäldern, wie in den einfachen Hütten der Eingeborenen in vollkommener Sicherheit. Ungeachtet der Anwesenheit zahlreicher Weißer, die hier ansässig sind und Handel treiben, haben sie ihre altangestammten Sitten und Gebräuche bis auf den heutigen Tag bewahrt. Sie haben trotz des Einflusses der Missionare glücklicherweise unsere Trachten noch nicht angenommen und zeigen sich in jener reizenden Ursprünglichkeit, die den Männern und noch mehr den Frauen dieses herrlichen Menschenschlages so vortrefflich steht. Noch mehr ist dies auf Tahiti, in den Marquesas, auf den Cook= und Tubuaiinseln der Fall, die mit der weißen Rasse noch nicht in so innige Berührung gekommen sind. All die kleinen, unter eingeborenen Königen und Häuptlingen stehenden Völkerschaften, welche diese tropischen Eilande bewohnen, sind desselben Stammes und zeigen nur wenige Unterschiede in Sprache und Sitten. Wem es vergönnt war, einige Wochen, Monate, Jahre auf einer dieser Tausenden von Inseln und Inselchen mitten unter einem liebenswürdigen, gutmütigen und dabei doch stolzen und edlen Völklein zu verleben, wird diese Zeit als die schönste seines Daseins betrachten. Die gütige Mutter Natur hat über diese Inseln aus ihrem Füllhorn alle Reichtümer gestreut, nur nicht jene, die von uns als das Symbol des Reichtums betrachtet werden, das Geld. Auf mancher Insel versuchte ich es vergeblich, meine Silber= münzen los zu werden, sie hatten keinen Wert. Was die glücklichen Eingeborenen für ihr bescheidenes Leben brauchen, wächst rings um ihre Hütten; ihre Lebensmittel, Kleider, Gerätschaften, Brennmaterial, Licht, Getränke, alles wächst auf den Bäumen. Jede Insel ist eine Art Schlaraffenland, wo dem Menschen die gebratenen Tauben in den Mund fliegen, er braucht ihn nur aufzusperren. Arbeit, schweres Abmühen und Abplagen, Hasten und Jagen nach Erwerb giebt es nicht, kein Mensch ist reicher als sein Nachbar, denn unter den glücklichen Leutchen herrscht noch Gütergemeinschaft. Sie wissen nichts von Post und Telegraph, von Zeitungen und Briefschreiben, denn nur alle Jahre, oder alle Jahrzehnte einmal kommt vielleicht ein Schiff mit fremden Menschen, das sie in Verkehr mit der Außenwelt bringen könnte. Aber sie brauchen diesen gar nicht. Sie wollen allein gelassen werden und glücklich sein. Hier, unter den grünen Domen der schöngeschwungenen Palmenwedel, im Schatten der strotzenden, dunkelgrünen Brotfruchtbäume, in diesen leichten, luftigen, einfachen Hütten, fern von allem Kummer, allen Sorgen unserer so viel gepriesenen Kultur, hier lernt man erst, was Glück wirklich heißt. Für die Eingeborenen bedeutet Glück Sorglosigkeit. Liegt ein solcher „Wilder" auf seiner Matte, sein hübsches, molliges Liebchen zur Seite, so braucht er sich nicht um die Zukunft zu kümmern. Wohin er seine Augen gleiten läßt, sieht er, daß für den Magen gesorgt ist. Im Meere zu seinen Füßen, das seine leichten Wellen murmelnd an dem seichten Strand sterben läßt, giebt es Fische in Hülle und Fülle, rings um seine Hütte stehen die hellgrünen, großblätterigen Bananenbäume strotzend voll schmackhafter Früchte. Dazwischen wachsen Taro und Yam, die Kartoffel der Südsee, aus der Erde. Ueber ihm wölben sich die Kronen der Kokospalmen, jede mit mehreren Dutzenden wohlschmeckender Nüsse; dürstet ihn, dann braucht er nur eine Kokos= nuß aufzuschlagen, und er schlürft süßen, kühlen Nektar ein; die kopfgroßen Früchte des Brotbaumes geben ihm, in der Asche gebacken, Brot, dazu glühen aus dem tropischen Dickicht Orangen, Citronen. Bricht die Nacht ein, dann erhellt er seine Hütte mit den faserigen Hüllen der Kokosnüsse, die massenhaft umherliegen und die er nur aufzuheben braucht. Die Matten, auf denen er schläft, flechten seine Frau und seine Tochter aus den Fasern des Pandanus, der in großen Mengen an der Meeresküste steht. Als Werkzeuge zur Herstellung seiner Hütten oder Kanoes dienen geschliffene Muscheln, als Bindfaden Kokosfasern. Kleidungsstücke braucht er keine, er holt sich ein paar lange, grüne Blätter von den Bäumen, zieht sie auf eine Schnur und umgürtet sich die Lenden. Dieselben „Toiletten" tragen die liebenswürdigen Frauen, die schönen, prallen, café au lait=farbigen Mädchen. Und welchen Toilettenluxus können sie sich gönnen! Diese kleinen Schürzchen aus grünen Blättern sind so leicht, so kühl und luftig, und jeden Tag können sie diese Toilette ein=, zwei= und dreimal wechseln. Was würde eine, na sagen wir Amerikanerin, darum geben, wenn sie das könnte!

In diese paradiesische Zustände haben wohl die amerikanischen Wesleyaner=Missionäre auf manchen Inseln etwas von unserer christlichen Kultur gebracht, aber es ist daran zu zweifeln, ob die hauptsächlich anglo=sächsischen Sitten und Gebräuche den glücklichen Bewohnern zum Vorteil gereichen. Ohne Filzhüte und Hosen waren sie wahrscheinlich glücklicher. Das zeigt am deutlichsten Hawai, wo die Eingeborenen durch die im Gefolge der wesleyanischen Missionare scharenweise eingetroffenen Weißen einfach verdrängt werden und voraussichtlich dem gänzlichen Aussterben entgegengehen.

Dritter Teil:

Samoa.

Apia mit dem Apiaberg.

Auf der Reede von Apia.

Eine Woche hatte unser Dampfer gebraucht, um von der größten der Salomonsinseln durch die einsame Südsee nach Samoa zu kommen. Immer mehr schälten sich die gewaltigen Berge von Sawaii aus der dunstigen Tropenatmosphäre, immer schöner gestaltete sich die großartige Brandung längs der aus weißen Korallen gebildeten Klippen. Beide Inseln, Sawaii wie Upolu, sind von einem Klippenkranz umgeben, der an manchen Stellen mehrere Kilometer weit von der Küste liegt, an anderen Stellen wieder mit der Küstenlinie selbst zusammenfällt. Die langen, verschieden breiten Wasserflächen zwischen den Klippen und der Küste sind selbst bei stürmischem Wetter verhältnismäßig ruhig und mit Ruderbooten befahrbar; über die Klippenreihe hinaus kann man sich aber nur bei stillem Wetter wagen, und selbst dann ist die Brandung, welche die Klippen umtost, furchtbar. Die Südsee führt mit Unrecht auch den Namen Stiller Ozean, denn mag auch an der einen Stelle kein Lüftchen wehen, so kann es an einer anderen Stelle stürmen, und die aufgepeitschten Wasserberge pflanzen sich Tausende von Kilometern weit fort, an Mächtigkeit nur langsam abnehmend, und gehen allmählich in eine langgestreckte Dünung über, welche die Schiffe auf offener See auch bei Windstille zuweilen heftigen Schwankungen unterwirft. Brechen sich aber diese Dünungswellen an Klippen, dann entsteht die großartigste Brandung. Auf meinen Reisen habe ich an wenigen Küsten ein imposanteres Schauspiel gesehen als diese mächtigen, an den schwarzen Lavamauern zu weißem Gischt zerschellenden Wasserberge. Die senkrecht in die Tiefe abfallenden Klippen sind von dem ewigen Wüten ausgehöhlt und unterwaschen, an manchen Stellen hat die Brandung aus diesen Höhlen einen Kamin bis an die Oberfläche der Klippen ausgewaschen, und bricht sich einer dieser hochgehenden Wasserberge an solchen Stellen, dann wird das Wasser durch den Kamin nach oben gejagt mit solcher Gewalt, daß es, wie aus einem Geiser gestoßen, in einem viele Meter hohen Strahl herabschießt, um sich dann in Myriaden funkelnder Wassertropfen und blendendweißen Wasserstaub aufzulösen. Ewig wälzen sich diese Wellenattacken gegen die Küsten, ewig machen sie das Erdreich erbeben und dröhnen und donnern mit unheimlicher Wucht.

Mataafa, Oberhäuptling von Samoa.

Für die Passagiere der wenigen Schiffe, welche die Samoainseln anlaufen, bildet
diese Brandung ein erhabenes Schauspiel, das man nicht müde wird zu bewundern.
Zunächst, um uns herum, das hier in wunderbarem Blau strahlende Meer mit seinen
langen, glatten Wogen, dann der weiße Brandungsstreifen, der die Küsten umlagert,
dann die hellgrünen Kokosnußplantagen am Küstensaum, dann der dunkle, dichte Urwald,
der sich die einzelnen Bergketten hinaufzieht bis zur höchsten und auch manche der wolken=
umzogenen Gipfel bekleidet. Die vielen Küstendörfer mit ihren grauen Häusern wären

zwischen den Palmen gar nicht zu erkennen, wenn nicht aus jedem Dorfe ein weißes Kirchlein oder ein Bethaus hervorleuchten würde; dazwischen liegen hier und dort einzelne Bungalows europäischer Händler mit Warenhäusern und Kopralagern.

Nach mehrstündiger Fahrt erreicht das Schiff die Sawaii von Upolu trennende, fünfzehn bis zwanzig Kilometer breite Apolimastraße, mit den steil aus ihr emporsteigenden Inseln Apolima und Manono und deren kleinen, sie umgebenden Felstrabanten; die Küsten von Sawaii treten zurück, jene von Upolu werden immer klarer, und wir unterscheiden deutlich das gewaltige Vulkanlabyrinth mit seinen hohen Kraterkegeln und den ausgedehnten Kokosnußplantagen an den sanft von der Küste aufsteigenden Hängen. Ganze Wälder von Palmen, mehrere Quadratkilometer groß, mit Hunderttausenden dieser herrlichen immergrünen Bäume in seltener Größe und Pracht. Dorf reiht sich an Dorf, die Formen der dahinter aufsteigenden Berge werden immer kühner, immer malerischer, das Schiff fährt um eine schmale, über zwei Kilometer nach Norden vorspringende Landzunge, und die Bucht von Apia ist erreicht.

Sie ist oft und mit begeisterten Worten geschildert worden, ja manche verstiegen sich in ihrem Enthusiasmus so weit, sie mit der Bucht von Neapel zu vergleichen, und zwar zu Ungunsten der letzteren. Die es gethan haben, kennen die Bucht von Neapel nicht aus eigener Anschauung, und die sich zu begeisterten Worten hinreißen ließen, haben in der Welt überhaupt nicht viel gesehen.

Aber schön ist die Bucht von Apia doch. Freilich nicht ihrer selbst wegen. Es giebt dort kein Ischia, kein Capri, kein steil ins Meer ragendes Vorgebirge von so kühnen Formen wie jenes von Sorrento. Die Wasserfläche, unterbrochen von langen Riffen und ausgedehnten Untiefen, die bei Ebbe trocken daliegen, wird von flachen Halbinseln eingeschlossen, mit Palmengruppen, in deren Schatten ein paar niedrige Bungalows liegen. Im Hintergrund legt sich Apia mit seinen bescheidenen Holzhäusern, geschmacklosen Kirchen, Warendepots und Scheunen um die Bucht. Das ganze Hafenbild würde sehr ernüchternd wirken, wenn nicht hinter Apia sowie die ganze Küste von Upolu entlang nach Ost und West so wunderbar geformte Berge aufsteigen würden. Hinter dem unscheinbaren Ort erhebt sich steil und kühn wie ein Vorposten der zentralen Bergzüge der vierhundert Meter hohe Apiaberg, mit seinem bis nach Apia selbst reichenden Sporn, auf welchem wie eine Miniaturausgabe des Konvents von San Martino das katholische Missionsgebäude Vaija liegt. Hinter dem schön geformten, mit Palmen und Urwaldbäumen bedeckten Apiaberg dehnt sich von Osten nach Westen die zentrale Hauptkette der Insel aus, mit steilen Vulkankegeln, die an tausend Meter Höhe erreichen. Von den dichtumwaldeten Hängen stürzen verschiedene Gebirgsbäche durch tiefe Basaltschluchten zur Küste herab, hier und dort hohe, weißschäumende Wasserfälle bildend. Gegen Osten zeigen die Höhen, nichts weiter als die Wände eingestürzter Riesenkrater, die denkbar kühnsten Formen, mit steil aufsteigenden Felsnadeln, Graten und Spitzen, ein Berglabyrinth, das in der herrlichen Pyramide des Joaberges bei Falisá seinen Abschluß findet. Diese immergrünen Berge mit ihren häufig in Wolken gehüllten Gipfeln und ihren abwechslungsreichen Umrissen sind es, welche der Bucht von Apia ihren Reiz

verleihen. Nichts anderes. Gäbe es keine Berge um Apia, dann wäre der an und
für sich schon so unsichere klippenbesäte Hafen für den Touristen gar nicht des Besuches
wert. Es giebt in Upolu allein verschiedene Buchten, die landschaftlich schöner sind als
Apia, nur wurden sie von den wenigsten Reisenden besucht. Und was die einzige
Sehenswürdigkeit von Apia, das Samoaner Volk, betrifft, so kann man es in jedem
Dorfe in seiner Eigenart viel besser kennen lernen als hier.

Nach der lächerlichen und geradezu beschämenden Posse, die sich in den letzten Jahren
in Apia abgespielt hat, mit den Abgesandten der drei ersten Großmächte des Erdballs
als handelnden Personen, muß Apia gewiß ein berühmter Ort genannt werden; aber
ich gestehe, daß wenige Orte des Erdballs, von denen ich so viel gelesen, mich so arg
enttäuscht haben wie Apia. Wäre nicht die herrliche Tropennatur der Umgebung vor=
handen, gäbe es nicht allerhand interessante Studien in Bezug auf das Volk und seine
zukünftige Regierung durch das Deutsche Reich zu machen, ich wäre mit der ersten sich
darbietenden Gelegenheit auf und davon. Ein als Stadtanlage so unbefriedigender Ort
ist mir auf meinen langjährigen Reisen nur selten vorgekommen, niemals aber einer, wo
die ersten Ansiedler die für die schönste Strandpromenade sich darbietenden Gelegenheiten
so mißachtet und geradezu mit Füßen getreten haben wie hier. Was muß das für ein
herrlicher Strand gewesen sein, als er noch unverdorben von den ersten internationalen
Krämern sich von Matautu, der östlichen Landzunge, nach Mulinuu, der weit ins Meer
vorspringenden westlichen Halbinsel, hinzog, mit der leise auf dem Küstensand ersterbenden,
durch die äußere Klippenreihe geschwächten Brandung; mit den stolzen, hohen Kokos=
palmen und den dunkelgrünen, großbelaubten Brotfruchtbäumen auf dem üppigen Rasen
dahinter und den kleinen lauschigen Dörfchen der friedlichen, glücklichen Einwohner!

Von all den früheren Ansiedlern, zumeist kleinlichen Krämerseelen, hatte augenscheinlich
nur einer Schönheitssinn und =verständnis: der Vertreter des alten Hamburger Handels=
fürsten Godefroy, dessen Besitz vor nahezu zwei Jahrzehnten in die Hände der Deutschen
Handels= und Plantagengesellschaft überging. Dieser Vertreter, Theodor Weber, rühm=
lichen Angedenkens, baute sein schönes Wohnhaus und die Warengebäude, Werkstätten
u. dergl. derart, daß nur eine breite Straße sie vom Meeresstrande trennt; wären die
englischen und amerikanischen Krämer seinem Beispiel gefolgt, dann gäbe es heute längs
der Küste einen Boulevard, wie ihn wenige Orte der Erde aufzuweisen haben, etwa
Singapore, Nizza, Mentone. Aber jeder Ausblick in die Zukunft, jeder größere Gedanke
war ihnen versagt. Sie bauten ihre ärmlichen Holzbuden, ihre häßlichen Warenlager,
ihre Kramladen dorthin, wo es ihnen eben paßte, und so entstand das nüchterne, reiz=
lose, unschöne Krähwinkel von heute. Stellenweise stehen diese Jahrmarktsbuden (mit
einem passenderen Worte könnte ich die Mehrzahl der Häuschen von Apia nicht bezeichnen)
wohl derart, daß ihre Einwohner, großenteils Wirtsleute und Krämer, die Aussicht auf
das Meer, die wenigen im Hafen liegenden Schiffe und das traurige ziegelrote Eisen=
gerippe des gestrandeten „Adler" genießen können. Aber im eigentlichen Mittelpunkt
der „Stadt" stehen diese Wohnhäuser kunterbunt zu beiden Seiten der einzigen Straße
von Apia, ja, der schmale, mit Korallenstücken bedeckte Küstenstreifen zwischen dieser

Das Wrack des deutschen Kreuzers Adler im Hafen von Apia.

Straße und dem Meere wird von zwei, drei dicht voreinander gebauten Häuschen eingenommen, so daß jeder Ausblick auf die Bucht fehlt und man ringsum nur von Bierwirtschaften, Kaufläden oder Warenschuppen umgeben ist. Etwa zwei Kilometer weit zieht sich dieses Apia, dieser unschönste Teil von ganz Samoa, die Küste entlang. Wäre in der Gegenwart noch ein Nero möglich, und käme er nach dieser herrlichsten aller Inseln, er würde Apia gewiß in der ersten Nacht verbrennen lassen, um ein neues, der herrlichen Lage würdigeres zu erbauen. Europäische Großstädte haben ihre zoologischen und botanischen Gärten, ihre Parkanlagen, denen zu Liebe schon manche Straße mit zehnmal so schönen Bauten wie Apia, zum Opfer fallen mußte. Schade, daß sich europäische Großmächte nicht irgend eine Luxuskolonie halten können, wie unsere Städte ihre Parkanlagen. Zu einer solchen Luxuskolonie würde sich Samoa vorzüglich eignen, denn der praktische Wert der Insel ist im Verhältnis zu den schon gebrachten und noch zu bringenden Opfern recht gering. Dann wäre es aber die erste Aufgabe eines Verschönerungsvereins, das heutige Apia aus der Welt zu schaffen und einen neuen Stadtplan mit breiten, schattigen Strandboulevards anzulegen. Der Handel würde dadurch keineswegs verlieren, sondern eher gewinnen. Aehnliche Strandboulevards laufen durch den geschäftigsten Teil von Schanghai und Jokohama, und kein Mensch hat sich dort über Belästigung des Handels beschwert.

Leider ist dieses Apia nun vorhanden, und man wird sich bequemen müssen, für die nächsten Jahre damit zu rechnen. Das thut auch der neue deutsche Gouverneur, Dr. Solf, ein sehr umsichtiger, fähiger und fleißiger Mann, aber auch ein großer Schalk, denn er läßt diese häßliche Straße von Apia wie zum Hohne täglich sorgfältig von Sträflingen mit Seewasser bespritzen. Helfen thut dies freilich nur wenig, denn der Staub und lose Meeressand reicht besonders in der Richtung gegen Mulinuu in der trockenen Jahreszeit bis an die Knöchel. Seewasser muß deshalb verwendet werden, weil in Apia nach den Sommerregen zuweilen viele Wochen lang kein Tropfen Wasser vom Himmel kommt. Brunnen giebt es nur wenige, die Zisternen, welche das Regenwasser von den häßlichen Wellblechbächern der Häuser auffangen, sind bald erschöpft, und die Bewohner Apias müssen sich dann das Wasser aus den Flußläufen für acht Mark die Wagenladung zuführen lassen.

Dr. Solf war vor seiner Ernennung zum Gouverneur dieses Inselreiches Vorstand der Munizipalität von Apia und scheint sich das Wohl dieser in ihrer Anlage ganz verpfuschten Stadt besonders zu Herzen genommen zu haben. In der vorerwähnten europäischen Straße, welche die Kaufläden, Hotels, Biergärten und ein paar Wohnhäuser der etwa zweihundert weißen Einwohner enthält, giebt es zur Nachtzeit ganz passable Beleuchtung durch Petroleumlaternen, die Flußläufe sind überbrückt, und die Sicherheit wird durch zehn kanakische oder Halbblutpolizisten besorgt, welche englische Konstabler= knüttel in der Rechten und auf der Brust ihrer Katianzüge einen Stern mit den Buch= staben „M. P." b. h. „Municipal Police" tragen. Seither ist zu diesen einzigen Vertretern der bewaffneten Macht noch ein Fingerhut voll „Schutztruppe", im ganzen etwa dreißig Mann gekommen, natürlich ganz deutsch gedrillt und mit deutschen Kommandos.

Von verschiedenen Warenschuppen und Kaufläden führen einige Landungsbrücken über die seichten Korallenstellen ins tiefe Wasser, und vor ihnen schaukeln kleine Ruderboote, vielleicht auch einige Segelkutter oder Dampfboote auf den Wellen. Die großen Ozean= dampfer, sowie die Kriegsschiffe müssen ziemlich weit draußen zwischen den Korallenriffen vor Anker gehen, und selbst dann ist es gebräuchlich, sie immer unter Dampf zu halten, um sie bei plötzlich hereinbrechendem Unwetter sofort in die offene See hinausbringen zu können. Das schauerliche Wrack des Kreuzers „Adler" auf den Riffen, nur ein paar Schiffslängen von der Stadt, dient allen Schiffen als ernste Warnung. Schon seit 13 Jahren liegt es hier, Wellen und Wettern trotzend, ein Beweis seiner vortreff= lichen Konstruktion. Gewiß steht noch die Katastrophe von 1888 in lebhafter Erinnerung, in welcher neben dem „Adler" auch der „Eber" sowie die amerikanischen Schiffe „Trenton" und „Nipsic" untergingen.

Spaziergänge in Apia.

Von meinem Schiffe aus konnte ich auf verschiedenen Häusern der langgestreckten Bretterstadt (Steinhäuser sind nur sehr wenige vorhanden) das Wort Hotel lesen. Das schönste darunter schien das Tivolihotel zu sein, an der Mündung des Vaisigano= flusses gelegen, den die Straße hier auf einer langen, wohlgebauten Brücke überschreitet. Bädeker oder irgend welche Reisehandbücher über Samoa giebt es noch keine, um sich vorher über die Verhältnisse unterrichten zu können, und so ließ ich mich nach dem Tivolihotel rudern. Dasselbe entpuppte sich als eine amerikanische Herberge zweiten Ranges mit kleinen dunklen Zimmern und breiten Veranden davor. In der Bar befanden sich fragwürdige, abenteuerliche Gestalten, ähnlich jenen, wie ich sie in den Minenstädten

Das deutsche Regierungsgebäude in Apia.

der Felsengebirge getroffen, und als ich meinen sechs Bootsleuten neben ihrer Bezahlung noch gestattete, je eine Flasche Bier auf mein Wohl zu trinken, mußte ich dafür neun Mark (die Flasche zu anderthalb Mark) bezahlen.

Die Gesellschaft in dem famosen Hotel Tivoli behagte mir keineswegs, und ich beschloß deshalb, sofort den mir von früher bekannten Gouverneur zu besuchen. Es mußte doch bessere Hotels geben. Auf dem Wege nach dem kaiserlich-deutschen Regierungspalast, vorläufig ein ebenerdiges Holzhaus mit ein paar Zimmern, kam ich bei einem „Klubhotel“ und einem „Apiahotel“ vorüber, die indessen noch viel weniger vertrauenerweckend waren als das Tivoli. Der Gouverneur riet mir, das dem Regierungspalast gegenüberliegende, von einem Deutschen Namens Niedringhaus geleitete Zentralhotel zu bewohnen, wo die kaiserliche Regierung, d. h. der Gouverneur, der kaiserliche Richter Vizekonsul Dr. Knipping aus Bückeburg und der kaiserliche Oberpostassistent Banse aus Harburg, ferner Stabs-arzt Dr. Schwesinger aus Speier mittags zu speisen pflegten, und lud mich gleich ein, an dieser Tafelrunde teilzunehmen. Das Zentralhotel besaß vorderhand nur für eine Person Unterkunft, ein Schlafzimmer mit einem Salon im ersten Stock, von dessen Veranda ich zwischen Dächern der gegenüberliegenden Winkelbauten doch wenigstens ein Stückchen blaues Meer und den darauf schaukelnden „Kormoran“ wahrnehmen konnte. Diese Wohnung paßte mir für die paar Wochen meines Aufenthaltes vollkommen, und ich will gleich hier für künftige Apiabesucher meine Empfehlung des Zentralhotels bei-fügen. Die Küche ist vorzüglich, und binnen kurzem wird auf dem an die Hauptstraße stoßenden Grasplatz neben dem Hotel, wo heute Pferde und Ziegen weiden, ein neuer Flügel erstehen mit einer größeren Anzahl von Zimmern.

Ich ließ sofort mein Gepäck aus dem Tivoli in einem Karren herüberholen, was zwei Dollars, gleich acht Mark kostete, und aus Freude über die hübsche Unterkunft nach meinen Irrfahrten im Bismarckarchipel und Neuguinea leerte ich auf der kühlen Veranda eine Flasche Heidsieck Monopol, die ein Pfund Sterling gleich zwanzig Mark vierzig Pfennig kostete. Man kann schon aus diesen wenigen Preisangaben ersehen, daß das Leben in Apia keineswegs besonders wohlfeil sein kann, und das ist es auch nicht. Es wird im allgemeinen Verkehr wohl ebensogut die deutsche Reichsmark wie der englische Schilling angenommen, aber die gangbarste Münze war 1900 der amerikanische, der allmighty Dollar. Kupfer- oder Nickelmünzen sieht man im Verkehr gar nicht. Die kleinste Münze ist das englische silberne Dreipencestück gleich fünfundzwanzig Pfennig. Eine Nummer der einzigen im Jahre 1900 in Apia erscheinenden Zeitung, ein englisches Wochenblatt, „The Samoa Herald", kostete fünfzig Pfennig. Mit kleineren Beträgen als dem Dreipencestück wird nicht gerechnet, und wollte man auf dem kaiserlichen Postamt, das übrigens vorzüglich geleitet wird, eine Dreipfennigmarke kaufen, so könnte man sie nicht bezahlen, oder der Postbeamte könnte das entsprechende Kleingeld nicht herausgeben.

Vor kurzem erließ der Gouverneur einige Rundfragen bezüglich der Einführung deutschen Geldes, sowie deutscher Maße und Gewichte an die Kaufleute, und da sogar die Engländer in ihren Antworten keinerlei Schwierigkeiten erhoben, so wird wohl schon in der nächsten Zeit der allmighty Dollar, das englische Pint und das amerikanische Yard den deutschen Gegenwerten Platz machen.

Der erste Spaziergang durch Apia ist gar nicht uninteressant. Die ebenerdigen, höchstens einstöckigen Holzhäuser zu beiden Seiten der Straßen enthalten der Mehrzahl nach Kaufläden, sogenannte „General Stores", in denen alles mögliche, von Stecknadeln und Bonbonbüchsen bis zu Sätteln oder Bettstellen verkauft wird, nur nicht das, was man gerade kaufen will. Ich habe mich in den letzten Tagen meines Aufenthalts bemüht, einige Cigaretten zu kaufen, und lief von Kaufladen zu Kaufladen, aber in keinem einzigen, selbst nicht in den vornehmen Stores der „Firma" waren solche zu haben. Der letzte Dampfer von Sydney (man ist in Samoa hauptsächlich von Sydney abhängig) hatte keine gebracht, und ich wurde auf den nächsten Dampfer, der in vier Wochen eintreffen sollte, vertröstet.

Von der Brücke beim Tivolihotel ausgehend, gelangt man in östlicher Richtung zunächst an ein paar englischen Missionarswohnungen, einem photographischen Atelier und der Leihbibliothek vorbei, mit welcher auch ein Free Reading Room verbunden ist, die aber kein einziges deutsches Buch, sondern nur englische enthielt. Jenseits dieser Gruppen kleiner Hütten liegen vereinzelte Warenhäuser zwischen Gärten und Feldern, und darauf folgen das englische und das amerikanische Konsulat, wie alle anderen auch nur einfache, ebenerdige Holzbauten mit den üblichen Veranden.

Die eigentliche Stadt liegt westlich von der Tivolibrücke, zwischen dieser und der langen Halbinsel Mulinuu. Die „Shanties", so nennt der Amerikaner Bretterhütten wie jene, welche die Hauptstraße von Apia besetzen, folgen hier ziemlich ununterbrochen aufeinander; wo am Strande noch ein freier Raum vorhanden ist (verbaut dürfen solche Strandplätze

Mataafa, seine Schwester und seine Häuptlinge.

nicht mehr werden), erheben sich schlanke Kokospalmen oder dunkelgrün belaubte Brot=
fruchtbäume. An der Mündung einer das flache Hinterland durchziehenden Süßwasser=
lagune liegen die verschiedenen Gebäude der katholischen Mission, das recht ansehnliche
einstöckige Steinhaus des Bischofs Broyer, die große bischöfliche Kathedrale mit an=
sprechender gotischer Front, aber leider noch nicht ausgebauten Türmen und eine sehr
gut besuchte mehrklassige Schule, in der seit der Erwerbung der Inseln durch das Reich
von deutschen Priestern auch schon Deutsch gelehrt wird. Die katholische Mission war,
obschon im Grunde französisch, die erste, die sich sofort deutsche Priester kommen ließ und mit
dem deutschen Unterricht begann. In den Schulen der Londonmission, sowie der Wes=
leyaner steckte man noch mit beiden Füßen im Englischen. Inzwischen haben sie sich auch
zum Deutschlehren entschlossen. Eine deutsche protestantische Mission ist noch nicht vorhanden.

Gegenüber der geräumigen Kirche der Londonmission, welche direkt an der Straße liegt
und aus deren weitgeöffneten Fenstern und Thüren alle Augenblicke der „Gesang" der
aus vollster Kehle schreienden Samoaner bringt, liegen die Gebäude der kaiserlichen
Regierung, das verandenumgebene, mitten in einem kleinen Gärtchen nistende Holzhaus
des Gouverneurs, sowie das Postamt. Der Postbeamte ist gleichzeitig Gouvernements=
sekretär, Kassierer, ich glaube sogar auch Steuereinnehmer. Etwas weiter gegen Osten
liegt ein drittes Holzhäuschen, vor welchem auf hohem Flaggenstock die deutsche Flagge
weht. Es ist der Justizpalast. Von der Straße aus tritt man direkt in das nach allen
Seiten offene Verhandlungszimmer, in welchem hinter einem großen Schreibtisch verschanzt
der kaiserliche Richter Dr. Knipping seines Amtes waltet. Ein Gerichtsschreiber und ein
Polizist vervollständigen das Personal. In einer feuerfesten Kasse sind das unter der
früheren dreibeinigen Verwaltung etwas lüderlich geführte, übrigens von Ratten angefressene
Grundbuch, die Hypothekenbücher und anderes aufbewahrt. Das ist vorläufig der
ganze Regierungsapparat von Samoa. Ein Gerichtsschreiber, ein Zollbeamter und ein
Polizeioffizier waren eben auf der Ausreise nach Samoa begriffen, um wenigstens einen
Teil der Arbeiten von dem überbürdeten Personal zu übernehmen. Hoffentlich sprechen sie
englisch. Ohne Englisch wären sie unter den gegenwärtigen Verhältnissen geradezu nutzlos
und unmöglich. Apia ist trotz der großen Zahl ansässiger Deutscher seinem Grundton
und Verkehr nach eine englische Stadt, wo jeder englisch spricht und schreibt, aber es
dürfte nicht mehr lange brauchen, bis in Apia die deutsche Sprache ebenso vorherrschen
wird, wie im Jahr 1900 die englische.

Während in der östlichen Hälfte von Apia das englisch=amerikanische Element vor=
zuherrschen scheint, findet man in der westlichen Hälfte, etwa vom Postamt angefangen,
mehr das deutsche Element vertreten, ohne daß damit das Aussehen der „Stadt"
besonders schöner würde. Die Deutschen bilden etwa die Hälfte der weißen Einwohner
von Apia, seit der am 2. März 1900 erfolgten Flaggenhissung durch das Reich
dürften sie sogar stark in der Mehrheit sein, teils durch den Zuzug deutscher Beamten,
teils durch die Anziehungskraft des schönen Geschlechts. Man darf aber darunter
nicht etwa weiße Damen verstehen, denn abgesehen von ein paar englischen oder
amerikanischen Missionsfrauen kann man die Damen rein kaukasischer Rasse in Apia

Teil der Hauptstraße von Apia.

an den Fingern einer Hand abzählen. Es sind hauptsächlich die feisten Kanakenmädchen, deren Schönheitsgrad nach dem Gewicht gerechnet werden · könnte, sowie die zahl= reichen „Half casts" d. h. Mischlinge, welche besonders die Matrosen der Kriegsschiffe umgarnen, kaffeebraune und Café au lait-gelbe Loreleis, welche am Meeresstrande die heißblütigen Schiffer in ihre Netze locken und mit ihrem etwas derben Liebesgetändel so fest halten, daß manche nach Ablauf ihrer Dienstzeit, statt mit dem Ablösungstransport nach der Heimat zu ihrer getreuen Hulda zurückzukehren, hier bleiben, ihren früheren Beruf im Zivilleben fortsetzen und in leicht lösbarer Ehe mit ihren kanakischen Hälften fleißig zur Vermehrung der Mischlingsbevölkerung beitragen. Auch der „Kormoran", der nach elfmonatigem Stilleben in Samoa am 16. Juni 1900 nach Neuseeland abge= dampft ist, trug auf solche Weise zur Stärkung des deutschen Elementes in Samoa bei. In Bezug auf die gesellschaftlichen Verhältnisse in Samoa ist dieses Einheiraten Weißer, und noch dazu Deutscher, in die kanakische Rasse nicht vorteilhaft. Die Stellung der herrschenden weißen Rasse und vornehmlich der deutschen Nation wird dadurch keines= wegs gehoben, es werden im Gegenteil die Weißen durch solche Ehen mitunter auf das Niveau der Polynesier herabgezogen, besonders wenn die Ehe, wie es in einem so warmen, fruchtbaren Lande gar nicht anders zu erwarten ist, reichen Kindersegen zur Folge hat. Diese Mischlingsgesellschaft ist eigentlich recht zu bedauern; sie ist nicht Fisch, nicht Fleisch, und ebenso wie die Vollblutweißen, so betrachten auch die Vollblut= samoaner die Half casts mit scheelen Augen. Viele von ihnen bekommen als ihr Erb= teil die Laster zweier Rassen in die Wiege mit, und die weitere Entwickelung dieses fremdartigen Elementes, ebenso wie seine Stellung zwischen den beiden Rassen ist heute noch gar nicht abzusehen. Es wäre sehr zu wünschen, wenn einmal statt eines Kriegsschiffes voll Matrosen ein Kriegsschiff voll gesunder, netter deutscher Mädchen an diesen idyllischen Küsten landen würde, damit die hiesigen weißen Junggesellen, von denen einzelne nach jahrelanger Abwesenheit vom Hause den Maßstab ganz verloren haben, nach welchem die Kanakenweiber eigentlich zu messen sind, doch „standesgemäß" eine nette weiße, rotbackige, blondhaarige germanische Hulda heiraten können, und damit Apia endlich einmal weiße Damengesellschaft erhält, die es sich angelegen sein läßt, ebenso blondköpfigen, pausbackigen, weißen Jungen das Leben zu schenken. Dann würde die heutige kanakische Weiberwirtschaft bald zu Ende sein. Hat man unsere lieblichen, holdseligen Mädchen nach Windhoek exportiert, so könnten ein paar Waggonladungen voll auch hier gar nicht schaden. Von den etwa dreihundert Deutschen sind gewiß zweihundertundneunzig Junggesellen, wenigstens was weiße Frauen betrifft, und nach meinen persönlichen Wahrnehmungen scheinen sehr viele Junggesellen die erforderliche Courage und Todesverachtung zu haben, um sich blindlings in den heiligen Stand der Ehe zu stürzen. Ich habe wenigstens so manchen Sehnsuchtsseufzer zu hören bekommen, denen ich hiermit in feierlicher Weise die größtmögliche Verbreitung gebe. Zu weiteren Auskünften bin ich gerne bereit.

Die Sache sollte wirklich ganz ernstlich in Angriff genommen werden, denn es giebt in der That, wie man zu sagen pflegt, recht gute Partien. So z. B. ist die ganze Regierung unvermählt, an der Spitze der Gouverneur. Dr. Solf ist ein stattlicher Mann im besten Alter, sehr häuslich angehaucht, schwacher Raucher, mäßiger Trinker, schwärmerische Natur, gründlicher Kenner des Sanskrit und hat schönes Tafelgeschirr im Hause. Hält sich einen Einspänner, den er selbst kutschiert, und hat seit meinem Besuch von Samoa ein neues schönes Gouverneursgebäude bezogen, mit großen Räumen, wo es sich für eine Gouverneursfrau schön repräsentieren läßt.

Nach ihm ist der kaiserliche Richter Dr. Knipping eine sehr empfehlenswerte Partie; stattlicher blonder Herr, trägt gewöhnlich weiße Kleidung mit goldenen Knöpfen, bei Tisch mäßig, würde Gemüt und musikalische Fertigkeiten einer guten Küche vorziehen. Dagegen ist der Postmeister Herr Banse eher kulinarischen Genüssen zugethan, übrigens ein hochangesehener Mann, der in einer Villa neben dem Stadtpark von Apia, genannt Lindenau, sein einsames Einsiedlerleben fristet und in seinen freien Stunden Kakadus züchtet. Guter Skatspieler. So könnte ich noch eine ganze Menge sehr begehrenswerter Partien anführen, besonders wenn ich auf die Herren der „Firma", d. h. der „Deutschen Handels- und Plantagengesellschaft" zu sprechen käme! Man denke nur, sie beschäftigt auf den Inseln gegen hundert Weiße, und in dem schönen weitläufigen Wohnhause in Apia wohnen allein anderthalb Dutzend Junggesellen. Sie reiten des Morgens spazieren und spielen des Abends Klavier oder Violine, haben sogar unter sich einen eigenen Leseverein gegründet, weil sie eben den Zauber der Ehe noch nicht kennen. Wie das alles anders werden könnte, wenn nur schon die Mädchen da wären! Der liebenswürdige Chef der Firma, Herr O. Riedel, ein weitblickender Kaufmann und vollendeter Patrizier, eine Zierde des Deutschtums von Apia, ist dieser Junggesellenwirtschaft bald untreu geworden. Er hat insofern das große Los gezogen, als er das, wie ich glaube, einzige weiße Mädchen von Apia heimgeführt hat. Viele

Halbblutschöne.

seiner Untergebenen würden es ihm ganz gerne nachmachen, wenn sie nur jemand zum Heimführen hätten; hoffentlich wird diesem fühlbaren Mangel durch vaterländische Gesellschaften baldigst abgeholfen.

Natürlich fehlt es in Apia, wo zu den vielen ansässigen durstigen Kehlen auch noch jene von so vielen Kriegsschiffen kommen, während meines Besuches z. B. dreihundert= undzwanzig deutsche Seemannskehlen vom „Kormoran" und „Seeadler", nicht an Kneipen und Bierwirtschaften, die Schnapskneipen für Engländer und Amerikaner, die Bierwirt= schaften für die Deutschen. Da ist zunächst das vorerwähnte Lindenau, eine Art Kasino inmitten eines Parkes am Fuße des Apiaberges, ein Viertelstündchen vom „Zentralhotel" entfernt. Dort geht es gewöhnlich Sonntags lustig her, wenn die Schiffsmusik eines der Kriegsschiffe Erlaubnis erhält, dort zu spielen. Sonntags nachmittags wird mitunter eine Privatfestlichkeit des deutschen Vereins „Concordia" abgehalten, und abends drehen sich dort die fröhlichen Blaujacken mit den dunkelhäutigen Halbblutschönen nach den Klängen der Musik.

Ein zweites gerne besuchtes Bierlokal steht an der Hauptstraße neben der übrigens ganz vorzüglichen deutschen Schule. Es wird dort zuweilen trotz der Tropenhitze fleißig gekegelt, und Sonnabends vergnügt sich die Stadtjugend bei einem Dampfkaruffell. Es folgen wieder ein paar Kaufläden, dann ein französisches Nonnenkloster, in welchem etwa hundert Mädchen verschiedenen Alters, Weiße, Mischlinge und Samoaner in getrennten Klassen, erzogen werden, und endlich die ausgedehnten Anlagen und Baulichkeiten der „Firma". Das Wohnhaus der Angestellten, von einem schattigen Garten umgeben, ist wohl das umfangreichste und hübscheste der ganzen Stadt, eine Schöpfung des alten Hamburger Hauses Godefroy. Die weiten, zwei Höfe umschließenden Räumlichkeiten sind mit großer Eleganz eingerichtet, und die jungen Herren der Firma führen hier in ihren freien Stunden ein recht behagliches Dasein. Sonst wird in der „Firma" fleißig gearbeitet. Man kann wohl behaupten, daß die Handelsinteressen von ganz Samoa hier zusammenlaufen. Die erste Niederlassung des Hauses Godefroy in Samoa wurde 1857 gegründet; die erste Kokosnußplantage, jene von Mulifanua, wurde 1865 angelegt; im Jahre 1869 wurden auf den vorzüglichen Ländereien der Firma östlich und westlich von Apia die Plantagen von Vailele und Vaitele angelegt, 1882 jene von Utumapu. Im ganzen hat die Firma heute gegen dreitausendfünfhundert Hektar unter Kultur, davon sind sechzig bis achtzig Hektar mit Kakao, dreißig bis vierzig mit Kaffee bepflanzt, der Rest sind Kokosnußplantagen. Besonders Kakao scheint viel zu versprechen. Die ersten Versuche datieren aus dem Jahre 1890. Schon 1894 konnten Proben nach Europa gesandt werden, und im letzten Jahre belief sich der Ertrag auf hundert Sack von je einem Zentner Gewicht und im Werte von achtzig bis neunzig Pfennig das Pfund. Gestützt auf diese Versuche sollen in den nächsten Jahren über sechshundert Hektar mit Kakao bepflanzt werden. Aber die Plantagenwirtschaft ist nur ein Zweig der umfangreichen Thätigkeit der Firma. Sie hat in allen größeren Orten von Upolu und Sawaii ihre Filialen mit eigenen Wohnhäusern, Warenlagern und Ländereien, und ihre dort ansässigen Händler tauschen die von Deutschland eingeführten Waren, Stoffe, Werkzeuge, Lampen, Regenschirme und tausenderlei andere Dinge, gegen Kopra ein. Mit Ausnahme einiger hundert Tonnen liegt das ganze Koprageschäft in den Händen der „Firma", und dasselbe beläuft sich in Upolu auf über fünftausend, in Sawaii auf eintausendfünfhundert Tonnen im Werte von zweihundert Mark die Tonne im Hafen von Apia. Dazu kommt ein recht lebhafter Handel mit den Tonga= und Fidschiinseln, den die „Firma" auf ihren eigenen Segelschiffen und Motorkuttern betreibt, und der ihr an zweieinhalbtausend Tonnen Kopra von dort zuführt.

In Apia hat die Firma die Agenturen der wichtigsten Dampferlinien und Versicherungs= gesellschaften, die Kohlenlieferung an die Kriegs= und Handelsschiffe, die Bankgeschäfte und dergleichen in ihren Händen, so daß man wohl sagen kann, daß sie den ganzen Geschäftsverkehr der jüngsten Kolonie des Deutschen Reiches monopolisiert. In Anbetracht dessen könnte die „Deutsche Handels= und Plantagengesellschaft in der Südsee" den Uebergang Samoas unter deutsche Herrschaft wohl als Veranlassung nehmen, ihren schrecklich langen Namen einfach in „Samoa=Kompagnie" umzuwandeln. Dieser lange

Name liegt wie Blei auf den Zungen der Südseeinsulaner, sowie der Australier, Eng=
länder und Amerikaner, mit denen „die Hauptagentur der Deutschen Handels= und
Plantagengesellschaft in der Südsee" in Verbindung steht. Welcher Geschäftsmann hat
denn die Zeit, diesen langen Namen mit seinen elf Wörtern auf Briefe und Brief=
umschläge zu schreiben? Welche ausländische Zunge die Geläufigkeit, diese S und Sch
in dem Firmanamen auszusprechen? Welches Wechselformular ist lang genug, um diese
elf Wörter zu enthalten? In der Südsee helfen sich die Kaufleute dadurch, daß sie von
der „long handled firm", d. h. der Firma mit dem „langen Henkel", oder der „D. H. und
P. G." oder von der „German firm" sprechen. Aber dergleichen genügt doch nicht, und
da wie gesagt, die neueste Kolonie und die „Firma mit dem langen Henkel" gewissermaßen
eins sind und man in Deutschland allseitig warmes Interesse an Samoa nimmt, so
sollte die „D. H. und P. G." dafür, daß sie sich nun des direkten Reichsschutzes erfreut,
doch auch eine kleine Konzession an das Reich machen und neun von den elf Wörtern
ihres langen Namens auf den Altar des Vaterlandes legen.

Mulinuu.

Die einzige Straße von Apia hat nun die schmale sandige Landzunge erreicht, welche
sich von dem Grundstück der „Firma mit dem langen Henkel" in nordwestlicher
Richtung über zwei Kilometer weit ins Meer erstreckt. Es folgen noch vereinzelte
Privathäuser und Kaufläden, und dann sieht der Spaziergänger plötzlich unter hohen
Palmen die ersten Hütten der Samoaner vor sich. Beinahe könnte man auf dem
Spaziergang durch Apia vergessen, daß hier drei= bis viermal so viele Samoaner als
Weiße wohnen, denn die eckigen Bretterbuden der letzteren mit ihren unschönen Well=
blechdächern hindern den Ausblick nach dem Inland, wo zwischen dem europäischen
Stadtstreifen und den üppig bewaldeten Terrassen des Apiaberges mitten unter Palmen,
Bananen= und Brotfruchtbäumen die Dörfer der Eingeborenen liegen mit ihren kreis=
runden oder ovalen, nach allen Seiten offenen Hütten. Erst hier auf der Landzunge
von Mulinuu treten derartige Hütten vereinzelt bis nahe an die sandige Straße; zwischen
ihnen erhebt sich ein größeres wohlgebautes Haus europäischen Stils, das dem ver=
storbenen „König" Malietoa als Residenz gedient hat, und daneben steht in einer eisernen
Umfriedigung, beschattet von fünf hohen schlanken Palmen, das Denkmal für die im
Kampf gegen die Samoaner gefallenen Offiziere und Matrosen der „Olga". Ja, auf
diesen schönen Tropeninseln ist schon viel deutsches Blut geflossen, auch das tückische
Meer hat schwere Opfer gefordert, und was die Deutschen sich mit dem Leben so vieler
Wackeren erkauft, was ihre Kaufleute sich durch ihren Fleiß und ihren Unternehmungs=
geist erobert haben, das mußte kürzlich auch noch an England mit großen deutschen

Die frühere Wohnung des Gouverneurs von Apia auf der Halbinsel Mulinuu.

Inselgebieten bezahlt werden. Fürwahr, kein Stück deutschen Landes hat bisher ver=
hältnismäßig so viel gekostet wie diese kleinen Samoainseln, und selbst wenn der Ertrag
derselben sich verdoppeln sollte, so werden diese zwölf bis vierzehntausend Tonnen Kopra
im Jahre schwerlich die ungeheuren Opfer ausgleichen, welche Deutschland hier seiner
Kolonialpolitik gebracht hat! Gewiß ist es ein schöner Gedanke, daß dieses Land, welches
die Gräber so vieler Deutschen enthält, wirklich deutsches Gebiet geworden ist. Aber
wollte man alle Länder, in denen deutsches Blut geflossen ist, zu deutschen Gebieten
machen, dann müßte die deutsche Flagge über den ganzen Erdball gebreitet werden.

Ein paar Schritte weiter, auf dem sandigen Ufer der Halbinsel Mulinuu liegt das
kleine, unscheinbare Holz=Bungalow, welches dem Gouverneur bis zur Fertigstellung des
neuen Hauses als Residenz diente. Auf dem tiefen Sandboden innerhalb der Garten=
umfriedung steht eine einsame hohe Palme, der einzige Baum, der hier am Strande
gedeiht. Alle Versuche, einen Garten anzulegen, sind fehlgegangen, überdies nagt die
Brandung fortwährend an den flachen Sandküsten, bei heftigem Nordost schlagen die
Wogen schon bis auf die Veranda, und einer jener plötzlichen Stürme, wie sie zuweilen
hier vorkommen (man braucht nur an das traurige Eisengerippe des „Adler" im Hafen
von Apia zu denken), könnte auch die Gouverneurswohnung vernichten.

In der Nähe dieser letzteren liegt auch die Residenz des samoanischen Oberhäuptlings
Mataafa. Als die „Moana", ein Schiff der Sidney=San=Franzisfolonie, kürzlich in
Apia anlegte, kamen zahlreiche Passagiere an Land, und ich überhörte im Zentralhotel
ein sehr amüsantes Gespräch zwischen zwei amerikanischen Damen. „Oh my! näselte die

Das Denkmal für die am 18. Dezember 1888 im Kampfe gegen die Samoaner gefallenen deutschen Seeleute.

eine der anderen zu, oh my! how perfectly lovely! Denken Sie sich, ich komme eben vom Königspalast! Seine Majestät hat uns empfangen, und seine Tochter, die Prinzessin, hat uns eigenhändig Kokosnüsse zur Erfrischung vorgesetzt! Seine Majestät war so gnädig! Er gab uns beim Fortgehen sogar die Hand. Oh my! oh my!"

Durch Zufall machte ich die Bekanntschaft dieser miauenden Yankeetochter, und durch sie erfuhr ich, daß der Dolmetscher Mataafas, ein Halbblut-Samoaner Namens Charlie Taylor, die Dame Mataafa vorgestellt hat und dabei mit dem Majestäts- und königlichen Hoheitstitel umhergesprungen ist, wie ein spanischer Hofmarschall. Vielleicht könne dem Herrn Charlie Taylor beigebracht werden, daß Mataafa nicht König Samoas von Gottes Gnaden ist sondern einfach ein Oberhäuptling von „Gouverneurs Gnaden", der eine jährliche Apanage von dreitausend Mark erhält. Dazu ist ihm allerdings noch von S. M. dem Kaiser ein Szepter in Gestalt eines Fliegenwedels verliehen worden. Bedauerlicherweise ist von mancher Seite mit Mataafa viel zu viel Aufhebens gemacht worden; man hat diesen schlauen, übrigens sonst ganz biederen Kanaken in der That wie einen Fürsten behandelt, so daß er anfängt, es selbst zu glauben, und der Gouverneur hat seine liebe Not, dem Karnickel wieder den europäischen Fürstenmantel abzunehmen, welcher ihm, figürlich gesprochen, im Laufe der jüngsten Zeit umgehängt worden ist.

Der „Königspalast", von dem die Amerikanerin so schwärmte, ist eine einfache samoanische Hütte, ähnlich gebaut wie alle anderen, nur etwas größer. Mataafa, der mich dort empfing, versicherte, es wäre das zweitgrößte Haus auf Samoa; das größte des Inselreiches sei das Rathaus der dreizehn Räte von Samoa in Leulumoega an der

Anſicht von Apia mit Mulinuu.

Nordküste von Upolu. Mataafas früheres Haus wurde beim letzten thörichten Bombarde=
ment Apias durch die englischen und amerikanischen Kriegsschiffe zerstört, und sein gegen=
wärtiger „Palast" war noch nicht ganz vollendet. Doch wird es gewiß interessieren,
zu vernehmen, wie die samoanische Häuptlingswohnung beschaffen ist. Zunächst ist daran
und darin alles glücklicherweise samoanisch, mit Ausnahme einer Petroleumlampe und
einer metallenen Kaffeetasse. Die Samoaner, obschon seit Jahrzehnten in fortwährender
Berührung mit den Weißen, halten auch heute noch streng an ihren altangestammten
Gewohnheiten fest, und ich habe bei meinen späteren Reisen durch die Inseln nicht einen
einzigen Samoaner getroffen, der in einem europäischen oder auch nur europäisch ein=
gerichteten Hause wohnen oder sich europäisch kleiden würde.

Auf einer grünen Rasenfläche erhebt sich eine fußhohe, aus Lavablöcken gebildete
ovale Platform, mit feinem Kies bedeckt. Rings um dieses Oval, das zwanzig Schritte
lang und zwölf breit sein dürfte, stehen in Zwischenräumen von etwa je einem Meter
die fünf Fuß hohen Tragbalken des Daches, so daß man sich bücken muß, um ins
Innere, d. h. auf die Plattform zu gelangen. Die Tragbalken sind bei diesem Hause
das einzige Material fremdländischen Ursprungs, und zum Unterschied von den anderen
Häusern sind sie hier abwechselnd rot und blau angestrichen. In der Mitte des Ovals
erheben sich drei dicke Stämme, über welche doppelt so viele horizontale Querbalken
in Kreuzform gelegt sind, die bis an den äußeren Dachrahmen laufen. Sie bilden das
Dachgerippe; darüber sind halbrunde Bambusrippen gelegt, als Träger der Palmstroh=
streifen, welche die Dachbekleidung bilden. Das ist der Palast des Mataafa, und ähn=
lich diesem, nur kleiner und vielleicht nicht aus so gutem Material, sind alle anderen
Samoanerhäuser gebaut. In keinem hat bis jetzt irgend ein Nagel oder Eisenbestandteil
Verwendung gefunden; ein Stück ist an das andere mit Bast festgebunden, und zwar
so unlösbar fest, daß die Samoaner zuweilen ihre Häuser nach anderen Orten trans=
portieren, indem sie das Dach einfach von den Pfosten heben und die Tragbalken einzeln
aus der Erde nehmen.

Wie man sieht, ist das samoanische Haus eigentlich ein Flugdach, denn es hat keine
Thüren, keine Einteilung des inneren nach allen Seiten offenen Raumes. Will sich der
Samoaner gegen Wind und Regen schützen, so läßt er an der ausgesetzten Seite roh=
gebundene Jalousien aus Palmblättern herab. Gekocht wird in dem Wohnhaus selten,
dazu sind hinter demselben eigene Räume vorhanden; wohl aber befinden sich zu den
Seiten der Dachstützen in der Mitte der Plattform zementierte Becken, in welchen zur
Beleuchtung des Raumes nach Sonnenuntergang trockene Kokosnußschalen oder Palm=
blätter gebrannt werden.

Betritt ein Gast das Haus, so werden von den Mädchen sofort feine Matten über
den Kiesboden gebreitet, und das geschah auch, als ich unangemeldet die Hütte Mataafas
betrat. Um Audienz bitten giebt es hier nicht. Der „König" kann sich auch nicht
verleugnen lassen, denn man erblickt schon von weitem alle unter dem Flugdach anwesenden
Personen. Er saß mit nacktem Oberkörper und gekreuzten nackten Beinen auf seinen
Matten an einem Ende der Plattform allein; ihm gegenüber am anderen Ende kauerten

Eingeborenendorf auf Mulinuu.

ein paar Leute feines „Hofftaats", barunter ber Salelefi ober „Hofnarr". Bei meinem Eintritt erhob fich ber ftattliche alte Herr vom Boden, reichte mir bie Rechte unb lub mich ein, neben ihm auf ben Matten Plat zu nehmen. Stühle ober irgenb welche europäifche Einrichtungsftücke giebt es, wie gefagt, in keinem famoanifchen Haufe, ja es kam mir vor, als läge eine gewiffe Abfichtlichkeit barin, bie Einbruck auf mich machte. Die Samoaner finb ftolz auf ihre Kultur unb zeigen entfchieben Charakter unb Selb= ftändigkeit, wenn fie es verfchmähen, abenblänbifche Gewohnheiten unb Gegenftänbe in ihren rein famoanifchen Häufern einzuführen. Ebenfo verbient es alle Anerkennung, baß Mataafa, in beffen Perfon fich bie altangeftammten Herrfcherfamilien Samoas vereinigen, fich nicht mit falfchem Königsflitter umgiebt unb keinerlei Abzeichen feiner Würbe trägt. Sein Szepter ift ber alt angeftammte Fliegenwebel von ähnlicher Form wie jene, bie man auf ben altägyptifchen Wanbfkulpturen wahrnimmt, ein fußlanges Stäbchen mit einem weißen Roßhaarbufch an einem Enbe.

Mataafas Haar und Schnurrbart sind weiß, obschon er kaum älter als sechzig Jahre sein dürfte. Seinen Geburtstag kennt er ebensowenig wie seinen Geburtsort und das Jahr. Als ich ihn darüber befragte, verstand er mich gar nicht, erst als der Dolmetscher ihm meine Fragen erklärte, antwortete er, er wäre schon sehr alt, und wegen des Geburts= ortes müßte er seine Eltern befragen, die aber leider schon tot sind. In sehr höflicher Weise lud er mich zu einem Trunk Kawa ein und ließ mir, nachdem dieser von den Frauen bereitet war und der Hofnarr durch eine Art samoanischen Jodler diese That= sache seinem Herrn zur Kenntnis gebracht hatte, seinen eigenen Becher reichen, aus welchem sonst niemand trinken darf. Die Frauen, ebenso wie die zahlreichen Dienstleute Mataafas, wohnen in eigenen Hütten hinter dem geschilderten „Palaste".

Nicht weit davon steht ein europäisches Wohnhaus, das in Zukunft als Gerichtshof für die Samoaner dienen wird. Die Spitze der Halbinsel Mulinuu wird ausschließlich von samoanischen Häusern eingenommen.

Das ist Apia, die Hauptstadt von Samoa. Viel schöner, viel anheimelnder ist die unmittelbare Umgebung dieses Krähwinkels; wer von „Tivoli" oder vom „Zentralhotel" aus eine der landeinwärts führenden Straßen benutzt, gelangt in das „Villenviertel" der europäischen Ansiedler, wo auf den sanft abfallenden Hängen des Apiaberges inmitten der herrlichsten Gärten und Palmenpflanzungen reizende Villen und Bungalows liegen, und wo der Aufenthalt sich zu einem wahrhaft genußreichen gestalten würde, wenn Apia nur mit den Segnungen der europäischen Kultur einigermaßen beglückt wäre. Aber das ist nicht der Fall. Es fehlt an allen Ecken und Enden. Apia, wie überhaupt ganz Samoa hat noch keinen Schuster, keinen Schneider, Glaser, Schlosser, Möbeltischler, keinen Handwerker überhaupt, ausgenommen Zimmerleute und Schmiede. Es giebt keinen Gemüse=, Frucht=, Fisch= und Fleischmarkt; zieht man sich die Gemüse und Früchte nicht selbst, so sind sie, wenn überhaupt, nur von anderen Pflanzern aufzutreiben. Fische sind sehr selten zu haben, Eis fehlt gänzlich, ebenso wie noch vieles andere. Ob Apia jemals sich so weit entwickeln wird, um einen hinreichend einträglichen Markt für all das heute noch Fehlende zu bilden, möchte ich bezweifeln.

Straßenleben in Apia.

Um das Leben und Treiben im Hafen sowie auf der einzigen Straße von Apia kennen zu lernen, hätte ich mein Hotel gar nicht zu verlassen brauchen. Von der breiten Veranda im oberen Stockwerk (das „Zentralhotel" gehört zu den wenigen Gebäuden des Ortes, welche ein solches besitzen) genoß ich die Aussicht auf den schmalen tiefen Wasserstreifen zwischen den brandungumrauschten Korallenriffen, welcher als Anker= platz für die großen Schiffe dient, sowie auch etwa einen Kilometer weit auf die Straße, die dicht am Hotel vorbeiführt.

Auf dieser Straße geht es von Sonnenaufgang bis nach Mitternacht gewöhnlich recht lebhaft und lärmend zu, dafür ist es im Hafen, wenn der gefährliche, den Nord= winden ausgesetzte Ankerplatz als „Hafen" überhaupt bezeichnet werden kann, desto stiller. Seit elf Monaten lag hier der „Kormoran", der später zur Erholung für seine Mannschaften nach Auckland dampfte. Ende Mai 1900 traf das Schwester= schiff des „Kormoran", der kleine Kreuzer „Seeadler" mit dem wackeren, schneidigen Korvettenkapitän Schack als Kommandanten, vom Bismarckarchipel hier ein, um einige Monate hier zu bleiben, und als die flotten, strammen Blaujacken vom „Seeadler" an Land kamen, wurde es in Apia erst recht lebendig. Die armen Jungens waren seit etwa neun Monaten fast unausgesetzt auf der Fahrt, und was das heißt, kann nur der beurteilen, der selbst eine längere Reise auf einem deutschen Kriegsschiffe mitgemacht hat. Kapitän Schack hatte eine Leistung hinter sich, auf die er stolz sein konnte, und seinen Leuten war eine kurze Ruhepause wohl zu gönnen. Von Wilhelms= hafen ging die Fahrt durch das Mittelmeer und den indischen Ozean, mit kurzen Aufent= halten in den großen Hafenstädten, nach der Sundasee und durch die Molukken hinauf nach den Karolinen=, Mariannen= und Marshallinseln, die der Reihe nach besucht wurden. Mit dem Gouverneur an Bord mußten eine Menge administrative Angelegen= heiten erledigt, Aufnahmen gemacht, die Hafenverhältnisse studiert werden. Keine Ruh' bei Tag und Nacht. Ein Tag hier oder dort, dann weiter hierhin, dorthin, wie das Gespensterschiff des Fliegenden Holländers. Mitten in der Arbeit traf der Befehl ein, nach dem Bismarckarchipel zu dampfen. Kaum dort eingetroffen, hieß es, eine Straf= expedition nach den Admiralitätsinseln auszuführen, und diese wurde mit so viel Schneidig= keit unternommen, daß die melanesischen Seeräuber und Menschenfresser zeitlebens daran denken und gewiß kein deutsches Handelsschiff mehr kapern werden. Als die Kanonen gesprochen und die Landungskorps vom „Seeadler" mit den Waffen in der Hand ihre Aufgabe gelöst hatten, gab es ein paar Tage Rast, d. h. Schiffsarbeit in Herbertshöhe, dann hieß es wieder, mit dem Gouverneur des Südseeschutzgebietes an Bord, um Neu= mecklenburg und Neuhannover herum neue Strafexpeditionen auszuführen, Aufnahmen zu machen und die bisher fast noch ganz unbekannte Gruppe der St. Matthiasinseln zu besuchen, immer im Angesicht der feindlichen heimtückischen Eingeborenen. Nach Herberts= höhe zurückgekehrt, wurde dort der Befehl für den „Seeadler" vorgefunden, mit thun= lichster Beschleunigung nach Samoa zu fahren. Kaum waren Kohlen, Wasser, Proviant an Bord, so nahm der „Seeadler" seinen Flug an den Salomonsinseln vorbei nach der deutsch gewordenen „Perle der Südsee", und nun sollten die Blaujacken mit ihrem wackeren Kapitän und ihren Offizieren ein paar Wochen Ruhe genießen, um das Schiff und die Maschinen wieder in Ordnung zu bringen, Schießübungen zu halten, zu exer= zieren und dann gleich wieder die Fahrt nach China anzutreten. Aber sie hatten wenigstens die Abende auf dem Festlande für sich. Ehre, dem Ehre gebührt! Ein deutscher Seeoffizier braucht kein Lob, er dient seinem Kaiser und thut stillschweigend seine Pflicht, aber es ist doch gut, zeitweilig die Thätigkeit dieser vielgeplagten Herren ein wenig hervorzuheben, damit man zu Hause nicht etwa glaubt, derartige Expeditionen,

wie sie der „Seeadler" hinter
sich und wahrscheinlich noch vor
sich hat, wären Spazierfahrten,
bei denen man sich amüsiert.
Davon ist tagsüber auf einem
Kriegsschiff verteufelt wenig
vorhanden. Deshalb war es
den vortrefflichen Jungen wahr=
haftig zu gönnen, daß sie sich
endlich einmal wieder ein biß=
chen austoben konnten, und
kaum waren die Anker gefallen,
kaum hatten sie von ihrem bei
aller Strenge doch väterlich gut=
herzigen Kapitän Erlaubnis er=
halten, an Land zu gehen, da
verwandelten sich die Blaujacken
sofort in Kavalleristen. Es ist
mir auf meinen Reisen aufge=
fallen, daß überall, wo deutsche
Matrosen an Land kamen, ihr
Hauptsport das Reiten war. Mit
wahrer Leidenschaft stürzten sich

Samoanerhäuptling.

diese Mastenreiter sofort aufs Pferd, um wie Husaren durchs Land zu galoppieren, und
ich bin überzeugt, das berittene Matrosenkorps des „Seeadler" würde im Notfall eine
Kavallerieattacke mit derselben Schneidigkeit ausführen wie berufsmäßige Reiterei. Allen
voran waren die Kölner Jungen vom „Seeadler" im Sattel, ihnen nach die Oldenn=
burger und Bromberger, und wie die Lützowsche wilde Jagd sausten sie durch Apia,
daß man nicht wußte, treibt der Reiter das Pferd oder entführt das Pferd den Reiter.
Die Samoaner aber traten respektvoll zur Seite, und ihre braunhäutigen, dickwadigen
Mädchen flüchteten lachend, nicht ohne den blonden Seeleuten doch mit Wohlgefallen
zuzuwinken. Sind die Samoaner auch stramme, große Kerle mit bewundernswertem
Körperbau, so ziehen die Dämchen von Apia doch recht häufig diese uniformierten Meer=
götter mit der Seemannskappe ihren nackten Landsleuten vor. Beweis dafür sind die
vielen Mischehen und die netten hellbraunen Mischlingsbengel, die in der Straße unter
meinen Fenstern ihren Schabernack trieben.

Die Samoanerinnen, denen man in Bezug auf ihre Körperschönheit soviel Gutes und
in Bezug auf ihre Moral soviel Schlechtes nachsagt, sind nämlich ganz bedeutend besser
als ihr Ruf. Sie wollen gleich geheiratet sein, und die professionelle Liebe, wie sie in
anderen Hafenstädten gar nicht weit von zu Hause herrscht, hat sich in Apia nur wenig,
und das auch erst seit kurzer Zeit entwickelt.

Wenn die braunen, dunkel glutäugigen Mädchen dem freien Seemann so zugethan sind, so spielt vielleicht auch ein bißchen Neugierde mit. Sie haben gehört, die Weißen küssen einander, indem sie ihre Lippen mit größerem oder geringerem Schnalzen und entsprechender Innigkeit berühren. Das möchten sie nun für ihr Leben gerne auch ein= mal lernen, denn die Aermsten kennen den Kuß noch nicht! Freundinnen untereinander, oder mit ihren Anbetern bieten sich gegenseitig als Berührungspunkte der keuschen Liebe die Nasenspitzen an und drücken sie je nach dem Grade der Zärtlichkeit mit größerer oder geringerer Stärke, indem sie sich gegenseitig beriechen. Also Dr. Jägers Theorie in der Südsee. Ob dieses Nasendrücken die Abflachung der Samoanernasen zur Folge hatte, ist eine Frage, deren Beantwortung wohl der Anthropologischen Gesellschaft über= lassen bleiben kann. Thatsache ist, daß die Lippenberührung bei den Samoanern auf Grund der wissenschaftlichen Versuche der deutschen Seeleute wenigstens in Apia mit großer Heftigkeit um sich greift.

Unter diesen Umständen war die Ankunft des „Seeadler" in Apia ein großer Freuden= tag, aber nicht nur für die Mädchen. Auch den Kaufleuten, den Bierwirten, Wäsche= reinigern und dergleichen ist die Ankunft von einhundertsechzig Seeleuten mit monatelang aufgespartem Sold sehr angenehm. Ohne die Schiffe wäre ihr Verdienst recht mager, und Schiffe kommen dabei auch noch so selten. Neben dem „Seeadler" schaukelte nur noch ein größeres dänisches Segelschiff auf den langen Dünungswellen, um eine Ladung Kopra für Europa abzuwarten. Zeitweilig kommen noch die kleinen Schoner der „Deutschen Handels= und Plantagengesellschaft" oder der anderen Handelsfirmen von Apia für einige Tage hierher, dazu alle vier Wochen auch die kleineren Dampfer der Union Steamship Company von Neuseeland. Diese fahren von Auckland in Neusee= land ab, laufen die Fidschi= und Tongainseln an und gehen von Apia direkt nach Sidney; abwechselnd fahren sie auch von Sidney über Fidschi und Tonga nach Apia und gehen auf der Rückreise nach Auckland. Diese Dampfer besorgen den größten Teil des Frachten=, Produkten= und Personenverkehrs der genannten Inselgruppen, und Samoa steht daher, was seinen Handel und Bedarf anbetrifft, größtenteils in Abhängigkeit von Australien.

Eine erhebliche Entwickelung des Handels und der Produktion in Samoa ist ganz ausgeschlossen. Aus den zweieinhalb Millionen können mit der Zeit wohl fünf oder zehn Millionen werden, der Gewinn dementsprechend vielleicht einige hunderttausend Mark im Jahre, aber diese werden mehr als aufgewogen durch die Subvention an die immer nötiger werdenden Postdampfer und die Kosten der Kriegsschiffe auf Reisen nach der Rückseite des Erdballs. Für alle anderen Kolonien soll und kann sich der Deutsche mit Recht begeistern, denn sie werden mit der Zeit reiche Früchte tragen, doch in Bezug auf Samoa, die Karolinen und Marianen ist besonders großer Enthusiasmus wohl ausgeschlossen.

Ein schönes Land mit einem liebenswürdigen Volk darin ist Samoa dennoch. Jedes= mal, wenn ich von meiner Hotelveranda auf die Straße blickte, freute ich mich über diese schönen, kräftigen, gesunden Samoaner, das schönste Volk im Stillen Ozean von China

bis Peru, von Alaska bis Australien.
Während alle anderen Inselbewohner,
jene von Hawai, Fidschi, Tonga, Kale=
bonien längst viel von ihrer nationalen
Eigenart eingebüßt haben, in australischen
Hosen und amerikanischen Stiefeln stecken
und zu Dienern der Weißen geworden
sind, deren Gewohnheiten (mehr die
schlechten als die guten) sie nachahmen,
sind die Samoaner selbst in Upolu, wo
sie mitten zwischen Weißen wohnen, so
geblieben wie vor Invasion der Weißen.
Schon beim Eintreffen unseres Dampfers
war es ein Genuß, die Insassen der
zahlreichen, schön gebauten Kanoes zu
beobachten, die den Dampfer umringten,
um sich unsere schmutzige Wäsche zur
Reinigung zu sichern. Dutzendweise kamen
sie an Bord, jeder mit ein paar Zeug=
nissen deutscher, englischer oder amerika=
nischer Offiziere bewaffnet, in denen der
Inhaber als guter Wäscher und Plätter

Mädchentypus.

empfohlen wurde. Sie sehen aus wie Römer zur Zeit des Nero, herrliche Menschen
mit Torsos, wie sie ein Praxiteles nicht schöner in Marmor meißeln könnte, mit Armen
und Beinen, um deren Muskelpracht sie ein englischer Ringkämpfer beneiden könnte, und
schönen, männlichen Gesichtern. Große schwarze Augen blicken unter den dichten Brauen
hervor, der hübsch geformte Mund mit allerdings etwas wulstigen Lippen wird von
einem kleinen Schnurrbärtchen umrahmt, und die Zähne sind so klein, so blendendweiß
und regelmäßig wie Perlenschnüre. Das Haar ist kurz gestutzt, borstenartig vom Kopfe
abstehend, von vielen wird es auch fingerlang getragen und ringelt sich dann in leichten
Locken um die Schläfen und das Genick. Die weitaus große Mehrzahl der Samoaner
bleichen ihre Haare durch Kalk, so daß sie eine blonde, ins Gelbe spielende Farbe
besitzen; und viele haben Kalk in die Haare gestrichen, daß sie wie gepudert aussehen,
was besonders jungen Leuten ganz vortrefflich steht. Aber ihr schönster Schmuck sind
doch die Blumenkränze, die sie vom Halse hängend auf der nackten Brust tragen
und die grünen wie Lorbeer aussehenden Kränze, mit denen sie ihr Haupt schmücken.
Dies im Verein mit ihren kräftigen Gestalten giebt ihnen das Aussehen römischer
Gladiatoren.

Ich werde nie den seltsamen Eindruck vergessen, den eines ihrer großen Boote auf
mich machte, als es mit einer auf diese Art geschmückten Bemannung von etwa dreißig
Leuten an der Küste entlang fuhr. Gleichmäßig tauchten sie ihre kurzen Schaufelruder

Samoaner in einem Kanoe.

in die blauen Fluten und sangen dazu mit ihren wohlklingenden Stimmen ein feuriges
Kriegslied. Ich glaubte eine römische Galeere vor mir zu haben.

Das einzige Kleidungsstück der Samoaner ist auch heute noch das Lendentuch, weiß
oder farbig, je nach dem Geschmack der Betreffenden. Viele Samoaner in Apia tragen
dazu bei Ausgängen noch eine kurze, bis an den Hals zugeknöpfte weiße Jacke, die aber
zu Hause sofort wieder abgelegt wird. An Hüten und Schuhen haben die Samoaner
noch keinen Gefallen finden können, und wer die europäisierten Kanaken auf den Sand=
wich= oder Fidschiinseln oder die modernen Japaner gesehen hat, der wird dem Himmel
Dank sagen, daß die Samoaner bisher von diesen, für sie auch ganz zwecklosen Kleidungs=
stücken verschont geblieben sind. Die Samoaner sind entschieden Leute von gutem
Geschmack und wissen, daß der Laubkranz in den Haaren und die nackten Beine ihnen
viel besser stehen als der schönste Filzhut und schwarze Lederstiefel. Leider hat es die
Londoner Mission (zu welchem Zweck, ist nicht recht einzusehen) für gut befunden, den
von ihr zum Christentum bekehrten Frauen und Mädchen beim Kirchgang das Hut=
tragen zur Bedingung zu machen. Ohne Hut kann keine anglikanische Samoanerin in
den Himmel kommen. Wie malerisch sind sie an Wochentagen, wenn sie mit Kränzen
oder Hibiskusblüten in dem üppigen, aufgelösten Haar einherspazieren. Sonntags muß
dieser schönste Schmuck der Natur Filz, Tuch oder Stroh Platz machen. Ebensogut
könnte die französische (katholische) Mission ihren Taufkindern das Tragen von Schuhen
oder Miedern anbefehlen, aber sie hütet sich, irgend welchen Einfluß auf Äußerlichkeiten
zu üben, sobald nur der Anstand gewahrt bleibt. In Bezug auf religiöse Fragen
sollen die Missionen selbstverständlich wie bisher unbeeinflußt bleiben, aber Gebote wie

Unterer Lauf des Baifinganoflusses bei Apia.

Eine Tättowierung.

die lächerliche Hutvorschrift scheinen mir gegen die persönliche Freiheit zu verstoßen. Wird solchen Eigenmächtigkeiten der Londoner Mission durch Gouverneur Solf nicht jetzt schon der Riegel vorgeschoben, wer weiß, zu welcher Diktatur es dann noch kommen kann. So z. B. erlauben sich die Herren der Londoner Mission öffentliche Samm= lungen, welche einer Art Zehentzahlung an die englische Kirche verteufelt ähnlich sehen. Die Toilette der Samoanerin, wie man sie wenigstens auf der Straße in Apia sieht, besteht ebenfalls aus einem bis an die Knie fallenden Lendentuch oder auch einem kurzen Röckchen und einem lose darüber reichenden Kinderhemd, einem sogen. „Baby dress", vorn und hinten tief ausgeschnitten und ohne Aermel. Der dünne Stoff, weiß oder farbig, läßt die ungemein üppigen Reize, deren sich die Samoanerinnen in höherem Maße erfreuen als die Frauen irgend eines anderen mir bekannten Volkes, leicht erkennen. Glücklicherweise wird diese, augenscheinlich nach dem Gewicht zu berechnende Schönheit der Samoanerinnen mit viel Anmut getragen. Stehen sie, dann haben sie das Aussehen von Elephantenbabies, gehen sie, dann wiegen sie sich anmutsvoll in den Hüften, ihr Schritt ist so leicht, ihre Haltung so elegant, daß man darüber ihre geradezu monströsen Waden und ihre dicken Arme vergißt. Wirklich schöne Samoanerinnen habe ich in Apia nicht gesehen. Die Gesichter sind zu fleischig, die Lippen, zwischen denen die herrlichsten Zähne durchschimmern, zu wulstig. Ihre schwarzen, großen, feurigen Augen werden von dichten, schwarzen Brauen umrahmt und ihr üppiges Haar lose herabfallend oder zu einem leichten Knoten aufgebunden getragen. Wie die Männer, so pflegen auch die Frauen ihrem Haar durch Kalk eine rötliche Färbung zu geben. Brünetten mit blondem Haar und schwarzen Augenbrauen erscheinen immer anziehend, und darin liegt teilweise das Geheimnis, warum diese sonst viel zu plumpen Gestalten so viel Reiz auf manche Europäer auszuüben vermögen. Häufig färben aber die jungen barhäuptigen und barfüßigen Dämchen ihre Haare nicht mit der erforderlichen

Regelmäßigkeit, und deshalb sieht man bei vielen nur die zoll= oder fingerlangen Enden
der Haare gelb, den Rest schwarz.

Ihr Hauptschmuck besteht·in Blumen, Kränzen und in ihrer Tättowierung. Trotz des
langen Zusammenlebens mit Europäern halten die Samoaner beiderlei Geschlechts immer
noch mit seltener Zähigkeit an der übrigens sehr hübschen Verzierung ihres Körpers
durch eintättowierte Ornamente fest, und ich habe unter Tausenden von Samoanern, die
mir auch auf meinen verschiedenen Ausflügen in Sawaii und Upolu begegnet sind, nur
einen gesehen, einen Sänger der katholischen Mission in Apia, der ohne Tättowierung
war. Das Einätzen der Ornamente geschieht mittels Kämmen, die aus Menschenknochen
in verschienenen Größen und Formen angefertigt und mit haarscharfen Spitzen versehen sind.
Diese Kämme werden von gewerbsmäßigen Tättowierern in eine aus der gebrannten
Oelnuß hergestellte Flüssigkeit getaucht und dann in die betreffende Körperstelle dadurch
eingestochen, daß der Tättowierer mit einem Holzschläger auf den Kamm schlägt. Die
zahlreichen Stiche sind sehr schmerzhaft und bringen häufig Entzündungen und An=
schwellungen hervor, so daß die ganze Operation auf zwei bis drei Monate Zeit verteilt
wird. Gewöhnlich läßt sich eine ganze Anzahl junger Leute gleichzeitig tättowieren, um
die Zeit des Tättowierers, der sonst bei einem Manne zu lange auf das Verschwinden
der Entzündungen warten müßte, auszunützen.

Heute, wo die Samoaner allgemein den Lendenschurz tragen, ist der Zweck dieser
zeitraubenden und schmerzvollen Tättowierung nicht gut einzusehen, denn gerade die vom
Lendenschurz bedeckten Körperteile, von den Hüften bis zum Knie, sind mit Ausnahme
eines kleinen Teiles mit solchen blauschwarzen, durchlaufenden Ornamenten bedeckt, so
dicht, daß die Entdecker der Samoainseln, eine holländische Expedition unter Roggewein
im Jahre 1722, diese Ornamente für Kleidungsstücke hielten. Behrens, der Schilderer
dieser Expedition, sagt davon: „Von den Hüften abwärts waren sie mit Fransen und
einer Art Seidenstoff bekleidet, der sehr kunstvoll gemacht ist". Wenn beim Gange der
Samoaner das Lendentuch auseinanderschlägt, dann könnte man in der That glauben,
er trüge darunter enganliegende, bis an die Knie reichende Spitzenhöschen. Bei den
Frauen ist diese Tättowierung, wie mir anthropologisch angehauchte Herren erzählten,
nicht so ausführlich und beschränkt sich auch auf einen kleineren Teil des Körpers.
Außerdem tättowieren Männer wie Frauen auch ihre Unterarme und Hände mit kleinen
Ornamenten, die bei vielen an das russische doppelte Kreuz erinnern. Die Kinder
beiderlei Geschlechts tragen bis zum elften oder zwölften Jahre nur kurze Lendentücher.
Oberkörper und Beine sind nackt, die Haare mit Ausnahme einzelner Haarbüschel kurz
geschoren, und man kann die Knaben von den Mädchen gar nicht unterscheiden. Erst
nach aufmerksamem Vergleichen kommt man allmählich darauf, daß die Knaben ihr
Lendentuch vorn, die Mädchen an der linken Seite gebunden haben.

Besonderen Staat entwickeln die Samoaner in Apia Sonntags, denn sie sind nunmehr
wohl ausnahmslos, wenn auch häufig nicht viel mehr als dem Namen nach, Christen.
Aber der Sonntag, als gebotener Ruhetag, paßt den von Natur aus recht faulen, arbeits=
scheuen Samoanern ausgezeichnet. Freitags sieht man sie scharenweise mit frisch gekalkten

Haar in die Pflanzungen wan=
dern, um Lebensmittel und
Früchte für den Sonntags=
schmaus einzuheimsen. Sonn=
abends wird gekocht, während
die Männer auf den Fischfang
ausgehen, und Sonntags wird
gefaulenzt und für die ganze
folgende Woche gegessen. Dann
veranstalten Familien und
Freunde gemeinschaftliche Pick=
nicks, sogen. Toanai, zu denen
jeder Speisen mitbringt, aber
vorher wird recht manierlich
zur Kirche gegangen. Sehr an=
mutig war es für mich, Sonn=
tag morgens die vielen Mädchen
des katholischen Nonnenklosters
gemeinschaftlich, geführt von
den Schwestern, nach der Kathe=
drale pilgern zu sehen, alle
in hübschen Kleidchen und
mit Blumen geschmückt, ganz
reizende, frische Gestalten; die
Frauen tragen ihren schönsten
Sonntagsstaat, die Männer
ihre weißen Jacken. Aber ohne
diesen Staat, ohne diese Jacken
sehen sie doch viel schöner aus.

An Wochentagen herrscht,
wie gesagt, viel Leben in der
Straße. Die Samoaner sind

Mädchentypus.

nicht besonders häuslich angelegt; einzeln oder in Gruppen, lachend und schäkernd, wandern
die Mädchen auf und ab, tragen Montag morgens die großen Bündel schmutziger Wäsche
zum Vaisiganofluß, um sie dort zu reinigen, gehen Dienstags ihre Einkäufe in den ver=
schiedenen „Stores" der Weißen besorgen 2c. Jeden Nachmittag aber kann man eine
Menge von diesen lebensfrohen, üppigen Gestalten im Fluß nahe einem romantischen
Wasserfall baden sehen. Die Kinder, sogar jene der Weißen, Knaben und Mädchen bis
zu zehn, elf Jahren, machen es sich bequemer und baden dicht an der Straße unter der
Brücke bei der katholischen Kathedrale. Ihre Wärterinnen faulenzen im Schatten der
am Strande stehenden Palmen, und ihre Eltern fahren in leichten amerikanischen

Wägelchen spazieren. Die jungen Samoanerstutzer sind leidenschaftliche Reiter, ganz wie die deutschen Matrosen. Wenn immer sie einen Dollar übrig haben, wird ein Pferd gemietet und die Straße auf und ab galoppiert. Des Abends sitzen sie auf der Haus= treppe und spielen mit Steinchen, Geldmünzen oder sie singen ihre ganz reizend klingenden Lieder. Für Musik haben sie überhaupt besondere Vorliebe, und spielt das Musikkorps eines der Kriegsschiffe oder die aus Mischlingen bestehende Stadtmusik in Lindenau, dann giebt es für sie kein größeres Vergnügen, als den Vorführungen zu lauschen. Glücklicherweise wird das Verbot, ihnen geistige Getränke zu verabreichen, strenge aufrecht erhalten, und so kann das Beispiel, das ihnen zuweilen betrunkene amerikanische Matrosen geben, nicht nachgeahmt werden. Neben anderen guten Eigenschaften haben sie sich auch ihre guten Manieren und ihre Höflichkeit bewahrt. In den Straßen wird der anständig gekleidete Europäer (es giebt leider unter den beachcombers auch viele, die es nicht sind) von Männern und Frauen mit einem freundlichen „Talofa" begrüßt, die Mädchen murmeln es im Vorbeigehen lächelnd und mitunter begleitet von so feurigen Blicken, daß gar mancher Neuling dem Gruß eine ganz andere Bedeutung beilegt. Aber er ist harmlos und darf gewiß nicht ungünstig ausgelegt werden.

Die Samoanerinnen.

Wenn man die Samoanerinnen zu Hause oder auf der Straße sieht, wenn man sie bei ihren Spielen, Tänzen, Unterhaltungen aller Art beobachtet und die freie, aller Scheu bare Umgangsweise mit den Männern wahrnimmt, dann ist man leicht geneigt, daraus wenig Vorteilhaftes in Bezug auf ihre Tugend zu schließen. In der That besitzen die lustigen Weiber von Samoa bei den Seeleuten und flüchtigen Globe= trotters keinen besonders guten Ruf. Allein es wäre weit gefehlt, aus den wenigen Exemplaren, die sich in der von Fremden viel besuchten Hafenstadt Apia zum Amusement der letzteren aufhalten, auf das weibliche Geschlecht von Samoa im allgemeinen zu schließen. Bei wenigen Naturvölkern wird auf die Tugend ein verhältnismäßig so hoher Wert gelegt, wie bei den Samoanern. In ihren Kinderjahren erfreuen sich die Mädchen derselben Liebe und Zärtlichkeit von seiten ihrer Eltern und Geschwister wie die Söhne. Die Samoaner, besonders die Häuptlinge, lieben große Familien, da sie durch die große Zahl der Mitglieder ihren Einfluß und ihre Macht kräftigen, und weil der Unter= halt einer Familie in diesem gesegneten Lande, wo die Natur ihnen alles Erforderliche ohne Arbeit in Fülle gewährt, so gut wie nichts kostet. Kindermord, wie er im östlichen Polynesien sonst gebräuchlich ist und wie er in verschiedenen Teilen des Bismarckarchipels ausgeübt wird, ist bei den Samoanern seit jeher unbekannt gewesen.

Während der ersten Tage nach dem Erscheinen des samoanischen Weltbürgers wird von Freundinnen oder Verwandten der Mutter an seinem Kopfe herummanipuliert, um diesem eine nach ihren Begriffen schönere Form zu geben. Das Kind wird auf den Rücken gelegt, an die Seiten des Schädels werden schwere Steine geschoben und dann mit der Hand die Stirne und die Nase nach Thunlichkeit abgeflacht. Unsere Adlernasen, oder wie die Samoaner sie nennen, Kanoenasen, sind nach ihren Begriffen arge Schönheitsfehler. In den ersten Wochen wird das Baby mit dem Saft der Kokosnuß genährt und kann erst später seinen Hunger an dem Born der Natur stillen.

Den arbeitsscheuen, vergnügungssüchtigen Samoanern bietet die Geburt eines Kindes und sein erster Lebenslauf reiche Gelegenheit zur Veranstaltung von Familienfesten. Wenn es drei Tage alt ist, findet ein großes Fest statt, für welches alle Freunde und

Samoanermädchen.

Verwandten die gebräuchlichen Geschenke, Lebensmittel, feine geflochtene Palmenmatten, Tapa (Stoffe aus Baumrinden angefertigt) und dergleichen herbeibringen. Dann giebt man sich während zwei oder drei Tagen Gesang und Tanz und Eßgelagen hin. Ist das Kind hinreichend erstarkt, um aufrecht sitzen zu können, so wird das „Kindersitzen" gefeiert, später das Kriechen auf allen Vieren, dann das Stehen und endlich das Gehen des Kindes.

Ist es vier oder fünf Jahre alt geworden, so beginnt die Erziehung. Knaben stehen unter der besonderen Obhut des Vaters, Mädchen unter jener der Mutter, und schon in diesem zarten Alter lernen sie Kokosnüsse öffnen, Matten flechten, Muscheln und eßbare Schnecken sammeln und anderes. So wachsen sie heran, bis sie vierzehn, fünfzehn Jahre alt werden und das Alter der Reife erreichen. Damit sind wieder große Festlichkeiten verbunden, an denen indessen nur weibliche Anverwandte und Freunde teilnehmen. Dem Mädchen werden bei dieser Gelegenheit die Kopfhaare kurzgeschnitten, und von nun an hört ihr Verkehr mit ihren Brüdern und männlichen Verwandten auf; sie schlafen auch nicht mehr im väterlichen Hause, sondern mit der Taupou, der Dorfschönheit, in einem eigenen Hause, dem sich nach Einbruch der Dunkelheit kein Mann nähern darf.

Diese Taupou ist eine der liebenswürdigsten Eigenheiten des samoanischen Volkes. Jedes größere Dorf hat eine solche Taupou, gewöhnlich die schönste Tochter des Häuptlings. Sie ist gewissermaßen die Repräsentantin des Dorfes, hat fremde Gäste zu bewirten und ihnen in möglichst angenehmer Weise die Zeit zu vertreiben. Bei festlichen Umzügen geht sie phantastisch geschmückt an der Spitze des Zuges, ziehen die Männer zum Kriege, so schreitet sie ihnen voran, kommen hohe Häuptlinge zu Besuch in das Dorf, denen ein Taalolo, das heißt Ueberreichung von Ehrengaben in Gestalt von Eßbarkeiten gebührt, so muß sie den Ueberbringern der letzteren in dem ganzen Toilettenreichtum, über den die Samoaner verfügen, voraustanzen. Kurz, sie steht nicht nur an der Spitze der weiblichen Jugend, sondern sie ist der Stolz des ganzen Dorfes und wird gewissermaßen auch als gemeinschaftlicher Besitz angesehen, über den eifersüchtig gewacht wird.

Der Häuptling eines Ortes wählt unter seinen Töchtern schon früh ein Mädchen aus, das er zur Taupou bestimmt, und findet er unter den Kindern seines Dorfes ein Mädchen, das an Schönheit und Liebreiz seine eigenen Töchter zu übertreffen verspricht, so adoptiert er es. Ein solches Mädchen wird dann ungemein sorgfältig erzogen, sie braucht außer Haus keine Arbeiten zu verrichten, sie hat ein ähnliches Anrecht auf die besten Speisen wie der Häuptling selbst, sie ist der ausgesprochene Liebling unter den Dorfbewohnern, aber dafür muß sie ihre Bewegungsfreiheit aufgeben, denn sie wird von ihren Soafafine eifersüchtig bewacht. Diese Soafafine sind gewissermaßen ihre Hofdamen, ältere Weiber, die ihr Tag und Nacht nicht von der Seite weichen. Mag sie sich in den Wald begeben, um Blüten und Blätter für ihren Lendenschurz zu suchen, mag sie zum Baden nach dem Meeresstrand gehen oder zu Hause sitzen, immer sind die alten Weiber hinter ihr und behüten ihre Tugend strenger und gewöhnlich mit besserem Erfolge als Don Bartolo sein Mündel Rosinchen. Daneben thun sie alles Erdenkliche, um die Schönheit der Taupou zu heben. Dadurch, daß sie nicht zu Arbeiten im Freien verwendet wird, hat sie an und für sich schon eine hellere Hautfarbe, und die Weiber verleihen der Haut durch Einreiben mit wohlriechendem Palmöl noch größere Zartheit und Geschmeidigkeit. Ist ihre Reifezeit gekommen, so wird sie zur Taupou erklärt und tritt an die Spitze der Mädchen des ganzen Dorfes, mit denen zusammen sie in dem „Faletele", das heißt dem Versammlungs- oder Fremdenhause schläft. Ihr Verkehr mit den jungen Männern des Dorfes, der in Samoa stets etwas Gezwungenes und Förmliches hat, hört nunmehr ganz auf, sie sieht sie zu gewöhnlichen Zeiten sogar selten, weil die jungen Männer sich mit den Mädchen der Nachbardörfer viel freier unterhalten dürfen und deshalb vorziehen, ihre Abende dort zuzubringen. Nur eine beschränkte Zahl von Söhnen der Dorfältesten oder „Sprecher" (Tulafale genannt) müssen im Dorfe zurückbleiben, da sie zur besonderen Bedienung der Taupou bestimmt sind.

Je schöner die Taupou ist, je besser sie singt und tanzt, desto rascher verbreitet sich ihr Ruf im ganzen Lande, und zahlreiche Freier bewerben sich um sie, nur ist das Heiraten nicht so einfach und rasch abgethan wie anderswo, denn weder der Freier, noch die Taupou hat dabei ihren freien Willen. Als Häuptlingstochter wird sie bei den in

Samoa sehr strengen Adels= und Standesunterschieden gewöhnlich mit Aussicht auf Erfolg nur von Häuptlingssöhnen oder Häuptlingen selbst begehrt, und dadurch wird die Brautwerbung zu einer wichtigen Familien= und Staatsaktion. Dabei haben auch die vorerwähnten Dorfältesten mitzusprechen, und da bei solchen Hochzeiten ausgiebige Geschenke unter sie verteilt werden, sind sie natürlich bestrebt, dem Freier nur dann ihre Einwilligung zu der Brautwerbung zu geben, wenn er einer sehr angesehenen und reichen Familie entstammt. Ist ihre Zustimmung erfolgt, so werden zunächst Kundschafter in das Dorf der Taupou gesandt, um durch allerhand Schliche zu erfahren, ob das Mädchen überhaupt noch frei ist und wie es mit ihren Herzensneigungen, ihrer Tugend, ihrem Reichtum bestellt ist. Erst dann begeben sich einige Freunde des jungen Häupt= lings mit den üblichen Geschenken, einer Anzahl von Schweinen, Hühnern, Tarofrüchten auf die offizielle Freierfahrt. Werden diese Geschenke von dem Vater der Taupou ange= nommen und leistet die letztere keinen Widerstand, so ist die Sache abgemacht. Sträubt sich aber Vater oder Tochter, dann wird von dem Dorfe des Freiers eine nochmalige Expedition mit einer größeren Zahl von Dorfbewohnern unternommen, und ist die Taupou wirklich von so vornehmer Familie und so reich, daß die ganze Gemeinde des Freiers besonderes Interesse daran hat, ihrem zukünftigen Häuptling die Braut zu gewinnen, so ziehen alle Bewohner in ihren Kanoes nach dem Dorfe der Braut, um das Herz des störrischen Vaters zu erweichen. Möglicherweise hat dieser persönliche Gründe, Abneigungen oder dergleichen, die ihn verhindern nachzugeben, dann entbinden ihn aber seine Dorfältesten oder Sprecher der Vaterschaft, erklären sich selbst als Väter, wie die Grenadiere in Donizettis „Regimentstochter" und willigen in die Heirat.

Nun wird im Dorfe des Freiers alles für die Hochzeit vorbereitet. Die Vermählung ist nicht eine rein persönliche, sondern eine Staatsaffaire, und da bei den Samoanern Gütergemeinschaft herrscht, so bemühen sich im Dorfe des Bräutigams wie in jenem der Braut alle Einwohner, um möglichst viele Hochzeitsgeschenke zusammenzubringen. Die Verwandten und Freunde des Bräutigams sammeln allerhand von Männern hergestellte Gegenstände, Waffen, Fischgerätschaften, Keulen, den gebräuchlichen Festschmuck, aus Tier= zähnen, Muscheln, Federn und Haaren bestehend, ja sogar Boote oder Häuser. Selbst= verständlich spielen aber in diesem Oloa genannten Schatz des Bräutigams Eßwaren die Hauptrolle. Dagegen sammeln die Dorfgenossen der Braut den Tonga, das heißt allerhand Produkte von Frauenhand, zunächst die feingeflochtenen Matten, den kostbarsten Schatz der Samoaner, Fächer, schöngeschnitzte Kämme, Tapa (Stoffe aus Baumrinde) und anderes. Nach Ablauf einiger Wochen oder Monate ist alles bereit, und an einem bestimmten Tage schifft sich die Braut mit all ihren Anverwandten, Freundinnen, den Sprechern ihres Ortes und einer mehr oder minder großen Zahl von Dorfbewohnern nach dem Dorfe des Bräutigams ein. Dort werden sie von der ganzen Gemeinde festlich bewirtet, und der erste Tag vergeht in Lustbarkeiten, Gesang, Tänzen, Wettspielen und Festessen. Am folgenden Tag findet die Vermählung auf dem großen Dorfplatz (Marae genannt) statt. Auf der einen Seite lagern sich die Dorfbewohner im Schatten der großen Brot= fruchtbäume, welche die Marae der samoanischen Dörfer zu zieren pflegen. Vor ihnen

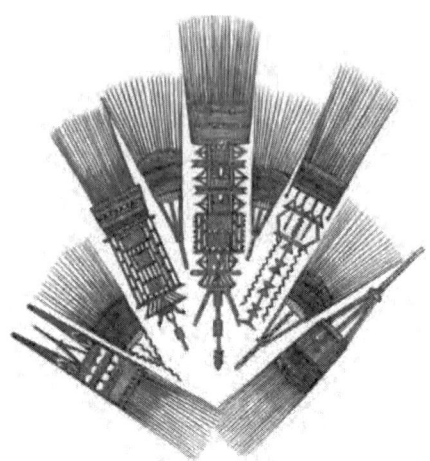

Haarkämme aus Holz.

nimmt der Bräutigam auf weißen über den Boden gebreiteten Matten Platz, mit zwei Häuptlingen oder Sprechern zur Rechten und Linken. Die ganze Gesellschaft ist mit Muschelketten, roten Beeren, Blumenkränzen und allem möglichen phantastischen Zierat geschmückt, die nackten Körper sind vom Kopf bis zu Fuß mit wohlriechendem Palmöl eingerieben, daß sie wie polierte Bronze glänzen. Aehnlich geschmückt versammelt sich die Geleitschaft der Braut auf der anderen Seite der Marae. Die Braut selbst trägt kein anderes Kleidungsstück als eine feine Matte, die unter den Achselhöhlen um den Leib gebunden ist. Von ihrem Sitze,

gewöhnlich in dem gegenüberliegenden Hause, ist der Weg zum Sitze des Bräutigams mit Matten und Tapadecken belegt. Ist die ganze Gesellschaft versammelt, so schreitet die Braut, gefolgt von einer Anzahl auch nur mit einer Matte bekleideten Mädchen auf den Bräutigam zu. Jedes Mädchen trägt eine Matte halb ausgebreitet, um ihre feine Qualität von den Anwesenden bewundern zu lassen; bei dem Bräutigam angekommen, legen sie diese Geschenke vor ihm nieder, und das wird so lange wiederholt, als Matten vorhanden sind. Dann schreitet die Braut, ihre Begleiterinnen zurücklassend, allein zum Bräutigam, angesichts der ganzen Versammlung, die mit Spannung alle ihre Bewegungen verfolgt, denn nun ist der wichtigste Augenblick des Hochzeitszeremoniells, gleichzeitig der wichtigste Augenblick ihres Lebens gekommen. Sie muß sich von ihrem Bräutigam in Bezug auf ihre bisherige Tugend prüfen lassen. Vor dem auf weißen Matten ruhenden Bräutigam angekommen, legt sie beide Hände auf seine Schultern und senkt die Knie etwas. Hat er die Prüfung vollführt, so hebt er die Rechte hoch empor, die Braut aber löst rasch die Matte, welche von ihrem Körper fällt, und nur in ihre natürliche Anmut gekleidet, ganz wie die Stammmutter Eva, schreitet sie über den weiten Platz zu den Ihrigen zurück. Der Bräutigam erklärt sich befriedigt, und dies ist das Signal zu den wildesten Freudenausbrüchen. Es wird gesungen und getanzt, die Braut wird von allen Dorfbewohnern umarmt und geherzt, und der Rest des Tages vergeht in lautem Jubel, wobei man indessen doch Gelegenheit hat wahrzunehmen, daß es mit der guten Sitte in unserem Sinne bei den glücklichen Inselbewohnern der Südsee nicht weit her ist.

Die beiden folgenden Tage vergehen mit ähnlichen tollen Freudenfesten, Eßgelagen und der Ueberreichung der gegenseitigen Geschenke. Am vierten Tage kehren die Dorfgenossen der Braut nach ihrer Heimat zurück, und das Brautpaar bezieht die neue Behausung.

Taupo (Dorfschönheit).

Aehnliche lärmende Festlichkeiten finden bei der Geburt des ersten Kindes statt, worauf sich die junge Frau für einige Monate zu ihrer Familie zurückzieht. Damit aber ihr Gatte während dieser Zeit sich nicht anderweitigen Zerstreuungen hingebe, pflegt die Braut schon bei ihrer Vermählung einige junge Mädchen ihrer Verwandtschaft in die Ehe mitzubringen, eine Art Ehrendamen, die indessen nicht in dem Hause des Bräutigams, sondern bei den „Sprechern" seiner Ortschaft Unterkunft finden. Manche bleiben zeit= lebens dort, andere dieser Nebenfrauen kehren, wenn sie einen Sprößling bekommen haben, nach ihrem Heimatsdorfe zurück, glücklich, ein Kind zu besitzen, das einen vornehmen Häuptlingsnamen führt. Ihr Los ist nur insofern ein trauriges, als sie sich bei Leb= zeiten ihres sogenannten Gatten bei Todesstrafe nicht wieder vermählen dürfen. Sie suchen sich auf andere Art zu amüsieren, und aus solchen Frauen rekrutiert sich haupt= sächlich das weibliche oder besser gesagt unweibliche Element, das die Seefahrer in dem Hafen von Apia vorfinden und das den Frauen von Samoa mit Unrecht zu ihrem keineswegs besonders guten Ruf in der Südsee verholfen hat.

Daß bei der geschilderten Art von offiziellen Ehen die Liebe keine besondere Rolle spielt, läßt sich wohl denken. Sie sind mehr Familien= und Staatsaffairen, im Interesse der Stammesgenossen der Häuptlingsfamilien abgeschlossen, und es kommt häufig genug vor, daß die junge Frau schon nach einigen Tagen oder Wochen in ihr Elternhaus zurückkehrt. Aber selbst nach jahrelangem Zusammenleben kommen häufig Scheidungen vor, denn die „Sprecher" des Ortes, denen daran gelegen ist, ihren Häuptling und damit sich selbst in enger Beziehung zu recht vielen vornehmen und einflußreichen Familien des Landes zu wissen, und die bei jeder Vermählung aus den Geschenken reichen Nutzen ziehen, sind fortwährend auf der Suche nach anderen Bräuten. Beschließt ein Ehepaar die Scheidung, so besprechen sie, wie der Missionar Georg Turner, der über vier Jahrzehnte unter den Samoanern gelebt hat, erzählt, die Sache ganz geschäfts= mäßig, teilen sich in ihren Besitz und in ihre Kinder und gehen auseinander. Aber auch eine solche Frau darf bei Lebzeiten ihres Mannes, und war er ein großer Häuptling, sogar nach seinem Tode keine zweite Ehe eingehen.

Die christliche Religion und die mit derselben verbundenen einfachen Heiratsgebräuche haben die alte samoanische Art der Eheschließung in der letzten Zeit stark verdrängt, in entlegeneren Gegenden von Upolu und besonders auf der Insel Sawaii erfolgt sie indessen noch heute zuweilen in der geschilderten Art.

Im gewöhnlichen Volke sind die Heiraten und die Beziehungen zwischen Mann und Frau auch nicht viel anders. Nur ist das Zeremoniell einfacher. Finden sich zwei Herzen, so macht der Freier keine besonderen Umstände, sondern läuft gewöhnlich mit seinem Schätzchen davon, und die Eltern stehen vor einem fait accompli. Oder sucht ein Freier ein Mädchen zu gewinnen, das nicht von selbst nachgeben will, so bewirbt er sich unter Darbietung von Geschenken bei ihren Eltern, und nehmen sie diese Geschenke an, dann ist die Sache erledigt, ob das Mädchen will oder nicht.

Man sollte nach dem Gesagten annehmen, daß die Samoaner ähnlich wie die meisten anderen nicht kaukasischen Völker die Frau als ein ihnen nicht ebenbürtiges Wesen ansehen. Dies ist aber nicht der Fall. Die Samoaner zeigen dem weiblichen Geschlechte gegenüber eine gewisse Ritterlichkeit; sie lassen die Frauen keine schwere Arbeiten ver= richten, sondern besorgen diese selbst, ja, den Männern obliegt nicht nur die Herbei= schaffung, sondern auch die Zubereitung der Speisen. Frauen aus vornehmen Familien erfreuen sich des größten Ansehens, ja sie können selbst Titel und hohe Aemter bis zur Regentschaft über ganze Distrikte erlangen. Bei den Festlichkeiten der Samoaner, im Verkehr mit Gästen und Fremden spielen die Mädchen wie gesagt eine große Rolle, und sie zeigen dann, daß ihnen Eitelkeit keineswegs fremd ist. Kam ich beispielsweise unversehens in ein Dorf, so fand ich die Mädchen in ihrer bronzefarbenen Haut und Lawalawa prangen; verweilte ich aber nur kurze Zeit, so erschienen sie schon mit brennroten großen Hibiscusblüten in ihrem üppigen, häufig durch Kalk entfärbten semmelblonden oder auch natürlichen schwarzen Haar, und um den Hals waren Blumenketten gewunden, die über die Brust herabfielen.

Haben die Samoaner in der Sonne zu arbeiten, so schützen sie ihr Haupt gegen die brennenden Strahlen dadurch, daß sie ein Stück Siapo (eine Art Grasgeflecht) turban= artig darum winden, und bei Regenwetter stecken sie sich ein grünes Bananenblatt wie einen Rembrandthut zurecht, der, mit bunten Blumen geschmückt, eine schützende, ungemein malerische, reizvolle Kopfbedeckung bildet.

Eine der schönsten Eigenarten der Samoaner ist ihre Reinlichkeit. Da sie fast ins= gesamt an der Küste wohnen, ist es ihnen leicht, täglich ein= oder zweimal zu baden; aber sie tummeln sich in ihrer Nacktheit auch gern in den schäumenden Bächen umher, stellen sich unter die Wasserfälle, ja, in der Nähe von Apia ist es ein Hauptvergnügen, des Nachmittags zu dem Papaseawasserfall zu pilgern, an den oberen Rand zu klettern und dann auf dem glattgewaschenen Felsblock ins Wasser herunterzugleiten, ähnlich wie die Jungen bei uns im Winter Rutschpartien auf ihrem bescheidensten Körperteil über glatte Schneeabhänge unternehmen. Eine andere Hauptvergnügung ist der Tanz, dem bei allen sich darbietenden Gelegenheiten gehuldigt wird. Auch der Besuch von Weißen ist gewöhnlich eine solche Veranlassung, besonders wenn es sich um eine offizielle Per= sönlichkeit oder einen angesehenen Fremden handelt. Ja sogar meine bescheidene Per= sönlichkeit wurde zuweilen auf solche Art geehrt. Hatte bei meiner Begrüßung jeder Samoaner seinem Range nach Kawa getrunken, dann bewillkommnete mich der älteste Häuptling mit einer langen blumenreichen Rede, auf welche ich durch meinen Dolmetscher in gleicher Weise antworten mußte. So folgten mehrere Reden aufeinander. Dann war vielleicht die Dunkelheit angebrochen, ein paar brennende Kokosnußschalen erhellten bald die große Hütte mit ihrem flackernden Schein, und allmählich erschienen die anderen Dorfbewohner, Männer wie Frauen, um dem Siwa beizuwohnen. Ohne Siwa keine Festlichkeit. Siwa heißt der nationale, gewöhnlich mit Tanz verbundene Gesang der Samoaner. Die eine Hälfte der großen Hütte wurde mit Matten bedeckt, die Anwesenden drängten sich in der anderen Hälfte zusammen, und nun erschienen die phantastisch geputzten Tänzerinnen, etwa ein Dutzend an der Zahl. Die Erscheinungen waren so grotesk, so eigenartig, daß sie unwillkürlich die Aufmerksamkeit aller Anwesenden in

Der Siwatanz der Missionsmädchen von Le Aletele auf Samaii.

Anspruch nahmen. Dergleichen kann man doch in der Welt nirgends als nur in Samoa sehen. Man denke sich ein Dutzend Mädchen im blühendsten Alter, der Mehrzahl nach nicht nur in der „beauté du diable“ prangend, sondern von wirklicher Schönheit auch nach europäischen Begriffen, ohne irgend eine andere Kleidung als einen kurzen Lenden= schurz aus wohlriechenden Blättern. Die in jugendlicher Üppigkeit strotzenden Körper sind ganz mit duftendem Palmöl eingesalbt, daß die Formen glänzen wie polierte Bronze; das reiche Haar fällt in langen Wellen über die Schultern auf den Rücken herab und trägt als einzigen Schmuck Blumenkränze; ähnliche Ketten hängen den reizenden Er= scheinungen um den Hals und sind vielleicht auch unter dem Knie um ein Bein gebunden. Die Gesichter strahlen vor Aufregung, wonniges Lächeln spielt um den Mund und läßt die blendend weißen Zahnreihen sehen. So tänzeln diese paradiesischen Gestalten mit anmutigen Armbewegungen herein und kauern mit gekreuzten Beinen in zwei Reihen auf den Matten nieder. Nun beginnt der ungemein reizvolle Gesang, zu welchem ein Samoaner im Hintergrunde mit einem Stäbchen auf einer gerollten Matte den Takt schlägt. Die Samoaner besitzen keine Musikinstrumente, ihre ganze Kunst beschränkt sich auf den Gesang, aber dafür ist dieser desto ansprechender. Gewöhnlich ist er dreistimmig

Tofa, mai Feleni.

Da capo.

Pulu Sila (Stahlgeschosse der Engländer).

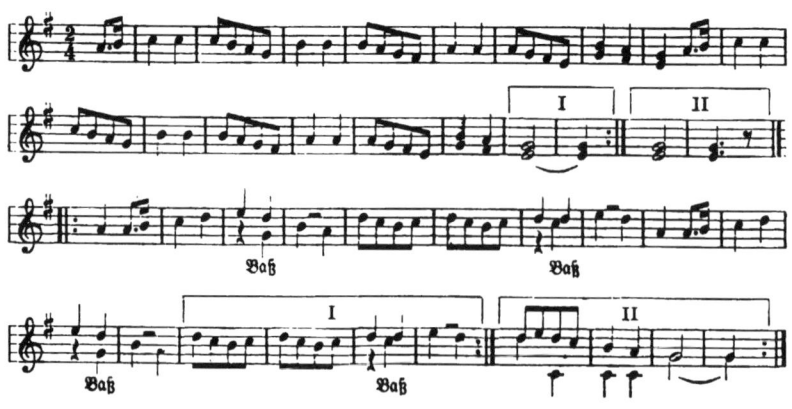

Lou Seie (Meine Blume).

mit nur einer oder zwei Sängerinnen in der ersten, doppelt so vielen in der zweiten Stimme; die übrigen begleiten in gedämpfter Weise. Neben eigentlichen Volksliedern singen die Samoaner auch unzählige Gelegenheitslieder, deren Text sie selbst mit großer Fertigkeit erfinden. Die erste Strophe wird von den Sängerinnen im langsamen Takte gesungen, indem sie jedes Wort mit entsprechenden gleichmäßig ausgeführten Finger=, Hand= und Armbewegungen begleiten, so gleichmäßig, daß sie dieselben vorher gewiß tagelang einüben müssen. Bei der zweiten, etwas rascher gesungenen Strophe sind auch die Handbewegungen rascher, so daß auch die beim flackernden Scheine der brennenden Kokosschalen ölglänzenden Körper die Bewegungen unwillkürlich mitmachen; bei der dritten noch rascheren Strophe schlagen die Mädchen mit der flachen Hand auf ihre nackten Schenkel und lassen diese selbst die Bewegungen mitmachen, und so wird der Takt immer schneller, die Bewegungen werden immer

Eine Dorftaupou (Sawaii).

toller, bis bei der letzten Strophe die ganzen Körper trotz ihrer sitzenden Stellung mittanzen, ähnlich als würden sie von einem hochtrabenden Pferde im Takte emporgeschnellt.

Während der Pausen zwischen den Gesängen werden Kawa oder Süßigkeiten umhergereicht, und die Mädchen erheben sich, um mit den Anwesenden zu schäkern und zu lachen. Nach mehreren Gesängen und Tänzen macht sich unter den schon fröhlich gestimmten Anwesenden große Aufregung bemerkbar. Alles blickt nach derselben Richtung in das tropische Tiefdunkel hinaus. Das Feuer in der Hütte wird angeschürt, daß die Flammen hoch auflodern, und plötzlich steht in dem grellen Lichte die Taupou, in der ganzen Fremdartigkeit ihrer jugendlich schönen Erscheinung. Auch bei ihr bilden leichte Blumengewinde ihre ganze Kleidung; ein eigentümlicher berauschender Blumenduft strahlt von ihr aus, und die schönen Formen erinnern an antike Statuen. Auf dem üppigen Haar prangt ein riesiger Aufbau, vielleicht meterhoch, mit Spiegeln, Muscheln, bunten Beeren und Blumen geschmückt, der Stolz jeder Dorfjungfrau.

Alles klatscht in die Hände und ruft Mailié, Mailié, das samoanische „Bravo". Anmutsvoll lächelnd dankt sie und nimmt dann vor den anderen Sängerinnen Platz, um ein besonders zu Ehren des Gastes komponiertes Lied zu singen. Andere Lieder folgen, bis sich endlich die Taupou erhebt, um allein einige äußerst graziöse Tänze aus= zuführen, die selbst einer unserer Ballerinen Ehre machen würden. Auch werden gewöhn= lich Tänze aufgeführt, denen eine bestimmte Handlung untergelegt ist, also eher eine Art Tanzpantomimen und Hanswurstiaden, bei denen es mitunter recht toll zugeht. Auch die Europäer müssen dabei herhalten; es werden ihre Kämpfe, das Beschießen der Dörfer durch die englischen und amerikanischen Kanonen, aber auch ihre den Samoanern mitunter recht komisch vorkommenden Sitten und Gebräuche in keineswegs schmeichel= hafter Weise für sie karifiert. Aber dabei bleibt es gewöhnlich nicht. Aufgeregt durch die Bewegungen, durch Getränke und den Beifall, die Bewunderung der Zuseher werden die Bewegungen immer wilder, immer kühner, die anderen Mädchen erheben sich, um sich an dem Tanz zu beteiligen, junge Männer springen hinzu, der Blumenschmuck wird von den Hüften gerissen, und die ganze Siwa artet dann in eine „Mulipaipai" aus, mit Unzüchtigkeiten, welche zeigen, daß die Samoaner trotz aller Höflichkeit und Liebens= würdigkeit doch eben nur Südseeinsulaner sind.

Quer durch Upolu.

Von all den Kolonieen des Deutschen Reiches in den verschiedenen Erdteilen ist wohl die neueste, Samoa, auch die entzückendste. Wenn ich im Geiste die Bilder vorüber= ziehen lasse, die sich mir überall dort, wo die deutschen Trikoloren flattern, eingeprägt haben, so drängt sich doch immer wieder Samoa und von dort die Umgebung von Apia in den Vordergrund. Nirgends verweilte ich lieber, nirgends verweilen auch heute noch meine Gedanken und Erinnerungen lieber als bei dieser „Perle der Südsee", diesem Tropenparadiese, das nur leider so unendlich weit weg von der Heimat bei unseren Antipoden gelegen ist.

Eine ganze Menge von Bildern und Beschreibungen haben den deutschen Leserkreis in der jüngsten Zeit mit Samoa einigermaßen vertraut gemacht. Man kennt die Schön= heiten der Bucht von Apia, die herrlichen Palmenplantagen, die sich in der Nachbar= schaft der Hauptstadt von Samoa die Küsten entlang ziehen, die idyllischen Dörfchen der Eingeborenen im Schatten dunkler Brotfruchtbäume und großblättriger Bananen, man kennt auch das Leben und die eigenartigen Sitten des samoanischen Volkes.

Indessen, was von Samoa seit der deutschen Flaggenhissung im vergangenen Jahre bekannt geworden ist, erstreckt sich fast ausschließlich auf die kleinere der beiden Haupt= inseln, auf Upolu, und das auch nur auf die unmittelbare Umgebung von Apia und die Apia nahegelegenen Küsten. Nur wenige Reisende haben ihre Fahrten bis an das Ost= und Westende oder gar an die Südküste der Insel ausgedehnt. Es sind nun sechs Jahrzehnte her, seit sich der erste weiße Ansiedler auf Samoa niedergelassen hat.

Tausende sind seither gekommen und gegangen, Hunderte geblieben, und dennoch giebt es auf Upolu einzelne Gebiete, die noch sehr wenig, wenn überhaupt bekannt sind.

Die Größe der Insel konnte es nicht sein, welche ihre genaue Durchforschung verhinderte, denn Upolu mit seinen achthunderteinundachtzig Quadratkilometern ist kaum so groß wie Schwarzburg-Rudolstadt, und die Bergketten, die sie durchziehen, erreichen nicht die Höhe unseres Schwarzwaldes. Gefahren von Menschen oder wilden Tieren giebt es hier nicht, denn die letzteren sind in diesem gesegneten Lande überhaupt nicht vorhanden, und die Menschen sind so liebenswürdig und gastfrei und bringen den Weißen trotz der traurigen Erfahrungen, die sie mit ihnen gemacht haben, so viel Achtung entgegen, daß man furchtlos in jedem Dorfe, in jedem Hause einkehren kann.

Wenn das Innere von Upolu so wenig bekannt geblieben ist, so kann es nur in den Beschwerden der Reise seinen Grund haben, denn der weitaus größte Teil der Insel wird von weg- und steglosen Bergketten eingenommen und ist bis auf die höchsten Spitzen mit tropischem Urwald bedeckt. Die ganze Einwohnerschaft wohnt an den Küsten; im Inneren kaum zwei bis drei Kilometer vom Meeresstrande giebt es nur sehr wenige menschliche Ansiedelungen. Die gebirgigen Teile aber sind vollständig unbewohnt. Man weiß deshalb auch nur wenig von den Gebirgen und Flußläufen, und das meiste, was bisher an Karten von Samoa veröffentlicht wurde, ist unrichtig und irreführend. Selbst die Küstenlinien sind auf den Karten nicht fehlerlos angegeben.

Alles das bot mir Veranlassung genug, das Innere von Upolu zu besuchen und an verschiedenen Stellen Durchquerungen der Insel zu unternehmen. Der Leiter der katholischen Mission von Samoa, der ehrwürdige Bischof Broyer, ging mir bei der Ausführung dieses Vorhabens in liebenswürdigster Weise an die Hand. Bischof Broyer, seit Jahrzehnten in der Südsee thätig, kennt Samoa und seine Einwohner wie kaum ein anderer Weißer. Der Sprache vollkommen mächtig, ein langjähriger Freund und Berater des Königs Mataafa, genießt er dort hohes Ansehen und weitgehenden Einfluß, den er immer zu gunsten der deutschen Verwaltung ausgeübt hat. Obschon Franzose, wie die Mehrzahl seiner Missionare, war er der erste, der sich der neu eingesetzten deutschen Regierung mit Rat und That zur Verfügung stellte, im Gegensatz zu den englischen und amerikanischen Missionaren sofort in den Missionsschulen deutsch lehren ließ und die Herbeiziehung deutscher Missionare veranlaßte. Nach dem Urteil aller unparteiischen Leute in Samoa ist es großenteils dem Einfluß von Bischof Broyer zuzuschreiben, daß die mit der Einführung der deutschen Herrschaft verbundenen Umwälzungen so glatt und ohne Störung abgelaufen sind und Samoa sich seither politischer Ruhe erfreute, die es vor der deutschen Besitzergreifung so viele Jahre zu seinem Nachteil entbehren mußte. Bischof Broyer gab mir nicht nur Empfehlungen an seine in verschiedenen Teilen der Insel wirkenden Missionare, er stellte mir auch zwei seiner Missionsdiener, eingeborene Samoaner, zur Verfügung, die mich auf meinen Reisen begleiteten, flinke, junge Burschen, der englischen Sprache etwas mächtig und willig genug, mein Gepäck durch die Urwälder zu tragen. Was das heißt, sollte ich später selbst einsehen lernen.

Draußen, umrauscht von der Brandung der sich an dem Klippenkranz von Apia
brechenden Wellen des Stillen Ozeans, lagen die beiden Kreuzer Kormoran und See=
adler unter Dampf; denn sie sollten in den nächsten Tagen die Fahrt nach der Süd=
küste antreten. Der wackere Kommandant des Seeadler, auf dem ich die lange Fahrt
vom Bismarckarchipel nach Samoa unternommen hatte, würde mir voraussichtlich auch
die Reise nach der Südküste von Upolu gestattet haben, aber ich zog es vor, über die
Berge hinüberzuwandern. Kulissenartig steigen sie von der Nordküste hinter= und über=
einander empor. Unmittelbar hinter Apia erhebt sich der paradiesische Hügel von Vaija,
von dessen Flanke die weißen Gebäude und Kolonnaden einer katholischen Missionsanstalt
aus dem sie umgebenden Grün hervorleuchten; dahinter steigt der ewig grüne, dicht
bewaldete Apiaberg in kühnen Formen empor, im weiten Kranze umgeben von kleineren
Trabanten, alle mit Urwald bedeckt vom Fuße bis zum Gipfel; weiter westlich erhebt
sich der erloschene Vulkankegel Lanutoo, dessen Krater heute einen idyllischen See bildet.
Hier und dort wird das Grün von dunkelen Basaltwänden unterbrochen, über welche
in hohen Bogen der weiße Gischt von Wasserfällen herabstürzt, um dann durch tiefe
Schluchten und die mit Palmenplantagen bedeckten Küstenstriche dem Meere entgegenzueilen.

Ueber all diese Höhen hinweg ragt die lange höchste Gebirgskette, das Rückgrat der
Insel, mit zwei scharf hervortretenden Gipfeln, La Puc im Osten und der Maungafiamoe
im Westen, beide gegen tausend Meter hoch. In der Senkung zwischen ihnen lag mein
Weg nach der anderen Seite der Insel.

Munter zogen wir auf einer vortrefflichen Fahrstraße aus Apia hinaus, das Werk
der fremdländischen Munizipalität, deren Obliegenheiten nun von der deutschen Regierung
übernommen worden sind. Was in Samoa an fahrbaren Straßen vorhanden ist, findet
sich ausschließlich nur in Apia und seiner unmittelbaren Umgebung, d. h. in dem früher
der Munizipalität unterstehenden Gebiete. Die Samoaner, ebenso wie die Bewohner
aller polynesischen Inseln kannten ja keine Pferde, Esel, Ochsen oder andere Zugtiere,
infolgedessen auch keine Fuhrwerke, und brauchten keine Straßen. Und selbst seit der
Einführung von Zugtieren durch die Weißen hat sich für Straßen kein Bedürfnis
gezeigt, da die samoanischen Dörfer fast ausschließlich an der Meeresküste liegen und
der ein bis zwei Kilometer breite Streifen Wasser davor gegen den Ozean durch Korallen=
bänke abgeschlossen wird, die als natürliche Wellenbrecher dienen. Es mag also draußen
auf dem offenen Meere noch so stürmen, Ruderboote werden die Küsten entlang fast
immer fahren können. Wozu also Straßen? Wer es vorzieht zu Land zu reisen, geht
einfach zu Fuß die Küste entlang, auf weichem, sandigem Boden, im Schatten der hohen
Palmen, angesichts des Meeres, von wo gewöhnlich eine angenehme Brise weht. Die
Fußspuren der Wanderer verschwinden in dem losen Sande, es giebt also nur strecken=
weise wirklich ausgetretene Pfade, wie wir sie haben. Das Innere der Insel wird von
den Eingeborenen selten besucht, es sei denn, daß sie auf wilde Tauben oder Schweine
jagen oder irgend einen Besuch an der jenseitigen Küste unternehmen wollen; dann
wandern sie in der beiläufigen, ihnen bekannten Richtung durch den Urwald über
die Berge.

Banyanbaum.

Es giebt also mit Ausnahme des sechzehn Quadratkilometer umfassenden Munizipal=
distriktes von Apia in ganz Deutsch=Samoa keine Straßen und Wege, und selbst Fuß=
pfade nach unseren Begriffen sind nur streckenweise vorhanden. Im Inneren der Inseln
Upolu und Samaii fehlen auch diese gänzlich, und man muß sich den Weg durch den
Urwald und das traurige Steingerölle streckenweise selbst bahnen.

Ja, wenn die Munizipalstraße, auf der wir einherwanderten, nach der jenseitigen
Küste fortgeführt würde, was könnte man dann in diesem schönsten Besitz des Deutschen
Reiches für herrliche Ausflüge unternehmen! Ob es in absehbarer Zeit wohl dazu
kommen wird? Ich bezweifle es, denn es müßte dazu ein Paß von über siebenhundert
Meter Höhe überschritten werden, und die Einnahmen der Regierung lassen solche

Brettwurzelbilbung.

ungeheure Ausgaben, wie sie die Herstellung von Straßen über vulkanisches Trümmergebiet und durch unbetretenen Urwald bis auf solche Höhen erfordert, keineswegs rechtfertigen.

Auf dem bewaldeten Fuße des Apiaberges, längs dessen sich die Straße emporzieht, liegen einige ganz reizende Villen europäischer Ansiedler, umgeben von üppigen Tropen= gärten, denen man es ansieht, welch schweren Kampf die Kultur hier gegen die überaus üppig wuchernde Natur unausgesetzt führen muß. Bleibt ein Garten nur einige Wochen sich selbst überlassen, so ist er zur Wildnis geworden. Nach etwa einstündigem Marsch auf der stetig ansteigenden Straße erreichten wir den höchsten Landsitz in der Umgebung von Apia, das durch den mehrjährigen Aufenthalt des englischen Dichters Robert Louis Stevenson berühmt gewordene Vailima. Stevenson, dem wir so viele hübsche, wenn auch mitunter absonderliche Geschichten verdanken, war schon in den achtziger Jahren brustleidend, und ich empfahl ihm schon damals einen längeren Aufenthalt in Hawai. Von dort ging er nach Samoa, wo er sich Vailima, eines der entzückendsten Plätzchen von Upolu, als Buen Retiro auswählte. Allein seine Krankheit machte immer weitere Fortschritte, und er liegt nun auf dem Gipfel des Mount Vaca begraben. Bei den Samoanern war Tusitala, d. h. der Geschichtenschreiber, sehr beliebt, und sie gaben ihrer Dankbarkeit dafür, daß er so warmes Interesse für sie bewiesen hatte, nach seinem Tode auch dadurch Ausdruck, daß sie mit ungeheurer Mühe einen Weg auf den Vacaberg herstellten, um den Sarg hinaufbefördern zu können, den einzigen Weg, den Samoaner in ihrem Inselreiche jemals angelegt haben.

Bei Vailima hört die Fahrstraße auf. Jenseits stellte sich mir Wald und dichtes Buschwerk entgegen, und ich war überrascht, als meine Begleiter direkt in dieses Busch= werk eindrangen. Das sei der Weg nach der Südküste.

Samoanische Krieger und Dorfjungfrauen.

Nach wenigen Schritten befand ich mich mitten im tropischen Urwald und mußte meinem Kompaß und der Führerschaft meiner samoanischen Jungen vertrauen, die beide von der Südküste stammten und den Marsch schon einmal zuvor unternommen hatten. Bisher hatte die Tropensonne aus dem wolkenlosen Himmel auf uns herniedergebrannt und alles in ihr helles blendendes Licht gebadet; hier im Schatten der dichten Laub=kronen war alles düster, kühl und feucht. Das Buschwerk, durch welches wir uns den Weg bahnen mußten, troff von Nässe, und schon nach den ersten hundert Schritten war ich bis auf die Haut durchnäßt. Meine Jungen hatten es sich nach samoanischer Art bequem gemacht. Bisher waren sie im Bereich der Zivilisation gewesen und trugen als intelligente Missionszöglinge Jacken, Beinkleider und weiße Stoffschuhe. Kaum im Waldesdickicht, hatten sie Jacke und Schuhe abgestreift, und ich wünschte nur, ich hätte es ihnen gleichthun können, denn der Boden, auf dem wir einherschritten, bestand strecken=weise aus Basaltblöcken verschiedener Größe; alle waren mit Flechten und zarten Moosen überzogen, und die triefende Feuchtigkeit machte sie so schlüpfrig, daß ich mit meinen Lederstiefeln nicht festen Fuß fassen konnte und fortwährend ausglitt, zumal Gräser und kleine Sträucher sie bedeckten und ich selten sehen konnte, wohin ich trat.

Nachdem ich ein paarmal mit meinen Füßen in Spalten und Löcher gerutscht war,
mich auch wohl festgekeilt hatte, schnitt ich mir zwei lange Stäbe von dem nächsten
Baume, und mit ihrer Hilfe konnte ich leichter über diese schlüpfrigen, spitzigen Trümmer
weiterkommen.

Allmählich gewöhnte ich mich an die grüne Dämmerung, die unter den Laubbomen
der Riesenbäume herrschte, aber zu sehen war doch nichts als ein Labyrinth von
Stämmen, Lianen und Buschwerk. Zur Linken tief unter mir hörte ich den Vaisigano=
fluß rauschen, der, bei Apia in das Meer mündend, hier in großen Wasserfällen von
den Bergen herabkommt. Stellenweise war das Buschwerk ausgerodet, und meine Führer
machten mich auf mehrere verfallene Hütten und Flugdächer aufmerksam, einen der
Schlupfwinkel, wohin sich während der letzten Kämpfe mit den Engländern und Ameri=
kanern die Samoaner zurückgezogen hatten. Ihnen in diesen Urwald zu folgen, wäre
Wahnsinn gewesen, und so begnügten sich die Angreifer, den Urwald von ihren Schiffen
aus zu bombardieren, überall dort, wo sie zur Nachtzeit Lichtschein erblickten. Das
fanden die Samoaner natürlich bald heraus und zündeten recht weit von ihren Lagern,
mitten in der Wildnis, große Feuer an mit dem Ergebnis, daß kaum einer von ihnen
durch das Bombardement verletzt wurde. Wenn man sich vor Augen hält, daß ganz
Sawai und ganz Upolu zwei bis drei Kilometer von der Küste weit solche
bewaldete Felsenlabyrinthe enthalten, welche sich auf viele Kilometer hinziehen, und wohin
sich die gesamte Bevölkerung im Notfall flüchten kann, dann erkennt man erst, wie
schwer es ist, die Samoaner zu bekriegen, und wie sehr es not thut, mit ihnen Frieden
zu halten.

Jenseits dieser verfallenen Hütten hörte jede menschliche Spur vollständig auf, und
wir marschierten stumm einher, wie in einem grünen Tunnel. Während des ganzen
Aufstiegs bis auf die Höhe des Passes zeigte sich mir nicht ein voller Sonnenstrahl,
nicht der geringste Ausblick durch das Waldesdickicht auf irgend eine Schlucht oder die
nächstliegende Höhe. Der Urwald ist hier von großer Üppigkeit, ein Beweis, welch
vorzüglichen Boden verwitterter Basalt, vermengt mit dem Humus des Waldes,
darbietet. Vom Regen abgeschwemmt, füllt dieser Boden die Zwischenräume zwischen
den Millionen von Basaltblöcken aus, während diese mit ihren Spitzen und Kanten
allein hervorstehen, die reinen Fußangeln für den unerfahrenen Wanderer. Die Vege=
tation aber faßt in den Zwischenräumen Wurzel, und diese Wurzeln winden sich
durch das Labyrinth von Löchern auf der Suche nach weiterer Nahrung. Manch=
mal werden sie so stark, daß sie die über ihnen liegenden Blöcke emporheben und
zu der Unebenheit des Bodens noch beitragen. So üppig ist hier die Natur, daß sich
im Urwald von Samoa eine vierfache Vegetation, ich möchte sagen in vier verschiedenen
Stockwerken, entwickelt hat. Das oberste, höchste Stockwerk bilden die Laubkronen
riesiger Tropenbäume mit gerade aufstrebenden Stämmen von dreißig bis vierzig Meter
Höhe, die prächtiges, zähes Bauholz abgeben würden, wenn es nur Mittel und Wege
gäbe, es nach der Küste herabzubefördern. In den tiefer gelegenen Distrikten giebt es
unter diesen Bäumen manche, deren Früchte von den Samoanern verwendet werden, so

der Ifibaum (die Südseekastanie), der Molinu, deſſen zitronenartige Frucht die Samoaner als Haarwaſchmittel gebrauchen, der Futu mit Nüſſen von der doppelten Größe unſerer Walnüſſe. Sie enthalten einen betäubenden Saft, weshalb die Samoaner ſie beim Fiſchen ins Waſſer werfen, um die Fiſche zu betäuben. Je höher ich emporkam, deſto gewaltiger und höher wurden die Baumrieſen, vor allem eine Art mit hoch aus der Erde ſtehenden, den Stamm wandartig ſtützenden Wurzeln, deren Name im Samoaniſchen Mautu iſt; ein anderer ähnlicher Baum mit noch höheren Wurzelſtützen heißt Mama= lawa; die mächtigſten Bäume ſind jedoch Ficus religiosa oder Banyanbaum, von den Samoanern Aca genannt. Den Reiſenden iſt dieſer Baum hauptſächlich aus zwei Exem= plaren bekannt, die auf dem Raffle Square in Singapore und in der Nähe des Botaniſchen Gartens in Colombo auf Ceylon ſtehen und durch ihr höchſt eigenartiges Labyrinth an Stämmen ſofort auffallen. Aber ſo groß dieſe Exemplare auch ſind, ſie verſchwinden im Vergleich zu den Rieſen, die ich im Urwald von Upolu fand, die mächtigſten Baumrieſen, die ich auf dem Erdball geſehen habe. Einer ſteht etwa eine Stunde Weges von der Paßhöhe mit einem Stammumfange von ſechzig Meter, ein zweiter anderthalb Stunden von der Südküſte mit einem Stamme von kaum weniger als hundert Meter Umfang und dreißig Meter Höhe bis zu Aſtbildung, während die Krone noch weitere zwanzig Meter Höhe haben dürfte. Von Staunen ergriffen, machte ich bei dieſem König des Tropenwaldes von Samoa Halt, um ihn zu meſſen. Leider verhinderten die umſtehenden Bäume, ſowie das mangelnde Licht, den Rieſen photographiſch aufzunehmen. Zur Erklärung dieſer faſt unglaublichen Maße muß allerdings beigefügt werden, daß dieſe Banyanbäume, ähnlich wie die javaniſchen Waringienbäume, keinen feſten Stamm haben wie unſere Eichen und Tannen. Der Baum wächſt und entwickelt auch ſeine Aeſte ähnlich unſeren Bäumen, ſobald aber ſeine Aeſte durch ihr Wachstum beginnen für den Stamm zu ſchwer zu werden, bildet ſich an der Unterſeite des Aſtes auf ein, zwei Meter vom Stamm eine Art Beule, die, vertikal dem Boden zuſtrebend, zu einem fingerdicken ſchweren Strang herauswächſt und immer länger wird, bis ſie endlich den Boden ſelbſt erreicht. Kaum iſt die Spitze mit der Erde in Berührung, ſo erſcheinen an dieſer Spitze der Luftwurzel kleine Wurzelfädchen, die aus dem Boden Nahrung ſaugen, immer ſtärker werden und dem Strange Nahrung zuführen, ſo daß er, der bis jetzt vom Aſte getragen wurde, anſcheinend ſelbſt zum Träger, zur Stütze des Aſtes wird und dieſer nun in wagerechter Richtung weiter wachſen kann, als ob er nur auf dieſe Stütze gewartet hätte. Dann entſteht auf dem Aſte eine zweite Luftwurzel, die allmäh= lich ebenfalls den Boden erreicht, eine dritte und vierte und ſo fort. Das geht bei jedem einzelnen der ſtrahlenartig vom Stamme auslaufenden Aeſte vor ſich, ſo daß nach Ablauf einer gewiſſen Zeit der Banyanbaum nicht einen, ſondern eine ganze Anzahl von Stämmen hat, die mitunter an die hundert reichen.

Bei den Banyans von Colombo und Singapore ſtehen dieſe Seitenſtämme ſo weit voneinander, daß man in ihrem Labyrinth bequem umherwandern kann, ja in Colombo haben einige Singhaleſenfamilien zwiſchen den Stämmen ihr Lager aufgeſchlagen und wohnen dort Jahr aus Jahr ein. Bei dem Rieſenbaum von Upolu aber ſind im Laufe der Zeit die Stämme so dick geworden, andere haben sich ihnen so nahe gebildet, daß ich zwischen vielen Stämmen meinen Arm nicht durchzwängen konnte. Der Baum scheint deshalb, aus der Ferne betrachtet, nur ein Stamm mit vertikalen Rippen zu sein oder auf einem dichten Bündel von Stämmen zu ruhen. Jedenfalls ist der Eindruck, den dieser Riese selbst auf den an die großen Urwaldbäume gewöhnten Wanderer macht, überwältigend.

Wer die Tropen nicht kennt, stellt sich die dortigen Wälder in der Regel als Palmen= wälder vor; in Wirklichkeit sind sie Laubwälder, die sich aus der Ferne nicht viel anders ausnehmen wie unsere Wälder. All die Riesenbäume von Upolu, welche mit ihren Laubkronen die oberste Etage, wenn ich so sagen darf, bilden, haben auffallend kleine Blätter, als hätte die Natur dies absichtlich so eingerichtet, um den Sonnenstrahlen Durchlaß zu gewähren und den niedrigeren Pflanzen das notwendige Licht zu verschaffen. Die hohen Baumkronen bilden nämlich einen ewig grünen Dom, mit den Stämmen als Tragpfeilern, eine Art Treibhaus, in dessen warmer, feuchter, grüner Dämmerung andere Pflanzen desto üppiger gedeihen. Die zweithöchste Etage in diesem Urwald bilden wieder Baumkronen von vier bis sechs, auch acht Meter hohen Bäumen, und merkwürdigerweise haben diese Bäume zumeist palmenartige oder lanzenförmige Blätter; unter ihnen fand ich massenhaft die schönen Baumfarne und den merkwürdigen Regenschirm= baum, dessen Krone mit ihren Aesten ganz so angeordnet ist wie die Rippen eines Regenschirmes. Aber auch eine ganze Reihe anderer mir unbekannter Bäume stehen hier, von ungemein zierlichen Formen und lanzenförmigen Wedeln, die wie mit den zartesten Spitzen überzogen sind; andere wieder erschienen mir wie unser zartes Frauen= haar, nur zu großen Bäumen entwickelt. Und an diesen großen und kleinen Stämmen empor ranken unzählige Schlingpflanzen, vor allem die mächtige Mucuna gigantea, die üppigste aller Lianen; ihre Stränge hängen von den Aesten, verbinden in schönen Linien ihre Kronen, steigen zum Boden herab und wieder zu den höchsten Spitzen empor, als hätte eine unsichtbare gigantische Spinne hier mit ihren arm= und beindicken Fäden ihr Netz um all diese Bäume gesponnen; von den Lianen und von den Baumästen hängen Orchideen, in den Astteilungen sitzen großblätterige Parasiten, wohin man blickt, nichts als Grün und wieder Grün in den seltsamsten Formen.

Das nächsttiefere Stockwerk in dieser Urwaldvegetation bilden die Sträucher, Farne und Stauden verschiedenster Art, durch die wir uns den Weg bahnen mußten, alle triefend vor Nässe, alle dicht belaubt, so daß wir wohl aufwärts blickend etwas sehen konnten, aber selten etwas vor und unter uns. Und dieser Ausblick ist hier so not= wendig, denn alle Augenblicke stießen wir auf den Stamm eines umgestürzten Baum= riesen, über den wir mühsam hinwegklettern mußten, wenn es nicht bequemer war, unten durch das dicht wuchernde Gestrüpp zu kriechen, immer in Gefahr, kleine schwarze Blut= egel auf den Leib zu bekommen. Diese sind eine wahre Plage des Urwaldes. Stellen= weise sitzen sie in großen Mengen auf den Sträuchern, stecknadellange, nicht viel stärkere schwarze Maden, die man kaum bemerkt, denn das ewige einförmige Dämmergrün ermüdet und schwächt das Auge. Alle paar Minuten mußte ich meine Blicke von dem

Boden abwenden, um zu sehen, ob sich nicht ein paar dieser unangenehmen Blutsauger an mir festgesetzt hatten, um sie sofort abzustreifen. Haben sie sich einmal festgesaugt, so dürfen sie nicht abgestreift werden, weil sie sonst zerreißen und die unter der Haut steckenbleibenden Teilchen Entzündungen hervorrufen.

Unter dem Strauchwerke der dritten Etage fand ich stellenweise auch merkwürdige Bäume, die mir in dieser Art noch nirgends vorgekommen sind, Bäume mit brusthohen Stämmen und langen, sehr starken Aesten, die sich horizontal auf Brusthöhe hinzogen. Standen sie gruppenweise beisammen, so galt es, unter ihnen gebückt über das Stein= gerölle zu kriechen. Meine Samoaner halfen sich, indem sie, wo es anging, darüber= voltigierten. Mit ihren nackten Füßen konnten sie dies leichter thun als ich mit meinen durch die Feuchtigkeit aufgeweichten, glatten Ledersohlen.

Die unterste Vegetationsstufe, das vierte Stockwerk, bilden hier die Moose und Gräser, zierliche kleine Farne und dergleichen, welche den Boden stellenweise vollständig bedecken und es dort unmöglich machen, anders als mit den Füßen fühlend festen Halt zu fassen.

Unter diesen Umständen ging es nur langsam weiter. Nach etwa drei Stunden hatten wir die siebenhundert Meter hohe Paßhöhe erreicht, wo sich ein kleiner, mit klarem Wasser gefüllter Tümpel befindet, die Quelle des Vaisiganoflusses auf der Nordseite der Insel und gleichzeitig die Quelle eines anderen, ebenso wasserreichen großen Flusses, der an der Südküste zwischen den Dörfern Tufituala und Mulivai mündet. Er schien mir einer der größten Flüsse Upolus zu sein, und doch steht er auf keiner einzigen Karte, ja auf keiner ist überhaupt nur die Mündung verzeichnet. Wir folgten beim Abstieg streckenweise seinem Laufe, ich ging auch von der direkten Richtung ab, um diesen Lauf weiter zu verfolgen, bis eine tiefe Schlucht mit steilen Wänden das Weiterkommen ver= hinderte. Dort kam ich auch an die erste und einzige Stelle, wo ein nacktes Fels= plateau der wuchernden Natur Halt gebietet und wo ich. aufatmend endlich einen weiten Ausblick auf ein herrliches Flußthal weiter unten und die Küstenlandschaft von Safata, mit dem blauen Meer im Hintergrunde, genießen konnte. Zum erstenmal sah ich auch Licht und Sonne und andere Farben, als das ewige einförmige Grün. Wer durch den Gotthardtunnel fährt oder lange in einer Höhle verweilt und dann plötzlich wieder ans Tageslicht kommt, versteht die Freude und den Genuß, den ich beim Anblick dieses herrlichen Stückes von Upolu empfand.

Das Land hier oben ist großenteils Besitz des einflußreichen Oberrichters von Samoa, Namens Suatele, und streckenweise dürfte es sich auch zu Kaffee= und Kakaoplantagen eignen.

Die Sonne neigte sich schon zum Horizont, als wir endlich abends fruchtbares Land erreichten und damit auch die verwahrlosten Plantagen der Samoaner. Nach weiteren drei Kilometern Marsch hatten wir das Dorf Siumu erreicht. Seine zerstreuten Hütten liegen unter hohen Kokospalmen, etwa hundert Meter von der Meeresküste, die steil abfällt. Draußen auf etwa ein Kilometer Entfernung zeigte mir der hoch aufsprühende weiße Gischt der Brandung das Korallenriff, das in einer Länge von gegen zwanzig Kilometern den Küsten der Landschaft Safata vorgelagert ist.

In der Mitte des reizend gelegenen Dorfes ſah ich ein weißes Kirchlein ſchimmern und eilte, ſo gut ich es nach dem ermübenden Tagesmarſch noch konnte, darauf zu. Allein es gehörte zu einer Baptiſtenmiſſion mit einem ſamoaniſchen Prediger, und ich zog es deshalb vor, noch weiter zu einem meinen Leuten bekannten Hauſe zu wandern, das einem katholiſchen Samoaner gehörte. Dort fand ich die freundlichſte Aufnahme. Ich hatte ſie wahrhaftig nötig, denn meine Kleider und Schuhe waren zerriſſen, meine Haut zerſchunden und zerkratzt. Sogar mein in Kautſchukſtoff gehülltes Bündel friſcher Kleider war durchnäßt.

Samoaniſche Gaſtfreundſchaft.

Wer aus dem Bereich von Apia nach der Südküſte von Upolu kommt, wird in dem ganzen Leben und Treiben der Eingeborenen hier erhebliche Unterſchiede herausmerken. Obſchon die Samoaner im allgemeinen von der europäiſchen Kultur viel weniger angenommen haben als die Bewohner von Fidſchi, Tonga oder gar Hawai, ſo konnte doch der jahrzehntelange Verkehr der Bewohner der Nordküſte mit den zahlreichen dort wohnenden Kaufleuten und Miſſionaren nicht ohne Einfluß auf ſie bleiben. Die Südküſte indeſſen wird von Weißen nur ſelten beſucht. Im ganzen wohnen auf der etwa vierhundert Quadratkilometer großen Südhälfte der Inſel kaum ein Dutzend Weiße, die Miſſionare mit eingeſchloſſen. Die weißen Händler ſind mit Samoanerinnen vermählt, und ihr Verkehr mit ihren Landsleuten an der Nordküſte iſt ſo beſchränkt, daß ſie in ihrer Lebensweiſe viel mehr von den Samoanern beeinflußt werden als die Samoaner von ihnen. Die Samoaner an der Südküſte ſind deshalb auch viel urſprünglicher als jene an der Nordküſte.

Das konnte ich ſchon in dem ſamoaniſchen Hauſe ſehen, wo ich in Siumu, einem der Hauptorte der Südküſte, gaſtliches Unterkommen fand. Als ich dort eintrat, fand ich die weiblichen Einwohner mit verſchränkten Beinen auf den weichen Pandanusmatten ſitzend. Ich begrüßte ſie mit dem ſamoaniſchen Talofa; zu meiner Ueberraſchung aber antworteten ſie mir, ſichtlich erfreut über den Beſuch eines Weißen, in vortrefflichem Engliſch: Good Evening! Where are you coming from? Step in, take a seat und dergleichen. Sofort erhoben ſie ſich, holten von den Dachbalken ein paar Matten herunter, um ſie auf dem beſandeten Boden der Hütte auszubreiten, und luden mich ein auszuruhen. Nach dem langen Klettern über Stock und Stein gelang es mir nur ſchwer, niederzuhocken und nach ihrer Art Platz zu nehmen. Bevor ich ihrer Aufforderung, ein Bad zu nehmen, folgte, konnte ich nicht umhin, meine Neugierde zu befriedigen und ſie zu fragen, wo ſie denn Engliſch gelernt hätten. In der Miſſionsſchule in Apia, und ſie ſeien erſt vor kurzem wieder in ihr Elternhaus zurückgekehrt.

Als ich nach einem erquickenden Bade und dem ſo nötigen Kleiderwechſel wieder in die vordere Hütte trat, fand ich ſie mit einer Menge von Eingeborenen gefüllt, wie

Bau einer Hütte.

meine Führer mir sagten, die
Häuptlinge und Sprecher der
Ortschaft. Neben den brennenden Kokosnußhülsen in der
Mitte der Hütte spendete auch
eine Petroleumlampe Licht, an
die Tragbalken waren ein paar
Heiligenbilder und Ausschnitte
aus illustrierten Zeitungen
aufgeklebt, und an einer Seite
stand zwischen einer Näh=
maschine und einer verschließ=
baren Truhe ein Stuhl. Ob
diese Gegenstände Eigentum
meiner Gastfreunde waren oder
in der Eile zu Ehren des
fremden Gastes von anderen
Hütten herbeigebracht worden
waren, kann ich nicht sagen. Die
Samoaner leben ja in Güter=

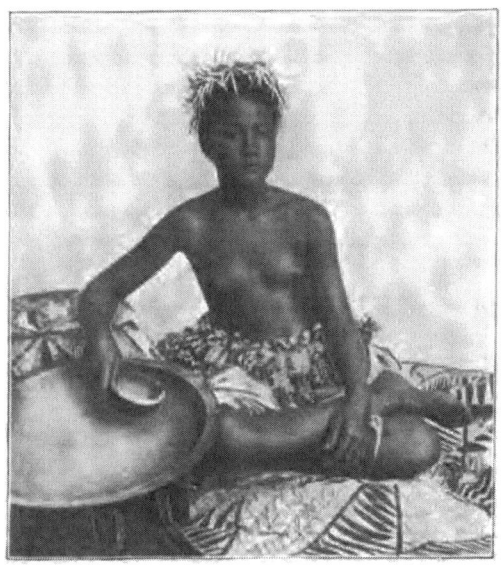

Mädchen mit der Kawabowle.

gemeinschaft. Was dem einen gehört, gehört auch dem anderen. Daher kann niemand zu
Reichtümern gelangen; denn geht es einem gut, so hängt sich sofort seine ganze nähere
und entferntere Verwandtschaft an ihn, und er muß mit ihnen das Erworbene teilen.
Der Stuhl war natürlich für mich bestimmt, und es erregte sichtliche Befriedigung, als
ich, ihn verschmähend, nach samoanischer Art auf den Matten Platz nahm.

Die Honoratioren des Ortes waren gekommen, um mich zu begrüßen und mir Kawa
anzubieten. Kein Besuch, keine Unterredung kann bei den Samoanern stattfinden, ohne
daß zuvor Kawa getrunken wird. Die Samoanertruppen, welche die europäischen Haupt-
städte bereist haben, machten die Kawabereitung ebenfalls zu einer Hauptnummer ihrer
Vorführungen, aber wer sie gesehen hat, kann sich doch keinen richtigen Begriff von der
Wichtigkeit des Kawatrunkes in Samoa machen. Er ist eine Eigenart dieser Inseln,
ebenso wie der anderen Südseeinseln, vornehmlich Tonga, von dessen Einwohnern die
Samoaner das Kawatrinken auch gelernt haben. Wir hatten von Apia mehrere Kawa=
wurzeln mitgebracht, denn die gute Sitte erfordert es, bei Besuchen dem Hausherrn
einige Stücke zu überreichen. Die Kawawurzel wird frisch oder getrocknet verwendet,
in letzterem Zustand hält sie sich jahrelang und bildet einen der wichtigsten Tauschartikel
der Inseln, im Wert von zwei bis drei Mark das Pfund. Befindet sich bei Besuchen
gerade kein Mädchen im Hause, um den Kawatrunk zuzubereiten, so wird der Hausherr
irgend ein Mädchen aus der Nachbarschaft herbeiholen; selbst die Töchter des Königs
würden sich, wenn auf einem Spaziergang begriffen, diesem Rufe nicht entziehen können.
Vor uns stand die Tanoa, eine hölzerne Schüssel von etwa dreißig Centimeter Durch=

messer. Das Innere derselben war ganz mit einer dicken, grünlich=hellen, glänzenden Patina überzogen, ein Beweis ihres hohen Alters und damit auch ihres für Samoaner großen Wertes. Ich warf nun meine Kawastücke, die ein ähnliches Aussehen besitzen wie verkrüppelte Meerrettichwurzeln, dem ältesten Häuptlinge vor die Füße. Nach samoanischer Sitte werden Geschenke nicht etwa mit den Händen überreicht, sondern mit geschicktem Schwunge über die Matten geworfen. Natürlich darf sich darunter kein Porzellangeschirr befinden. Die Töpferkunst ist ja in Samoa, wie auf den meisten Südseeinseln, unbekannt. Der Häuptling prüfte die Kawastücke mit Kennerblick, sprach sich lobend über die Qualität aus und übergab sie dann den zubereitenden Mädchen. Ein junger Samoaner war ihnen beim Abschaben und Zerschneiden der Wurzeln in Scheiben behilflich. Dann spülten die Damen ihren Mund sorgfältig mit Wasser aus und begannen die Stücke zu zerkauen. Ein, zwei, drei Stücke befanden sich schon in dem Munde einer jeden; ihre Backen waren schon beträchtlich angeschwollen, aber der dienstfertige Jüngling bot ihnen immer mehr Stücke dar, bis es schließlich eine physische Unmöglichkeit war, mehr Vorrat einzunehmen. Die verzerrten Backen und die krampf= haft arbeitenden Kinnladen boten einen keineswegs ästhetischen Anblick. Zeitweilig prüften sie ihre Prime, indem sie sie mit den Fingern aus dem Munde nahmen, herum= drehten und wieder zwischen die Zähne schoben. Endlich war aber die mühsame Arbeit vollbracht, die gelblich=grünlichen Ballen wurden in die hohle Hand fallen gelassen, einigemale gedreht, um ihnen eine rundliche Gestalt zu geben, und dann mit kühnem Wurfe in die Holzschüssel gethan. Nun neigte eine die Schüssel nach der Richtung, wo der alte Häuptling saß, damit er sein Urteil abgäbe, ob hinreichend Kawa gekaut war. Er ließ prüfend seinen Blick auf die Schüssel, dann über die Versammlung gleiten, und erklärte sich zufrieden.

Jetzt erhoben sich die Mädchen, um sich an der Schwelle der Hütte ihre braunen Hände zu waschen, wobei ihnen der junge Samoaner das Wasser aufgoß. Sie schleuderten die Tropfen durch einen kräftigen Schwung der Hände ab und nahmen dann wieder vor der Schüssel Platz. Die dargereichten Kokosnußschalen mit Wasser ergreifend, goß eines der Mädchen dasselbe langsam und feierlich auf die gelblichen Knödel in dem Tanoa, während jenes, welches die Hauptrolle spielte, die Taupou, sie zwischen ihren Händen zerdrückte. Endlich war aus den Knödeln ein Brei geworden, in Farbe und Aussehen ähnlich einer Kartoffelsuppe. Nun reichte ihr der junge Samoaner den Fou, d. h. ein etwa armlanges und armstarkes Bündel von losen Baumfasern, das in Samoa die Stelle des Siebes vertritt. Mit gespreizten, traditionellen Bewegungen zog nun die Taupou diesen Fou mit beiden Händen mehrmals langsam durch die Schüssel, um die noch unzerkauten Kawareste herauszufischen. Jedesmal schnellte sie den Fou mit einer ähnlichen Bewegung wie beim Peitschenknallen hinter sich, so daß die Kawastückchen herausflogen. Dann prüfte sie die Flüssigkeit, indem sie den mit ihr getränkten Fou hoch über die Schüssel hob und preßte, so daß die Flüssigkeit langsam in einem dünnen Strahl wieder zurückfloß. Aller Augen waren auf sie gerichtet, alle Anwesenden ver= hielten sich ruhig und schweigsam, denn die Kawabereitung ist nicht etwa wie die

Kaffeebereitung bei uns eine Routinesache der Köchin, sondern eine Feierlichkeit, die mit alt= hergebrachtem Zeremoniell und bestimmten Bewegungen vor sich geht. Dem alten Häupt= ling schien der Trank noch zu dickflüssig zu sein, denn auf mehrere von ihm gemurmelte Worte goß ein Mädchen noch zwei Kokos= schalen Wasser hinzu. Abermaliges Mischen mit den Händen, abermaliges Prüfen, und nun erklärte die ernst dasitzende Taupou den Trank für fertig.

Daraufhin klatschte die ganze Gesellschaft mehrmals in die Hände, einer der „Sprecher" des Ortes erhob sich und rief, in den freien

Kawabowle, Faserfieb und Trinkschale.

Raum zwischen uns und den Mädchen hintretend, mit langsamer, singender Stimme: „Hier ist die Kawa. Laßt sie austeilen." Nun kam der feierlichste und gleichzeitig schwierigste Teil des Zeremoniells. Die Samoaner halten nämlich mehr auf gesellschaftliche und staatliche Stellung, auf alte vornehme Herkunft und Vorrang, als europäische Hofmarschälle, und es gehört für den Samoaner, der die Stelle des „Herolds" bei solchen Gelegenheiten versieht, große Kenntnis der Anwesenden und ihres Ranges dazu, um nicht einen Verstoß zu begehen. Eines der neben der Taupou sitzenden Mädchen erhob sich, ergriff eine halbe Kokosnuß= schale, Hipu genannt, das allgemeinste, ja einzige Trinkgefäß der Samoaner, und hielt es unter den von der Taupou emporgehobenen Fou, so daß die Flüssigkeit daraus in die Schale floß. Dann zog sie die Schale in einem ungemein graziösen, durch lange Uebung erlernten spiralförmigen Schwung fort, um der Taupou Gelegenheit zu geben, ihr Faserbündel wieder mit Kawa zu tränken, und das Eintropfen wiederholte sich drei= mal, bis die Schale gefüllt war. Alsdann wandte sich das Mädchen gegen uns und blieb, die Schale mit beiden Händen vor ihren Mund haltend, regungslos aufrecht stehen, den Sprecher beobachtend. Dieser hatte sich inzwischen seine Rangordnung im Kopfe zurechtgelegt und rief nun mit feierlicher Stimme: Oh le lipu lena a, meinen Namen beifügend, d. h.: „Hier ist der Becher des Gastes." Daraufhin trippelte meine bronze= farbige Hebe auf mich zu und reichte mir den Becher. Dann trat sie zur Seite und wartete auf den geleerten Becher. Ich erhob nun diesen mit beiden Händen über meinen Kopf, verneigte mich gegen den Häuptling und trank ihn mit einem Zuge aus. Statt ihn indessen dem Mädchen zurückzugeben, schleuderte ich ihn nach samoanischer Sitte mit einer Drehung über die Matten hinweg der Taupou zu, so daß er in der That vor ihren Füßen liegen blieb. Ueber die ernsten Gesichter der Anwesenden, die mich aufmerk= sam beobachtet hatten, glitt ein Zug der Befriedigung, und der alte Häuptling, der neben mir saß, murmelte mir einige Worte des Beifalls zu. Nun wurde dieselbe Schale wieder gefüllt. Der Herold rief: „Das ist der Becher für den Häuptling", und die kleine Hebe brachte nun diesem die Schale.

So ging es weiter dem Range nach an alle Anwesenden, wobei mir auffiel, daß nur bei den ersten vier oder fünf Personen die Worte lipu lena gerufen wurden, bei den anderen lautete die Formel: Oh le Kawa a und die Namen. Dies wurde mir später dahin erklärt, daß nur Häuptlinge Anspruch auf den Zuruf „Becher" haben, alle anderen trinken nicht den „Becher", sondern nur „Kawa". Schon aus diesem kleinlich scheinenden Unterschied sieht man, wie sorgfältig das Zeremoniell bei diesem merkwürdigen Volke eingehalten wird. Es giebt aber bei dem Kawatrinken noch eine Menge anderer Details. So haben die Häupter mancher Familien durch Tapferkeit oder andere Verdienste ihrer Vorfahren das Recht erworben, daß, während sie Kawa trinken, zehn Muschelhörner geblasen werden müssen. In dem westlichen Distrikte von Faleatai lassen die Trinker ihre Becher nicht an die Taupou zurückbringen, sondern von Mund zu Mund gehen, wie der „Loving Cup" der Engländer. Manche Leserinnen werden über die Zubereitung der Kawa nicht geringes Grauen empfinden und sich wundern, wie ich denn derlei Getränk herunterbekommen konnte. Aber man muß davon trinken, um nicht einen groben Verstoß gegen die von den Samoanern sorgfältig gepflegte Höflichkeit zu begehen. Wie der Kawatrank schmeckt? Wie Seifenwasser, d. h. wenn man ihn das erste Mal trinkt. Seifenwasser, etwas mit Ingwer versetzt. Aber hat denn jemandem der erste Schluck Bier, den er in seinem Leben genommen, besonders gut geschmeckt? Man lernt sehr bald die angenehmen erquickenden Eigenschaften des Kawa verstehen, und nach langen Märschen in der Tropensonne giebt es kein vortrefflicheres Getränk. Kawa ist nicht berauschend. Er steigt nicht zu Kopfe, ja im Gegenteil, der Kopf wird klarer, dafür legt er sich wie Blei in die Beine, so daß man sich nach einigen Schalen kaum wieder vom Erdboden erheben kann. Damit die Wirkung etwas gleichmäßiger verteilt ist, pflegen die Papalagi (d. h. die Weißen), besonders die Engländer und Amerikaner, eine gehörige Quantität Gin zuzugießen. Um den zarten Gaumen neuer Ankömmlinge zu befriedigen, wird der Kawa in Apia und Umgebung jetzt zerstampft, statt zerkaut. Aber der Feinschmecker wird immer den zerkauten Kawa vorziehen.

Nachdem die Kawabowle geleert war, begannen die schönen, wohlgesetzten Bewill= kommnungsreden durch zwei anwesende Honoratioren, auf die mein Dolmetscher in ebenso blumenreichen Reden antworten mußte. Nun sollte noch ein Siwatanz auf= geführt werden, aber ich war durch den langen Tagesmarsch so ermüdet, daß ich es vorzog, mich zur Ruhe zu begeben. Betten giebt es in Samoahäusern keine. Man schläft auf Matten, die über den Kiesboden gebreitet werden, und legt das müde Haupt auf einen dicken Bambusstab, der auf niedrigen Füßen ruht und aussieht wie ein niedriger Sägebock. Aber wer müde und schläfrig ist, der schläft auch darauf gut und kümmert sich nicht einmal um die unzähligen blutdürstigen Mücken, eine wahre Landplage in Samoa, die zur Nachtzeit ihre blutigen Orgien feiern.

Statt am nächsten Morgen, nach Ueberreichung eines ergiebigen Trinkgeldes, nach Osten weiterzuwandern, unternahm ich noch einen Spaziergang nach der Landschaft Safata, um mich nach den Unterläufen der Flüsse umzusehen, deren Quellläufen ich am Tage zuvor im Gebirge gefolgt war. Wie überall in Samoa, so führt auch dorthin nur ein Fußpfad durch den weichen Küstensand, beschattet von Kokospalmen. Der größte Teil des zwischen Siumu und Mulivai in Safata liegenden Gebietes gehört der eng= lischen Londonmission, die überhaupt eine Anzahl der schönsten und ertragreichsten Gegenden von Upolu schon längst erworben hat und dadurch, sowie durch die Zahlung des Zehenten, den sie ihren Gläubigen auferlegt, über recht bedeutende Mittel verfügt.

Auch die Karte von Langhans, die neueste und beste von Samoa, die mir hier zur Führung dienen sollte, ist derart unvollständig, daß sie eher irreführt. Verschiedene Fluß= läufe, Gebirgszüge, Ortschaften fehlen, und sogar Mulivai ist darauf nicht angegeben, obschon es der Wohnsitz des samoanischen Oberrichters, des einflußreichen Häuptlings Suatele, sowie katholische Missionsstation ist, welcher Pater Leger, ein Franzose, vorsteht. Dafür ist auf der erwähnten Karte an der Westspitze der Insel in großen Lettern eine solche Station angegeben, die aber niemals existiert hat. Leider war Pater Leger gerade in Apia, und ich wanderte deshalb bald weiter. Nachdem ich schon vor Mulivai einen Fluß hatte übersetzen müssen, über welchen statt eine Brücke ein dünner Palmstamm gelegt ist, kamen wir nun an jenen wasserreichen Fluß, einen der größten von Upolu, dessen wiederholtes Passieren mir am Tage vorher so viel Schwierigkeiten verursacht hatte, und dessen Namen ich nicht erfahren konnte. Bei Langhans fehlt er vollständig.

Glücklicherweise fanden wir hier ein samoanisches Kanoe mit Ausleger, das uns bald ans jenseitige Ufer brachte. Unweit davon liegen unter Palmen die Häuschen von Tafutoala, beinahe zusammenhängend mit jenen von Fausaga (sprich Fausanga). Die Palmen trugen hier eine solche Unmasse von Früchten, und der lange Marsch hatte mich so durstig gemacht, daß ich einen meiner Jungen ersuchte, mir eine frische grüne Kokosnuß zu holen. Sofort warf er meinen Schnappsack, den er auf dem Rücken trug, in den Sand, spähte ein wenig nach den Baumkronen und stieg dann, wie ein Eich= hörnchen behend, den hohen Stamm empor, um dort ein paar Nüsse durch mehrmaliges Umdrehen von den Stengeln zu reißen. Plumps, plumps! polterten sie herab in den Sand. Nicht viel langsamer war auch der Junge wieder unten, holte sich aus einer Hütte ohne zu fragen ein breites Messer, schälte die äußere Hülle ab, schlug geschickt ein Stück der Nuß ab, so daß die klare Flüssigkeit, eingebettet in dem schneeigweißen Fleisch offen dalag, goß etwas ab, um den Rand zu reinigen, und reichte sie mir dar. Ein köstlicheres Getränk als die Milch einer jungen, grünen Kokosnuß giebt es in den Tropen nicht; es stellt nicht nur Kawa, sondern für meinen Geschmack auch den besten Champagner in den Schatten, denn es erfrischt und kühlt in wunderbarer Weise. Bei meinen Mahlzeiten überall in den Tropen, nicht nur in Samoa, ließ ich mir gewöhn= lich ein paar Kokosnüsse vorsetzen, und ich wünschte, ich könnte sie im heißen Sommer in Europa haben. Wie schade, daß Kokospalmen nicht auch am Rhein Früchte tragen!

Fausaga liegt an einer der schönsten Buchten von Samoa; sie ist auch auf den Karten angegeben, aber, wie so vieles andere, falsch. Ein schmaler, langer Sandstreifen trennt sie beinahe vollständig von dem hier mit großen Korallenriffen gefüllten Meere, und ich hielt sie auf einem samoanischen Boote entlang fahrend, für einen Binnensee, als die Ruderer, um ein paar mächtige Mangrovebäume wendend, in einen kaum drei Meter breiten Kanal einfuhren. Diesen bezeichneten sie mir als den Ausfluß des Sees. Ueber einen Kilometer fuhren wir durch diese enge Wasserstraße, zu beiden Seiten besetzt mit ungeheuren, düsteren, unheimlichen Mangroveriesen, deren vielfach verschlungene Wurzeln wie ein Gewoge von kämpfenden Riesenschlangen zu Tage liegen, schleimig, von nassem Schlamm bedeckt und übelriechend. Beinahe hätte ich in diesem Fieberloche die Geduld verloren und umkehren lassen, als der Bootsführer mich auf eine weite Wasserfläche zur Rechten aufmerksam machte, in die wir gleich darauf einfuhren. Wir befanden uns wie auf einem klaren Alpensee, etwa wie der Schwansee, mit ungemein klarem Wasser und steilen, dicht bewaldeten Ufern. Aus der spiegelglatten Fläche steigen hier zahlreiche kleine, reizende Felseninselchen empor, und zwischen ihnen durchfahrend, scheuchten wir Scharen von Wildenten auf. Merkwürdigerweise steht dort nirgends ein Dorf, und doch sind in Samoa nur wenige entzückendere Plätzchen zu finden als diese Lagune. Vielleicht wird sie noch zu einem samoanischen Arcachon, wenn einmal die Eisenbahn von Apia hierher vollendet ist. Aber ob das im zwanzigsten oder ein=undzwanzigsten Jahrhundert der Fall sein wird, möchte ich bezweifeln.

Ein Nachtmarsch an der Südküste von Upolu.

Am Meeresstrande, unter schlanken, hohen Palmen und schattigen Brotfruchtbäumen einherwandernd, flogen meine Gedanken über die weite Wasserwüste des Stillen Ozeans nach den gesegneten Küsten des Goldlandes Kalifornien. Zu verschiedenen Zeiten war ich von San Francisco aus nach dem Golden Gate, nach Monterey und San Diego gepilgert, um dort die großartigen Naturschönheiten der Seeküsten zu genießen. Was hat der Unternehmungsgeist der Yankees aus Monterey gemacht! Der Park des Riesenhotels Del Monte ist ein irdisches Eden, und doch haben diese herrlichen Anlagen mit ihren seltenen Tropenbäumen, ihrer Blumenpracht, ihren schattigen Spaziergängen und viele Kilometer langen Fahrstraßen verhältnismäßig nur geringes Geld gekostet, denn die Hauptsache, die malerischen Küsten, die bewaldeten Berge, das rauschende Meer mit seinen kühnen, wogenumbrandeten Klippen und die überaus üppige Natur waren ja vorhanden. Ungezählte Menschen erfreuen sich dieser Gestade und fühlen sich wie die Götter im Olymp.

Hier im fernen Deutsch=Samoa sind die Naturschönheiten noch in viel höherem Grade vorhanden, und doch ist an der Südküste niemand, um sie zu genießen. Was könnte aus diesem Safata, Lotofanga, Falealili und dergleichen alles gemacht werden, wenn man nur so leicht nach Samoa kommen könnte wie nach Norderney. Aber das Insel=paradies der Südsee liegt uns ja leider gerade entgegengesetzt auf der anderen Seite des Erdballes.

Diese Südküste von Upolu ist noch
ganz den Eingeborenen überlassen,
die ihre Schönheiten gar nicht zu
schätzen wissen, denn sie sind ja mitten
in ihnen geboren und aufgewachsen.
Sie kümmern sich nicht um die Pracht
der Bäume, wenn sie ihnen nur hin=
reichend Früchte liefern, sie sehen im
Meere nur eine Quelle für schmack=
hafte Nahrungsmittel und in den
malerischen Klippen vor ihren Küsten=
dörfern Verkehrshindernisse. Sie
schätzen die Natur nur insoweit, als
sie ihnen alle ihre Bedürfnisse liefert,
ohne daß sie zu arbeiten brauchen,
und sind deshalb nach ihrer Art
glücklich.

Manche von ihnen haben aller=
dings den Anlauf zur Anlage von
Plantagen gemacht, aber diese letzteren
zeigen sich nicht etwa wie jene der
Deutschen Handels= und Plantagen=
gesellschaft in der Umgebung von
Apia, mit ihren kilometerlangen, ge=
radlinigen Reihen herrlicher, wohl=
gepflegter Kokospalmen; hier an der
Südküste wachsen die Palmen, Brot=

Dorfschöne von Upolu.

fruchtbäume, Bananen und andere tropische Fruchtbäume einfach wild durcheinander,
mit üppig wucherndem Unkraut und Unterbusch zwischen ihnen, die nur in den Ort=
schaften selbst ausgerodet werden. Auch das thun sie nur in reiner Selbstverteidigung,
denn geschähe es nicht, dann würden sie von der Vegetation einfach erstickt und
erdrückt werden.

Vielleicht ist das auch einer der Gründe, warum die Samoaner fast ausschließlich an
der Meeresküste wohnen, denn der weiche Küstensand gebietet dem Gewucher Halt, und
nur die Kokospalmen kommen hier fort, also gerade die Baumart, die sie am not=
wendigsten brauchen. Bei dieser Ueppigkeit ist es erklärlich, warum die guten Leutchen
lieber faulenzen als arbeiten. Bei einiger Anstrengung könnten sie ganz wohlhabende
Leute sein und alle ihre kleinen Wünsche so leicht befriedigen. Sie essen für ihr Leben
gern Pökelfleisch, Speck und Lachs in Büchsen, ihre Frauen und Mädchen naschen
mit Vorliebe Lollis (Bonbons). Aber die Männer sind zu faul, um ihre eigenen
Wünsche zu befriedigen, und zu wenig galant, um jene ihrer Weiber zu erfüllen. So

Eingeborenenhütten.

wohnen sie denn hier in ihren kleinen offenen Hütten, ganz so wie vor ihrer Entdeckung durch die Weißen, und ich war überrascht, in den Dörfern von Safata so äußerst wenig Gegenstände europäischen Ursprungs zu finden.

Auf den benachbarten Tongainseln hat man die Eingeborenen zur Arbeit gezwungen, indem ein Gesetz jedem Tonganer über sechzehn Jahre vorschreibt, alle Jahre eine bestimmte Anzahl Kokospalmen zu pflanzen, und in weiser Fürsorge für das Wohl der Samoaner hat der Gouverneur von Deutsch=Samoa in jüngster Zeit ein ähnliches Gesetz erlassen. Jede Kokospalme trägt jährlich Früchte im Werte von zwei bis drei Mark, bei fünfzig Palmen ist der Erlös demnach hundert bis hundertfünfzig Mark, und da es in Samoa doch mindestens zehntausend eingeborene Männer über sechzehn Jahre giebt, so wird durch diese eine Maßregel schon ein Mehrertrag von einer Million Mark erreicht.

Platz für Palmenplantagen wäre hier noch hinreichend vorhanden. Das sah ich auf meinen Wanderungen durch den reich bevölkerten Distrikt, westlich von der großen Lagune von Safata, welche dort tief ins Land schneidet. Aber die Eingeborenen tummeln sich anscheinend lieber im Wasser umher und fangen Fische oder Würmer, die sie vielfach roh essen, geradeso wie die Japaner. Vor jedem Dorfe sah ich die guten Leutchen im Küstenwasser mitunter schultertief stehen; mit langen Stöcken stießen sie in die Höhlungen der Korallenriffe, um die Fische daraus zu vertreiben, während Weiber mit Fischnetzen sie fingen. Vor dem Orte Lotofanga*) sah ich zwei Jungen, die sich gerade an einer Delikatesse gütlich thaten. Sie hatten einen strotzenden, fingerdicken Seewurm gefangen

---

*) Wird Lotofangá ausgesprochen und ist nicht zu verwechseln mit dem großen Orte und Missionssitze Lotofánga weiter östlich.

und stritten sich um den Besitz. Endlich wurde die Angelegenheit dadurch erledigt, daß sie den Wurm in zwei Hälften schnitten. Jeder nahm eine Hälfte, quetschte den brei= artigen Inhalt in den Mund und schleuderte die ausgedrückten Wurmhülsen wieder ins Wasser zurück. Meinen zwei samoanischen Begleitern wässerte der Mund förmlich, wie uns nach Braunschweiger Spargel. Sie erzählten mir, diese Wurmgattung, Sea genannt, sei ein Lieblingsgericht der Samoaner, besonders an der Südküste, und die zerschnittenen Wurmhälften wüchsen im Wasser derart rasch, daß sie nach einigen Tagen wieder zer= schnitten und ausgequetscht werden könnten. Die Missionare und Händler an der Küste bestätigten mir diese Angaben, doch fand ich darüber in keinem Werke etwas erwähnt. Eine andere sehr beliebte Wurmgattung hat den Namen Guau. Bei unserer Mittags= rast gelang es meinen Jungen, eines dieser scheußlichen Tiere zu fangen, aber ich ver= zichtete auf den Genuß. Ich weiß nicht, warum wir Europäer darüber so entsetzt sind. Essen wir nicht mit Wonne Austern, Muscheln, Seespinnen und Schnecken?

Die beliebteste Delikatesse, welche die See den Samoanern darbietet, ist indessen der Palolo= wurm. Der Palolo ist ein langer, fadendünner Wurm von verschiedener bunter Färbung und fettigem, öligem Inhalt, deshalb auch sein Name von Lolo, d. h. fettig, und „Pa" bersten oder aufbrechen. Für die Samoaner ist er von solcher Wichtigkeit, daß sie der zweiten Jahres= hälfte, in welcher er erscheint, den Namen Palolosaison beilegen. Der Juli heißt bei ihnen der erste Palolomonat, der August der zweite Palolomonat, der Wurm selbst erscheint aber erst viel später. Wenn das letzte Mondviertel im Monat Oktober spät fällt, dann erscheint der Wurm am Morgen dieses Tages, am Morgen vorher und am Morgen nachher. Fällt das letzte Mondviertel im Oktober früh, dann kommt der Wurm erst an den genannten Tagen des letzten Mondviertels im November, und damit sind für die Samoaner große Festtage angebrochen, auf die sich das ganze Volk schon Monate vorher freut. Während es noch finstere Nacht ist, zieht die ganze Einwohner= schaft, soweit sie in den zur Verfügung stehenden Kanoes und Booten der Inseln Platz findet, hinaus zu den Korallenriffen, welche die Inseln auf ein bis drei Kilometer Ent= fernung von den Ufern umgeben. In den freien Stellen zwischen den Riffen machen die Boote Halt, und alle Insassen, mit Schöpfkübeln in den Händen, erwarten das Erscheinen des Palolo. Das Meer zeigt noch nicht einen einzigen Wurm, und bei ruhigem Wetter kann man durch das Meerwasser bis in eine große Tiefe sehen, ohne etwas Ungewöhnliches zu entdecken. Ueberall, die ganze Küste entlang, wo immer sich eine Oeffnung im Riffe zeigt, stehen Dutzende von Fahrzeugen, und mit Spannung beobachten die Männer, Frauen, Kinder, die sich in diesen Fahrzeugen befinden, das Erscheinen der Morgenröte. Sobald der erste schwache Lichtstreifen am Horizont erscheint, beginnt die Meeresfläche sich zu beleben. Aus den Tiefen steigen plötzlich, wie aus einem berstenden Reservoir herausgelassen, Millionen über Millionen von Würmern empor an die Oberfläche, und diese ist im Handumdrehen geradezu dickflüssig geworden. Mit lautem Geschrei und Freudenausbrüchen werden nun die Schöpfkübel so häufig und hastig wie nur möglich ins Wasser getaucht, um nur ja recht große Mengen dieser scheußlichen Würmer zu fangen, denn kaum erscheint ein halbes Stündchen später der

Samoanermädchen.

Rand der Sonnenscheibe am Horizont, so sind auch schon die Palolos, wie auf ein Kommando, ebenso plötzlich, wie sie gekommen, wieder in den Tiefen verschwunden, und einige Minuten nachher ist kaum ein Wurm mehr zu ent= decken. An den zwei folgenden Tagen wird der Fang in der gleichen Weise, auch nur während des halben Stündchens vor Sonnenaufgang, fortgesetzt, und damit ist die Palolosaison für das ganze Jahr zu Ende, der Wurm erscheint erst wieder ein Jahr später, genau an dem be= stimmten Tage, fast genau auf die Minute!

Mit Massen von unzähligen Würmern in jedem Boote kehren nun die Flottillen so rasch wie möglich an die Küsten . zurück. Die Insassen singen und lachen und schreien vor Wonne. Kaum sind die Boote auf den Küsten=

sand aufgefahren, so springt alles hurtig heraus, und während die auf dem Lande Zurückgebliebenen sich mit Heißhunger an die Palolos machen, werden von den Männern in aller Eile Tüten aus Bananenblättern damit gefüllt und durch flinke Läufer an Freunde und Verwandte gesandt.

Wie mir weiße Ansiedler in Samoa erzählten, haben sich nur die wenigsten unter ihnen entschließen können, diese Palolos lebend zu essen. Gekocht haben sie das Aus= sehen von Spinat und schmecken wie ein Gemisch von Austern und Seetang. In Brehms Tierleben habe ich merkwürdigerweise weder die Palolos noch die anderen genannten Wurmarten erwähnt gefunden.

In den Mangrovesümpfen sah ich an den Bäumen zahlreiche fliegende Hunde. Den Kopf nach abwärts gerichtet, hängen sie an einem Beine an den kahlgefressenen Baum= ästen, ihren Körper in einen ihrer Fledermausflügel wie in einen Carbonarimantel gehüllt. Des Abends kommen sie an die Küsten, um sich an den Kokosnüssen gütlich zu thun. Auf meinen Märschen fand ich auf dem Sandboden unter den Bäumen wiederholt frische Nüsse liegen, die alle von fliegenden Hunden ausgefressen waren. Dafür essen die Samoaner wieder die fliegenden Hunde. Da ihnen aber die Gewehre im letzten Kriege abgenommen worden sind und der Verkauf von Schußwaffen und Munition an die Eingeborenen aus naheliegenden Gründen verboten ist, so fangen sie die fliegenden Hunde, indem sie das Geäst ihrer Schlupfwinkel mit Stachelgewächsen umgeben. Werden die Tiere dann plötzlich aufgescheucht, so verwickeln sie sich mit ihren Flügeln und fallen den auflauernden Eingeborenen zum Opfer.

Während ich am Meeresstrande meine Nachmittagssiesta hielt, machten mich meine Diener auf kleine Rauchwolken aufmerksam, die in weiter Ferne am Horizonte auftauchten. Bei der großen Seltenheit von Dampfern in diesen Regionen konnte ich über die beiden Rauchwolken nicht im Zweifel sein. Sie stammten von den Kreuzern Seeadler und Kormoran, die den Gouverneur auf seiner ersten Rundfahrt durch die eben gewonnene neue Kolonie des Deutschen Reiches begleiteten. Ihr nächstes Reiseziel war, wie ich schon in Apia erfahren hatte, die Landschaft Falealili, etwa acht Stunden weiter östlich, und die beabsichtigte Unterredung mit den Häuptlingen war voraussichtlich für den folgenden Morgen anberaumt. Wollte ich diesem interessanten „Fono" beiwohnen, so mußte ich mich sofort auf die Beine machen.

Einige Minuten später waren wir wieder auf dem Rückmarsch nach Siumu, das wir etwa um sieben Uhr abends erreichten. Bewohner des Ortes rieten mir ab, den Nacht= marsch durch den Urwald und das Sumpfland an der Küste zu unternehmen, ich könnte doch vor zwei oder drei Uhr morgens nicht in Falealili eintreffen, und die jungen Töchter meines Hauswirtes von gestern suchten mich auch in ihrem schönsten Englisch zu überreden. Sie würden im Verein mit den anderen Schönheiten des Ortes einen großen Tanz zum besten geben, kurz, es wurde mir in der That schwer, Siumu zu ver= lassen, aber es mußte geschehen, obschon ich von den früheren Märschen noch recht müde war.

Also vorwärts. Es galt nur noch, einen Führer mit einer Laterne aufzutreiben, denn ohne Führer durch dieses Labyrinth von Felstrümmern, sumpfigem Urwald und Klippen wäre der nächtliche Marsch gefährlich gewesen. Schon war die Sonne unter= gegangen, und in einer Stunde mußte es ganz finster werden. Wohl war es gerade Vollmond, aber sein Licht ist nicht im stande, den schon bei hellem Tage düsteren Urwald zu erhellen. Ich ließ einen meiner Jungen zurück, um einen Führer mitzubringen, und setzte den Marsch auf einem steinigen Fußpfad durch mannshohen dichten Busch fort. Nach etwa einer halben Stunde hatte mich der Junge wieder eingeholt. Ein riesiger Samoaner mit einer Petroleumlaterne begleitete ihn, für drei Dollars (zwölf Mark) würde er mich nach Falealili führen. Zwölf Mark! Ich bot ihm einen Dollar an. Er weigerte sich, der Weg sei weit und er wolle lieber zurückkehren. Gut, erwiderte ich ihm, dann kehre ich auch zurück und gehe erst morgen. Ich wußte, daß der gute Mann vor Neugierde brannte, dem Fono (Unterredung) und Talolo (Darbietung von Ehren= gaben) des Gouverneurs beizuwohnen, und daß ihm die Gelegenheit nur angenehm sein konnte, dabei auch noch einen Dollar zu verdienen. Nach langem Hin= und Herreden willigte er ein und ging uns voran. Ich folgte, über die kopfgroßen eckigen Basalttrümmer stolpernd, und wunderte mich, wie die Samoaner derartige Märsche barfuß unternehmen können. Endlich war es so finster geworden, daß ich den kaffeebraunen Riesen aufforderte, die Laterne anzuzünden. Er blieb stehen und meinte, er hätte es sich über= legt, er würde zurückgehen, wenn ich ihm nicht drei Dollars zahlte. Ich aber gab nicht nach. Dann gehen wir also zusammen zurück, ließ ich ihm sagen. So wurde eine Zeit lang verhandelt, bis er schließlich sagte, er würde doch mitgehen, weil ich ein so großer Herr wäre, und weil ich ihn vielleicht dem Gouverneur vorstellen könnte. Ich sagte zu, fügte aber bei, ich würde bei einem wiederholten Versuch, mehr Geld zu fordern, auch das dem Gouverneur erzählen. Das wirkte. Fortab war er für mein Wohlsein äußerst besorgt, half mir über die quer im Wege liegenden Baumstämme, hielt mit der Laterne an, wo es steil bergab oder bergauf ging, Löcher oder Wasserläufe gab. Und dergleichen giebt es auf dem Wege nach Falealili leider sehr viel.

Eine Stunde von Siumu hatten wir den wasserreichen Siumufluß zu übersetzen, dessen Lavabett auch noch voll Löcher und Felstrümmer ist. Der Riese hob mich auf seine Schultern und trug mich mit Leichtigkeit hinüber.

Sogar auf dieser großen Verkehrsroute zwischen den bevölkertsten Distrikten der Süd= küste fehlt es an einem halbwegs passierbaren Wege, und die weißen Händler, welche vom Osten her nach Siumu oder Apia wollen, müssen die Flüsse durchwaten oder durch= schwimmen! An Pferden ist an der Südküste wohl kein einziges vorhanden, und gäbe es deren, so könnten sie den Reiter wohl über die Flüsse tragen, aber auf dem Lande nicht hundert Schritt zurücklegen, ohne über die Felstrümmer zu stürzen, sich selbst in dem Wurzelwerk des Bodens oder den Reiter in dem Lianengewirr der Bäume zu ver= wickeln. Je weiter ich kam, desto mehr bereute ich meinen Nachtmarsch, denn trotz der Laterne mußte ich den Weg vor mir bei jedem Schritt mit dem Stock fühlen, häufig über gestürzte Baumriesen hinwegklettern, Auswaschungen hinab und wieder hinauf.

Nach vierstündigem Einherstolpern kamen wir an eine Höhle dicht am Pfade, die früher das Versteck einer berüchtigten Räuberbande war, und der meine Leute heute noch furchtsam auswichen. Bald darauf gelangten wir an einen zweiten wasserreichen Fluß, dem wir etwa eine Stunde lang folgten. Je näher wir seiner Mündung kamen, desto breiter und tiefer wurde er, endlich einen langgestreckten See mit dichtbewaldeten Ufern bildend. Die riesigen Bäume spiegelten sich scharf in der vom Mondlicht erhellten ein= samen Wasserfläche wider. Wir hatten nun wenigstens wieder weichen Boden unter den Füßen, aber das Gehen wurde mir mit jedem Schritte schwerer. Mitternacht war vorbei, ich war in den letzten drei Tagen vierzig Stunden lang marschiert, und mit Sehnsucht sah ich dem Ende meiner nächtlichen Expedition entgegen.

Plötzlich erlosch die Laterne, und sie war auch nicht wieder anzustecken, denn das Oel war ausgebrannt. Den Samoanern schien es gleichgültig zu sein, ich aber tappte in der Finsternis umher. Meine Leute trösteten mich. Wir würden bald an die Küste zurückkommen, und dort sei Mondlicht und sandiger Boden. Jede Stunde Marsch schien mir eine Ewigkeit. Nur das Knacken der Zweige und das Rauschen des Laubes ver= riet mir die Nähe meiner Begleiter. Sehen konnte ich sie nicht. Da plötzlich glitt gespensterhaft ein blendendweißer Schein durch die Bäume, wie ein mehrere Sekunden

langer Blitz. Meine Leute hielten erstaunt an. Was war das gewesen? Für einen
Blitz war das Licht zu weiß, und Mondschein kommt und geht nicht wie ein Blitz. Ich
beruhigte die Samoaner und hieß sie vorwärtsgehen. Kaum hatten wir wieder einige
Schritte gemacht, so wurden wir abermals durch diese seltsame weiße Lichterscheinung
geblendet, und durch die Bäume blickend, schien es mir, als schimmerte in weiter Ferne
ein weißer Stern am Horizont. Nun erkannte ich auch die Lichtquelle. Es war der
elektrische Scheinwerfer eines der beiden Kreuzer, das Meer und damit auch die Küste
konnten also nicht mehr weit sein. Die Samoaner lachten nun über ihre Furcht, aber
ich war keineswegs so heiter gestimmt, denn mit meinen Kräften war es zu Ende. Die
Beine versagten. Das erste Dorf am Falealili, Saleula, lag in bleichem Mondlicht
unter den hohen Palmen am Strande vor mir. Alles schlief. Keine Seele war zu
entdecken.

Mein besorgter Riese kam teilnehmend auf mich zu. Ob ich nicht hier übernachten
wolle? Nach solchen Märschen auch noch auf hartem Kiesboden schlafen und von blut=
dürstigen Mücken zerbissen werden! Nein. In Falealili gab es ja eine. Station der
deutschen Handels= und Plantagengesellschaft mit einem weißen Händler. An diesen
hatte ich ein Empfehlungsschreiben, dort sollten auch der Gouverneur und die Schiffs=
kapitäne absteigen, dort wollte ich noch hin. Wie weit denn die Station, Matautu mit
Namen, noch sei? Eine halbe Stunde. Also weiter!

Einer meiner Jungen holte mir noch einige Kokosnüsse von den Bäumen, deren Milch
mich etwas erfrischte. Ich bewunderte die Ausdauer dieser Leute. Freilich waren sie
zwanzig Jahre alt, in der Vollkraft ihrer Jugend, aber schließlich waren die bisherigen
Märsche auch für sie keine Kleinigkeit, zumal in den Tropen, wo jede körperliche
Anstrengung doppelt und dreifach gefühlt wird.

Wenn es noch auf ebenem Wege fürbaß gegangen wäre, aber bei jedem Schritt sanken
die Füße in den weichen, feinen losen Küstensand ein. Die halbe Stunde war ver=
gangen, ich sah unter den Bäumen jenseits einer breiten Flußmündung ein Dorf, das
war wohl unser Ziel. Aber wie über den Fluß? Als ich an dem steilabfallenden
Ufer stand, bemerkte ich, daß ein dünner Palmstamm zu einem im Wasser liegenden
Basaltblock führte, von dort ein zweiter Palmstamm weiter und so fort. Die Samoaner
sprangen wie Eichhörnchen darauf und liefen mit ihren nackten Füßen über die elastischen,
schwankenden Stämme, daß mir dabei angst und bange wurde. Da sollte ich auch
hinüber? Die Samoaner konnten mir nicht helfen, denn die Stämme waren viel zu
hoch über dem Wasser. Die Beine schwankten unter mir, als ich die sonderbare Brücke
betrat; ich kam mir vor wie der reine Blondin über dem Niagara. Das Wasser tief
unter mir rauschte, und ich fürchtete schwindlig zu werden. Aber es ging, ich weiß
heute noch nicht wie, und ich kam mit heiler Haut hinüber. Winkte mir doch drüben
mein Nachtlager! Zu meinem Schrecken marschierten die Samoaner indessen an dem
Dorfe vorbei.

Ja, ist denn das nicht Matautu? Nein, sondern Saga (auf den Karten als Potasi
angegeben). Matautu sei noch weiter.

Enttäuscht stolperte ich ihnen nach. Nach einer weiteren halben Stunde sah ich wieder einen Fluß, noch breiter als der frühere, und am jenseitigen Ufer Matautu.

Wieder mußte ich auf den schwankenden, runden, glatten Baumstämmen, die über den Fluß führten, Blondin spielen, ich kam hinüber, aber das Dorf war nicht Matautu, sondern Wanwei. Und Matautu? Noch ein halbes Stündchen, beruhigten mich die Samoaner.

Aus dem halben Stündchen wurde aber noch eine schier unendlich scheinende Stunde, mit Balancieren über Flüsse, Durchwaten von schmalen Buchten, Stolpern und Stürzen beim Hinunter und Herauf an den steilen Basaltböschungen; wie beneidete ich die Herren auf den Kriegschiffen, die draußen vor dem Korallenriff gerade vor Anker gegangen waren. Es war zwei Uhr morgens, und sie schliefen wohl in ihren bequemen Betten, bequem? Nein. Ich wußte es von meiner langen Seefahrt auf dem Seeadler von Neuguinea nach Samoa, daß diese Betten selbst für die Offiziere alles, nur nicht bequem waren, aber in meiner gegenwärtigen Verfassung, ausgehungert und erschöpft, schien mir das weiße Kriegschiff draußen mit seinen glänzenden Lichtern ein wahres Paradies!

Es wäre auch nicht mehr weiter gegangen, wenn mein samoanischer Riese nicht auf eine Häuserreihe an der Küste gedeutet und mir zugerufen hätte: Matautu!

Matautu! Um meine Qualen noch zu erhöhen, mußte die Handelsstation auch noch am anderen Ende des sich lang hinziehenden Dorfes stehen! Indessen, auch diese Entfernung war endlich zurückgelegt, ich stand vor einem einstöckigen Hause mit verschlossenen Fensterläden und von einem Holzgitter umgeben. Mein Pochen und Rufen blieb lange erfolglos, und schon fürchtete ich, meinen Nachtmarsch vergeblich gemacht zu haben, als sich ein Fenster öffnete. Ich gab mich zu erkennen, und ein paar Minuten später saß ich in einem bequemen Schaukelstuhl bei echt deutschem Bier, während man ein Schlafzimmer für mich herrichtete. Um drei Uhr morgens! Die Gastfreundschaft in Samoa verdient in der That sprichwörtlich zu werden!

Fono und Talolo in Falealili.

Aus verschiedenen Gründen hat es ziemlich lange gedauert, ehe der Gouverneur dazu kam, seine Rundreise durch den neuen deutschen Besitz zu unternehmen und auch auf Sawaii die deutsche Flagge zu hissen. Schon am 2. März 1900 war unter großen Festlichkeiten die Flaggenhissung in Apia erfolgt. Bald darauf thaten die Amerikaner dasselbe auf ihrer Samoainsel Tutuila, in dem herrlichen Hafen von Pago-Pago, der leider ihnen zugefallen ist, und da sie die Liebenswürdigkeit gehabt haben, mit ihrem Stationsschiffe der Flaggenhissung in Apia beizuwohnen, so mußte nach den Gesetzen internationaler Höflichkeit das deutsche Stationsschiff auch nach Pago-Pago dampfen,

um das Sternenbanner zu begrüßen. Im Mai 1900 wurde
dieses Sternenbanner auch auf
der zweiten den Amerikanern zu-
gefallenen Samoainsel, Manua,
gehißt, aber erst Freitag den
8. Juni 1900 geschah dasselbe
mit der deutschen Flagge in
Samaii, obschon dieses Samaii
nur ein paar Dampferstunden
von Apia entfernt ist.

Es war gut, nicht länger zu
zögern, denn die Leutchen auf
Samaii begannen schon, diese
Zögerung zu mißdeuten. Nicht
etwa aus eigenen politischen
Erwägungen. Man weiß ja,
daß unsere guten, aber nichts
weniger als uneigennützigen
Freunde, die Engländer, auf diesen
herrlichen Südseeinseln nicht nur
durch einen Konsul und verschiedene Kaufleute, sondern auch
durch zahlreiche „Minister" der
Londonmission vertreten sind.

Samoanischer katholischer Religionslehrer und seine Frau.

Man weiß auch, daß diese englischen Missionare mit ihren zahlreichen samoanischen
Predigern eingefleischte Anhänger der oppositionellen Partei des Tamasese waren. Die
Deutschen unterstützen Mataafa, hinter welchem wohl fünf Sechstel der Gesamtbevölkerung
von Samoa stehen, und der weitaus den größten Einfluß unter den Samoanern, dabei
auch die größte politische Klugheit und das höchste Ansehen besitzt. Aber Mataafa ist
Katholik und ein Freund des katholischen Bischofs, Monseigneur Broyer, der sich mit
seinen Missionaren auch großer Beliebtheit bei den Deutschen erfreut. Die Streiter der
Londonmission, die schon zur Zeit des Triumvirats so viel Unfrieden und Zwistigkeiten unter den Samoanern gesäet haben, fürchten nun, daß ihnen durch die Erhebung
Mataafas zum Oberhäuptling von Samoa der Boden unter den Füßen entzogen würde,
und deshalb waren sie bis zur Flaggenhissung ununterbrochen bestrebt, Mataafa und
damit das deutsche Ansehen in Samoa zu untergraben. Sie haben infolge ihrer jahrzehntelangen Missionsthätigkeit und ihrer großen Einkünfte eine sehr zahlreiche, englisch
gesinnte Anhängerschaft unter den Samoanern; in der Mehrzahl der Dörfer giebt es
Kirchen und eingeborene Prediger der Londonmission, die in den englischen Schulen
derselben erzogen worden sind.

Auf meinen Streifzügen durch die Inseln, sowie in Apia selbst wurde mir nun von verschiedenen Seiten mitgeteilt, diese englischen Missionare verbreiteten immer noch unter den Samoanern den Glauben, die Engländer würden sich Samoa wieder holen, sobald der Krieg in Südafrika beendet wäre. Ja, im Westen der Insel Sawaii soll sich ein Prediger der Londonmission gelegentlich seines Abendgottesdienstes eines Gleichnisses bedient haben, das sehr bezeichnend für die bisherige Stimmung der englischen Missionare war. Ein großer Häuptling verzehrte gerade eine Schweinskeule, wobei er fortwährend durch einen großen Hund belästigt wurde. Um ihn zu beseitigen, warf er ihm einen Knochen hin. Der Hund blieb in seiner Hütte und nagte an dem Knochen. Als der Häuptling mit seiner Mahlzeit fertig war, nahm er dem Hunde den Knochen wieder weg und jagte ihn aus dem Hause. Der Häuptling, so erklärte der Prediger, sei Eng=land, die Schweinskeule Südafrika, der Knochen Samoa, der Hund aber Deutschland.

Bei der Flaggenhissung in Apia haben sowohl die Missionare der Londonmission wie auch Tamasese und seine Häuptlinge ihre bedingungslose Anerkennung der deutschen Herrschaft und ihre Unterwerfung unter die deutschen Gesetze dem Gouverneur erklärt. Die Wühlereien der Londonmission hörten indessen nicht auf, und auch Tamasese, der frühere eifrigste Parteigänger der Engländer, suchte seine Stellung gegenüber der Mataafa=partei zu stärken.

In Sawaii besaß oder besitzt Tamasese nur sehr geringen Anhang, der hauptsächlich in dem bereits genannten großen Ort Safune seinen Sitz hat. Dagegen stand der volkreiche Bezirk Falealili im Süden von Upolu mit angesehenen und einflußreichen Häuptlingen auf seiner Seite. In Apia, wo er ebenfalls zahlreiche Anhänger besitzt, versuchte er seine Stellung dadurch zu stärken, daß er unter den Leuten Matten verteilte. Diese feingeflochtenen kostbaren Matten (manche besitzen einen Wert von fünfzig bis hundert Dollars) sind für die Samoaner der wertvollste Besitz. Sie werden als Familienerbstücke aufbewahrt, man kauft damit Bräute von den Eltern, verteilt sie bei Hochzeiten oder Todesfällen. Tamasese hatte in Apia über einhundertundfünfzig solcher Matten für eine Familienhochzeit gesammelt, die indessen nur als Vorwand für seine politischen Zwecke zu dienen schien.

Mit zwei Herren ist nun schwer zu regieren. Beide großen Häuptlinge von Samoa, Mataafa und Tamasese, würden nebeneinander nie bestehen können. Mataafa hat, wie erwähnt, weitaus den größten Anhang, und da allgemein die Einsetzung Mataafas zum Oberhäuptling als die einzig mögliche Lösung bezeichnet wurde, so mußte, um endlich geordnete Zustände zu schaffen, zu dieser Einsetzung geschritten werden.

Der hauptsächlichste Widerstand war im Süden von Upolu, im Bezirk Falealili, zu erwarten, und der Gouverneur beschloß deshalb, zunächst eine Reise dorthin zu unter=nehmen. Am 5. Juni morgens dampfe er, begleitet vom samoanischen Oberhäuptling Mataafa, auf dem Kreuzer Kormoran nach Falealili ab. Der vor kurzem aus dem Bismarckarchipel hier eingetroffene Kreuzer Seeadler folgte ihm nach.

Als Ort der Zusammenkunft war das Dorf Saga ausersehen, wo sich die Gräber einiger großen Häuptlinge und Krieger der Samoaner befinden. Der Ort liegt auf

einem kleinen, mit Palmen bestandenen
Plateau nahe dem Meeresstrande.
Als ich dort eintraf, fand ich bereits
die Häuptlinge von Falealili und eine
nach Hunderten zählende Menge von
Samoanern, Männer und Frauen,
anwesend. Die meisten hatten sich
nach samoanischer Art festlich ge=
schmückt, d. h. Blumenketten um den
Hals gelegt und Ula, d. h. Kränze
aus einer wohlriechenden Pflanze um
die Köpfe gewunden. Im übrigen
trugen sie nur den nationalen Lenden=
schurz, Lawalawa genannt, dazu lange
Stöcke oder das Hauptabzeichen der
Häuptlingswürde, einen kurzen Fliegen=
wedel aus Kokosfaser in der Rechten.
Die eingeborenen Prediger (teacher)
der Londonmission waren vollzählig
versammelt. Sie trugen außer ihren
schneeweißen Lawalawa auch weiße
bis zum Halse geschlossene Jacken.
Hüte oder Fußbekleidungen irgend=

Mädchentypus.

welcher Art werden von den Samoanern beiderlei Geschlechts nicht getragen.

Die Versammlungshütte in der Mitte des Dorfes war ebenfalls festlich geschmückt.
Blumenguirlanden wanden sich um jeden einzelnen der das Strohdach tragenden Pfeiler,
über den Kiesboden der Hütte waren die feinsten Matten gelegt, und im Hintergrunde
kauerten vier junge Dorfjungfrauen auf dem Boden, jede einzelne mit Blumen im Haar
und Kränzen auf der Brust.

Als die Boote mit dem Gouverneur und seinen Dolmetschern, Mataafa sowie
einigen Schiffsoffizieren am Strande eintrafen, versammelten sich die Häuptlinge, den
alten Soija an der Spitze, vor der Beratungshütte und begrüßten den Gouverneur mit
dem gebräuchlichen „Talofa" und Händeschütteln. Neben dem Gouverneur erweckte bei
dem massenhaft herbeigeströmten Volk Mataafa die allgemeine Aufmerksamkeit. Der
alte Häuptling befand sich hier inmitten seiner politischen Feinde; aber sie begrüßten
ihn doch achtungsvoll. Er trug eine weiße bis an den Hals zugeknöpfte Jacke, einen
weißen, bis über die Knie fallenden Lendenschurz und den königlichen Fliegenwedel mit
weißem Roßhaarbusch.

In der Beratungshütte mußten die Herren noch mit den Ehrenjungfrauen Hände
schütteln, ehe sie auf den Matten in einem großen Kreise Platz nahmen. Der Gouverneur
in der Mitte, den hübschen Jungfrauen gerade gegenüber, rechts von ihm der Oberhäuptling

von Faleatili mit den anderen Häuptlingen, links von ihm die Offiziere und Dolmetscher, und ganz am Ende, dem alten Soija gegenüber, Mataafa. Die weißen Teilnehmer an dem Fono hätten sicher etwas darum gegeben, auf Stühlen sitzen zu dürfen, statt in engen Hosen auf dem nur mit dünnen Matten bedeckten Kiesboden stundenlang kauern zu müssen; aber die Samoaner kennen noch keine Stühle, und selbst bei ihrem obersten Chef Mataafa in Apia mußte ich in seiner einfachen Hütte auf dem Boden hocken.

Zunächst ging es an die Kawabereitung, denn ohne Kawa giebt es in Samoa keine Beratung. Glücklicherweise waren die Kawawurzeln schon vorher gestampft worden, so daß die Zubereitung nicht viel Zeit in Anspruch nahm. Sonst ist es in dem südlichen Upolu noch Sitte, die Kawawurzeln durch junge Mädchen kauen zu lassen. Während die vornehmste der Dorfjungfrauen in der vor ihr stehenden Holzschüssel die Kawa mit ihren Händen zurechtrührte, wurden auf dem weiten Platze vor der Hütte die Talolos für den Gouverneur herbeigeschleppt. Da gab es Massen von lebenden Hühnern und gebratenen Schweinen, Körbe voll Yam und Taro, Kopra und frische Kokosnüsse. Die uniformierten samoanischen Diener Mataafas traten nun herbei, um diese Festgaben zu zählen und dann die Gesamtzahlen mit lauter Stimme zu verkünden. Während dieser Pause verkürzte das Musikkorps des Kormoran, das ebenfalls an Land gekommen war, den Herren die Zeit.

Nun endlich konnte die Kawa zur Verteilung gelangen, und der Kokosbecher mit dem trüben bitteren Trank machte in zeremoniöser Weise nach den Angaben eines als Maitre des ceremonies fungierenden Häuptlings die Runde, je nach dem Range der Anwesenden. Dann erhob der alte Soija, der Oberhäuptling von Faleatili, seine schwache Stimme, um den Gouverneur zu bewillkommnen und ihn als den neuen Vater, die neue Mutter von Samoa zu begrüßen. Der alte Herr mit nacktem Oberkörper und nackten Beinen machte den Eindruck eines Reichstagsmitgliedes in Schwimmhosen. Er hat ein feines Diplomatengesicht und spricht mit großer Gewandtheit. Jeder seiner Sätze, seiner hübschen Redewendungen wurden von einem Dolmetscher dem Gouverneur in englischer Sprache verdolmetscht.

Nachdem Soija unter dem Beifallsgemurmel seiner Leute geendet hatte, hielt der Gouverneur seine große Antrittsrede in englischer Sprache, denn es giebt noch keinen des Deutschen mächtigen Dolmetscher. Er sprach wie gedruckt, und da er die englische Sprache mit seltener Vollkommenheit meistert, so machte seine gesprochene Proklamation auf die weißen Zuhörer ebensotiefen Eindruck, wie die unmittelbar nach jedem Satz folgende samoanische Uebertragung auf die Eingeborenen. Seine blumenreiche Rhetorik hätte einem Indianerhäuptling Ehre gemacht. Er sprach von der glücklichen Beendigung der ungeregelten Zustände, „beendet war nach verderblichem Streit die kaiserlose die schreckliche Zeit, und ein Richter war wieder auf Erden". Er kenne wenig Völker, welche so große Anlagen besäßen, sich selbst zu regieren, und er wolle auch den Samo= anern ihre individuellen Freiheiten, ihre Sitten und Gebräuche belassen, soweit dieselben den Gesetzen und der Moral nicht widersprächen. Zu diesem Zwecke sei es erforderlich, eine Eingeborenen-Regierung einzusetzen (die Häuptlinge spitzten die Ohren), und als die geeignetste Person dafür hätte er Mataafa anerkannt. (Kleine Pause, um die Wirkung zu studieren, aber die Leute verzogen keine Miene, sondern blickten starr vor sich hin. Mataafa spielte mit seinem Fliegenwedel.)

Mataafa würde, so fuhr der Gouverneur fort, geeignete Leute als Bezirksleiter und Richter einsetzen, und er fordere die Leute von Falealili auf, seinen Befehlen Folge zu leisten, „Mataafas Befehle sind meine Befehle, und meine Befehle sind des Kaisers Befehle".

Auf die lange Rede des Gouverneurs folgte einige Augenblicke Stillschweigen. Die samoanischen Häuptlinge sind bei solchen Anlässen nicht sehr impulsiv. Dann begann der alte Soija wieder, um dem Gouverneur zu danken und im Namen der Häuptlinge von Falealili die Anerkennung Mataafas als oberster Häupling von Samoa auszusprechen. Es sei der Befehl des Gouverneurs, und man gehorche. Es gab dabei kein Hoch, keine Freudenausbrüche und Böllerschüsse. Die Leute blieben tiefernst, als handle es sich um eine Leichenfeier. Indessen, der Gouverneur hatte sein Spiel gewonnen, der Bezirk Falealili, bekannt als Parteigänger Tamaseses, hatte sich Mataafa unterworfen.

Auch auf Mataafas sonst so ausdrucksvollem Gesicht war keine Spur von Bewegung wahrzunehmen. Die Samoaner sind Meister der Selbstbeherrschung. Er drehte langsam seinen Fliegenwedel zwischen den Fingern und begann nach einer kleinen Pause seinen Speech, der sich innerhalb ähnlicher Grenzen bewegte, wie bei den Dankreden unserer neugewählten Volksvertreter.

Der Hauptcoup sollte indessen noch kommen. Nachdem der Gouverneur noch einige die innere Verwaltung Upolus betreffende Maßnahmen angekündigt hatte, begann er von den Gerüchten zu sprechen in betreff einer englischen Herrschaft in Samoa. „Ihr dürft nicht glauben", so sagte er zu den Häuptlingen (die Missionare hatten sich inzwischen dicht um das Haus gedrängt), „der große deutsche Kaiser, die Königin von England und der Präsident der Vereinigten Staaten schließen Verträge für einen Tag oder ein Jahr. Der Vertrag, welcher dem Deutschen Reich Upolu und Sawaii zuspricht, ist für ewige Zeiten geschlossen worden und", dabei hob er feierlich die Rechte, „Deutschland hat die Macht, darauf zu sehen, daß dieser Vertrag auch eingehalten wird!" Dann wandte er sich zu den Missionaren der Londonmission, den Karnickeln, welche bisher immer von der Rückkehr der Engländer gesprochen hatten, und wiederholte seine Worte mit recht kräftiger Betonung, indem er die Mahnung beifügte, sie möchten sorgen, daß endlich diese Gerüchte aus der Welt geschafft würden.

Mit der Einverleibung ihres Distriktes in die Provinz Atua, von welcher Mataafa „Herzog" ist, waren die Häuptlinge nicht zufrieden, remonstrierten, baten den Gouverneur, diese Maßnahme zurückzuziehen, und als dieser sich weigerte, wandten sie sich an Mataafa um seine Unterstützung. Nach vielem von Geistesblitzen durchsetzten Hin- und Herreden erhob sich der Gouverneur, wies auf die hinter dem Meere untergehende Sonne und sprach: „Häuptlinge von Falealili, ihr seht, der Tag geht zu Ende, wir müssen auf unsere Schiffe zurückkehren. Genug des Redens. Ich habe bestimmt, daß euer Land

zu Atua gehören foll, und dabei bleibt es." Dann nahm er von den ob feiner Feftig=
keit überrafchten Häuptlingen freundlichen Abfchied, ließ allerhand Gefchenke, hauptfächlich
Stoffe und Rauchfleifch, unter fie verteilen und begab fich, begleitet von den Ehren=
jungfrauen, die ihn und fein Gefolge mit Blumen bekränzten, wieder an den Strand.
Feierlich und erhaben war der Einzug gewefen, aber die Ebbe war nunmehr eingetreten,
die Boote fchaukelten weit entfernt von der Küfte, und es blieb dem Vertreter des
Deutfchen Reiches nichts übrig, als den Rücken eines kräftigen Matrofen zu befteigen
und fich wie ein Baby nach dem Boot tragen zu laffen. Ebenfo that es das militärifche
und Civilgefolge des Gouverneurs, und die jungen Mädchen am Strande lachten fich
über diefen drolligen Anblick faft das Herz aus dem Leibe.

Hoffentlich werden die Befuche des Gouverneurs an der Südfeite von Upolu ihre
Wirkung auf die Eingeborenen nicht verfehlen. Nach meinen Erkundigungen hat feine
gewandte Redeweife auf die Leute den beften Eindruck gemacht, und es wäre in ihrem
eigenen Intereffe zu wünfchen, daß fie fich feinen wohlüberlegten Anordnungen fügen,
damit über das herrliche, in den letzten Jahrzehnten durch wüfte Mißwirtfchaft fo zer=
fahrene und zerrüttete Land endlich einmal die Segnungen des Friedens und der Arbeit
kommen mögen.

Deutfche Handelsftationen an der Südküfte von Upolu.

In ganz Samoa dreht fich alles um die Kokosnuß. Der kommerzielle Wert der
Infeln liegt vorderhand ausfchließlich darin, und gäbe es keine Kokospalmen, fo
wäre der Handel mit Samoa keinen Pfifferling wert. Die Verfuche mit Kakao und
Kaffee haben allerdings in den letzten Jahren fo günftige Ergebniffe erzielt, daß in
Zukunft wohl auch diefe beiden fo wichtigen und wertvollen Tropenprodukte in größerem
Maßftabe angepflanzt werden dürften, aber bisher und wohl noch für Jahre hinaus
ift das wichtigfte, ja einzige Ausfuhrprodukt Kopra. In den Handelsftationen der
Europäer an den Küften, in den Dörfern der Samoaner wird Kopra gefchnitten, die
Ladung der Kanoes, die von den zahlreichen Küftendörfern nach den Handelsftationen
fahren, ift hauptfächlich Kopra, die Dampfer und Dreimafter, die alljährlich Apia anlaufen,
kommen nur, um eine Ladung Kopra zu ergattern, und nicht mit Unrecht war auf den
alten famoanifchen Briefmarken, die ein fpekulativer Engländer für feine Privatpoft
einführte, bevor es noch eine kaiferlich deutfche Poft gab, der Palmbaum als Symbol
von Samoa zu fehen.

Haben die Samoaner in ihren Dörfern eine Kanoeladung gefammelt, fo fahren
fie damit zu irgend einem der an den Küften wohnenden Händler. Hier wird die
Kopra gewogen und dafür ein verfchieden hoher Preis bezahlt. Im vergangenen
Jahre betrug er an der Südküfte von Upolu etwa fünf Pfennig das Pfund. Die

Händler haben in ihren Stationen eigene Koprahäuser, wo die Kopra gesammelt und in großen Haufen aufbewahrt wird. Alle paar Monate einmal kommt ein Segel= kutter irgend eines der Handelshäuser von Apia, um den Vorrat zu verladen und dorthin zu bringen, und von Apia, dem Mittelpunkte des Koprahandels, wird dieses wertvolle Erzeugnis nach Europa oder Amerika verschifft. Dort wird die Kopra mittels großer Dampfpressen ausgepreßt. Hieraus gewinnt man das Palmöl, der Rückstand aber ist der Palmölkuchen, ein beliebtes Viehfutter.

Wenn heute der Koprahandel in Samoa und in der ganzen Südsee so blüht, wenn so viele Europäer darin eine Quelle des Erwerbs und Wohlstandes finden und die Inseln selbst dadurch einer verhältnismäßigen Blüte entgegengehen, so ist es das Ver= dienst eines Deutschen. Diese Thatsache ist leider nur zu wenig bekannt, sie ist in den wenigsten Werken erwähnt und verdient deshalb ein wenig mehr ans Tageslicht gezogen zu werden. Wohl wurde aus der Kokosnuß schon seit Jahrhunderten Palmöl gewonnen, aber es geschah durch die Eingeborenen selbst in so roher und ungeschickter Weise, daß vielleicht die Hälfte verloren ging. Der schmutzige Rest wurde in Fässern nach Europa geschickt, wobei wieder ein Teil auf dem Transport eingebüßt wurde, und in Europa mußte das Oel erst gereinigt und umgefüllt werden. Heute wird nun in der geschilderten Weise die Kopra selbst nach Europa verschifft, wodurch die Fässer und die nachherige Reinigung des Oels erspart werden, der ganze Oelgehalt und auch noch der Oelkuchen zur Verwertung kommt, so daß die neue Prozedur etwa den fünffachen Gewinn der früheren abwirft.

Den Koprahandel in seine gegenwärtigen Bahnen geführt zu haben, ist das Werk des früheren deutschen Konsuls Weber in Samoa, wie denn überhaupt der ganze Südsee= handel erst durch einen Deutschen, Johann Cäsar Godeffroy in Hamburg, entwickelt worden ist. Weber kam als achtzehnjähriger Jüngling im Jahre 1862 nach Samoa, wo er als Angestellter des Hauses Godeffroy Verwendung fand. Als im Jahre 1864 der Leiter dieses Hauses in Apia auf einer Reise nach den Fidschiinseln während eines Sturmes zu Grunde ging, mußte Weber vertretungsweise auch die Leitung des hambur= gischen Konsulats in Samoa übernehmen. 1868, als sechsundzwanzigjähriger Mann, wurde er Konsul des Norddeutschen Bundes und vier Jahre später Konsul des Deutschen Reichs. Gleichzeitig leitete er die Geschäfte des Hauses Godeffroy, und seiner Umsicht, Geschicklichkeit und Fähigkeit ist es nicht nur zu danken, daß der Südseehandel heute hauptsächlich in deutschen Händen ruht, sondern daß Samoa überhaupt eine deutsche Kolonie geworden ist. Wäre er den Umtrieben der Amerikaner und Engländer in Samoa gegenüber nicht so fest und selbständig aufgetreten, so wäre das Spiel für Deutschland schon vor der Gründung des Reiches verloren gewesen, Samoa wäre heute englisch oder amerikanisch.

Man sieht aus diesem einen Fall, wie wichtig es ist, besonders auf solchen Plätzen, wie Samoa, einen fähigen und energischen Regierungsvertreter zu haben. Webers Name verdient aus der Vergessenheit gezogen zu werden, und kommt es einmal in der Muniz= palität von Apia dazu, den Straßen und Plätzen der Stadt Namen zu geben, dann

ſollten neben Kaiſer Wilhelm und Bismarck, die ſonſt gewöhnlich zuerſt mit ihren Namen
herhalten müſſen, auch Godeffroy und Weber nicht vergeſſen werden. Man iſt ſonſt
in der Südſee nicht ſo ſparſam. . In Neuguinea und im Bismarckarchipel führt jeder
Berg, jede Bucht den Namen irgend eines Mannes, der wahrſcheinlich auch etwas geleiſtet
haben dürfte, nur iſt es in den Annalen der Geſchichte nicht eingetragen. Deſto größer
ſteht es auf den Landkarten, und die wilden, unbekannten, von Menſchenfreſſern bewohnten
Gebiete wimmeln von deutſchen Namen, wie die Umgebung irgend eines deutſchen
Badeortes. In Samoa iſt dies glücklicherweiſe nicht der Fall, alle Namen ſind bis
heute ſo geblieben, wie ſie es ſtets waren und auch ſein ſollen, nämlich ſamoaniſch, aber
in der von Europäern gegründeten und bewohnten Stadt Apia verdienen auch die
Gründer des Handels und Wohlſtandes in entſprechender Weiſe verewigt zu werden.

In Samoa liegt dieſer Handel auch heute noch vornehmlich, ja geradezu ausſchließ=
lich in den Händen der Nachfolger Godeffroys, der Deutſchen Handels= und Plantagen=
geſellſchaft in der Südſee, deren Sitz in Hamburg iſt. In der Hauptagentur zu Apia
ſind gegen zwanzig deutſche Angeſtellte thätig. Dort befinden ſich auch die Haupt=
warenlager für das auf den Südſeeinſeln übliche Tauſchgeſchäft. In den „Stores" der
„Firma", ſo wird die Geſellſchaft ihres langen Namens wegen allgemein in Samoa
von Deutſchen wie Ausländern bezeichnet, findet man alle erdenklichen Waren. Alles,
was in Berlin in den verſchiedenen Läden der Friedrichſtraße, in Köln in der Hohe=
ſtraße feilgeboten wird, iſt, natürlich in geringerer Auswahl, auch bei der „Firma" zu
finden, von Tabak und Bonbons, Kaffee, Kleidern und Hüten bis zu Werkzeugen,
Stoffen, Parfüms, Regenſchirmen, Waffen. Die wichtigſten Tauſchartikel für die Ein=
geborenen ſind Stoffe für ihre Lendentücher und Jäckchen, Regenſchirme, Lampen und
Petroleum, Nadeln und Zwirn, Tabak für die Männer, Bonbons für die Frauen.
Auf den wichtigſten Punkten der Inſeln, dort, wo die beſten Ankerplätze ſich befinden,
oder wo die „Firma" Ländereien beſitzt, hat ſie auch Agenturen, faſt durchweg von
Deutſchen geleitet. An dieſe giebt ſie ihre Tauſchwaren zu beſtimmten Preiſen ab,
und die Agenten verhandeln ſie gegen Kopra an die Eingeborenen. Bargeld ſteht nur
ſehr wenig in Verwendung.

Das Haus in Matautu, an der Südküſte von Upolu, in welchem ich dieſe Zeilen
ſchrieb, iſt eine derartige Agentur der Firma. Wenn man aber die Küſte in einem
Boote entlang fährt, ſo könnte man in dieſem reizenden Hauſe eher eine Sommervilla
oder den Landſitz eines wohlhabenden Privatiers vermuten. Hunderte ſchlanker, hoher
Palmen ſtehen hier unmittelbar an der Küſte, die bis auf wenige Meter von der leiſe
ſpielenden Brandung mit weichem, grünem Raſen bekleidet iſt. Einen Steinwurf weiter
landeinwärts erhebt ſich, von Palmen beſchattet, das hölzerne Wohnhaus des Händlers,
in beiden Stockwerken ringsum von breiten Veranden umgeben. Vor der dem Meere
zugewendeten Hauptfront liegt ein kleiner, allerliebſter Ziergarten mit ſeltenen Pflanzen
und einer lauſchigen, blumenumrankten Laube. Ein hölzerner Zaun ſchließt den Garten
gegen den Fußweg ab, der hier die Küſte entlang, die Dörfer miteinander verbindend,
vorbeiführt. Daran ſchließt ſich an der Oſtſeite eine Plantage von mehr als einem

Quadratkilometer Ausdehnung, gegen den Fußweg durch eine brusthohe Mauer aus Lavablöcken abgeschlossen. Auf dem saftigen Rasen unter den hohen Palmen weiden Kühe, im niedrigen Busch und zwischen den hellgrünen Bananenstauden tummeln sich Schweine umher, massige Brotfrucht= und Mangobäume geben kühlenden Schatten.

Nirgends eine Inschrift, eine Firmentafel, denn jeder Bewohner von Samoa weiß, daß dieses Haus eine Agentur der „Firma" ist. Tritt man durch die Hausthüre ein, so steht man in einem behaglichen, mit europäischen Möbeln ausgestatteten Empfangs= zimmer. Sofa und Schaukelstühle laden zur Ruhe ein, auf der Kommode prangen in langer Reihe verschiedene deutsche Bücher, die Wände sind mit Bildern und samoanischen Kuriositäten geschmückt, darunter vornehmlich Fächer aus Tapa, die von den Frauen des Distriktes Safata ganz reizend gemacht werden. An dieses durchaus europäische Wohnzimmer schließt sich ein einfaches, luftiges Speisezimmer, in dem es bei der Mahl= zeit an deutschem Bier und deutschem Wein nicht fehlt.

Eine Holztreppe führt in das obere Stockwerk mit geräumigen, kühlen Schlafzimmern und vortrefflichen Betten, mit Mückennetzen umgeben, denn ohne diese würde auch der müdeste Wanderer nicht schlafen können. In einem dieser Schlafzimmer war ich dank der Gastfreundschaft des Händlers und eines warmen Empfehlungsbriefes des „Firma"= chefs, untergebracht. Eine offene Kokosnuß mit kühler, erfrischender Milch stand neben meinem Tintenfaß, das aus einer halben Kokosnußschale bestand, mit der Linken verscheuchte ich die lästigen Mücken mittels eines Wedels aus Kokosnußfasern, der Stuhl, auf dem ich saß, war aus Kokospalmenholz, und durchs Fenster drang die Spitze eines Kokospalmenwedels. Draußen plätscherte und murmelte die leichte Brandung, an der Landungsbrücke schaukelten ein paar Ruderboote, und darüber hinweg hatte ich den freien Ausblick aufs Meer, das endlose, denn zwischen hier und dem Südpol giebt es kein Land mehr. Doch ja, ein kleines bewaldetes Inselchen, Nusafee, steigt dort rechts, auf anderthalb Kilometer von der Küste, aus der weißen hochaufschäumenden Meeres= brandung, die es wütend umbraust. Und unter mir war das Meer so ruhig wie ein Teich. Nusafee liegt außerhalb des Korallenriffes, das hier als Wellenbrecher die Küste auf etwa ein Kilometer Entfernung umschließt. Vom Riffe selbst ist nichts zu sehen, aber alle viertel Minuten brechen sich daran die weiten Dünungen des Ozeans mit ungeheurer Gewalt, und mehrere Meter hoch schießt der weiße Gischt an den Riffen empor, denen sie mit Dampfergeschwindigkeit entlang eilen. Und kaum ist diese natürliche Fontäne in der Ferne verschwunden, so kommt schon eine zweite Dünung herangedonnert, mitunter bei stürmischem Wetter mit unheimlichem, furchtbarem Getöse.

Selten, alle Jahre vielleicht einmal, kommt ein Dampfer an diesen einsamen schönen Küsten vorbei und dann auch nur weit draußen auf der offenen See, in respektvoller Entfernung von den verderbenbringenden Riffen. Aber was macht's? Die Menschen, die auf diesem glücklichen Eiland wohnen, vermissen den Verkehr mit der Außenwelt nicht, selbst die meisten Händler sind zufrieden. Fünfhundert Meter weit von der Station wohnt ein selbständiger Trader, ein Irländer namens Mc. Farlan. Als ich ihm meinen Besuch machte, saß er vor seinem bescheidenen Häuschen auf der Veranda und schnitt Kopra. Um ihn herum tummelten sich halbblütige Kinder,˙ Schweine liefen bei meinem Kommen grunzend davon, und in den nach der See weit geöffneten inneren Räumen machten sich ein paar Samoanerinnen zu schaffen. Er hieß mich Platz nehmen und bot mir eine frische Kokosnuß mit einem Zusatz von Gin an. „Die Geschäfte sind flau", meinte er. „Es ist nicht viel hier zu holen. Ich sitze nun schon seit Jahren auf diesem Posten, und es geht nicht recht vorwärts."

„Es wohnen wohl mehrere Familien hier?" frug ich ihn, auf die Kinder weisend.

„Nein, das sind alle meine Kinder. Ich habe noch mehr", und er rief mehrere Namen. Da kamen andere herangetrippelt, und die samoanische Mama hatte noch eins auf dem Arm. Stolz blickte er auf die muntere Schar. „Sie machen einem viel Freude", meinte er, „und kosten thun sie hier nicht viel."

„Und die Schule? Die Kirche? Der Arzt?" fragte ich.

„Die Schule mache ich selbst, und wenn die Kinder älter werden, schicke ich sie nach Apia. Die Kirche ist ein paar Stunden von hier, in Lotofanga, dort wohnt auch ein französischer Priester, und er besucht uns zuweilen. Und der Arzt?" Er wies mit der Hand auf den Himmel, das Meer, die ideale Küstenlandschaft. „Kinder werden hier nicht krank wie bei Ihnen! Sehen Sie sich nur die Kleinen an!"

In der That, eines runder, blühender, vergnügter als das andere. Der gute Mc. Farlan hat seine Rechnung mit der Welt fertig. Er lebt nur seiner Familie. Keine Zeitung, keine Briefe geben ihm Nachricht von dem, was draußen vorgeht, und er hat in seiner langen Einsamkeit gelernt, nach seiner Art glücklich zu sein. Er ist Samoaner geworden.

Auf der anderen Seite, an die Pflanzung von Matautu angrenzend, wohnt ein Händler Namens Fabrici, auf einem Stück Land von einigen Hektaren, und einen halben Kilometer weiter noch einer, Namens Dücker. Damit ist die europäische Gesellschaft an der Südküste von Upolu erschöpft. An der Westseite leben auch einige, aber ihre Wohnungen sind zu zerstreut, als daß sie miteinander viel verkehren könnten. Hier aber ist ein europäischer Mittelpunkt! Vier Weiße ˙auf einer Wegstunde! Sie vertragen sich auch ganz vortrefflich und verkürzen sich zuweilen die Abende durch eine Kartenpartie.

Halt! Da kommt ein Boot angefahren, ein Kanoe, beladen mit Kopra, ein Ereignis an diesen Küsten. Alles ist in Aufregung. Mein Gastwirt beobachtet, hinter den Jalousieen verborgen, die Bewegungen des Bootes. Wird es bei ihm oder bei einem benachbarten Händler anlegen? Die samoanischen Diener laufen auch herbei, um zu helfen. Richtig! Es kommt zu uns. Das Boot wird an der kleinen Landungsbrücke festgebunden, und die drei Männer, stramme, riesige Kerle, schleppen ihre Kopra herbei, während zwei junge Frauen ihnen folgen. Natürlich mußten sie mitkommen! Wo wird sich eine Samoanerin die Gelegenheit entgehen lassen, beim Händler ein paar Bonbons zu naschen? Ich eile die Treppe herunter, um dem Handel beizuwohnen und nun sehe ich erst den Kaufladen meines Wirtes. Vom Salon führt eine, gewöhnlich versperrte Thüre, die ich gar nicht beachtet hatte, in einen Nebenraum, der nach dem Strande zu eine zweite Thüre hat. Durch diese traten die Samoaner ein. Während die Kopra gewogen wurde, das Pfund für fünf Pfennig, betrachteten die Weiber all die Schätze, die hier aufgespeichert waren. Die Männer kauften sich Tabak und Kawa.

Mittag! Die Frau meines Wirtes, eine große Erscheinung, die Tochter eines Häuptlings von Sawaii, erschien in einem bunten Babydreß; dann kam eine Verwandte, ein ungemein zierliches, junges Mädchen, mit dem jüngsten Sprößling der Familie, der lärmte und schrie und augenscheinlich die ganze Haushaltung beherrschte, und nun nahmen wir Platz. Lauter vortreffliche Dinge: Tomatensuppe, Lachs, Frankfurter Würstchen und Hühnerragout. Gemach! Gemach! Diese Delikatessen wurden nicht etwa in der Küche des Hauses zubereitet, sondern stammten aus Büchsen. Zu Ehren des Gastes mußte heute der Kaufladen seine größten Schätze hergeben, dazu bayrisch Bier! Sonst aber ist die Küche bei den Händlern nicht so reichhaltig. Es wird nach samoanischer Art gegessen, Gemüse, manchmal Fische, ein Huhn, Eier, vielleicht alle Monate einmal ein Schweinchen. So geht es jahraus, jahrein. Für die drei Tage, die ich in dem gastlichen, liebenswürdigen Hause zubrachte, war alles sehr interessant, aber auf die Dauer muß es in diesem Südseeparadiese zum Sterben langweilig sein!

Von Matautu nach Lotofanga.

Für meine Weiterreise stellte mein Wirt mir nicht nur sein Boot zur Verfügung, sondern er begleitete mich auch selbst an der Küste entlang bis nach Lotofanga. Er riet mir vom Marsch an der Küste entschieden ab, denn es sind auf der kaum fünfzehn Kilometer weiten Strecke zwischen Matautu und Lotofanga nicht nur fünf große, an ihren Mündungen breite Flüsse zu überschreiten, natürlich ohne Brücken, sondern auch steile Klippen und Salzsümpfe zu passieren. Das Meer, obschon durch die vorliegenden Riffe ohne starke Brandungswellen, unterwäscht die Küsten hier doch unaufhörlich, und auf kilometerweite Strecken sind die Ufer mit ihrem dichten Palmenbestand fortgespült, ein Opfer der Fluten geworden. Zahlreiche Palmbäume liegen entwurzelt im Wasser, besonders an den Mündungen der Flüsse, die bei Regengüssen mächtige Fluten herabwälzen und alles mit sich fortreißen. Und doch liegen auf dieser Strecke die Dörfer dicht beisammen, nicht weniger als acht auf zwölf Kilometer.

Ich ließ es mir nicht nehmen, bei jedem größeren Orte an Land zu steigen. In jedem steht eine Kirche der Londonmission, die hier trotz der empfindlichen Abgaben, die sie von den Eingeborenen abfordert, einen merkwürdig starken Halt gefaßt hat, weil sie eben die älteste in Samoa ist und schon seit sechzig Jahren besteht, während die katholische Mission erst viel später in Samoa erschien. Dennoch sind die Bewohner dieser englisch-protestantischen Dörfer in ihrem Leben, ihren Trachten und mitunter recht eigentümlichen Sitten die Alten geblieben.

Von unserem Boote aus nahmen sich die zentralen Gebirgsketten von Upolu groß=
artig aus. Obschon die einzelnen höchsten Gipfel tausend Meter nicht übersteigen, sind
sie doch von einer solchen Kühnheit der Form und erheben sich an manchen Punkten
so unvermittelt, daß sie einen viel mächtigeren Eindruck machen. An anderen Orten
türmen sie sich hinter= und übereinander auf, alle dicht bewaldet, und nur, wo die
Abstürze beinahe vertikal sind, fehlt das Grün, das sonst alles bedeckt. Manche Berge
gemahnten mich durch ihre kühnen Umrisse an das Matterhorn. Sie sind wohl die
stehengebliebenen Teile von eingestürzten Vulkanen. Ihre Namen, mit Ausnahme eines
einzigen, des Tawalangi, direkt nördlich von Faleula, konnten mir selbst unsere samo=
anischen Begleiter nicht angeben, und es werden überhaupt wohl noch Jahre vergehen,
ehe dieses malerische Stück Deutschland in der Südsee erforscht sein wird.

Bald hinter dem Dorfe Salani nimmt das Korallenriff, in dessen Schutz wir bisher
gefahren waren, eine Ende, und die mächtigen Wogen des Großen Ozeans erreichen
hier mit ungebrochener Kraft die steilen Basaltklippen der Küste. Wollten wir mit
unserem Ruderboote nicht daran zertrümmert werden, so mußten wir weiter hinaus ins
Meer, und mit bewundernswertem Geschick lenkten unsere Samoaner, gleichzeitig das
Segel hissend, das schwache Fahrzeug von den Klippen ab. Wie wir mit diesem Kahn
die Fahrt überhaupt zurücklegen konnten, ist mir noch heute ein Rätsel; wir wurden
von den hohen Wasserbergen ohne Unterlaß machtlos emporgehoben und wieder herab=
geschleudert. Unsere Leute waren nur darauf bedacht, den Kamm der Wellen mit
dem Bug des Schiffleins zu schneiden. Das Dröhnen der Brandung, die Wucht, mit
denen diese gewaltigen Wasserberge, an die Klippen prallend, ihren Gischt durch die aus=
gewaschenen Kamine emporsandten, die elementare Gewalt, mit der sich immer neue
Wellenkolonnen heranwälzten, ließ uns an die Nichtigkeit unseres Erdendaseins denken.
Jedesmal, wenn wir auf dem Kamm einer Welle balancierten, blickte ich sehnsüchtig
nach den nächsten Korallenriffen aus und bekam dabei auch die beiden malerischen
Inseln an der Südostspitze von Upolu zu sehen, Nuutele und Nuulua. Nuutele, die
größere, ist nichts weiter als ein gewaltiger über hundert Meter hoher Felsen, der nach
allen Seiten geradezu vertikal abstürzt, in Umrissen und Größe, sowie in der rötlichen
Färbung der Klippen an Helgoland erinnernd.

Endlich, es war uns schon recht unbehaglich zu Mute, entdeckte ich an einer erhöhten
Stelle mitten im dichtesten Baumwuchs an der Küste ein weißes Kirchlein mit Turm
und Kreuz. Es war die Missionskirche von Lotofanga, und zu Füßen des Abhanges
an der Küste zeigten sich in der Ferne die kleinen Häuschen des Ortes. Glücklich
steuerten unsere Bootsleute an dem vor Lotofanga im Meere gelegenen Felsen vorbei,
und bald standen wir auf dem hohen Plateau über dem volkreichen, belebten Ort, wo
sich eine katholische Mission der Maristen erhebt. Mein Gastfreund von Matautu ver=
abschiedete sich hier, nachdem er noch den Missionsleiter, einen jungen gelehrten Priester,
Père Biton, begrüßt hatte, während ich in der Mission Unterkunft fand. Die Einfach=
heit, mit welcher dieser Missionar hier lebt, ist geradezu beschämend und kann auch auf
die Samoaner, die an die schönen, behaglich eingerichteten Häuser der Herren der

Londonmiſſion gewöhnt ſind, ihren Ein=
druck nicht verfehlen. Zuweilen lieſt
man, daß die katholiſche Kirche in
Samoa durch ihr maleriſches Zere=
moniell allein ſchon bei den pracht=
liebenden Samoanern mehr Ausſicht
auf Erfolg hätte als die proteſtantiſche.
Die Herren der Londonmiſſion entfalten
aber in ihren Wohnungen und Wohl=
leben viel mehr davon als die armen
Mariſtenmiſſionare in ihren einfachen
Gotteshäuſern der Südküſte bei den
hohen Kirchenfeſten des Jahres.

In dem ruinenhaften Häuschen, das
von Père Biton nur mit Mühe zu=
ſammengehalten wird, fehlt es an allem
und jedem, und jeder Samoaner dürfte
in ſeiner Hütte verhältnismäßig mehr
Bequemlichkeit zum Wohnen und mehr
Abwechſelung in ſeinen Mahlzeiten
haben als dieſer franzöſiſche Prieſter.

In Blätter gekleidet.

Fürwahr, ſein Los iſt nicht beneidenswert. Seine geſamten Jahreseinkünfte belaufen ſich
auf vierhundert Mark, womit er auch noch die kirchlichen Ausgaben zu beſtreiten hat.
Wer ſeine Jugend, ſein ganzes Leben opfert, um hier, entfernt von allen Lieben, ohne
jegliche Beziehungen zu der Außenwelt, in geradezu erdrückender geiſtiger Einſamkeit
das Gotteswort zu predigen, der muß allerdings über einen ſeltenen Grad von
religiöſem Enthuſiasmus, Pflichteifer, Entſagung und Mut verfügen. Als ich in ſein
armſeliges Stübchen trat, das neben den einfachſten und nötigſten Möbeln nur eine
ſtattliche Reihe von Büchern aus ſeiner Studienzeit ſchmückt, ſaß er an dem roh
gezimmerten Tiſch und ſtudierte Deutſch. Da der franzöſiſche Biſchof in Apia für
die Miſſionsſchulen die deutſche Sprache als Lehrgegenſtand angeordnet hat, müſſen
naturgemäß zuvor die Lehrer die Sprache ſtudieren, und ein deutſcher Prieſter wird
von Miſſion zu Miſſion ziehend, in jeder eine Zeitlang verweilen, um ihnen dabei an
die Hand zu gehen.

Die ſamoaniſchen Frauen und Mädchen machen ſich nicht nur ihre Kleider, ſondern
auch die Stoffe dazu ſelbſt. Die gebräuchlichſten Kleiderſtoffe wachſen in Samoa fix
und fertig auf den Bäumen, große lanzettförmige Blätter, die mit der Spitze nach unten
auf eine Baſtſchnur gezogen werden. Wertvollere Kleider werden aus Tapa hergeſtellt.
Sie werden aber nur bei Feſtlichkeiten getragen, wie die Schleppkleider unſerer Damen.
Tapa iſt die innere Rinde eines in Samoa häufig vorkommenden Baumes, der „Ua“
heißt. Der botaniſche Name lautet Papyrifera Brouſſonetia. Der Stoff hat etwa die

Dicke und Steifheit unserer schweren Seidenbrokate, fühlt sich wollig an und ist vor seiner Bemalung von gelblicher Farbe.

Die gewöhnliche Größe eines Stückes Tapa oder „Siapa" ist etwa zwei bis drei Quadratmeter. Die Europäer in Samoa verwenden die bemalten Tapastücke gewöhn= lich als Tischdecken oder Thürvorhänge, die Samoaner aber hüllen bei Festlichkeiten ihre Körper darin ein, ohne daß die Decken dazu irgendwie zugeschnitten oder genäht würden.

Schon wiederholt habe ich Samoaner in dieser eigentümlichen „Kleidung" gesehen, in Falifa hatten die Nonnen der dortigen Mission sogar die Freundlichkeit, mir zum Andenken nebst einigen Fingerringen aus Schildpatt, ebenfalls eine samoanische Spezialität, einige sehr hübsche Tapadecken, zu verehren, die leider seither von den Motten zerfressen worden sind. Die Herstellung der Tapa aber sollte ich erst in Loto= fanga kennen lernen.

Als ich des Morgens durch das Dickicht von Bananen und Brotfruchtbäumen, welches den oberen Teil des Ortes von dem unteren trennt, nach der Küste hinabstieg, drang ein merkwürdiges Klopfen von Holzhämmern an mein Ohr, bald unregelmäßig, bald wieder in einem bestimmten, nicht unmusikalischen Takt, und auch der Klang dieser xylophonischen Aufführung war ganz angenehm. Aehnliches Klopfen hatte auch im fernen Korea zur Nachtzeit meine Neugierde geweckt, nur waren dort Tausende von Klopfern thätig. Sie wurden von koreanischen Frauen gehandhabt, die an den Ufern der die Hauptstadt Soul durchziehenden Flüsse hockten und die Wäsche ihrer Herren und Gebieter dadurch reinigten, daß sie mit schweren hölzernen Klopfern auf die nassen Kleidungsstücke loshämmerten.

Aehnliches war auch hier der Fall. Vor verschiedenen Hütten des reizend gelegenen Ortes saßen Frauen und Mädchen und schlugen mit schweren Holzschlägern auf eine weiße Masse, die vor ihnen auf einem halbrunden Holzblock lag. Dabei lachten und scherzten und sangen sie; sie waren augenscheinlich schon recht ermüdet, aber der Gesang und der taktmäßige Schlag schien ihnen noch Kraft zu verleihen. Mein Dolmetscher erklärte mir, der zähe Stoff auf den Holzblöcken sei Tapa. Es müßten wohl von den Männern ein paar Tapabäume gefällt worden sein, und die einmal gefällten Stämme erfordern sofortige Verarbeitung, sonst trocknen sie aus und werden spröde. In der That sahen wir etwas weiter unter den Kokospalmen am Strande die nur armdicken, geraden Stämme liegen, die schon ihrer Rinde entkleidet worden waren. Die einzige Arbeit, welche die Männer bei der Tapabereitung verrichten, ist das Fällen der Bäume und Herabschaffen der Stämme in die Küstendörfer. Alles übrige ist Sache der Frauen. Die Rinde, an deren Innenseite eine weiße, weiche Schicht liegt, löst sich im frischen Zustand leicht vom Stamm. Die Weiber schaben nun diese innere Schicht von der wertlosen Rinde ab und lassen sie eine Nacht im Wasser, um sie zu erweichen. Gewöhn= lich versenken sie dieselbe, durch Steine beschwert, in den seichten Flüssen, deren sich in Samoa fast bei jedem Dorfe einer befindet.

Am nächsten Morgen beginnt die eigentliche Zubereitung der Tapa. Die Weiber und Mädchen begeben sich dann an den Fluß, nehmen im seichten Uferwasser Platz

und legen kurze Bretter vor sich, wie jene der italienischen Lavandajas beim Wäsche-
waschen. Zum Schutz gegen die Sonne haben sie alle möglichen Vorrichtungen,
Bananenblätter oder Palmenwedel, Tapastücke oder Matten auf Stöcken. Einige
Mädchen waren noch jetzt, als wir das Flußufer erreichten, in ihrem mehrere Stunden
dauernden Sitzbad an der Arbeit. Sie hatten die weißen Rindenstücke vor sich auf
dem Waschbrett liegen und schabten daran mit einer Strahlmuschel (auf samoanisch
Pe=pe) herum, während sie gleichzeitig fortwährend mit der Hand Wasser darüber
schaufelten. Dadurch werden die weichen Bestandteile entfernt, und nur eine schwammige,
zähe Masse ohne sichtbare Fasern bleibt zurück.

Diese wird nun in der vorgeschilderten Weise geklopft, so lange bis die ursprünglich
fingerdicke Rinde nicht stärker ist als Kartonpapier. Die Weiber prüften sie zuweilen
durch Aufheben und Anfühlen, wie unsere Köchinnen den Nudelteig, und waren sie
zufrieden, so legten sie die Stücke zum Trocknen auf die runden, faustgroßen Basalt-
stücke, mit denen die Samoaner die Umgebung ihrer Hütten auf einige Meter zu pflastern
pflegen. Als wir vom Flusse zurückkehrten, waren schon einige Mädchen daran, verschiedene trockene Stücke aufzulesen und zusammenzukleben. Dazu verwendeten sie einen
Kleister aus Pfeilwurz. Allmählich entstehen so die Tapadecken, und es ist mir erstaun-
lich, daß sie denselben durch so einfache, rohe Mittel eine solche gleichmäßige Dicke oder
vielmehr Feinheit verleihen können. Sind die Tapadecken trocken, so werden sie mit
samoanischen Farben in den verschiedensten Mustern bemalt und können bei der nächsten
Festlichkeit von ihren Verfertigern getragen werden.

Ueber Land nach Falifa.

Der östlichste Teil der Südküste von Upolu ist steinig und nur spärlich bevölkert.
Man riet mir ab, den beschwerlichen Marsch rings um die Insel fortzusetzen,
obschon sich an der Ostspitze, gegenüber den malerischen Felseninselchen Namua und
Fanuatapu, der Distrikt Aleapata befindet mit der Ortschaft Amaile. In dieser besitzt
der Oberhäuptling von Samoa, oder „König", wie er gern genannt wird, Mataafa,
ein Haus, und nahe diesem hat er sich sein Mausoleum, einen sarkophagartigen Aufbau,
errichten lassen. Hoffentlich wird der biedere brave Mann ihn noch recht lange
unbenutzt lassen.

Als interessantester, aber auch anstrengendster Marsch wurde mir jener quer durch die
Insel über die steilen Grate und eingestürzten Vulkankrater nach Falifa empfohlen.
Wer sich auf den gebräuchlichen Landkarten des Stillen Ozeans die samoanische Inselgruppe ansieht, die dort als kleine Pünktchen verzeichnet sind, der wird sich die Sache
einfach als einen Spaziergang vorstellen. Thatsächlich ist die Entfernung, in der Luft-
linie gemessen, nur etwa zwanzig Kilometer, wenn man den fehlerhaften Karten

Mataafa und seine Familie in Amaile an der Oftküfte von Upolu.

überhaupt trauen darf. In Wirklichkeit stellt sich die Durchquerung der Insel an diesem Punkte als langwieriges Umherklettern über steile Felswände, durch tiefe mit Felsblöcken angefüllte Schluchten, Durchwaten und Durchschwimmen von einem halben Dutzend Flüssen heraus.

Während der ersten Stunden ging es fortwährend steil bergauf; der Pfad nimmt hinter dem Garten der katholischen Mission seinen Anfang und führt einen halben Kilometer lang zwischen Plantagen der Eingeborenen einher, um jenseits derselben gänz= lich aufzuhören. Auch die Mission besitzt hier eine kleine Kokospflanzung, zieht aber nicht viel Nutzen daraus, da die Samoaner die bei ihnen herrschende Gütergemeinschaft zuweilen auch auf die Plantagen der Weißen ausdehnen. Eben während meines Besuches von Lotofanga klagte mir der Missionsleiter, Père Biton, sein Leid. Das Nüffestehlen war so arg geworden, daß er sich bei dem Ortshäuptling beschwerte, aber die Samoaner haben eben für Diebstähle dieser Art kein richtiges Verständnis. Sie sind sich nicht bewußt, eine nach europäischem Gesetz strafbare That zu begehen, und es wird ihnen erst beigebracht werden müssen. Gerade die Häuptlinge kennen unsere überfeine Unterscheidung zwischen Mein und Dein nicht so recht, wie die Europäer

an der Südküste von Upolu es wünschen. So besitzt beispielsweise Leilula, der Häupt=
ling von Salelua, wohl sehr viel Land, aber nur ein Dutzend Palmen darauf, und
seinen Bedarf an Nüssen erbettelt oder erzwingt er sich von seinen Untergebenen, oder
macht eben Anleihen in anderen Plantagen. Diese sind in Samoa natürlich nicht ein=
gefriedigt oder abgegrenzt und mit Marksteinen bezeichnet, dazu in vielen Fällen so
von Unkraut durchwuchert, daß man leicht eine Ausrede finden kann, wenn man etwa
auf dem Lande des Nachbars Kokosnüsse einheimst.

Der Urwald, in den wir jenseits des Plantagengürtels gelangten, ist hier bei weitem
nicht so dicht und üppig wie im mittleren Teile der langgestreckten Insel, wohl schon
deshalb, weil die Abhänge viel steiler sind. Nach mehrstündigem Marsch hörte ich das
Rauschen eines starken Wasserfalles, dessen Name mir mit Tavalangi angegeben wurde.
Ich bekam ihn nicht zu sehen. Es hätte dazu mühevoller Kletterei bedurft, und dazu war
die Zeit nicht vorhanden, wollten wir nicht im Urwald übernachten. Menschliche
Wohnungen sind erst jenseits des mittleren Gebirgskammes in der Ebene von Falifa
zu finden. Welcher Fluß diesen Wasserfall bildet, war nicht herauszubekommen, denn
die Flußläufe sind auf der Langhans'schen Karte, natürlich ohne Verschulden des Zeichners
derselben, der ja auch nur das vorhandene spärliche Material benutzen konnte, ganz
unrichtig angegeben. Selbst die Namen fehlen. In Falifa gab man mir den Namen
des Flusses mit Vaigafa an.

Nachdem wir ein paar durch Schluchten laufende Flüsse, die steilen Wände hinab
und wieder hinauf, durchwatet hatten, wußten meine Leute nicht mehr, wohin. In der
grünen Dämmerung des Urwaldes, dessen Baumkronen ein undurchdringliches Dach
über uns bildeten, war eine Orientierung nicht gut möglich, die Landkarte hätte uns
noch mehr irregeführt, und so marschierte ich daher einfach dem Kompaß nach, direkt
nach Nord. Etwas anderes war nicht zu thun, da besonders in diesem Teile von
Upolu jeder Weg und Steg vollständig fehlt. Wohl stießen wir zuweilen, wo der
Boden nicht mit Steintrümmern, sondern mit weicher Erde bedeckt war, auf spärliche
Spuren von nackten Füßen, aber sie verschwanden sofort wieder, wenn wir auf Felsen
gelangten. Und diese Felsen bildeten den größeren Teil unseres Weges bis zur Paß=
höhe, die wir in den Nachmittagsstunden nach langem Klettern erreichten. Der steile,
nahezu tausend Meter hohe Berg im Osten des Gebirgssattels führt den Namen
Tongajuno.

War schon der Aufstieg beschwerlich, so gestaltete sich der Abstieg auf der Nordseite
des zentralen Gebirgzuges am Upolu zu einer wahren Qual. Das Gebirge fällt gegen
Norden viel steiler ab als gegen Süden, wo es terrassenartige Absätze hat; diese fehlen
auf der Nordseite. Unvermittelt steigt das Gebirge hier von der tiefen Thalsohle, die
sich kaum hundert Meter über dem Meeresspiegel befinden dürfte, empor. Die einzig
mögliche Passage ist die stellenweise senkrecht abstürzende Schlucht eines wasserreichen
Flusses, der bei Falifa in die gleichnamige Meeresbucht mündet. Es mußte im Gebirge
während der Nacht geregnet haben, denn in der Schlucht rauschten die vielen Wasser=
fälle. Durch diese durchschnittlich kaum zwei bis drei Meter breite, mit bemoosten,

naſſen Felstrümmern gefüllte Schlucht mit hohen Seitenwänden und fußtiefem Waſſer, das unſeren Blicken den Grund entzog, mußten wir hinab. Ich verſuchte, die angrenzenden ſeitlichen Höhen erklimmend, eine bequemere Paſſage zu finden, aber überall fand ich die gleichen ſteilen Abſtürze. Da gab es kein weiteres Beſinnen. Ich ſchnitt mir zwei lange gerade Aeſte von den nächſten Bäumen, und mit dieſen über zwei Meter langen Stangen für jeden Schritt zunächſt unter mir feſte Stützpunkte ſuchend, ſtieg ich herab. Alle zehn Schritte glitt ich aus, alle zehn Schritte gab es ein Fuß- oder Sitzbad, zuweilen galt es Abſätze hinabzugleiten, Stämme von gefallenen Baumrieſen zu überſteigen, die quer über der Schlucht lagen, allein es ging, und mit heilen Knochen, wenn auch nicht mit heiler Haut, kamen wir unten an. Das iſt der „Weg“ von der Süd- nach der Nordſeite von Upolu, zwiſchen zwei der am dichteſten beſiedelten Küſtenſtrecken des deutſchen Inſelparadieſes in der Südſee!

Wir befanden uns nun auf vorherrſchend ebenem Boden, in einem weiten dicht bewaldeten Thale, das in die ihrer Fruchtbarkeit wegen berühmte Ebene von Falifa mündet. Mehreremale hatten wir einen Fluß zu überſchreiten, der auf der neueſten, ſchon mehrfach genannten Karte von Upolu durch Punkte angedeutet iſt, und gelangten endlich in ſamoaniſche Kokosnuß- und Bananenpflanzungen, ſtreckenweiſe unterbrochen von niedrigem Buſch, der mir endlich den Ausblick auf die umliegenden Höhen gewährte. In ungemeiner Kühnheit und Steilheit ſteigen ſie in einem weiten Kranz von fünf bis ſechs Kilometer Durchmeſſer von der Thalſohle fünf- bis ſechshundert Meter hoch empor, mit der prächtigen Felsnadel des Fao (ſechshundert Meter) im Oſten. Es ſchien mir zweifellos, daß dieſe das Thal umgebenden Baſaltfelſen Trümmer eines ungeheuren Vulkans ſind, deſſen Krater allmählich ausgefüllt wurde und heute die kreisförmige Thalebene von Falifa bildet. Die von den Bergen konzentriſch herabkommenden Flußläufe vereinigen ſich im Thale und haben ſich durch die Baſaltmaſſen der nördlichen niedrigſten Kraterwand einen Ausweg zum Meer gebahnt.

Der äußerſt fruchtbare, fette Thalboden wird von den Samoanern auch für ihre Pflanzungen verwendet; neben Kokospalmen und Bananen fand ich hier Taro-, Tamu- und Yampflanzungen ſowie Tabakfelder, denn die Samoaner ſind eingefleiſchte Raucher, und in der Nähe faſt jeden Dorfes wird etwas Tabak gepflanzt. Leider war dieſes Thal das einzige auf dem ganzen Wege quer durch die Inſel, das für ſolche Zwecke brauchbar iſt. Das ganze Innere iſt felſig, mit dichteſtem Urwald bedeckt und für die Kultur nur ſtellenweiſe verwendbar. Ich verweile bei dieſer Thatſache wiederholt, damit man in Bezug auf die Zukunft Samoas als Plantagenland ſich nicht allzugroßen Hoffnungen hingiebt. Die beſten Ländereien, jene an den Küſten, ſind jetzt ſchon unter Kultur, und der Ertrag der Inſeln, der heute einen Wert von zwei bis drei Millionen Mark im Jahre hat, kann im allerbeſten Fall verfünffacht werden, alſo zwölf bis fünfzehn Millionen Mark Wert erreichen. Darüber hinaus wird es wohl niemals kommen können.

Die Sonne war längſt untergegangen, als wir bei den beiden Inlandsdörfern von Falevao vorüber den Flußdurchbruch erreichten. Die ziemlich beträchtlichen

Wassermassen schäumen hier donnernd über ein breites, von steilen Ufern eingefaßtes Bett von Basalttrümmern. Felsbarrieren legen sich hier und dort quer darüber, und der Fluß bildet dann malerische, rauschende Schnellen und Fälle, deren schönster und größter sich nur einen halben Kilometer weit von der Mündung, d. h. der tief eingeschnittenen Bucht von Falifa, befindet.

An der Westseite dieser Bucht liegt Falifa, ein großer, weitausgedehnter Ort mit einer katholischen Mission, auf die wir, so gut unsere totmüden Beine uns noch tragen konnten, zusteuerten. Es war Nacht geworden, als ich im Mondenscheine zwischen schwarzen, mächtigen Brotfruchtbäumen die hübsche Kirche der Mission hervorleuchten sah. Die Priester, Franzosen, waren noch auf und bereiteten mir einen herzlichen Empfang. Bald war in dem kleinen, aus vier wackeligen Bretterwänden bestehenden Refektorium auf einem rohgezimmerten Tische ein Imbiß à la Samoa bereit: Eier, gekochte Tarowurzeln, welche hier die Stelle der Kartoffeln einnehmen, in Asche gebratene Brotfrucht statt des Brotes, etwas Speck und dazu als Trank die köstliche Milch von frischen Kokosnüssen, die ein Missionsdiener direkt von den Bäumen holte. Der ganze Ort Falifa enthält nur katholische Einwohner. Der Missionar, ein alter Herr mit langem weißen Barte, ist hier schon seit Jahrzehnten thätig. Ein zweiter Missionar aus Apia weilte zu Besuch bei ihm, und so die Herren hatten so viel des Interessanten zu erzählen, daß wir troß meiner Müdigkeit noch bis Mitternacht aufblieben. Die samoanischen kühlen Nächte sind auch zu herrlich, um zu schlafen; in den Häusern des Dorfes war alles finster und ruhig, und ihre eigentümliche Bauart mit den halbkugel= förmigen Dächern verlieh ihnen das Aussehen von ungeheuren Gräbern; unten an den weißen Korallenriffen plätscherten die sanften Wellen des Meeres, und aus der Ferne hörten wir das Rauschen des Fonga=afu genannten Wasserfalles. Weit draußen auf der silbernen Fläche der Bucht von Falifa aber schaukelte das Segelboot, das mich nach einigen Tagen Aufenthalt unter den Eingeborenen wieder zurücktragen sollte nach Apia, diesem „Neapel" der Südsee.

An der Nordküste von Upolu.

Von all den herrlichen Punkten des deutschen Inselparadieses in der Südsee, die ich besucht habe, würde ich der Bucht von Falifa, einige Wegstunden östlich von Apia gelegen, entschieden die Palme zuerkennen. Wer nicht gerade bemüßigt ist, in der großen Welt, inmitten unseres aufregenden Verkehrs zu leben, der würde sich kein schöneres Plätzchen für einen Wohnsitz wählen können als Falifa, und ich wundere mich, daß von all den unabhängigen Millionären und Nichtsthuern, an denen unser Erdenglobus doch so reich ist, noch keiner auf den Gedanken kam, sich in Samoa eine Besitzung zu erwerben. Was sind Korfu, Madeira, Korsika und andere im Vergleiche

Der älteſte Miſſionsprieſter in Samoa mit einigen Miſſionskindern in Falifa.

zu Samoa! Wo giebt es ein ſo- wunderbar gleichmäßiges, warmes Klima, ſo herrliche
Palmenwälder, ſo ſchöne Berge, ſo idylliſches, friedliches Leben und einen ſo prächtigen
Schlag gutmütiger, freundlicher, fröhlicher Naturmenſchen wie hier? Samoa liegt auf
der Hauptroute zwiſchen Auſtralien und Amerika. Bis zur Beſitzergreifung durch das
Deutſche Reich kamen jährlich mindeſtens zwei Dutzend große Dampfer mit Reiſenden
der verſchiedenſten Stände nach Samoa, jeder war entzückt von Apia und ſeiner
Umgebung, aber natürlich die Berufsmenſchen ausgenommen, blieb von all den Tauſenden
nur ein Einziger zurück, um hier in dieſem Tropenparadieſe zu leben, Robert Louis
Stevenſon. Je länger er verweilte, deſto lieber gewann er Samoa, er ſchrieb darüber
ganz begeiſtert, und trotz der Reklame, die er dadurch in der geſamten engliſch ſprechenden
Leſewelt dafür machte, iſt noch niemand ſeinem Beiſpiele gefolgt. Warum nicht? Wir
moderne Herdenmenſchen ſuchen eben das Glück gewöhnlich ganz wo anders, als wo
wir es finden könnten. Als ich auf der breiten Terraſſe des Miſſionshauſes in einem
rohgezimmerten Lehnſtuhle den köſtlichen Aufenthalt, Landſchaft, Vegetation, Menſchen
und Klima in vollen Zügen genoß, konnte ich ein Gefühl des Neides für den alten
Miſſionar nicht bemeiſtern, der mir zur Seite ſaß. Ein alter Herr, mit weißem Haar
und langem weißen Bart, der Vater von Falifa. Einen beſſern Namen könnte ich

ihm nicht geben. Er ist bejahrter als irgend ein Mitglied seiner Gemeinde, er hat die meisten Menschen, die hier im Schatten der großen Palmen und Brotfruchtbäume wohnen, selbst getauft, er hat ˙sie aufwachsen sehen, sie unterrichtet und vermählt und wieder ihre Kinder getauft. Kein Häuptling in seinem Gebiete kann sich größern Ansehens, größerer Achtung erfreuen als dieser ehrwürdige Mann, der sein Leben, sein Wissen den Bewohnern dieser Bucht geopfert hat und nun an seinem späten Lebens= abend mit Befriedigung und Stolz auf sein Werk blicken kann. Ich sah es ihm an, daß damit auf dieser Erde alle seine Wünsche erfüllt waren. Was sich hier zeigt, das große, ausnehmend reinliche Dorf mit den bescheidenen Hütten, die Baumreihen auf dem weiten schattigen Platz, die Pflasterung der Wege (Pflasterung in Samoa!), die schöne große Kirche mit den gemalten Fenstern, der verhältnismäßige Wohlstand der Einwohner, die weiten gutgepflegten Plantagen weiter im Thale, alles das ist sein Werk. Aber nicht genug damit. Er ist auch im besten Sinne des Wortes der geistliche Herr der Bewohner Falifas. Er hat sie zu Christen gemacht und ist gleichzeitig ihr Berater, ihr Vertrauter. Er schlichtet Streitigkeiten, tröstet, hilft, und in allen schwierigen Lagen kommen sie zu ihm, um Rat zu erbitten, denn sie wissen, daß er heute ebenso arm ist, wie damals, als er, ein Mann jung an Jahren, zu ihnen kam. Für alle hat er gesorgt, nur nicht für sich. Als er kam, baute er sich als echter Franzose nicht ein Holzhaus, sondern eines aus Stein mit zwei großen hohen Räumen, mit Thüren und Glasfenstern, die ersten, welche die Eingeborenen überhaupt gesehen hatten. Er zimmerte sich dazu Möbel, und diese dienen ihm noch heute: ein Bett, ein Tisch, ein paar Bänke und Stühle. Die Fensterscheiben sind längst in die Brüche gegangen, die Thüren schließen nicht, aber wozu auch Scheiben in der balsamischen Sommerluft, die in Samoa jahraus jahrein weht? Wozu Schlösser an den Thüren? Der Pater denkt vielleicht an das alte chinesische Sprichwort: „Eine Thüre ist am besten verschlossen, wenn sie nicht verschlossen zu werden braucht." Er ist in seiner Lebensweise Samoaner geworden, trinkt täglich mit Vorliebe seine Kawa, ˙wie die braunen Schäfchen seiner Herde, ißt Taro und Yam und Brotfrucht. Nur auf eine Sache verwendet er alle Sorgfalt, alle freie Zeit, all seine Ersparnisse: auf die Kirche. Die wenigen Europäer, die Falifa besuchen, sind mit Recht erstaunt über dieses Gotteshaus. So sagt z. B. der frühere englische Kommissar für die Südsee, William B. Churchward, in seinem Buche My Consulate in Samoa: „Ueber das dunkelgrüne Laub der Bäume ragt der blendend weiße Turm der katholischen Kirche hervor. Sie ist ein wirklich schöner Bau, aus behauenen Korallenblöcken, von den Riffen, die unten die Bucht umgeben, aufgeführt und besitzt sogar Fenster mit Glasmalereien. Ein Blick in das Innere zeigte mir die gebräuchliche Einrichtung der katholischen Kirchen, mit dem Unterschiede, daß an Stelle der Stühle und Bänke geflochtene Matten den Boden bedeckten. Es ist in der That ein rühmenswerter Bau. In Europa kann man täglich weniger schöne Kirchen sehen, und dabei ist diese Kirche von Falifa nicht das Werk professioneller Handwerker, denn wo gäbe es solche in Samoa, sondern sie wurde von dem guten Pater mit Hilfe seiner Herde allein aufgebaut."

Mündung des Falisaflusses mit dem Fonga=afufall.

Falisa verdient wahrhaftig, daß man es besucht und, wenn einmal da, länger verweilt. Es ist nicht nur eines der schönsten, sondern auch interessantesten Plätzchen in der deutschen Südsee. Die hornförmige, tief eingeschnittene Bucht ist größtenteils von Korallenriffen erfüllt, und nur im östlichen Teil, eingeschlossen von mehrere hundert Meter hohen, geradezu senkrecht abstürzenden, begrünten Felsen, ist Ankergrund vorhanden. Zur Ebbezeit liegen die Korallenriffe an vielen Stellen über Wasser, und in den zurück= gebliebenen Tümpeln fischen die Mädchen und Kinder unter fröhlichem Gesang und Gelächter. Ganz am innern Ende der Bucht strömt aus einer engen, von vertikalen Basaltwänden umschlossenen Schlucht der wasserreiche Falisafluß hervor und fällt über eine wohl zwanzig Meter hohe vertikale Felsenbarriere rauschend in das Meer. Das Getöse dieses, Fonga=afu genannten Falles ist nicht nur in der ganzen Bucht, sondern sogar auf dem offenen Meere hörbar. Oberhalb desselben, in einem tiefen Becken, dessen klares Wasser die Basaltblöcke am Grunde sehen läßt, ist der Badeplatz der Eingebornen, und zu allen Stunden findet man dort Badende beiderlei Geschlechts, die sich im Wasser

Mädchentypus.

Bala, Taupou von Matafanga Tele.

umhertummeln. Vorzügliche Schwimmer, wie alle Samoaner, sogar die kleinen Kinder
es sind, geben sie sich diesem ihnen unentbehrlichen Genusse täglich, mitunter sogar mehrere
Male hin. Längs des Flusses führt ein Pfad ins Innere, wo sich jenseits des engen
Flußdurchbruches die weite Ebene von Falifa mit den ausgedehnten Plantagen der
Eingebornen befindet. Hier dürften meiner Meinung nach von Europäern größere
Plantagen mit Vorteil angelegt werden können. Während die Ostufer der Bucht, wie
gesagt, von steilen Höhen gebildet werden, sind jene der Westseite flacher und geben
sogar Raum für einen höchst eigentümlichen kleinen Süßwassersee, an dessen Ufer Falifa
liegt. Von der Form eines Halbmondes, wird er aus einer starken Quelle gespeist,
die direkt von seiner Südspitze aus einem Felsen hervorschießt. In der Mitte des Sees
liegt ein kleines schattiges Inselchen, gerade der Mission gegenüber. An seinem Nord=
ende verengt sich der See zu einem Kanal, der sich in scharfem Bogen erneut nach
Süden wendet und erst nach mehreren hundert Metern Lauf in die Bucht ergießt.
Derlei Süßwasserseen in der unmittelbaren Nähe der Meeresküsten sind eine Eigen=

tümlichkeit Samoas. Ich fand sie in Sawaii, sowie an der Südküste Upolus, am zahlreichsten aber sind sie an der Nordküste dieser Insel, und an ihnen liegen auch gewöhnlich die Dörfer der Eingebornen.

Neben der Kirche erhebt sich ein stattliches Seminar, in welchem neben europäischen auch samoanische Schwestern, der französischen Sprache mächtig, die weibliche Jugend von Falifa erziehen. Aber auch von anderen Dörfern an der Küste werden die Mädchen hierher nach Falifa gesandt, und ich traf unter den Zöglingen ein kleines zwölfjähriges Mädchen, die Enkelin des „Königs" Mataafa, der bekanntlich selbst Katholik ist. Der Besuch eines Europäers in der Missionsschule ist ein so seltenes Ereignis, daß schon am Abend vorher große Aufregung unter den Mädchen, etwa dreißig an der Zahl, herrschte. Die anspruchsvollen Gebäude der Schule (sie gehören zu den größten von Samoa) erheben sich neben der Kirche und bilden einen weiten Hof, in welchem mich die samoanischen Schwestern auf gut französisch begrüßten. Als ich, von ihnen geführt, in den Schulsaal trat, fand ich die Mädchen in ihren Festkleidern von halb europäischem Schnitt, Blumen im Haar, Kränze um den Hals. Jedes einzelne wurde mir vorgestellt, jedem mußte ich die Hand schütteln und den üblichen Gruß „Talofa" (Liebe) wechseln. Dann mußte ich die Schulbücher durchsehen, die Mädchen lesen und rechnen lassen, aber ich sah es ihnen an, sie brannten vor Begier, mir etwas vorzusingen und vorzutanzen. Die Tanzlust herrscht bei den jungen Mädchen in Samoa noch viel mehr als bei ihren europäischen Schwestern. Ich kürzte also die Prüfung ab, und nun sangen sie mir unter Tanzbewegungen die schönen samoanischen Lieder, zum Schlusse aber die deutsche Kaiserhymne.

Dafür sandte ich den niedlichen Mädchen nach meiner Rückkehr von Apia aus zwei Kistchen Lollis (Bonbons), das angenehmste Geschenk, das man Samoanerinnen für dergleichen Liebenswürdigkeiten machen kann.

Als ich die Missionsschule verließ, überreichten mir die Missionsschwestern zum Andenken zwei sehr feine Pandanusmatten und zwei Fingerringe aus Schildpatt mit eingelegten Silberbuchstaben, samoanisches Fabrikat. Schildkröten kommen an den Küsten Samoas sehr viel vor, und auf der Rückreise nach Apia sahen wir mehrere riesige Exemplare an die Oberfläche des Wassers kommen.

Auf den Landkarten findet man nur wenige Kilometer westlich von Falifa die Kohlenstation der kaiserlichen Marine, das vielgenannte Saluafata angegeben, aber der Marsch über Land durch dichten Urwald und über steile Höhen erforderte doch erheblich mehr Zeit, als wir dachten. Unmittelbar vor Saluafata kamen wir durch den Ort Lufi-Lufi (zu deutsch Nahrungszerteiler), den Hauptort des „Königreiches" Atua. Sowohl Sawaii wie Upolu sind in derlei Königreiche oder Distrikte eingeteilt. Sawaii hat deren sechs, Upolu bei einer viel größern Zahl von Einwohnern und Dorfgemeinden nur drei. Der westlichste Distrikt heißt Aana, der mittlere, in welchem auch Apia liegt, Tuamasaga, der östlichste und größte Atua. Die Könige oder Oberhäuptlinge dieser Distrikte führten bei dem erstgenannten den Namen Tuiaana, beim zweiten Malietoa, beim dritten Tuiatua. Die mächtigsten Häuptlinge waren jene von Aana, deren Hauptstadt Leulumoega bis heute der politische Mittelpunkt von Upolu, ja von ganz Samoa geblieben ist. Apia ist nur eine Gründung der Weißen und der Sitz der europäischen Regierung. Von Hauptstädten oder Städten in Samoa überhaupt zu sprechen ist unrichtig, denn Leulumoega ist gerade so wie Lufi-Lufi ein Dorf mit ein paar hundert Einwohnern, das sich weniger durch samoanische Merkwürdigkeiten als dadurch auszeichnet, daß die Londonmission es für gut befunden hat, auf dem als heilig geltenden Versammlungsplatze der samoanischen Häuptlinge eine Missionsschule zu erbauen und damit die Gefühle der Samoaner in empfindlicher Weise zu verletzen. Auch in Lufi-Lufi ist ähnliches durch die Wesleyaner geschehen. Sie haben dort ein Predigerseminar errichtet und für den Besuch desselben die Bedingung aufgestellt, daß die sich zu Predigern ausbildenden jungen Männer steife weiße europäische Hemden tragen, die Beine dürfen nackt bleiben. Wenn schon ein Kleidungsstück europäischen Schnittes dazu nötig ist, um den Eingeborenen vor dem christlichen Glauben der Wesleyaner Respekt einzuflößen, dann hätten sie statt des gestärkten Oberhembdes doch lieber Leinenhosen vorschreiben sollen. Aber die europäische Kultur kommt ja, wie der göttliche Segen, von oben. Darum schreiben sie auch allen samoanischen Frauen und Mädchen vor, beim Kirchenbesuche Hüte zu tragen. Ohne Hut kann keine Samoanerin in die englischen Kirchen.

Nicht weit von der wesleyanischen Predigerschule erheben sich die Gräber oder vielmehr gemauerten, weiß übertünchten Sarkophage, in welchen der frühere König Tamasese und seine Gattin ruhen. In Lufi-Lufi steht auf dem weiten Versammlungsplatze der Häuptlinge ein Faletele, d. h. Gasthaus für Reisende. Ein Aufenthalt hier wäre gewiß mit einer feierlichen Begrüßung, Darbieten des Kawatrankes und dergleichen verbunden gewesen, Zeremonien, die ich während den letzten Wochen mehrfach mitgemacht hatte, so daß sie den Reiz der Neuheit nicht mehr besaßen. Ich zog deshalb vor, lieber etwas weiter zu wandern und an der Küste in einem mit kristallklarem kühlen Quellwasser gefüllten Korallenbecken ein erfrischendes Bad zu nehmen. Das Wasser entströmt einer tiefen Höhle in dem steil abfallenden Basaltfelsen der Meeresküste und mündet, nachdem es das Becken durchflossen hat, durch einen schmalen Spalt des vorgelagerten Korallenriffes in das Meer. Die Strömung der wasserreichen Quelle ist wohl die Ursache, daß das Becken keine Beimischung von Salzwasser enthält. Rings um die, dem Glauben der Samoaner nach, von riesigen Aalen bewohnte Höhle erheben sich schattige Riesenbäume, ihre tief herabhängenden Zweige im Wasser badend. Es ist ein entzückendes Plätzchen, dessen Schönheit von allen Reisenden und Schiffskapitänen vor uns besungen wurde, und ich finde es begreiflich, daß ein deutscher Händler, Namens Otto, in der Nähe seinen Wohnsitz aufgeschlagen hat.

Einen halben Kilometer weiter erreichten wir die ersten Häuser von Saluafata, das während der samoanischen Wirren im Jahre 1878 durch den Kommandanten der deutschen Korvette „Ariadne", heutigen Admiral B. von Werner, in Beschlag genommen wurde. Die weise That Werners den Amerikanern gegenüber, welche gerade die Annektierung von ganz Samoa vorbereiteten und das Inselreich schon in der Tasche zu haben glaubten, ist durch die einander drängenden Ereignisse in Samoa ein wenig in unverdiente Vergessenheit geraten und es ist nur am Platze, sie wieder nach Gebühr hervorzuheben. Wäre diese Besitznahme nicht erfolgt, so gäbe es heute wahrscheinlich kein Deutsch-Samoa, und das schöne Inselparadies wäre amerikanischer Besitz, gerade so wie Hawai. In der halbkreisförmigen tief eingeschnittenen Bucht erinnert nur der Ariadne Huk an der Ostseite an die entschlossene That Werners, die kleine Insel= pyramide davor mit ihren bewaldeten Flanken führt den Namen Albatrosinsel. Sie ist von einem Korallenriff umschlossen, das sich kaum zwanzig bis dreißig Meter breit dicht am Ufer hinzieht. Aber jenseits dieses Riffes ist in der Bucht ein quadratkilometer großer sicherer Ankerplatz mit zwölf bis fünfzehn Faden Tiefe, gegen das offene Meer durch ausgedehnte Korallenbänke und zwei kleine Inseln geschützt. Irgend welche maritime Anlagen sind in dem deutschen Marinehafen Saluafata noch nicht vorhanden, während die Amerikaner in ihrem Hafen Pago=Pago auf der Insel Tutuila schon Hundert= tausende für Marineanlagen ausgegeben haben und diesen augenscheinlich zu einem wichtigen Stützpunkte für sie, gleichzeitig aber einem Gibraltar für Deutsch=Samoa ein= richten werden. Kommt es, was Gott verhüten möge, zu ernsterem Streit, dann dürfte Pago=Pago für Deutsch=Samoa recht gefährlich werden, wenn nicht vorher auch für den Ausbau Saluafatas und die Verteidigung des deutschen Besitzes etwas geschieht.

Das Dorf, welches der Bucht seinen Namen giebt, unterscheidet sich in keiner Weise von den andern Samoadörfern. Auch Saluafata hat einen kleinen Süßwassersee, ein paar Steinwürfe weit von der Küste, stets belebt von badenden Eingeborenen und eine Wohlthat für die Mannschaften der deutschen Kriegsschiffe, die hier zuweilen vor Anker liegen; ähnliche Seen liegen ein Viertelstündchen weiter, am Ende der Bucht, bei dem unter herrlichen Palmen auf weißem Küstensand schlummernden Dorfe Fusi, sowie auf der Westküste, bei dem Saluafata gerade gegenüberliegenden Dorfe Eva, wo sich auch eine Handelsstation befindet. Ihr Leiter ist ein Deutscher, Namens Gosse.

An der Küste unten schaukelte schon das kleine Boot der Mission von Apia, das mich dorthin zurückbringen sollte. Bald waren wir an Bord, das Segel wurde gehißt, sobald wir zwischen den fischenden Samoanern hindurch die Korallenbänke hinter uns hatten, und von ziemlich kräftigem Winde getrieben, flogen wir nach Westen über die riesigen langgezogenen Wellen, die sich nur einen Kilometer von uns an den westlich von Solo=Solo nicht mehr durch Korallenriffe geschützten Basaltklippen brachen. Nach einem halben Stündchen hatten wir auch den steilen grünen Felsenturm von Utumanu hinter uns. An dem palmenbestandenen Strande folgte ein Dörfchen dem anderen. Wir konnten deutlich die herrlichen Kokospalmen der großen Vailelepflanzung unter= scheiden, die sich in unabsehbaren Reihen die Höhen emporziehen, um endlich im Urwald= dickicht zu verschwinden; jenseits des Ortes und der weißen Pflanzungshäuser von Vailele tanzten wir mit unserm Schifflein über die Bucht von Fagalii, und eine Stunde später legten wir an der Landungsbrücke von Apia an.

Hätten die katholische Mission, die Deutsche Handels= und Plantagengesellschaft und einzelne Händler nicht die Liebenswürdigkeit gehabt, mir, wo es anging, ihre Fahrzeuge zur Verfügung zu stellen, oder doch zu gestatten, daß ich auf ihren Dienstfahrten als

Aus der Bucht von Pago-Pago.

Passagier mitgenommen wurde, die Bereisung der Inseln wäre nur mit den größten Schwierigkeiten, Kosten und Zeitverlust möglich gewesen. In Samoa fehlt heute noch jede Dampfer- und Segelschiffverbindung zwischen den einzelnen Inseln und Küstenpunkten, es fehlt ja jede Verbindung mit der Außenwelt überhaupt; alle vier bis sechs Wochen kommt wohl ein kleiner Dampfer der Union Steamship Company von Neuseeland auf seiner Rundreise durch die Inselgruppen der Südsee nach Apia, aber diese Dampfer gehen nach Neuseeland, und Passagiere ebenso wie die kaiserliche Post und Frachten müssen von dort nach Australien und erst von Australien über Amerika oder durch den Suezkanal nach Europa befördert werden. Es ist dies gerade so, als müßte man, um von Köln nach Berlin zu fahren, zuerst nach Paris und dann zurück über Frankfurt nach Berlin. Früher gab es nicht nur eine, sondern zwei Schnelldampferverbindungen für Samoa mit Europa. Die Prachtdampfer der englischen Canadian Pacific Company liefen die nahen Fidschiinseln an, und man konnte von Samoa leicht nach Fidschi gelangen. Seit dem Jahre 1900 fahren diese Dampfer von Sidney nach Vancouver direkt, nur in Honolulu anlegend. Die zweite Verbindung war jene durch die schönen Schiffe der Spreckles-Linie, welche zwischen Sidney und San Francisco verkehren und in Hawai sowie in Apia anlegten. Seit Samoa deutsch und die kleine Insel Tutuila amerikanisch geworden ist, fahren diese Dampfer an Apia vorüber und legen dafür im amerikanischen Hafen Pago-Pago auf Tutuila an, und Deutsch-Samoa hat das leere Nachsehen. Es ist geradezu beschämend, daß diese deutsche Kolonie ohne jede Verbindung mit der Außenwelt ist, und das hat sie der Liebenswürdigkeit der Amerikaner zu danken. Es war nicht der Besitzer der Linie, der Deutsch-Amerikaner Spreckles, welcher Deutsch-Samoa diesen Streich spielte, sondern die amerikanische

Regierung. Sie drohte Spreckles, seiner Linie die Subvention zu entziehen, wenn er nicht den amerikanischen Hafen Pago-Pago anlaufen ließe. Um die Post überhaupt befördern zu können, mußte die deutsche Regierung in Apia mit Mühe und Not und großen Kosten einen eigenen Fünfundvierzig-Tonnendampfer mieten, der alle drei Wochen von Apia nach Pago-Pago fährt. Im Januar des Jahres 1901 kam dieses Dampferlein mit der kaiserlichen Post und Passagieren nach Pago-Pago, aber der große amerikanische Schnelldampfer war schon vierundzwanzig Stunden vor der fahrplanmäßigen Zeit weitergefahren. Ob es nicht möglich wäre, mit den kanadischen Pacificdampfern eine Vereinbarung zu treffen, daß sie in Apia anlaufen? Das wäre wohl die einfachste Lösung. Auf die Dauer sind derlei elende Verkehrszustände nicht haltbar, und eine eigene Dampferlinie unter deutscher Flagge nach Australien oder Nordamerika würde mindestens eine Subvention vom Reiche im Betrage von einer halben bis dreiviertel Millionen erfordern. Die Verwaltung von Samoa kann dazu nichts beitragen, denn der ganze Etat dieser neuesten Kolonie des Deutschen Reiches beläuft sich auf hunderttausend Mark.

Es ist auch nicht viel Zeit zu verlieren. Apia hat sich im Laufe der Jahre zu einem ansehnlichen Handels- und Verkehrsmittelpunkt in der Südsee emporgeschwungen, und gerade während seiner steigenden Entwickelung wird er jetzt nun einfach aufs Trockene gesetzt. Apia hatte den Handel von Pago-Pago und von Fidschi an sich gezogen, jetzt aber haben die Verkehrsverhältnisse zur Folge, daß sich sowohl Fidschi wie Pago-Pago auf Kosten Apias entwickeln, das zwischen ihnen sitzt wie zwischen zwei Stühlen. Ist einmal der Handel und Verkehr in andere Bahnen gelenkt, dann ist es sehr schwer, ihn wieder zurückzuzwingen, und die Sache verdient deshalb ernste Beachtung und rasches Eingreifen.

Sawaii.

Wer in Samoa noch das unverfälschte Leben und Treiben der Eingeborenen und dazu ein paradiesisches Land in seiner ganzen Ursprünglichkeit kennen lernen will, so wie es noch vor der Herrschaft der weißen Rasse war, der darf sich nicht mit einem Besuche der Insel Upolu und ihrer Hauptstadt Apia begnügen, sondern muß nach der größten Samoainsel, nach Sawaii.

Hat Sawaii noch keine Ansiedlung, wo auch nur zwei Weiße beisammen wohnen würden, hat es noch keine größeren Plantagen, keinen Regierungssitz, keinen Hafenort, so liegt die Ursache in seiner Abgeschlossenheit. Es liegt gar nicht weit entfernt von Upolu, und wer von der Westspitze dieser langgestreckten, bewaldeten Insel seinen Blick nach Sonnenuntergang wendet, der wird aus den blauen, langgestreckten Wellen der ungeheuren Wasserwüste die mächtigen Höhenzüge Sawaiis durch die dunstige Atmosphäre

Einfahrt zur Insel Apolima.

ohne Mühe erkennen. Aber obschon so nahe (die nächsten Küstenpunkte sind kaum
dreißig Kilometer voneinander entfernt), ist es doch nur schwer zu erreichen.

Für die Mehrzahl der in Apia wohnenden Weißen ist Sawaii überhaupt eine Terra
incognita, denn in erster Linie haben sie dort mit einer einzigen Ausnahme nur sehr
geringe Handelsinteressen, und dann giebt es zwischen Upolu und Sawaii keine einiger=
maßen zuverlässige Schiffsverbindung, so daß der Besucher Sawaiis in der Regel nicht
weiß, ob er in einer Woche oder in einem Monat nach Apia zurückkehren kann. Die
Entfernung zwischen Apia und dem Haupthafen von Sawaii, Matautu, beträgt nur
60 Seemeilen, die von einem kleinen Dampfer in acht bis zehn Stunden zurückgelegt
werden könnten, aber es giebt in Apia eben keinen solchen Dampfer. Selbst Segelschiffe
der Firmen sind nur wenige vorhanden, und bei den herrschenden Winden kann man
mit einem Segelschiffe wohl sehr rasch von einer Insel zur andern, aber nicht wieder
nach dem Ausgangsorte zurückkommen. Zuweilen nimmt eine solche Fahrt drei bis
vier Wochen Zeit in Anspruch. Es bleiben also nur die Ruderboote der Eingeborenen
übrig. Um diese zu benutzen, muß man an die Westküste der Insel Upolu wandern,
wo die Upolu von Sawaii trennende Apolimastraße am schmalsten ist, aber für ein
derartiges Boot hat man durchschnittlich zweihundert Mark zu zahlen, und die Straßen
von Apia sind nicht gerade mit Goldstücken gepflastert.

Die Inspektionsreise, welche der liebenswürdige Hauptvertreter der Deutschen Handels= und Plantagengesellschaft in Apia, Herr O. Riedel aus Hamburg, in dieser Zeit nach Sawaii ausführte, ermöglichte es mir, auch dort einige hochinteressante Ausflüge zu unternehmen. In seiner Eigenschaft als oberster Leiter der ausgedehnten Kokosnuß= plantagen der Gesellschaft und ihres ganz Samoa umfassenden, geradezu alleinherrschenden Handels ist er der erste Patrizier der Südsee, der Palmenkönig von Samoa, und durch seine persönlichen Eigenschaften, Bildung, Gefälligkeit und Gastfreundschaft hält er auch in gesellschaftlicher Hinsicht die alten Traditionen des Hauses Godeffroy und dessen verdienstvollen früheren Vertreters Theodor Weber aufrecht.

Seit kurzem verfügt die Deutsche Handels= und Plantagengesellschaft in Apia über einen kleinen Motorkutter, „Elfriede" genannt, welcher den lebhaften Warenverkehr dieser Firma mit Sawaii, den Tonga= und Fidschiinseln vermitteln soll und sich bei seinen Probefahrten vortrefflich bewährt hat. Gegen neun Uhr morgens fuhren wir mit Hilfe des Naphthamotors glücklich zwischen den Riffen des Hafens von Apia durch, und schon um vier Uhr nachmittags ging die „Elfriede" nach einer der schnellsten Fahrten, welche jemals zwischen den beiden Samoainseln unternommen worden sind, vor den Korallenriffen von Matautu, der Nordspitze von Sawaii, vor Anker. Aber auf der Rückfahrt, eine Woche später, war die See so bewegt, daß wir, auf dem Ver= deck übernachtend, uns dort festbinden und mit Segeln überdecken lassen mußten, um nicht über Bord zu rollen oder von den Wellen weggespült zu werden.

Würde ein kleiner Dampfer den regelmäßigen Verkehr mit Sawaii ermöglichen, dann sollte der Besuch dieser Insel zu den Glanzpunkten einer Touristenreise nach der Süd= see gehören, denn nur wenige Inseln besitzen eine größere Pracht der Tropennatur wie Sawaii. Vom Schiffe aus gesehen, ist dies freilich nicht zu erkennen. Bei bewegter See könnte man sich an den wildumbrandeten Schottlandküsten wähnen, so unwirtlich erscheinen dann die schwarzen Basalttrümmer, welche die Nordostspitze Sawaiis bilden, so steil und hoch ragen die Höhenzüge aus den Fluten empor, so grau nnd unwirtlich erscheinen sie in der dunstgeschwängerten Atmosphäre.

Längs der ganzen Nordküste von Sawaii liegen Dörfer, Missionen und Handels= stationen dicht bei einander; von unserem Schiffe konnten wir auf der Weiterfahrt deutlich die weißen Gebäude der letzteren zwischen den Palmengruppen wahrnehmen, nicht aber die grauen Hütten der Eingeborenen. Kein Samoaner wohnt in einem nach europäischer Art gebauten oder auch nur weißgetünchten Gebäude, die weiße Farbe ist überall das Kennzeichen für die europäischen Einwohner, deren es auf der ganzen, eintausendsiebenhundert Quadratkilometer großen Insel nur etwa dreißig giebt. Davon sind zwei Drittel Missionare, und man darf deshalb nach den vielen Handelsstationen an der Nordküste nicht etwa auf eine starke weiße Bevölkerung auf der Insel selbst schließen. Von den zwölf Handelsstationen liegen allein sieben an der Nordküste im Matautudistrikt, die anderen fünf befinden sich im Distrikt von Salalesa an der Südwestküste. Es entfällt auf je hundertfünfzig Quadratkilometer nur ein weißer Händler.

Hinter dem durchschnittlich drei bis vier Kilometer breiten Küstenstrich, auf dem sich die eingeborene Bevölkerung zu= sammendrängt, erhebt sich das Bergland von Samaii, aber nicht in isolierten Bergen, wie sie auf den in Deutschland ver= breiteten Karten über Samoa verzeichnet stehen, sondern in vier von Osten nach Westen laufenden dicht bewaldeten Ketten, die allmählich gegen die Mitte der Insel ansteigen. Die Ketten fallen nur nach Nord und Süd steil ab, mit engen Thälern und Schluchten zwischen ihnen; das obere Plateau des zweitnördlichsten Bergzuges verbreitet sich stellenweise bis zu zwei Kilo= meter, und aus diesem Plateau steigen vereinzelte Kegel auf, von denen der mittelste die höchste Erhebung der Insel mit etwa eintausendsechshundert bis eintausendsiebenhundert Meter Höhe bildet und den Namen Maunga Loa, d. h. der „lange Berg“, führt. In der nächstsüdlicheren Kette er= hebt sich der nur um wenige Meter niedrigere Maunga Foa. Während unser Schiff sich den Küsten Samaiis näherte, sahen wir auch den im Südosten der Insel aufsteigenden, etwa tau= send Meter hohen steilen Vulkan= kegel Malaulonu, dessen längst erloschener Krater von einem tiefen See eingenommen wird.

An der Küste von Matautu (Samaii).

Endlich lag das Schiff vor dem Haupthafen Samoas, Matautu, vor Anker, und die eingeborenen Ruderer, nackte Riesen von prächtigem Körperwuchs, brachten uns in ihren schlanken Booten ans Ufer. Auf dem mit feinem weißen Sand und Korallentrümmern bedeckten Strand glänzen bunte Muscheln, Einsiedlerkrebse mit ihren schönen Schneckenhäusern in allen Formen und Größen schießen eilig ihren Erdlöchern zu; im Schatten der eigentümlichen Pandanusbäume mit ihren vielgestaltigen, von der Brandung bespülten Wurzeln baden bronzehäutige Nymphen von schöner Gestalt; nackte Kinder tummeln sich im seichten Küstenwasser umher, und draußen auf der stillen, glatten Fläche zwischen dem Strand und den vorgelagerten Korallenriffen liegen einige schlanke, mit großen weißen Muschelreihen geschmückte Kähne, deren Insassen auf die bunten Fische Jagd machen, die auf dem klaren Meeresgrunde zwischen den Blumenbeeten gleichenden Korallen umherschießen.

In Matautu war bei unserem Kommen die deutsche Flagge auf dem Maste vor der Handelsstation gehißt worden, und der dortige Vertreter der „Deutschen Handels und Plantagengesellschaft", Herr G. Schmidt, bewillkommnete uns auf dem mit hohen Palmen beschatteten Strande. Die Station ist ähnlich eingerichtet wie die meisten Handelsstationen in der Südsee. Das Wohnhaus des Händlers steht in der Mitte eines großen umfriedeten Rasenplatzes mit einem Gärtchen auf der Straßenseite. In mehreren Nebengebäuden befinden sich die Küche, Vorratskammern und Wohnungen für die Angestellten, und nahe dem Strande liegen die Magazine für die ankommenden Kisten mit Tauschwaren und die zur Verschiffung gelangende Kopra, an welcher die Insel Sawaii eintausendfünfhundert bis zweitausend Tonnen im Werte von dreihunderttausend bis vierhunderttausend Mark produziert. Auf dem Rasen weiden Pferde und tummeln sich Schweine umher, und am Eingang zu dem Kaufladen lungern gewöhnlich einige Samoaner, um die Tagesereignisse zu besprechen oder Neuigkeiten zu hören, denn Matautu, obschon lange nicht der größte Ort der Insel, ist doch der Hauptsitz der „Firma", d. h. der in Bezug auf den Handel geradezu alleinherrschenden „Handels und Plantagengesellschaft", wo alle Fäden zusammenlaufen, wo die Schiffe anlegen und von wo aus die anderen Händler auf der Insel mit Tauschwaren versehen werden.

Das Wohnhaus ist recht behaglich eingerichtet. In der Mitte befindet sich der „Salon" des Stationsverwalters, links sind das Speisezimmer und einige Schlafräume, wo wir bald untergebracht waren, und rechts öffnet sich direkt vom Salon aus der Kaufladen mit den gebräuchlichsten Artikeln des samoanischen Marktes, bedruckte Kattune, weißes Baumwollzeug, amerikanischer oder samoanischer Tabak, Äxte, Messer, Nadeln, Zwirn, Petroleumlampen, Eisen und Thongeschirr, Bänder und allerhand Krimskrams für die Frauen, die Lollis (Bonbons) nicht zu vergessen, welche sie für ihr Leben gern essen. Nur geistige Getränke und Schießbedarf sind nicht vorhanden, da der Verkauf dieser Artikel an die Samoaner den Händlern bei schwerer Strafe verboten ist. Es war noch früh am Tage, und ich eilte sofort hinaus ins Samoanerdorf, um noch einige photographische Aufnahmen zu machen, denn für die nächsten Tage hatte ich verschiedene Ausflüge ins Innere projektiert. Einen Steinwurf weit westlich von der Station erhebt sich eine Kirche der Londonmission, von den Dorfbewohnern selbst erbaut und Eigentum des Dorfes. Eben waren eine Anzahl Männer mit der Erneuerung des Palmenstrohs beschäftigt, welches bei den meisten Kirchen die Dachbekleidung bildet. Hinter der Kirche von Matautu dehnt sich der weite, mit losem Küstensand bedeckte Dorfplatz aus, auf welchem eine Woche später die deutsche Flaggenhissung auf Sawaii stattfand. Rings um den Platz liegen in Abständen von einigen Metern voneinander die Hütten der Eingeborenen, und dahinter dehnen sich nach der Inlandseite die Plantagen aus.

Anfang Juni 1900 trafen die beiden Kriegsschiffe „Seeadler" und „Kormoran" mit dem Gouverneur und Mataafa vor Matautu ein, und der Gouverneur sandte als Herolde einige seiner Leute ans Land, um die Flaggenhissung für den folgenden Tag zu verkünden und die an der Küste ansässigen weißen Händler, die Missionare und die Häuptlinge der Insel dazu einzuladen. Matautu gehört keineswegs, wie bereits bemerkt wurde, zu den größten Orten von Sawaii. Aber es liegt eben an dem günstigsten Ankerplatz für Schiffe, und deshalb wurde es für die Flaggenhissung ausersehen.

Nun wurde in aller Eile über Nacht mitten auf dem Dorfplatz hinter dem englisch= protestantischen Bethaus der Flaggenmast aufgestellt. Ein solcher wäre schwer auf= zutreiben gewesen, wenn nicht ein englischer Händler im Nachbardorfe, Mr. Rae, den Mastbaum eines eben bei ihm in Bau begriffenen Segelschiffes freiwillig zur Benutzung angetragen hätte. Hoffentlich wird dieses liebenswürdige Entgegenkommen seinem neuen Schiffe Glück bringen.

Als am nächsten Morgen die Boote von den Kriegsschiffen den Gouverneur, die Offiziere und die Matrosen in Paradeuniform an Land brachten, befanden sich bereits viele Hunderte von Samoanern mit ihren Häuptlingen aus der Umgebung, dazu eine Anzahl weißer Händler mit ihren Frauen auf dem Festplatz. Die Matrosen mit Gewehr und Bajonett bewaffnet, wohl an die zweihundert, nahmen Aufstellung, und nachdem der Gouverneur eine zündende Rede in deutscher Sprache an die Anwesenden gehalten hatte, gab er das Zeichen zum Hissen der Flagge. Der katholische Missionar von Le Aletele segnete dieselbe, und während die Truppen das Gewehr präsentierten und die Schiffe draußen ihren Gruß aus den Geschützen herüberdonnerten, hob sich das Symbol der deutschen Schutzherrschaft über Sawaii.

Nun ergriff der oberste Häuptling von Safotulafei, Lanaki mit Namen, das Wort, um in kurzer Rede die deutsche Flagge zu begrüßen und seiner Unterwerfung unter die deutsche Herrschaft Ausdruck zu geben. Er war mit vielen Bewohnern seines Distriktes in fünf großen Booten nach Matautu gekommen und bedauerte nur, daß die Flaggen= hissung nicht schon früher bekannt gemacht worden war, um auch den Häuptlingen an der entfernten Süd= und Westküste Gelegenheit zu geben, an der Feierlichkeit teilzunehmen. Auch die englischen Missionare begrüßten mit warmen Worten die Bedeutung des Tages.

Die Festlichkeit schloß mit dem Defilieren der Matrosentruppe, und die Samoaner konnten ihrem Erstaunen über den strammen Parademarsch gar nicht genug Ausdruck

Matautu auf Sawaii.

geben. Die gelenkigen Eingeborenen mit ihren wie Gummifchnüre geschmeidigen Glied=
maßen konnten gar nicht begreifen, wie man den Oberkörper so steif und gerade halten
und mit den Beinen dennoch so wagrecht ausgreifen könne, dabei alles so gemessen
und gleichzeitig, als wäre die ganze Truppe nur ein einziger Organismus. Weder die
Flagge, noch die Uniform des Gouverneurs, noch die ganze Festlichkeit machten auf die
Leute so tiefen Eindruck wie dieses Defilieren, und am Abend konnte man Knaben wie
Mädchen auf dem Festplatz sehen, die sich ganz ernstlich in dem alten preußischen
Parademarsch einübten. Ein köstlicher Anblick.

Aber es gab doch noch etwas anderes, was großen Eindruck auf sie machte, ein Berg
von etwa anderthalbhundert Schweinen! Nicht lebende Schweine, sondern gebratene,
tote, mit grünen Zweiglein am Schwanz und im Maul, lauter zarte Huldigungen für
den Gouverneur. Wie in Falealili, so hatten auch hier die Dörfer nicht nur ihre ersten
Häuptlinge und besten Sprecher, sondern auch ihre schönsten fettesten Schweine nach
Matautu gesandt, dazu Hühner, Enten, Früchte und dergleichen. Dafür mußte auch
der Gouverneur tief in den Säckel von Samoa greifen, um diese Geschenke durch Lenden=
tücher, Salzfleisch, Tabak und dergleichen zu erwidern, und das war um so trauriger,

als die Schweine mit einer Gewandtheit unter seinen Augen weggezaubert wurden, die einem Bosco Ehre machen würde. Von der ganzen Schweinearmee kamen kaum mehr als zwei Dutzend auf die Schiffe. Dafür konnten sich die Samoaner gütlich thun und die Flaggenhissung mit gebratenen Schweinen feiern. Das erhöhte den guten Eindruck.

Die Weißen thaten sich indessen im Hause des Agenten der Deutschen Handels= und Plantagengesellschaft, Herrn Schmidt, gütlich, der auf der fernen, so selten von Fremden berührten Insel gewiß noch nicht so zahlreichen hohen Besuch vereinigt haben dürfte wie diesmal. Jedenfalls kann der Gouverneur mit den Erfolgen seines ersten Besuches in Sawaii zufrieden sein. Die Samoaner sind ihm mit Achtung und Zutrauen entgegen= gekommen. Die Verwaltung der Insel durch eingeborene Beamte ist organisiert, die Richter sind eingesetzt, und für die nächste Zeit dürfte alles ziemlich glatt gehen. Ob aber früher oder später durch Eifersüchteleien, Rangstreitigkeiten, Erpressungen oder politische Wühlereien der Gegenpartei nicht doch noch Kämpfe entstehen werden mit ernsten Folgen für die in Anbetracht der großen Mengen von Samoanern geradezu schutzlosen Weißen, mag dahingestellt bleiben.

Allerlei über die Samoaner und ihr Leben.

Wie in Upolu, so fand ich auch in Samoa in jedem Dorfe eine oder auch mehrere Kirchen gewöhnlich derselben Mission, doch giebt es in vielen Dörfern auch Kirchen verschiedener Missionen, der Londoner Anglikaner, der Wesleyaner und Katholiken, denn Christen sind die Samoaner alle, ohne Ausnahme. Ob sie den Begriff des wahren Christentums wirklich erfaßt haben, bezweifle ich. Nach der Art, wie die Kinder in den Schulen gedankenlos die christlichen Lehren auswendig lernen, und nach den Gesprächen, die ich mit Samoanern gepflegt habe, scheint mir das Christentum nur, wie der Eng= länder sagt, skin deep zu sitzen. Jedenfalls setzen sie einen gewissen Stolz darauf, als Christen zu gelten und in ihren Dörfern, wenn auch nicht einen europäischen Missionar, so doch einen eingeborenen Prediger oder Katechisten zu besitzen, für dessen Unterhalt sie aber keineswegs in hinreichendem Maße Sorge tragen. Dafür bauen sie die Kirchen und Bethäuser aus gemeinschaftlichen Dorfmitteln.

Für solche Zwecke besteht in den Dörfern nicht etwa eine eigene Dorfkasse oder ein Reservefonds. Geld ist überhaupt nicht vorhanden. Der Reichtum der Samoaner besteht in ihren Kokospalmen. Soll ein Kriegskanoe gebaut, eine Mission unterstützt, eine Kirche ausgebessert werden, so wird die Sache auf dem Dorfplatze von den Aeltesten besprochen, und ist die Mehrheit damit einverstanden, so wird die Kokosnußernte einer dem Dorfe gehörigen Pflanzung für Tabu erklärt, d. h. kein Dorfbewohner darf die Nüsse dieser Pflanzung für seinen eigenen Bedarf verwenden. Sie werden sorgfältig gesammelt und übereinander an hohen Stangen aufgebunden, bis die erforderliche Zahl

Christliches Dorfbethaus (im Bau begriffen) auf Sawaii.

beiläufig vorhanden ist. Dann schneiden die Dorfbewohner sie zu Kopra, und aus dem Erlös werden die Ausgaben für Kirche, Schule oder das neue Dorfkanoe bestritten.

Wie auf Upolu, so bestehen die Hütten der Eingeborenen auch hier aus einem Stroh= dach, das die Form einer der Länge nach geschnittenen Eihälfte besitzt, und dieses Dach ruht auf einer Anzahl meterweit voneinander stehenden, etwa schulterhohen Pfosten, so daß man nur gebückt ins Innere treten kann. Der Fußboden liegt fußhoch über der Erde, und die Steine, welche diese Erhöhung bilden, werden durch rings um die Hütte in die Erde gesteckte Schieferplatten zusammengehalten. Ueber die Steine dieser Plattform ist Kies gestreut. Betrat ich eine Hütte, so wurden mir von der Hausfrau sofort ein paar aus Pandanusblättern geflochtene Matten zugeschoben, oder sie lud mich ein, neben ihr auf ihrer Matte Platz zu nehmen, eine verfängliche Sache, denn die Samoanerinnen von Sawaii sind noch keineswegs so „zivilisiert“ wie ihre Schwestern in Upolu. Sie tragen als einziges Kleidungsstück immer noch das Lendentuch, und der Oberkörper, sowie die unteren Gliedmaßen sind nur in natürliche Anmut gekleidet. In den Hütten waren nur Frauen und Mädchen anwesend, denn die Männer sind tagsüber draußen, lungern rauchend am Strande umher, oder öffnen mit ihren langen, breiten, schwertartigen Messern die Kokosnüsse, oder bereiten Kopra. Wenn es gerade not thut, arbeiten sie auch in den kleinen Taro= oder Yamfeldern. Viele von ihnen fand ich hinter der Kirche im Schatten großblätteriger Bananen auf dem Boden sitzen, einen flachen Stein zwischen den Beinen, auf welchem sie die äußere faserige

Kokosnußschale mit einem kurzen Schläger aus hartem Holz zerklopften und dazu im Takte ihre schönen Kriegslieder sangen. Durch dieses Klopfen werden die ungemein zähen, starken Faserbündel von den dazwischensitzenden Markteilchen befreit, dann an der Sonne eine Zeitlang getrocknet und schließlich zu Seilen und Schnüren geflochten. Die fertigen Schnüre dienten diesmal zum Festbinden der Palmstrohstreifen auf dem Kirchendach, und deshalb wurde die Arbeit auch von den Männern gemeinschaftlich verrichtet. Auch sonst finden die Kokosnußfasern die ausgebreitetste Verwendung. So merkwürdig es klingen mag, die Samoaner haben trotz ihres viele Jahrzehnte langen Beisammenlebens mit Europäern und trotz der fortgesetzten Versuche der letzteren, ihre Waren zur Einführung zu bringen, doch zäh an ihren althergebrachten Gewerben und Gerätschaften festgehalten. Ich habe in den vielen Dörfern, die ich besuchte, nicht ein einziges Haus, nicht ein einziges Boot, selbst bis zu den gewaltigen, bis dreißig Meter langen Kriegskanoes, getroffen, bei dessen Herstellung auch nur ein Eisennagel verwendet worden wäre. Die Hausgerippe, die Schiffsplanken, Dachkonstruktionen und dergleichen werden durchwegs nur mit geflochtenen Kokosfasern gebunden, und diese Befestigungsart bewährt sich ausgezeichnet.

Will ein Samoaner ein Haus bauen, so braucht er dazu keine Handwerker, denn solche in unserem Sinne giebt es in Samoa nicht, weder unter den Eingeborenen noch unter den Weißen. Seine Landsleute, die Männer und Frauen des Dorfes, helfen ihm freiwillig, ohne Entgelt, denn die Samoaner leben in Gütergemeinschaft. Sie haben persönlichen Wohlstand, Reichtum, das Hasten und Jagen nach Geld glücklicherweise noch nicht von den Weißen gelernt. Geld kennen sie überhaupt noch wenig. Es herrscht einfach Tauschhandel, und wenn irgend etwas als Geld angesehen werden könnte, so sind es Matten, welche die Weiber aus Pandanus- oder Palmenblättern mit großem Geschick zu flechten verstehen.

Auch in den Häusern von Matautu fand ich trotz der Nachbarschaft des europäischen Warenlagers nur ganz wenig europäische Artikel. Ein verschließbarer Holzkoffer, eine Petroleumlampe, Lendentücher und vielleicht ein Metalllöffel oder eine Glasflasche, das war alles. Nicht daß die Samoaner zu arm wären, um sich die gebräuchlichsten Hausgerätschaften zu kaufen. Sie dürften im Gegenteil zu den wohlhabendsten Naturvölkern gehören und eine Kopfsteuer von zwei bis drei Dollar im Jahre, vielleicht auch mehr, ganz gut vertragen. Elend ist bei ihren kommunistischen Sitten ganz ausgeschlossen, und sie würden leicht verhältnismäßigen Wohlstand erreichen, sobald sie nur arbeiten wollten. Wenn sie sich mit ihrem traditionellen Hausrat zufriedengeben, so ist es vornehmlich deshalb, weil ihnen die Natur denselben aus ihrem überreichen Füllhorn einfach in den Schoß schüttet. Wohin ich auf meinen Ausflügen auch kommen mochte, überall gab es Kokospalmen, deren Früchte einen erfrischenden Trank, die Kokosmilch, und deren Fleisch eine beliebte Speise liefern. Die Faser der äußeren Hülse bietet ihnen wie gesagt das Material für Seile und Schnüre zur Herstellung von Fischnetzen und dergleichen, und es sind so viele Millionen von Nüssen vorhanden, daß reicher Ueberfluß an diesem Material stets vorhanden ist. Der Rest wird einfach im Palmenwalde liegen

Im Mattenkleide.

gelassen oder dient, wenn getrocknet, zur Erleuchtung der Hütten zur Nachtzeit. Nicht jede Familie besitzt schon eine Petroleumlampe. Zu beiden Seiten des mittleren vertikalen Tragbalkens, welcher in jedem Samoanerhause die Hauptstütze des Dachrahmens bildet, liegen zwei kreis= runde, zwei Spannen große zementierte Mulden, und in diesen glühen Holzkohlen. Braucht die Familie Licht, so wird eine trockene Kokosnußhülse aufgelegt, das Feuer durch Blasen angefacht und die ihres Fettgehaltes wegen hellbrennende Hülse, wenn sie zu erlöschen droht, durch eine neue ersetzt.

Betten oder Betttücher, Kissen und der= gleichen giebt es in keinem samoanischen Hause. Die Samoaner benützen Matten von der Größe unserer Bettdecken, aus trockenen Pandanusblättern so fest ge= flochten, daß sie jahrelang halten.

Matten stehen nicht nur bei den Samo= anern, sondern auch bei den Kanaken der anderen Inselgruppen der Südsee bis Hawai in allgemeiner Verwendung. Je feiner eine Matte, desto kostbarer ist sie, und will ein Stutzer heiraten, so bilden je nach seinem Range und dem Range der Braut eine entsprechende Anzahl solcher Matten das Hochzeitsgeschenk; die Braut bringt sie als Aussteuer in den Ehestand mit, kurz sie finden allgemein als besonders wertvolle Gabe Verwendung. Je mehr solcher Matten eine Familie besitzt, als desto reicher gilt sie, ohne daß sie dieselben irgendwie wirklich gebrauchen würde. Bei besonderen Feierlichkeiten, wie Hochzeiten, Begräbnissen und dergleichen tragen die Samoaner sie wohl als Lendenschurz, wobei aber der Oberkörper, auch bei den Frauen, stets nackt bleibt. Sonst werden diese Schätze sorgfältig in gröbere Matten eingeschlagen und auf dem inneren Dachgerippe aufbewahrt. Ich fand derlei Mattenpakete in jedem einzelnen Hause. An sonnigen Tagen, besonders nach Regengüssen, werden die Bündel von den Mädchen heruntergeholt, die Matten auseinandergefaltet und zum Trocknen und Lüften in die Sonne gelegt.

Gerade in Matautu fand ich in einem Hause eine alte Frau beim Flechten einer solchen Matte, die so fein und zart und geschmeidig war, wie etwa unsere groben Leinwandsorten.

Mädchentypen.

Als ich, von den anwesenden Weibern mit freundlichem Lächeln und ein paar Will=
kommworten begrüßt, eintrat, wurde ich von einem hübschen halbnackten Mädchen, das
die Fasern der Matte hielt, eingeladen, neben ihm auf dem Boden Platz zu nehmen,
und die Alte erklärte mir die Herstellung. Als Material dienen auch hier die zähen
langen Pandanusblätter. Sie werden zunächst durch wiederholtes Benetzen und Sonnen
gebleicht, dann mit den Fingernägeln zu zarten Fäden zerfranst und die Fäden oder
Fasern in ähnlicher Fadenlegung wie unsere Leinwand geflochten. Da nun dieses
Flechten ohne irgendwelche mechanische Hilfe, einfach mit der Hand erfolgt, so kann man
sich die ungemein mühsame Arbeit, welche gewöhnlich von den älteren Frauen ausgeführt
wird, lebhaft vorstellen. Die Frau, deren peinlich sorgfältiges und dabei doch ziemlich
rasches Flechten ich beobachtete, hatte von der Matte etwa ein quadratmetergroßes
Stück fertig, und als ich sie frug, wieviel Zeit sie dazu gebraucht hätte, antwortete sie,
seit dem letzten Südostwind, d. h. also etwa sechs Monate! Die Fertigstellung der Matte
dürfte also anderthalb Jahre Zeit erfordern! Neben diesen einfachen Matten fand ich
einige Tage später in Pala=Pala, einem großen in den Bergen von Sawaii gelegenen
Dorfe, eine andere Art von Matten; die aussehen wie schmutzige Eisbärenfelle, glatt
auf der einen Seite und mit dichten, schmutzigweißen, fingerlangen Fasern auf der anderen
Seite, und Jysina heißen. In den Bergen oben ist die Temperatur zur Nachtzeit so
niedrig, daß die einfachen Matten, wie sie an der Küste in Verwendung stehen, nicht
genügen würden, und so hat die Not den Samoaner gelehrt, diese fellartigen Matten zu
flechten. Ich wollte eine Jysina kaufen, aber der Preis, den man forderte, würde hin=
gereicht haben, ein schönes Eisbärenfell zu erwerben, weshalb ich dankend darauf verzichtete.
In ihren Forderungen für ethnologische Gegenstände oder für irgend eine Arbeitsleistung
sind die Samoaner überhaupt groß.

Küchen mit Töpfen, Tellern, Herden und dergleichen brauchen die Samoaner nicht.
Es ist dafür auch kein Bedarf vorhanden, denn ihre Nahrungsmittel erfordern keine
sorgfältige Zubereitung. Die üppige Tropennatur bietet ihnen alles, ohne daß sie darum
zu arbeiten brauchen. Neben der Kokospalme lieferte ihnen die Banane und der auch
in Sawaii sehr zahlreich vorkommende Brotfruchtbaum mit seinen wohlschmeckenden
Früchten die Hauptnahrung. Dazu haben sie Orangen, Mangos, Mangostinen, Papayas
(in Samoa Essi genannt) und eine Menge anderer Obstarten in Hülle und Fülle. Jede
Familie hat ihre Schweine und Hühner, so daß auch an Fleisch kein Mangel ist. Die
Eier pflegen sie den europäischen Händlern zu verkaufen. In Sawaii ist der Preis für
ein Ei eine Nähnadel, in Apia, wo überhaupt alles sehr teuer ist, kosten acht Eier eine
Mark. Dazu kommt noch der Ertrag des Fischfangs und der Jagd. Fische, die übrigens
in den samoanischen Gewässern lange nicht so zahlreich sind, wie man annehmen sollte,
werden gebraten oder auch roh gegessen. Die Jagd giebt ihnen Wildschweine, wilde
Tauben und fliegende Hunde, die auf den Inseln in großen Mengen vorkommen und
besonders den Bananen= und Kokosplantagen sehr empfindlichen Schaden zufügen. Bei allen
Nahrungsmitteln ist die Zubereitung sehr einfach. Kochherde und dergleichen giebt es in
der samoanischen Küche, wo übrigens der Mann ebenso kocht wie die Frau, nicht. Soll eine

warme Speise zubereitet werden, so erhitzen die Samoaner eine Anzahl faustgroßer Steine im Feuer (das Holz ist dazu in Hülle und Fülle vorhanden), hüllen das Schwein oder Geflügel in frische Bananenblätter und bedecken es mit diesen heißen Steinen. Aehnlich werden auch die Taro= und Yamsfrüchte, welche einen vorzüglichen Ersatz für die in Samoa nicht vorkommenden Kartoffeln bilden, geröstet. Statt Salz verwenden die Samoaner Seewasser. Auch Kraut und Kohl werden so zubereitet. Indem man diesen Gemüsen einen Zusatz von Kokosnußmilch giebt und sie etwas eindampfen läßt, entsteht das äußerst wohlschmeckende Palusamigericht. Als Teller dienen die großen, grünen Bananenblätter, in viereckige Stücke geschnitten, als Gabel die Finger, als Messer die Zähne. Das beliebteste Getränk ist auch in Sawaii der Abguß von Kawa, die hier vielfach wild wächst und auch bei den Händlern zu fünfzig Pfennig das Pfund gekauft werden kann. In Apia kostet das Pfund schon einen Schilling.

Wie die Lebensmittel, Werkzeuge, Trinkschalen und Gefäße, so wachsen in Sawaii auch die Kleidungsstücke sozusagen auf den Bäumen. Neben dem Lendentuch aus Baum= wollstoff oder Tapa steht hier nämlich noch vielfach der Gras= und Blätterschurz in Verwendung. Am häufigsten dienen dazu die etwa fünfzig Centimeter langen, lanzett= förmigen Blätter des Tibaumes (Dracoena terminalis), der daher auch in der Nähe der Dörfer gepflanzt wird. Die Blätter werden mit der Spitze nach unten an eine Schnur aus Kokosfasern gereiht und um die Hüften gebunden. Sie bilden so nicht nur ein sehr eigenartiges, sondern bei der Tropenhitze auch kühles und luftiges Kleidungsstück, dem die Samoaner dadurch einen angenehmen Wohlgeruch verleihen, daß sie einzelne Blüten des Musubaumes mit einflechten.

Gelegentlich der Anwesenheit eines französischen Dampfers im Hafen von Apia kam ein Samoaner, nur mit einem derartigen aus frischgrünen Blättern angefertigten Schurz um die Hüften, an Bord, um sich die schmutzige Matrosenwäsche zum Reinigen zu holen, vielleicht die einzige Industrie, der sich die Frauen in Apia in größerer Zahl hingeben. Eine junge Ziege, welche der Proviantmeister aus Sydney mitgenommen hatte, nahm sofort die Gelegenheit wahr, sich das langentbehrte Grünfutter anzueignen, und während der Samoaner mit den Seeleuten um den Preis der Wäsche feilschte, knabberte sie ihm den hinteren Teil seines Kleidungsstückes vom Leibe. Man kann sich die Heiterkeit der Schiffsmannschaft vorstellen.

Man sieht, der Samoaner braucht sich um seine Kleidung und seinen Unterhalt nicht viel zu kümmern. Seine Inseln geben ihm alles, was er bedarf, wozu also europäische Artikel kaufen? Wozu arbeiten? In absehbarer Zeit wird also auf eine besondere Steigerung des bis jetzt recht unbedeutenden Handels mit den Eingeborenen nicht zu rechnen sein.

Die Samoaner verlassen selten ihre Heimat; sie bringen ihr idyllisches, angenehmes, sorgenfreies Leben in ihren heimatlichen Dörfern zu und kümmern sich wenig um anderes. Unter diesen Umständen ist es um so mehr anzuerkennen, daß sie aus sich selbst heraus einen so hohen Kulturgrad erreicht haben, höher als jener irgend eines anderen Volkes der Südsee, und wäre Samoa schon vor zwei Jahrzehnten unter die deutsche Herrschaft gekommen, wie es nach den Vorschlägen des Fürsten Bismarck so leicht gewesen wäre, hätten die Samoaner nicht die vielen Streitigkeiten, Kämpfe, Kriege infolge der Einmischung der verschiedenen Mächte zu erdulden gehabt, die für sie von so verderblichem Einfluß waren, sie würden heute die Achtung der zivilisierten Welt in noch weit höherem Grade genießen. Es ist leicht, über die Samoaner und ihre eigenartigen Sitten unterhaltende Feuilletons zu schreiben, sie sind aber viel besser als der Ruf, den sie genießen, und sie verdienen, mit achtungsvollem Ernst behandelt zu werden.

Während bei allen anderen Völkern der Südsee eine physische Degenerierung eingetreten ist, seit sie mit den Weißen in Berührung gekommen sind, haben sich die Samoaner in ihrer vollen Körperkraft, Körperschönheit und Gesundheit erhalten, nur ist auch bei ihnen eine Abnahme ihrer Zahl zu verzeichnen, wenn auch nicht in demselben Maße wie etwa in Hawai. Noch vor einigen Jahrzehnten sollen sie doppelt so zahlreich gewesen sein wie heute. Hoffentlich bringt die nunmehr gesicherte friedliche Entwickelung Samoas auch wieder eine Vermehrung der eingeborenen Bevölkerung mit sich, denn der weitere numerische Niedergang dieses liebenswürdigen und interessanten Volkes wäre sehr zu bedauern.

Den Weißen bringen sie entschieden Achtung entgegen. Obschon diese nur zu häufig Eingriffe in ihre Rechte, ihre Sitten und. auch in ihren unbestreitbaren Landbesitz unternommen haben, ist es doch nur in den seltensten Fällen zu Thätlichkeiten gegenüber den Weißen gekommen. Die Abendländer können auch in Sawaii mit der größten Sicherheit leben und reisen, sogar die im Dienste von Europäern stehenden Eingeborenen sind gefeit, und der erste Fall eines Angriffes auf solche ist mir selbst auf Sawaii vorgekommen. Ich ritt von einem Ausfluge nach Matautu zurück, als in der Nähe eines Dorfes eine Wegstunde östlich von Matautu mein Dolmetscher, ein schöner kräftiger Mann, sich schutzsuchend an mein Pferd herandrängte. Wir hatten eben eine Gruppe junger Samoaner passiert. Plötzlich schlich sich wie eine Katze einer derselben, mit beiden Händen das armlange, schwertartige Buschmesser hoch schwingend, hinter meinen Dolmetscher, und ehe ich es verhindern konnte, hatte er ihm mit aller Wucht einen so heftigen Hieb in den Nacken versetzt, daß es tönte wie die auf einen Baumstamm fallende Axt. Der Arme fiel vornüber, schwer verwundet, auf den Boden. Sein Angreifer holte zu einem zweiten Hiebe aus, den ich rechtzeitig dadurch parierte, daß ich, meinem Pferde die Sporen gebend, den Angreifer beim Haarschopf faßte und so kräftig zurückriß, daß mein Sattelgurt platzte. Ich sprang nun vom Pferde, um dem unglücklichen Opfer zu helfen, und in der Zwischenzeit verschwanden die Samoaner. Ob der Arme mit dem Leben davongekommen ist, konnte ich nicht erfahren, da ich am nächsten Tage Sawaii verließ. Doch erzählte mir der Leiter der deutschen Handelsstation in Matautu, mein Dolmetscher hätte vor einiger Zeit die Tochter eines benachbarten Häuptlings, eine Taupou, d. h. Dorfschöne, entführt. Schon lange war der Bruder derselben auf der Suche nach dem Entführer, um Blutrache an ihm zu üben, bis er auf meinem Ausflug die Gelegenheit fand. Als der Gouverneur von Samoa eine Woche später nach Sawaii reiste, veranlaßte er die Bestrafung des Angreifers.

Im allgemeinen kommen aber Verbrechen irgendwelcher Art auf diesen gesegneten Inseln ungemein selten vor. In einem paradiesischen Orte an der Nordküste von Sawaii, namens Safune, war ich Gast des ältesten weißen Ansiedlers, eines Standinaviers Namens Nelson, der seit vier Jahrzehnten als Händler hier wirkt und mit den Sitten und Gebräuchen der Samoaner vertraut ist wie kein anderer. Auch er hatte nur das höchste Lob für sie. Er stellt auch der Insel eine wirtschaftlich erhebliche Zukunft in Aussicht, wenn die deutsche Herrschaft endlich den politischen Wirren und Kämpfen ein Ende macht und es gelingen sollte, Ansiedler heranzuziehen. Die Wälder enthalten kostbare Hölzer; große Gebiete eignen sich vorzüglich für Kokonußplantagen, Kaffee, Kakao und Baumwolle, und die Verhältnisse sind im allgemeinen günstiger als auf irgend einer anderen Inselgruppe der Südsee. Es wäre zu wünschen, daß die Verkehrs= verhältnisse gebessert und dadurch eine Ansiedelung von Deutschen hier in diesem Paradiese des Stillen Ozeans erleichtert würde.

Ausflüge an der Nordküste von Sawaii.

Die gütige Mutter Natur sorgt für die Samoaner in so reichlichem Maße, daß sie zur Arbeit und damit auch zum Erwerb nur schwer erzogen werden können, und deshalb ist bei ihnen auch alles beim alten geblieben, wie es vor hundert Jahren und noch früher war, besonders auf der Insel Sawaii, wo sie mit Europäern nur wenig, in manchen Teilen überhaupt gar nicht in Berührung kommen. Kein Volk der Südsee hat seine altangestammten Sitten und Gebräuche so unverfälscht erhalten wie die Bewohner der neuesten deutschen Kolonie.

Anders wäre es gekommen, wenn Samoa so günstig für den Weltverkehr liegen würde wie die Sandwichinseln, die sich allmählich zum Verkehrsmittelpunkt des Stillen Ozeans entwickelt haben und wo die Bodenverhältnisse für die Zuckerindustrie und für die verschiedensten Bodenprodukte so günstig sind, daß die Einführung von sechzigtausend fremden Arbeitern, hauptsächlich Portugiesen, Chinesen und Japanern erforderlich war, und auch die weiße Bevölkerung mehrere tausend Köpfe zählt. In dieser fremden Bevölkerung ist die nur halb so starke einheimische größtenteils aufgegangen, und was von der ersteren nicht aufgesaugt worden ist, was sich mit ihr nicht vereinigt, ist unrett= bar auf den Aussterbeetat gesetzt. Aehnlich, wenn auch nicht ganz so auffällig, liegen die Verhältnisse auf den Fidschiinseln. Aber Samoa liegt abseits von den großen Verkehrsrouten, es besitzt nur räumlich beschränkte Plantagenländereien, und an fremden Arbeitern sind nur solche einer untergeordneten Rasse, der Salomonsinsulaner, in geringer Zahl eingeführt worden. Weiße sind kaum vierhundert vorhanden, welche sich zum größten Teil auf einem Punkte, d. h. in Apia und der unmittelbaren Umgebung konzentrieren, und deshalb hat sich das rein samoanische Element im Süden von

Upolu und in besonderem Maße auf der ganz abseits gelegenen Insel Sawaii so unverfälscht bis auf den heutigen Tag erhalten können. So wird es voraussichtlich auch für Jahrzehnte bleiben, denn Sawaii ist für den Plantagenbau, für den Weltverkehr und damit auch für die Zuwanderung fremder Elemente kein besonders günstiges Land.

Es ist mir deshalb aufgefallen, daß ein englischer Missionar, Georg Turner mit Namen, in einem 1884 in London erschienenen Buche die Sitten und Gebräuche der Samoaner beschreibt, wie sie gewesen sind. Das Buch führt den Titel „Samoa vor hundert Jahren", und in der Vorrede führt dieser gelehrte Herr der Londonmission aus, er wünschte bei dem raschen Verschwinden der altsamoanischen Sitten dieselben für die Nachwelt festzuhalten. Er sagt: „In dem vorliegenden Buch gehe ich zurück zu früheren Zeitaltern und lege die Resultate meiner archäologischen Studien während einer Dauer von vierzig Jahren nieder." In Anbetracht dieser langen Studien sind die Resultate, nach dem Inhalt des Buches zu schließen, recht kärglich ausgefallen, denn die die Samoaner betreffenden zweihundertundsechzig Oktavseiten enthalten weniger, als ein Tourist bei aufmerksamen Studien in wenigen Wochen erfahren kann. Ich habe das Buch

An der Küste bei Safune (Sawaii).

gewiffenhaft gelefen. Der Londoner Miffionar fpricht bei der Befchreibung der Sitten und Gebräuche der Samoaner fortwährend von vergangenen Dingen, die er augenfcheinlich als heute gar nicht mehr vorhanden annimmt, thatfächlich find aber diefe vermeintlichen „archäologifchen" Studien nichts weiter als eine Befchreibung von Leben und Sitten der heutigen Samoaner. Ich habe in dem Buche nur ganz wenige, noch dazu unbedeutende Einzelheiten gefunden, die heute nicht mehr zutreffen. Das Buch könnte alfo ftatt des Titels „Samoa vor hundert Jahren" ebenfogut den Titel führen „Samoa von heute".

Die Beweife dafür fand ich auf meinen Ausflügen hierhin und dorthin in Sawaii auf Schritt und Tritt. Zwifchen der Meeresküfte und dem inneren Bergland von Sawaii liegt eine mehrere Kilometer weite Ebene, die mit wenigen Unterbrechungen um die ganze Infel führt und etwa ein Viertel bis ein Fünftel des ganzen Flächeninhaltes umfaffen dürfte. Diefe Ebene allein ift bewohnt, hier allein liegen die Kokosnuß= plantagen, die Bananen= und Tarofelder der Eingeborenen, deren Dörfer durchweg an der Küfte ftehen. Von diefer einige Kilometer entfernt, in den Vorbergen des Haupt= gebirgsftockes, liegen auf der ganzen Infel nur fünf Dörfer. Zwei von ihnen, Aopo und Pala=Pala, find auf der übrigens nur für eine allgemeine Ueberficht verwendbaren Langhansfchen Karte von Samoa verzeichnet. Zwifchen ihnen, auch auf der Nordfeite der Infel, liegen noch die großen Dörfer Le Tui, Paja und Samala. Ueber diefe hinaus, in dem mit dichtem Urwald bedeckten, faft unzugänglichen Bergland wohnen keine Menfchen, es feien denn einzelne Salomonsinfulaner, die urfprünglich als Arbeiter für die „Deutfche Handels= und Plantagengefellfchaft" nach Samoa gebracht wurden und die in die Berge flüchteten, um fich der Arbeit zu entziehen.

Der am ftärkften bevölkerte Teil von Sawaii ift die Nordküfte, etwa zwifchen dem Dorfe Safina im Weften und Pala=Pala im Often. Dort reiht fich auf einer Küften= ftrecke von vielleicht dreißig Kilometern thatfächlich Dorf an Dorf, und kaum war ich aus dem einen herausgeritten, fo ftieß ich auch fchon auf die erften Häufer des nächften. Mit dem Reiten in Sawaii ift es eine eigene Sache, und wer nicht fattelfeft ift, foll eine Reife durch Sawaii lieber gar nicht unternehmen, denn anders als zu Pferde wäre eine folche Reife noch fchwieriger. Von den Bergen kommen nämlich, befonders auf der Nordfeite, zahlreiche Flüffe herab, die nach fünfzehn bis zwanzig Kilometer langem Lauf in das Meer fallen und an ihrer Mündung zehn bis zwanzig Meter breit find. Auf dem Wege von Matautu nach Le Aletele, vielleicht fünfzehn bis achtzehn Kilometer, ftieß ich auf fünf derartige Flüffe, auf dem Wege von Matautu nach Safune in gleicher Entfernung auf vier. Die nur mit einem Lawalawa (Lendentuch) bekleideten Samoaner, Männer wie Frauen, nehmen dasfelbe an diefen Flüffen einfach ab und durchfchreiten fie ohne Rückficht auf Ebbe und Flut. Aber für den behoften und beftiefelten Europäer ift die Sache lange nicht fo einfach, und kann er fich bei Niedrig= waffer wohl von einem Samoaner für Geld und gute Worte, hauptfächlich aber Geld, hinübertragen laffen, fo ift dies zur Flutzeit ohne Einlaufen des Salzwaffers in feine Stiefelfchäfte und ein Sitzbad doch kaum möglich.

Das Flußbett oberhalb Le Aletele (Samaii).

Wagen giebt es in Samaii nicht. Wohl noch niemals hat ein Wagenrad den unbe=
fahrenen Boden dieser „Perle des Stillen Ozeans" entweiht und wird ihn voraus=
sichtlich auch noch auf Jahrzehnte hinaus unberührt lassen, denn Samaii hat keine
Straßen und Brücken und wird sie trotz allem Respekt für die fürsorgliche kaiserliche
Verwaltung auch vor Ablauf eines Jahrzehntes kaum erhalten. Die einzelnen Dörfer
sind nur durch Fußpfade miteinander verbunden, die stellenweise wohl festgetreten sind
und die man nicht verfehlen kann, aber sobald sie lose Sandstrecken erreichen, verschwinden
sie auf viele Kilometer. An der Nordostküste zwischen Le Aletele und Fanga führt der
„Weg" ununterbrochen über die scharfkantigen großen Lavatrümmer, mit welchen die
Küste dort vom Meere bis an die Berge besäet ist und wo jeder Schritt dem Fuß=
gänger Schmerzen bereitet. Er muß stundenlang auf Spitzen und Kanten umherbalancieren,
und es ist mir ein Rätsel, wie die barfüßigen Samoaner hier so federleicht umher=
wandern können. Bei Le Aletele beginnt dieser Steinpfad. Man sollte meinen, Le
Aletele hieße zu deutsch „Stiefeltod", es heißt aber sonderbarerweise „breiter Weg".

Bis Le Aletele und vielleicht auch bis Pala=Pala die Berge aufwärts kann man
reiten. Zum wenigsten habe ich es gethan. Aber es ist keine angenehme Sache, denn
hinter den Dörfern, in den Pflanzungen oder dem zwischen ihnen sich ausbreitenden
Dschungel ist die üppige Vegetation im ewigen Kampf mit den Menschen begriffen; die
Pfade sind hier stellenweise verwachsen, das Gestrüpp und die zähen starken Schling=
gewächse berühren einander bis zur Brusthöhe von beiden Seiten des Pfades; von den

gewaltigen Urwaldbäumen hängen gebrochene Aeste tief herab, oder der parasitische
Rotang, der sie mit seinen oft hundert Meter langen dünnen, seilartigen Gewinden um-
schlingt und fast erdrückt, erdrosselt, sendet solche Schlingen bis zum Boden nieder,
daß der Reiter ewig aufpassen muß, um nicht vom Pferde gerissen zu werden oder doch
Arme und Beine darin zu verstricken.   Die von der Dschungelwucherung bedeckten
unsichtbaren schmalen Pfade werden von feucht schlüpfrigem Wurzelwerk durchzogen oder
bergen Lavablöcke, über welche das Pferd strauchelt.

Was indessen das Reisen in Sawaii noch unangenehmer macht, sind die vielen Steinmauern, mit welchen die Pfade abgesperrt sind.   Solange mich meine Ausflüge die
sandige Küste entlang führten, war die Sache in Ordnung.   Folgte ich aber Pfaden,
die sich auch nur ein paar hundert Schritte landeinwärts durch Plantagen oder Dschungel
zogen, stellte sich mir gewiß schon nach ein paar Minuten eine aus großen Lavablöcken auf Brusthöhe aufgeführte Mauer entgegen, ohne Thüre, ohne die geringste
Unterbrechung, und die einzige Art und Weise, die jenseitige Fortsetzung des Pfades zu
erreichen, ist für Fußgänger, über die Mauer zu klettern, für Reiter, mit dem Pferde
darüber zu setzen, wobei man aber häufig Gefahr läuft, mit dem Kopf in die Baumkronen zu kommen.   Dann heißt es also absitzen, die Zügel in der Hand über die
Mauer zu klettern und das Pferd allein zum Springen zu veranlassen.   Zwei- oder
dreihundert Schritte weiter stellt sich dem Reisenden eine zweite solche Mauer entgegen,
und so geht es stundenlang fort.   Anfänglich hielt ich sie für Umfassungen des Land-
besitzes der einzelnen Dörfer oder gar zur Verteidigung desselben aufgeführt, doch fand
ich bald bei manchem Dorfe zwei, drei, auch vier derartige Mauern quer über den Weg
errichtet.   Mein Führer erklärte mir nun auf mein Befragen den Zweck.   Manche Dorfbewohner züchten eine Anzahl Schweine, und damit diese nicht davonlaufen, umfassen
die Eigentümer ihren Landbesitz mit Mauern.   Eines halben oder möglicherweise
ganzen Dutzends Schweine wegen müssen also alle Reisenden, ob Fußgänger oder Lasten-
träger oder Reiter, ob Weiße oder Kanaken, ob Männer oder Frauen, tagtäglich viele
Male über Mauern klettern, ein grober Unfug, der jetzt, wo Samoa unter deutsche
Verwaltung gekommen ist, vom Gouverneur gewiß schleunigst abgestellt werden sollte.
Daß diese rücksichtslose Absperrung öffentlicher Pfade, der einzigen, welche Sawaii überhaupt besitzt, den Samoanern selbst in hohem Grade unbequem ist, konnte ich bei den
Uebergängen erkennen.   Die ein bis zwei Zentner schweren Blöcke sind nicht mit Mörtel
festgemacht, sondern nur lose aufeinandergeschichtet, und die Samoaner halfen sich bei
ihren Reisen dadurch, daß sie bei den Uebergängen die Steine mit vieler Mühe abhoben
und die Mauer so erniedrigten, daß sie wenigstens darüber hinwegsteigen konnten.   Die
Schweinebesitzer nahmen aber diese Zaunpfahlwinke übel auf und antworteten wirklich
mit dem Zaunpfahl.   Um solchen Verletzungen ihres Eigentums vorzubeugen, beseitigten
sie bei den Pfadkreuzungen die Mauer und ersetzten sie durch eingerammte Pfähle.   Nun
wichen wieder ihrerseits die Passanten den Pfählen rechts und links aus, und so wird
der Mauerkrieg schon seit undenklichen Zeiten fortgeführt, ohne daß die Schweineeigen-
tümer nachgeben würden.   Nur einige von ihnen zeigten insoweit ein gewisses

Das Bergdorf Pala Pala auf Sawai.

Entgegenkommen, daß sie auf beiden Seiten je einen Palmenstamm schräg an die Mauern lehnten und auf der oberen Seite dieser losen Stämme Stufen einhieben.

Gelten schon bei den Samoanern die eigenen Schweine mehr als die fremden Menschen, dann sollten sie wenigstens die einfachen Schwingthore einführen, mit welchen die Schweizer ihre Viehmatten absperren. Aber die Samoaner kennen eben den Begriff von Thür und Thor nicht. In Samoa giebt es bei den Eingeborenen nicht eine einzige Thüre, ein einziges Fenster oder eine Treppe. Ihre Hütten sind, wie schon erwähnt, nach allen Seiten offen, brauchen also weder Fenster noch Thüren, und da sie so niedrig sind, daß das Dachgebälk mit der Hand erreicht werden kann, auch keine Treppen. Selbst ihre Bethäuser und Kirchen haben wohl Thür- und Fensteröffnungen, aber diese sind überall leer.

Die ersten Mauern überschritt ich willig nach samoanischer Art, als die Mauern aber kein Ende nahmen und ich dieses Hurdlerennen durch Samaii nicht fortsetzen wollte, ließ ich mir, wo immer möglich, den Besitzer herbeiholen und von ihm selbst die hindernden Steine aus dem Wege räumen, was auch gewöhnlich willig geschah. Leider sind weiße Reisende in Samaii selten, sonst würden diese Verkehrshindernisse wohl schon seit langem beseitigt worden sein.

Wäre der Urwald im Inneren weniger dicht, gäbe es irgendwelche Lichtungen, Straßen, Wege, dann könnte Samaii bei guten Dampferverbindungen bald zu einer Art Schweiz in der Südsee werden, denn die Berge mit ihren weiten Thälern, lauschigen Kraterseen, ihren grotesken Zerklüftungen, wilden, von Sturzbächen durchbrausten Schluchten bilden zusammen in der That ein Land von wunderbarer, romantischer Schönheit. Aber heute, in dem Urzustande, in welchem sich die Insel befindet und noch auf Jahrzehnte hinaus befinden wird, ist ein derartiger Genuß mit zu großen Opfern verbunden. Man muß sich dort im Inlande gewissermaßen jeden Ausflug erkämpfen. Nur einer ist leicht und ohne Anstrengung auszuführen: von Matautu bergauf nach der einem Hamburger gehörenden Pflanzung Vaipouli, die, auf einem etwa zweihundert Meter hohen Plateau gelegen, eine ganz entzückende Fernsicht auf dieses wirklich paradiesische Land gewährt.

Hier oben lernte ich erst die wahre Schönheit Samoas kennen und ahnen, was sich aus diesem Inselreiche mit einigem Fleiß machen lassen könnte. Wer kennt nicht die reizende Idylle von Bernardin de St. Pierre: Paul und Virginie? Samoa ist ein solches Land, wo es wohl schon so manchen Paul, aber noch keine Virginie giebt, und die wenigen Pflanzer und Händler auf Samaii, im ganzen gerade ein Dutzend, müssen daher noch mit den braunen, dunkeläugigen samoanischen Schönheiten oder Halbblut= damen vorlieb nehmen. Auch der Besitzer von Vaipouli ist mit einer der letzteren ver= mählt. Mitten in einem herrlichen Blumengarten erhebt sich das geräumige, mit weiten Veranden umgebene Haus, einsam freilich, denn von dem hohen Plateau genießt man wohl auf viele Stunden ringsum den Ausblick auf das geschilderte Bergland und die blaue See tief unten, aber nirgends ist auch nur das Haus eines Samoaners sichtbar, und fremde Besucher kommen hierher in jedem Jahre vielleicht zwei oder drei. Dann ist aber die Freude doppelt so groß, und der Besitzer hat wieder einmal die so seltene

Samoaner von Matautu.

Gelegenheit, bei schäumendem Bier seine Muttersprache zu sprechen. Dabei ist das Land ringsum von ausnehmender Fruchtbarkeit; es braucht nur der Urwald abgeholzt zu werden, um Platz zu gewähren für die schönsten Plantagen. Würden sich nur etwa ein Dutzend weißer Pflanzer dazu entschließen, dann würden sich auch die heute so traurigen gesellschaftlichen Verhältnisse bessern, und die weitere Besiedelung, der weitere wirtschaftliche Aufbau dieser Insel wäre gesichert. Die regelmäßige Verbindung mit Apia, Handel, Schulen u. dergl. würden dann bald nachfolgen.

Freilich muß auch die Regierung eingreifen, denn Samaii ist noch vollständig im Urzustande, nicht viel besser, als es vor dem Eintreffen der Weißen war. Man denke nur: die ganze große Insel besitzt heute noch keine einzige Straße, ja keinen Weg, den man in Europa als solchen bezeichnen könnte, keine einzige Brücke über die zahlreichen in der Regenzeit hochangeschwollenen Flüsse, kein Hotel, keinen Handwerker irgendwelcher Art; weder Arzt noch Apotheker noch Schule, weder Fleischer, noch Bäcker, Schuster oder Schneider sind in Samaii bekannt, und all die kleinen Bedürfnisse einer Haushaltung, selbst die notwendigsten müssen in Apia besorgt werden, was bei den geschilderten elenden Verkehrsverhältnissen zuweilen Monate Zeit erfordert. Hoffentlich wird zum wenigsten Apia bald der Kultursegnungen teilhaftig werden, soweit sie noch nicht vorhanden sind. Das Deutschtum macht dort seit der Besitzergreifung Samoas durch das Reich überraschend schnelle Fortschritte, es treffen immer mehr Deutsche ein, und augenblicklich ist die deutsche Sprache gewiß schon vorherrschend. Die bisherige einzige Zeitung von Samoa, eine englische, Namens „Samoa Herald", ist eingegangen und an ihre Stelle eine deutsche getreten, die vorzüglich redigiert wird und gewiß auch in Europa weitere Verbreitung bei allen jenen verdient, die sich für die deutschen Schutzgebiete in der Südsee interessieren.

Da die einzelnen Häuser in den Küstendörfern nirgends aneinander gebaut sind, sondern in Entfernungen von zehn und mehr Metern voneinander stehen (Gärten oder Hausumfriedigungen giebt es in Samoa wenig), so dehnen sich diese Dörfer den Strand entlang weit aus. Gewöhnlich liegt in der Mitte ein weiter mit losem feinen Küstensand bedeckter Platz, wo sich auch die Häuser des Oberhäuptlings und der „Sprecher" befinden. Jedes Dorf ist je nach den Familien in eine verschiedene Anzahl Gruppen abgeteilt, so z. B. das Dorf Falila in vier (samoanisch ala, deshalb Fali ala, abgekürzt Falila). Jeder Gruppe steht ein Sprecher vor, gewöhnlich der älteste oder begabteste des Clans, d. h. der Familie mit ihren Brüdern, Vettern, Söhnen und deren engeren Familien. Diese Familienchefs, Häuptlinge wollen wir sie nennen, vererben ihre Würde nicht immer auf den ältesten Sohn, selbst wenn sie ihm dieselbe bei ihrem Tode übertragen sollten. Paßt der Betreffende den Familienmitgliedern nicht, so wählen sie unter sich einen anderen. Den Clans jedes Dorfes steht wieder ein Pule luu, d. h. eine Art Ortsschulze vor, eine Würde, welche ebenfalls in einer bestimmten Familie erblich ist, ein Anspruch, der aus undenklichen Zeiten herstammt. Dieser Ortsschulze wird von den Häuptern der verschiedenen Dorfclans gewählt. Bestimmte Dörfer sind wieder zu einem Distrikt vereinigt, denen ein Tai tai i tu, d. h. Oberhäuptling vorsteht. Die Insel Samaii ist in sechs solche Distrikte eingeteilt, welche gewissermaßen Staaten bilden mit eigenen Hauptstädten, wo die Oberhäuptlinge residieren. Man darf sich diese letzteren indessen nicht als kleine Könige mit eigenem Hofstaat und Leibgarden und fürstlichem Gepränge vorstellen. Sie kleiden sich ebenso wie jeder andere Samoaner, wohnen in ähnlichen Hütten, gehen arbeiten, fischen, Häuser bauen und zeichnen sich vor dem geringsten Samoaner nur dadurch aus, daß sie einen Fliegenwedel aus Kokosnußfasern und einen langen Stab tragen, ganz wie der berühmte hölzerne Scheich-el-Beled, der heute im Museum von Bulak steht und den Typus eines altägyptischen Dorfschulzen mit seltener Treue wiedergiebt.

Jede Familiengruppe eines Dorfes besitzt auf dem Hauptplatz ein eigenes Versammlungshaus, das gleichzeitig als Hotel dient, wenn Freunde und Bekannte aus anderen Ortschaften auf Besuch kommen. Auch der Dorfschulze hat ein derartiges Parabehaus, in welchem er indessen nicht wohnt. Hat das Dorf gemeinschaftliche Angelegenheiten zu erledigen, giebt es Verbrechen zu bestrafen, Beratungen zu pflegen wegen der Erbauung einer neuen Kirche oder eines großen Bootes, dann wird auf dem Platze ein großer „Fono", d. h. Beratung abgehalten. Die ganze Einwohnerschaft versammelt sich bei ihren Familienhäusern, jeder Familienchef tritt mit Fliegenwedel und Stab vor sein Familienhaus, und nachdem die Kawabowle umhergereicht worden ist, spricht jeder von ihnen von seinem Hause aus über den Platz, der frei bleibt.

In dem zweiten Dorfe östlich von der Station der Handels- und Plantagengesellschaft, Satulepui, machte mein Führer mich auf das Haus des Oberhäuptlings des Distrikts Matautu aufmerksam. Es steht in der Mitte des weiten Dorfplatzes und zeichnet sich in keiner Weise vor den anderen Häusern aus. Eines ist so nett, reinlich und gut erhalten wie das andere. Es interessierte mich, das Staatsoberhaupt von Matautu

Kanoe an der Nordküste von Samaii.

kennen zu lernen, und quer über den Platz reitend, sah ich schon aus der Ferne, wie
die nackten Insassen des Hauses eiligst weiße Jacken anzogen und der Hausherr selbst zu
seinem Stabe griff, um mich zu empfangen.

Seine Hoheit Sui Sola, das ist sein Name, ist ein gar alter gebrechlicher Herr, genießt
aber dennoch die Auszeichnung, nicht nur oberster Häuptling von Matautu, sondern
auch oberster Kriegsherr der ganzen Insel Samaii zu sein, denn nach alten Traditionen
leitet Matautu alle Operationen, falls Samaii in einen Krieg verwickelt werden sollte.
Als ich ihm mitteilte, daß in der kommenden Woche der kaiserliche Gouverneur nach
Samaii kommen würde, sprach er seine Freude darüber aus und fügte bei, der Gouverneur
würde von seinen Leuten festlich empfangen werden. Wie Upolu, so sei auch Samaii
des Haders der Großmächte müde und froh, einen starken Schutzherrn bekommen zu haben.

Wenn ich von Sui Sola als „Hoheit" sprach, so hat das seine samoanische Berechtigung.
Die Häuptlinge Samaiis sind ebenso stolz auf ihre hohe Abstammung und ihre Ahnen,
wie spanische Granden, und legen sich im Verkehr untereinander Titel bei, die etwa

Der Häuptling von Satulepui (Sawaii) mit seinen Enkeln.

unseren Adelstiteln entsprechen. Ja, sogar Knaben sprechen sich einander mit „Häupt=
ling" an, und das Titelwesen ist so ausgebildet, daß es in Samoa schwerer ist, einen
Mann aus dem Volke, als einen „Adeligen" zu finden.

Vielen Häusern gegenüber, dicht an der Meeresküste fand ich Eingeborenenkanoes, aus
ausgehöhlten Baumstämmen bestehend, häufiger aber Ruderboote nach europäischem
Muster, für zwölf und mehr Ruderer, durch Palmblattdächer geschützt, gemeinsames
Eigentum einzelner Familien. In einem großen Bootshaus wird noch eines jener gewaltigen,
prächtig gebauten Kriegskanoes aufbewahrt, welche in den früheren Kämpfen der Samoaner
eine so große Rolle gespielt haben. Vor etwa einem Jahrzehnt machte in Europa ein
sogenannter „Zwillingsdampfer" Aufsehen, der zur Verhütung des Rollens bei hoher
See in den Fahrdienst zwischen Calais und Dover eingestellt wurde, und wenn ich
nicht irre, heute noch auf dieser Strecke fährt. Er wurde als eine neue Erfindung
gepriesen und bestand eigentlich aus zwei nebeneinander laufenden, fest miteinander ver=
bundenen schmalen Schiffskörpern, über welche das Deck und der Maschinenraum gebaut
war. Solche Doppelschiffe fand ich auch in den Molukken, hauptsächlich in Amboina,
und die Samoaner bauen ihre Kriegskanoes schon seit Jahrhunderten auf diese Art.
Besondere Kunstfertigkeit hatte ich bis dahin bei den Samoanern nicht entdecken können,
aber das Kriegskanoe von Matautu belehrte mich eines Besseren. In Form und Zusammen=
setzung entspricht es allen Anforderungen, und doch wurde dabei kein einziger Nagel
verwendet. Alles ist kunstvoll aneinander gefügt und durch Seile und Schnüre der

unverwüstlichen Kokosnußfaser miteinander verbunden. In jedem Boote dieses Doppel=
schiffes dürfte Platz für achtzig bis hundert Ruderer sein, und über beide ist ein meter=
hohes Verdeck befestigt, auf welchem eine Hütte aus starken Holzwänden steht. In dieser
nehmen bei Kämpfen die eigentlichen Krieger Platz.

Manche größere Kanoes, die mein Führer mir als die Boote der Häuptlinge bezeichnete,
waren aus einem einzigen Baumstamm geschnitzt, an der untern Seite, dann an Bug und
Steven aber zu einer Kante zugespitzt. Auf der obern Seite des Bugs befand sich eine Reihe
von viereckigen Zacken, auf welche als Zierat weiße faustgroße Muscheln aufgebunden waren.

In der Nähe vieler Häuser sah ich viereckige Flächen von der Größe einer Bettdecke
mit einer spannenhohen Schicht von faustgroßen Lavastücken bedeckt und gewöhnlich
von einem Krotonstrauch, zuweilen auch von einem Brotfruchtbaum beschattet. Unter
diesen Steinen liegen die verstorbenen Familienmitglieder. Die Samoaner haben keine
eigenen Friedhöfe, sondern bestatten ihre Toten in der Nähe der Häuser, wo sie gelebt
haben, und wo auch ihre Vorfahren beerdigt sind. Stirbt ein Samoaner, so wird der
Körper auf seine Matten in die Mitte des Hauses gelegt; seine Angehörigen zünden
vor dem Hause ein großes Feuer an, das sie mehrere Tage lang unterhalten, und nehmen
ihre Mahlzeiten außerhalb des Hauses ein. Am folgenden Morgen, bei Häuptlingen
auch erst nach mehreren Tagen, graben sie neben den anderen Gräbern der Familie ein
vier Fuß tiefes Grab stets in west=östlicher Richtung, wickeln den Toten in die feinsten
Matten ein und legen ihn das Grab so, daß der Kopf nach Osten liegt. Ueber die
Leiche werden Matten gebreitet, darauf eine Schicht feiner Meeressand geschüttet,
das Grab dann mit Erde aufgefüllt und mit den erwähnten Steinen geschlossen. Bei
Häuptlingen wird über dem Grabe aus Steinen, Muscheln und Mörtel ein sarkophag=
artiger Aufbau gemacht. Den Kalk für den Mörtel gewinnen sie durch das Brennen
der an der Küste überall massenhaft vorkommenden weißen Korallen, und fast bei jedem
Dorfe sah ich eine derartige Kalkgrube.

Ein neues Inselreich in der Südsee.

Das kraftvolle und zielbewußte Auftreten des Deutschen Reiches in der Südsee, die
sich immer mehrenden Besuche deutscher Kriegsschiffe in der polynesischen Inselwelt
und die Ausbreitung deutschen Handels haben naturgemäß auch die anderen beteiligten
Mächte veranlaßt, ihr Augenmerk nach jenen entfernten Gegenden zu lenken, um von den
herrenlosen Inseln zu ergattern, was noch zu ergattern war, anderseits auch, um die
losen Bande, welche verschiedene Inselgruppen an diese Mächte knüpften, strammer
anzuziehen. Merkwürdigerweise geschah dies am ersten und am kräftigsten von einer
Seite, von der man es am wenigsten erwartet hätte, von der englischen Kolonie
Neuseeland. Im Herbst 1900 beschloß das neuseeländische Parlament, alle zwischen

Melanesische Idylle.

dem französischen und deutschen Kolonialbesitz in der Südsee gelegenen Inseln, welche
noch nicht ausdrücklich unter englischer Oberhoheit standen, zu annektieren, und damit ist
Neuseeland mit seinem Inselbesitz zum Nachbar der deutschen Inselwelt in der Südsee
geworden. Es handelte sich für Neuseeland in Anbetracht seiner raschen und mächtigen
Entwickelung, die früher oder später möglicherweise mit seiner vollständigen Unabhängig=
keit ihren politischen Abschluß finden dürfte, wohl darum, zu verhindern, daß fremde
Mächte sich seinen Grenzen in zu gefährlicher Nähe festsetzen, und dieses Ziel ist durch
die Besitzergreifung all der Inselgruppen weit über Samoa hinaus, bis nahe dem
Aequator erreicht worden.

Berücksichtigt man den engen Anschluß der englischen Kolonien an das Mutterland,
der sich durch die imperialistische Bewegung und in jüngster Zeit noch durch die Truppen=
sendungen aus den Kolonien, vornehmlich aus Neuseeland auf den Kriegsschauplatz in
Südafrika geäußert hat, dann wird das selbständige Auftreten Neuseelands auf Gebieten,
die viele hundert Kilometer davon liegen, gerechtes Erstaunen erwecken. Neuseeland ist
eben ein Inselreich, das von Europa am weitesten entfernt ist und mit demselben keine
direkte Dampferverbindung besitzt. Seine verhältnismäßige Nähe bei Australien und die
anscheinend gleichen Interessen mit Australien lassen uns bei der Betrachtung · der

Verhältnisse in der Südsee beide Länder in einen Topf werfen. Aber Neuseeland geht seine eigenen Wege. Das hat sich noch jüngst in auffälliger Weise dadurch geäußert, daß Neuseeland sich dem eben entstandenen australischen Staatenbunde nicht angeschlossen hat, sondern eine selbständige Kolonie geblieben ist, mit einem eigenen Gouverneur in seiner Hauptstadt Wellington.

Das herrliche Inselreich, obschon an Größe von den meisten australischen Kolonien weitaus übertroffen, ist doch von allen am dichtesten bevölkert und hat sich in dem abgelaufenen halben Jahrhundert auch am raschesten entwickelt. Während Australien auf seinen siebenundbreiviertel Millionen Quabratkilometer Landes nur eine Bevölkerung von etwas über vier Millionen zählt, hat Neuseeland bei einem Umfang von zweihundert= undsiebzigtausend Quabratkilometer (etwa die Hälfte des Deutschen Reiches) achthundert= tausend weiße Einwohner, zu denen noch vierzigtausend eingeborene Maoris kommen. Die weitaus größte Zahl seiner Einwohner hat dieses Wunderland der Südsee in den letzten Jahrzehnten erhalten, wie es überhaupt unter allen Ländern mit vorherrschend weißer Bevölkerung das jüngste ist. Erst 1642 entdeckt, hat es merkwürdigerweise hundert= dreißig Jahre warten müssen, ehe es von Europäern wieder besucht wurde. Ein ähn= licher Fall ist in der Geschichte der Reisen und Entdeckungen wohl nicht wiederzufinden. Erst im Jahre 1769 kam wieder ein Europäer, diesmal der Engländer Kapitän James Cook, nach Neuseeland, und nach seinem letzten Besuche dieses Landes im Jahre 1772 dauerte es abermals zwanzig Jahre, bis 1802, ehe die eingeborenen Maoris das Gesicht eines Weißen erblickten. In den folgenden Jahrzehnten trieben wohl vereinzelte austra= lische Händler Tauschhandel mit den Eingeborenen, aber erst 1839 begann die Besiedelung des Landes mit der Begründung der New Zealand Company durch den Engländer Edward Gibbon Wakefield. Auch dann noch war diese Besiedelung eine sehr spärliche, denn die kannibalischen Eingeborenen führten während der folgenden sechsundzwanzig Jahre einen Kampf auf Tod und Leben gegen die weißen Eindringlinge. Man kennt aber die Zähigkeit der Engländer, wenn es gilt, ein großes, fruchtbares Land zu erobern. Erst 1869 war dieser Vernichtungskrieg gegen die Maoris zu Ende, von hunderttausend der letzteren waren zwei Drittel vernichtet, und der Rest unterwarf sich.

Seither hat sich Neuseeland zu jener reichen und bevölkerten Kolonie entwickelt, die es heute ist, mit großen Städten und Seehäfen, mit nahe an viertausend Kilometer Eisenbahnen und einem Außenhandel von vierhundert Millionen Mark, der einen Ueber= schuß der Produktion von zweihundertfünfzig Mark auf den Kopf der Bevölkerung zeigt. In den letzten dreißig Jahren wurden von dieser jungen Kolonie gegen tausend Millionen Mark für öffentliche Arbeiten verwendet, und ihr Budget, zweihundert Millionen Mark im Jahre 1899, ist erheblich größer als das der anderen australischen Kolonien, ausgenommen Viktoria und Neusüdwales. Ihr Telegraphenverkehr ist der größte aller dortigen Kolonien, und ihr Postverkehr wird nur von jenem Viktorias übertroffen.

Dabei sind auch die sozialen Zustände die glänzendsten. Nur neuntausend Personen über zehn Jahre sind des Lesens und Schreibens unkundig, und diese sind fast durchweg

Mädchentypus.

Ausländer. Obschon die Bevölkerung sich seit zwanzig Jahren verdreifacht hat, giebt es jetzt weniger Sträflinge als damals, und von ihnen kommen neun Zehntel vom Auslande. Neuseeland wird von einem kräftigen, intelligenten, aufstrebenden und nüchternen Volke bewohnt, das sich in der Südsee einen hervorragenden Platz erobert hat, und die Kolonie nimmt jetzt schon gegenüber dem australischen Festlande eine ähnliche Stellung ein, wie England gegenüber Europa.

Um diese Stellung zu kräftigen, unternahm Neuseeland schon im Jahre 1887 die Annektierung des ihm nördlich vorgelagerten Kermadecarchipels, sowie aller anderen, im Bereich von sechshundert Kilometer von seinen Küsten gelegenen Inseln, so die Auckland- und Campbellgruppen im Süden, die Antipoden-, Bounty- und Chathaminseln im Osten. Zu Ende des Jahres 1900 hat nun das Parlament nahezu einstimmig den Vorschlag der neuseeländischen Regierung angenommen, auch alle Inselgruppen südlich des Aequators zu annektieren, welche östlich der Fidschiinseln und westlich des französischen Inselbesitzes liegen und in deren Mitte die Samoagruppe sich befindet. Thatsächlich haben die Schiffe Neuseelands (die Kolonie besitzt nämlich ihre eigene Kriegsmarine), die neuseeländische Flagge auf folgenden Gruppen gehißt: den Savageinseln im Umfang von vierundneunzig Quadratkilometer mit fünftausend Einwohnern, auf welche Deutschland ebenfalls Ansprüche besaß, dann der östlich davon gelegenen wichtigen Gruppe der Cookinseln mit dreihundertachtundsechzig Quadratkilometer und elftausendfünfhundert Einwohnern (die östlichste Insel dieser Gruppe liegt von der nächsten französischen Insel kaum fünfzig Kilometer entfernt); ferner auf den Union- oder Tokelauinseln mit vierzehn Quadratkilometer und fünfhundertzwanzig Einwohnern, die auf dem nächsten Wege durch die Gewässer von Deutsch-Samoa erreicht werden; dann den Penrhyn- oder Manuhikiinseln (hundertsiebenundreißig Quadratkilometer mit eintausendsechshundert Einwohnern); den Dangerinseln (Pukapuka), Rakaänga und anderen. Im ganzen genommen erstreckte sich diese wohlfeile Annexion auf mehrere hundert Inseln mit zusammen eintausendachthundert Quadratkilometer und fünfzigtausend Einwohnern. Es sind nunmehr alle bewohnten Inseln von Ostpolynesien in festem Besitz, mit Ausnahme der Hebriden, welche von England und Frankreich gemeinschaftlich verwaltet werden, sowie der zwei nächst Samoa wichtigsten Gruppen, nämlich Fidschi uud Tonga. Wohl hat England seine Oberherrschaft über sie ausgesprochen, aber sie werden doch noch von ihren eigenen Königen regiert, und eine Beseitigung dieser Eingeborenenregierung nach bekanntem englischen Muster dürfte ohne schwere Kämpfe nicht ablaufen. Dennoch wurde in der erwähnten neuseeländischen Regierungsvorlage ziemlich klar angedeutet, daß die Annexion der beiden Gruppen durch Neuseeland besonders wünschenswert wäre. Der Handel von Fidschi und Tonga liegt hauptsächlich in deutschen Händen, politisch gravitieren sie mehr nach Australien, und während Tonga noch seine eigene Verwaltung besitzt, untersteht Fidschi einem englischen Gouverneur, der gleichzeitig Oberkommissar des englischen Besitzes in der westlichen Südsee ist. Dazu gehören auch die kürzlich von Deutschland wieder abgetretenen Salomonsinseln, ferner Santa Cruz, die Ellice-, Gilbert- und Phönixinseln.

Ob die Fidschiinseln einmal dem auſtraliſchen Staatenbunde, oder Neuſeeland zufallen werden, ſteht noch in Frage; aber die zielbewußte Feſtigkeit, mit welcher Neuſeeland vorgeht, wird ihm wohl auch dieſen fetten Biſſen in den Schoß werfen. Jetzt ſchon iſt die einzige Dampferverbindung, welche Fidſchi beſitzt, eine neuſeeländiſche, wie denn die vorgenannten Inſelgruppen, wenn ſie überhaupt von Dampfern berührt werden, im ausſchließlichen Bereich der Neuſeeländer Linien liegen. Auſtralien unterhält keine Dampferverbindung mit Polyneſien, und auch die amerikaniſchen und kanadiſchen Dampfer, welche den Verkehr zwiſchen der Neuen Welt und Auſtralien vermitteln, legen an keiner engliſchen Inſel der Südſee an.

Auch die einzigen regelmäßigen Dampfer, welche Deutſch=Samoa beſuchen, ſind ſolche der Neuſeeländer Linie. Auf ihrer Fahrt berühren ſie auch die Tongainſeln, deren Handelsintereſſen, ſoweit ſie nicht in deutſchen Händen liegen, nach Neuſeeland gravi= tieren. Es ergiebt ſich daraus, wie bei den Fidſchiinſeln, auch bei dem zwiſchen Fidſchi und Samoa gelegenen Königreich Tonga ein Anſchluß an Neuſeeland von ſelbſt. Der erſte Schritt dazu iſt dadurch geſchehen, daß das Deutſche Reich ſeine Anrechte auf Tonga im Samoavertrag aufgab und die Zugehörigkeit dieſer Inſeln zur engliſchen Intereſſenſphäre anerkannte.

Die in der Südſee allein vertretenen anderen Mächte, nämlich Deutſchland, Frank= reich und Nordamerika, brauchen über dieſe Erwerbungen durch Neuſeeland nicht in Un= ruhe zu geraten. So ſchön ſich die polyneſiſchen Inſelreiche auf der Landkarte aus= nehmen mögen, ihr wirklicher Wert in politiſcher wie in kommerzieller Hinſicht iſt recht unbedeutend. Nur Fidſchi und Tonga machen darin eine Ausnahme; aber der Handel dieſer beiden Königreiche wird vorausſichtlich auch unter der Neuſeeländer Flagge großen= teils in deutſchen Händen bleiben. Die weitaus große Mehrzahl der anderen Inſeln ſind eher eine Laſt als ein Gewinn für den herrſchenden Staat; denn ſie bedingen Regierungsvertreter, koſtſpielige Dampferlinien und Machtentwickelung, die mit ihrem Erträgnis keineswegs im Einklang ſtehen. Sie beſitzen zum größten Teil gar keine Bevölkerung, und jene Inſeln, welche von ein paar hundert, im beſten Fall von ein paar tauſend Kanaken bewohnt werden, produzieren wenig und haben keine Häfen. Um die Ruhe unter den Kanaken zu erhalten, mußte Neuſeeland den eingeborenen Häupt= lingen weitgehende Zugeſtändniſſe machen, ihnen eine Vertretung im Parlament gewähren, wie es heute ſchon mit den eingeborenen Maoris von Neuſeeland der Fall iſt, und ihnen Landbeſitz garantieren, der für Kronländereien nur wenig übrig läßt.

Die wichtigſte Gruppe den annektierten Inſeln iſt der Cookarchipel mit der Haupt= inſel Raratonga (einundachtzig Quadratkilometer mit dreitauſendfünfhundert Einwohnern) und der Inſel Mangia (ſiebenundſechzig Quadratkilometer mit fünftauſend Einwohnern). Hier, ebenſo wie auf den meiſten anderen Inſeln ſind die Miſſionare der proteſtantiſchen Londonmiſſion ſchon ſeit Jahrzehnten thätig und haben eine Art von Kirchenſtaaten geſchaffen, wo ſie in Ermangelung von eigenen Regierungsvertretern geradezu allmächtig ſind. Es iſt nicht zu verkennen, daß dank ihren Bemühungen geordnete friedliche Ver= hältniſſe unter dieſe früher ſo kriegsluſtigen Stämme gekommen ſind und daß der

Kannibalismus sowie das Töten ihrer eigenen Kinder gänzlich aufgehört hat, auf der anderen Seite hat ihre geradezu absolute Herrschaft auf diesen schönen, fruchtbaren Palmeninseln sonderbare Kulturblüten gezeitigt. So z. B. wurden auf der Insel Mangia Gesetze aufgestellt wie: „Das Verlassen des Hauses nach neun Uhr abends ist jedem Eingeborenen, ob Mann oder Frau, bei einer Strafe von zwei Dollars verboten." Sonntags ist es untersagt, außerhalb der Dörfer spazieren zu gehen, zu fischen, zu jagen und auf Bäume zu klettern, und die von den Missionaren bestellte Polizei sorgt dafür, daß die Geldstrafen für derartige Vergehen in die rechten Kassen fließen.

Nicht viel besser geht es in den Samoa nahegelegenen Elliceinseln zu, das in Bezug auf die englisch-protestantische Religion ebenfalls von Samoa versorgt wird. Samoa ist für die Londonmission eine Art Hauptquartier; in den dortigen Schulen der Londonmission werden samoanische Prediger ausgebildet, die dann nach den verschiedensten Inselgruppen bis nach Neulauenburg und Neumecklenburg geschickt werden, um das Evangelium zu predigen. Ob diese eingeborenen Prediger die nötigen Charaktereigenschaften und Kenntnisse besitzen, um ihren verantwortlichen Beruf voll und ganz zu erfüllen, muß bezweifelt werden, und es wäre sehr wünschenswert, wenn man ihnen wenigstens in den deutschen Kolonien ein wenig mehr auf die Finger sehen würde. In der letzten Zeit unternahm Professor Davis eine wissenschaftliche Expedition nach der Insel Funafuti der Ellicegruppe, und in seinem 1899 in London erschienenen Buche spricht er sich über die Erfolge der Londonmission keineswegs günstig aus. 1850 wurde die Bevölkerung der Insel auf zehntausend geschätzt, seither ist sie auf dreihundert zusammengeschmolzen! Selbst den Engländern paßte die Missionarherrschaft auf der Ellicegruppe nicht, und als die letztere vor einigen Jahren unter englische Oberhoheit kam, war es eine der ersten Maßnahmen des englischen Kommissars, die Kirchengesetze auf das rechte Maß einzuschränken. „Sonntags", so sagt Davis, „war es den Eingeborenen untersagt, sich Vergnügungen hinzugeben, zu waschen, ja selbst ihre Mahlzeiten zu kochen. Für die Ueberschreitung dieser Verbote, sowie für das Fernbleiben vom Gottesdienst mußten die Eingeborenen je einen Schilling Strafe an die Mission bezahlen. Die Frauen waren gezwungen, in der Kirche Hüte zu tragen, durften sich aber nicht mit den von ihnen so geliebten natürlichen Blumen schmücken. Sonntags thaten die Eingeborenen nichts als essen, schlafen und die Kirche besuchen". Um sich für die sonntäglichen Entbehrungen zu entschädigen, wurde der Montag freigemacht und in Müßiggang mit Baden und Vergnügungen aller Art zugebracht. Das heilige Abendmahl wird von Davis folgendermaßen geschildert: „Der Pastor stand vor einem rohgezimmerten Tisch, auf welchem sich ein paar mit einem schmutzigen Kalikolappen bedeckte Gefäße befanden. Als er im Laufe des Gottesdienstes den Lappen abhob, zeigten sich darunter Stücke der Tarowurzel auf zwei schmutzigen Metalltellern (an Stelle des Brotes) und ein brauner irdener Theetopf mit zerbrochenem Deckel, in welchem sich an Stelle des Weines Kokosnußmilch befand. Anstatt der Schalen dienten gewöhnliche Biergläser."

Wie es mit den Sitten unter solchen samoanischen Predigern bestellt ist, geht aus folgendem von Davis erzählten Geschichtchen hervor: Eine eingeborene Frau, die mit

ihrem Gatten in Unfrieden lebte, kam um Ehescheidung ein. Der eingeborene Gerichts=
beamte sagte ihr, daß er nach christlichem Gesetz diese Scheidung nur bewilligen könnte,
wenn sie Ehebruch beginge (!) Sie beeilte sich, diesem „christlichen Gesetz" nachzukommen,
und die Scheidung wurde ihr nun bewilligt. Eine Reihe anderer Beispiele zeigt, daß
es mit dem Christentum in den entlegenen Inseln des Stillen Ozeans nicht weit her ist.

Ungeachtet der großen Menge von Inseln, welche nunmehr Neuseeland, und damit in
zweiter Linie England zugefallen sind, bleibt das Deutsche Reich in Bezug auf seine
ausgedehnten Besitzungen in der Südsee doch an erster Stelle, denn sie umfassen
240 000 Quadratkilometer mit 423 000 Einwohnern. England kommt erst an zweiter
Stelle mit beiläufig demselben Areale, aber nur 350 000 Einwohnern. Es folgt Frank=
reich, dessen Inselgruppen, Neukaledonien, Loyalty, Tahiti und dergleichen zusammen
24 163 Quadratkilometer mit 95 000 Einwohnern umfassen, und in letzter Linie Nord=
amerika mit 19 200 Quadratkilometern und 130 000 Einwohnern. Unter diesen vier
Großmächten ist der ganze Stille Ozean östlich des hundertundvierzigsten Längengrades
aufgeteilt worden. Melanesien und Mikronesien sind hauptsächlich in Händen der
Deutschen, Polynesien in jenen der Engländer. Die wertvollsten Besitzungen in Bezug
auf Ertragfähigkeit und Handel haben dort unzweifelhaft die Deutschen, die strategisch
wichtigsten Punkte mit den besten Häfen wohl die Amerikaner.

Daß sich das große Inselgebiet von Polynesien, das durch die jüngsten Unter=
nehmungen Neuseelands endgültig aufgeteilt worden ist, in absehbarer Zeit so entwickeln
wird, um im Welthandel und Verkehr eine einigermaßen wichtigere Rolle zu spielen, ist
nicht anzunehmen. Dazu sind die Ländereien zu klein, die Bevölkerung zu spärlich und
dementsprechend auch die Produktion und das Absatzgebiet zu unbedeutend. Die einzigen
regelmäßigen Dampferlinien, welche Polynesien berühren, sind zunächst die Oceanic
Steamship Company in San Francisco, die unter der Leitung des deutsch=amerikanischen
Welthauses John D. Spreckles & Bros ihre vorzüglichen, glänzend eingerichteten Schnell=
dampfer monatlich einmal zwischen San Francisco, Hawai, Samoa und Auckland (Neu=
seeland) nach Australien (Sydney) laufen läßt, ferner eine direkte Dampferlinie zwischen
San Francisco und Tahiti eingerichtet hat. Sie unterhält auch eine vierzehntägliche
Schnelldampferverbindung zwischen San Francisco und Hawai. Die Messageries
Maritimes lassen alle zwei Monate einen Dampfer von Sydney nach Tahiti laufen.
Die großen mittleren Inselgruppen von Polynesien erhalten ihre regelmäßige Verbindung
mit der Außenwelt nur durch die Union Steamship Company of New Zealand, die in
Dunedin ihren Sitz hat. Alle vier Wochen verkehrt ein Dampfer abwechselnd von Auck=
land und von Sydney mit Tonga, Fidschi und Samoa; ferner besteht eine zweite
monatliche Linie zwischen Auckland, Raratonga, der Hauptinsel des Cookarchipels, und
Tahiti; ein Lokaldampfer dieser Linie läuft regelmäßig zwischen den Inseln der Fidschi=
gruppe, ein zweiter zwischen jenen der Gesellschaftsgruppe; dieser dehnt seine Fahrten
allmonatlich auch bis zu den Marquesas aus.

In neuester Zeit mußte eine deutsche regelmäßige Dampferverbindung zwischen Apia
(Samoa) und Pago=Pago auf der amerikanischen Samoainsel Tutuila eingerichtet

werden, da die großen Dampfer der Oceanic Steamship Company, seit Tutuila amerikanischer Besitz geworden ist, nicht mehr in Apia, sondern wie bereits erwähnt, in Tutuila anlegen.

Andere regelmäßige Dampferlinien bestehen in Polynesien nicht, und wie wenig Wichtigkeit dem Verkehr dort beigemessen wird, geht schon aus der Thatsache hervor, daß die großen Schnelldampfer der Canadian Pacificgesellschaft, welche, zwischen Australien und Canada (Vancouver) alle vier Wochen verkehrend, früher auch Fidschi berührten, seit einem Jahre diesen Hafen aufgegeben haben und nur mehr in Honolulu anlegen.

Die sehr ungünstigen Verkehrsverhältnisse Samoas werden wohl schon in nächster Zeit eine deutsche Dampferverbindung mit Sydney im Anschluß an die australischen Schnelldampfer des Norddeutschen Lloyd erforderlich machen, aber sonst wird der regelmäßige Verkehr in Polynesien wohl noch auf lange Jahre hinaus derselbe bleiben, wie er vorstehend geschildert wurde.

Zum wenigsten ist in den letzten Monaten von 1901 auf den Samoainseln selbst viel zur Verbesserung der dortigen Verkehrsverhältnisse geschehen. So wurde auf Anordnung der deutschen Regierung von den Samoanern eine Fahrstraße von Apia die Nordküste von Upolu entlang bis nahe an die Westspitze dieser Insel hergestellt, und auch auf Sawaii wird fleißig an der Schaffung besserer Wege gearbeitet. Das Haupterfordernis aber ist und bleibt eine Dampferverbindung Samoas mit der Außenwelt.